荣县年鉴

·2015·

RONGXIAN YEARBOOK

荣 县 人 民 政 府　主办
荣县地方志办公室　承办

中央民族大学出版社
China Minzu University Press

图书在版编目(CIP)数据

荣县年鉴.2015/荣县地方志办公室编.—北京:
中央民族大学出版社,2015.9
ISBN978-7-5660-1054-4

Ⅰ.①荣… Ⅱ.①荣… Ⅲ.①荣—2015—年鉴
Ⅳ.①Z527.14

中国版本图书馆CIP数据核字(2015)第151365号

荣县年鉴(2015)

编　　者　荣县地方志办公室编
责任编辑　徐桂红
封面设计　符　蓉
出 版 者　中央民族大学出版社
　　　　　北京市海淀区中关村南大街27号　邮编:100081
　　　　　电　话:68472815(发行部)　传真:68932751(发行部)
　　　　　　　　　68932218(总编室)　　　　68932447(办公室)
发 行 者　全国各地新华书店
印 刷 厂　彭州市盛发印务有限责任公司
装帧设计　四川标点文化发展有限公司
开　　本　889×1194(毫米)　1/16　印张:22　彩页:24
字　　数　755千字
版　　次　2015年9月第1版　2015年9月第1次印刷
书　　号　ISBN978-7-5660-1054-4
定　　价　280.00元

辛亥首义　如来福地——荣县

荣县位于四川盆地南部，属自贡市管辖，辖区面积1609平方公里，2014年末总人口69.18万人，辖21个镇、6个乡。交通极为便捷，乐自高速横贯全境，内威荣高速即将通车。

县委书记　荣 全

县 长　韩明祝

悠久的历史文明

相传古为青阳封国。战国初为蜀国地。秦为蜀郡南安县地。西汉时属犍为郡南安县，晋义熙十年（公元414年），因荣地有铁山产铁，置为冶官县，隋开皇十三年（公元593年），在今县城设大牢县治，唐贞观元年（公元627年），设为旭川县治。宋改县名为“荣德”，明代起称“荣县”至今。从唐永徽二年（公元651年）起，至明洪武九年（公元1376年），先后为荣州、和义郡、都督府、绍熙府、绍熙府军民宣抚司、绍熙路总管府的治所。一度成为“川南一大都会”。特别是唐宋时代，曾建过荣王府，先后封荣王7位。宋光宗赵惇继位之前，于绍兴年间来此任过3年荣州刺史。爱国诗人陆游曾任荣州知州。1911年9月25日，吴玉章、王天杰在县城宣布荣县独立，建立军政府，敲响了中国最后一个封建王朝的丧钟，荣县独立比武昌起义早半个月，“首义实先天下”。

人才辈出的诗书之乡

荣山旭水，人杰地灵，古往今来，千年古县—荣县哺育了无数杰出人物，涌现出一大批仁人志士。他们有的叱咤风云砥柱中流；有的英勇就义气贯长虹；有的忠言直谏为民请命；有的为官清正两袖清风；有的才华横溢名扬四海。他们为千年古县谱写了一曲曲华美的乐章，成为我们今天引以为豪的楷模。

据《荣县志》记载：北宋时“义门王氏”王梦易三代人反对过重盐税，不怕罢官、为民请命。南宋陆游为官荣县70日，写下赞誉荣县“千里郁为诗书乡”的诗词32首。明代被誉为“得圣之清”的兵部侍郎胡子昭靖难不屈，舍生取义。清代翰林赵熙，更是闻名全国的诗人、书法家和画家。有

毛泽东题词

四川保路运动领导者龙鸣剑和王天杰，与吴玉章共同领导荣县独立实先天下。在新民主主义革命20多年艰苦卓绝的奋斗中，为党和人民的事业，为国家和民族解放牺牲的先后有500余人。有参加北伐、广州起义，梁山红色革命根据地的创建者，被荣县人民誉为“农王”的曾莱。有荣县“八一三”武装起义主要指挥者之一，宜宾“五人冢”烈士黄大舜。有鼎新游击队副队长，李子桥暴动的领导人，在敌人面前英勇不屈的女英雄张二娘。有中华苏维埃全国代表大会代表、自贡盐场工运领袖杨玉忠。有南京雨花台二十五烈士之一的傅开阳。现代文化领域有“森林诗人”傅仇，著名书法家、诗人柳倩，著名蝴蝶画家“荣州二蝶”詹联科与万钟，获“中国当代小小说风云人物·星座奖”的全国著名作家曹德权，农民漫画家程龙香等，尤其是我国杰出的无产阶级革命家、教育家、历史学家、语言文字学家吴玉章，“一辈子做好事”，一生高风亮节，堪为世代楷模。

世界第一石刻如来佛像–荣县大佛　余刚 摄

优美的人文与自然景观

荣县山川秀丽，风景优美。五山（荣德山、荣梨山、荣隐山、野客山、铁山）四水（越溪河、沙溪河、中溪河、旭水河）之间，名胜古迹众多，旅游资源十分丰富。唐宋以来的“荣州胜景”、“荣州八景”为历代所称道。清乾隆后，县内名胜被概括为“荣州十二景”。

新中国成立后，特别是改革开放以来，旅游业逐步兴起和发展，多次举办“大佛文化旅游节”，旅游资源开发与保护越来越受到重视。2013年荣县成功创建为省级旅游标准化示范县，全县

环境优美的双溪湖

自然人文景观主要有国家AAAA级景区1个（荣县大佛文化旅游景区），国家AA级景区2个（吴玉章故居、双溪湖风景区），省级自然风景区2个（桫椤谷、高石梯森林公园）；国家级文物保护单位3处（大佛寺、吴玉章故居、镇南塔），省级文物保护单位7处（荣县军政府旧址、吕仙崖摩崖造像、荣县二佛、后龙山摩崖造像、来牟黎氏墓、蟠龙刘氏家族墓、旭水酒作坊遗址），市级文物保护单位9处，县级文物保护单位28处。

快速发展的经济社会

2014年，面对复杂严峻的宏观经济形势和始料未及的困难工作局面，克服发展任务重、矛盾挑战多的巨大压力，紧紧围绕“推进发展、深化改革、教育实践活动”三项关键任务，坚持把发展作为第一要务，突出投资、产业两个关键，强化城镇化的带动作用，全县经济社会保持平稳健康发展。

荣县新城体育中心

2014年，全年实现地区生产总值（GDP）173.43亿元，比上年增长8.1%。三次产业结构为22.6：51.8：25.6。全县全年人均生产总值2.94万元。地方公共财政预算收入实现4.87亿元；地方公共财政预算支出实现24.7亿元；固定资产投资完成71.59亿元，增长9.9%；社会消费品零售总额实现60.89亿元，增长12.4%；城镇居民人均可支配收入2.24万元，增长9.6%；农民人均纯收入9999.77元，增长11.3%。

幸福美丽新村

新城一角

新城一角2

乐自高速横贯全境

①

②

③

1、小井沟大坝主体工程基本完工
2、内威荣高速公路荣县段路基工程基本完工
3、四川巴尔农牧集团工业集中区全自动生产线投产
4、四川绿食佳农业有限公司食用菌生产
5、自贡东方气体设备有限公司水冷壁自动焊机
6、荣县工业园区
7、荣县新一中建成投入使用
8、四川旭水酒业有限公司仓储车间
9、县城玉章大道景观绿化
10、四川弘鑫农业有限公司御品油茶籽油
11、龙都香茗系列茶叶

⑥

④

⑤

⑦

⑧

⑨

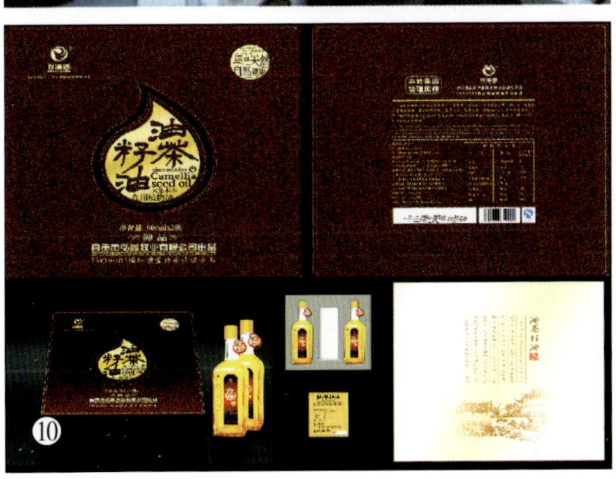
⑩

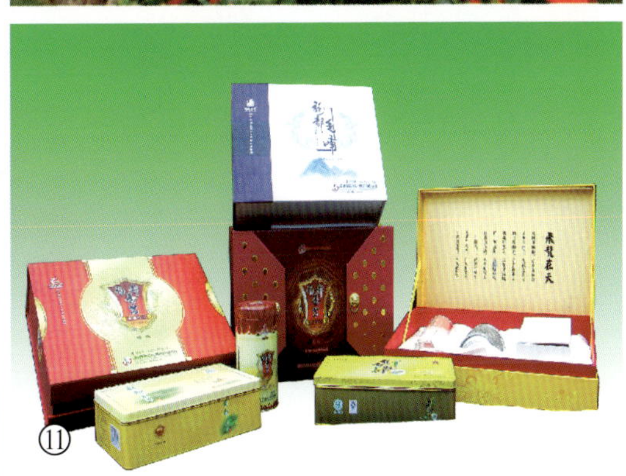
⑪

巴尔农牧2014年荣县春节联欢晚会

2014年四川省年老年人健身腰鼓和排舞比赛

举办全市第十一届职工技能大赛采茶比赛

川内首条全自动化刹车片生产线顺利通过国家质量检测，并正式投产

县道中修养护

在留佳镇瓦滓村成功开凿一口深4623米、日产天然气6万立方米的页岩天然气井

省专家组对荣县再生稻测产创全省次适宜地区产量最高纪录达亩产345.7公斤

中国共产党荣县第十三次代表大会第四次会议

2015年1月19日至20日，在荣县行政中心大会厅召开中国共产党荣县第十三次代表大会第四次会议。参会代表256人，列席人员33人，邀请来宾8人。县委书记荣全代表十三届县委作题为《改革创新适应新常态 苦干实干稳中有作为 为同步全面建成小康社会而努力奋斗》的工作报告，县纪委书记傅仕方代表县纪委作《忠诚尽责 务实担当 全力营造风清气正的发展环境》的工作报告。会议审议并通过了关于县委工作报告和县纪委工作报告的决议。

荣县第十七届人民代表大会第四次会议

2015年1月21日至23日，召开荣县第十七届人民代表大会第四次会议。应到会代表245名，实到会228名，列席136名。听取和审查了县政府工作报告、县人大常委会工作报告、县人民法院工作报告、县人民检察院工作报告、县2014年国民经济和社会发展计划执行情况及2015年计划（草案）的报告、县2014年财政预算执行情况及2015年财政预算（草案）的报告。共收到议案31件，代表建议、意见29件。审议确定《积极创造条件，在荣县设置机动车驾驶人考场》、《关于小井沟库区乡镇垃圾实行乡镇收集，县集中处理的议案》为大会的议案办理，其余议案转作代表建议、意见办理。

政协第十三届荣县委员会第五次会议

2015年1月20日至22日，在行政中心大会厅召开政协第十三届荣县委员会第五次会议。应到委员245人，实到委员222人。

会议听取并审议十三届县政协常务委员会工作报告和提案工作报告，听取和讨论县政府工作报告、县法院工作报告、县检察院工作报告，14个单位作大会书面发言。共收到提案118件，其中：集体案件9件，个人联名提案109件。立案111件，转社情民意2件，转工作参考5件。

荣县人民法院

2014年，县法院坚持以邓小平理论、“三个代表”重要思想、科学发展观为指导，深入学习贯彻党的十八大和十八届三中、四中全会精神及习近平总书记系列重要讲话精神，认真践行“为大局服务、为人民司法”工作主题，不断强化审判执行工作和自身建设，切实提升审判质效和司法公信力，为荣县经济发展和社会稳定提供了有力的司法保障。一年来，共受理各类案件6812件，审结6634件，结案率97.4%。被省高院确立为争创“两个一流”院领导联系法院，被市中院和县委、县政府记集体三等功各一次；先后荣获全省“维护社会稳定先进集体”，全省法院“纪检监察先进集体”、“信息工作先进集体”等多项荣誉；7个部门、32人次受到市级以上表彰。

省高院司法巡查组来院巡查

省委督导组督导群众路线教育实践活动开展

市人大主任陈华一行到院视察执行公开工作

市、县两级法院领导回访案件当事人.

首个宪法日法官宣誓

干警巡回办案

公开开庭审理原留佳镇党委书记董某某受贿、挪用公款一案

干警参加县政法系统群众路线演讲比赛获第一名

干警到双石镇金台村征求群众对诉讼服务点的意见建议

开展法制宣传

荣县公安局

2014年，荣县公安局在县委、县政府和市公安局的坚强领导下，紧紧围绕县委、县政府中心工作和市局继续深化“四个年”建设要求，以“全省优秀、全市一流”为目标，以“强基础、精品牌、求突破、重实效、塑形象”为主线，以群众路线教育实践活动为载体，扎实推进各项公安工作和队伍建设，攻克了“3·17”杀人碎尸案，侦破了“4·14”特大涉枪涉毒团伙案，实现了“一标三实”全覆盖，创新推出了窗口服务“十个一律“新规范，夺得全省“一标三实”先进单位和全市公安“卫士杯”，26个集体、278名个人受到县级以上表彰奖励。

升旗仪式

副市长马宏到长山镇走访

县长韩明祝调研公安工作

开展应急处突拉练

群众赠送锦旗

荣县交警大队

开展道路交通安全宣传

自贡市公安局交通警察支队荣县大队组建于1987年7月。现有民警、职工30人，协警、临时人员95人。下设办公室、车管所、事故处理中队和旭阳、双石、度佳、长山4个秩序管理中队共7个单位，担负全县2580余公里道路、8.8万余辆机动车、9.4万余名机动车驾驶员的交通安全宣传教育、交通秩序管理维护、交通事故预防暨处理和二、三摩托车、电动自行车、国产免检小型汽车注册登记及二、三摩托车驾驶证的考核发证等工作任务。

2014年，荣县交警大队以党的“十八大”、“十八届三中、四中全会”精神为指引，以事故预防为龙头、服务民生为根本、队伍管理为核心、改革创新为动力，紧紧围绕“全省道路交通安全综合整治攻坚年行动”、“三化建设”目标任务和“党的群众路线教育实践活动”，在秩序管控、事故预防暨处理、车驾管服务、交通安全宣传、交通保卫等多项工作中取得了较好成绩，为全县经济又好又快发展、人民安居乐业创造了良好的道路交通环境。全年交通秩序整治工作获全市第二名，农村道路交通管理获全市第一名。

开展酒驾集中整治行动

全县农村道路交通管理示范乡镇现场观摩会

荣县交警走进自贡电台直播间现场解答道路交通热点问题

群众赠锦旗

四川省荣县国家税务局

征收管理

2014年，面对宏观经济增长动力不足、下行压力增大的严峻形势，强化税收预测、分析和监控，加大压欠保收力度，攻坚克难，实现了两级收入稳中有升。一是认真落实，积极推进"营改增"试点工作，全年组织"营改增"纳税人政策学习80余人次，加强"营改增"汇算清缴管理，做好电信业营改增接管工作。二是加强农产品收购发票核定扣除管理，共开具农产品收购发票4.86万份，开票金额5.22亿元；三是积极探索行业专业化管理，完成机制砖行业评估模型搭建和机制砖风险应对指南撰写，积极探索土陶，天然气供应行业专业化管理，提高税源管理水平；四是强化行业风险评估，共组织完成纳税评估66户，查补税款71.78万元，收滞纳金0.73万元。五是进一步加强税收优惠管理，认真推进出口退税专业化管理，小微企业税收优惠面达92.87%。全年累计入库1.5亿元，同比增长10.1%；地方级收入3245.44万元，增长20.11%。

省局局长张崇明到荣县调查指导工作

税务登记

2014年，新开业户数972户，其中个体工商户620户，企业纳税户352户，注销纳税人454户（其中个体工商户330户，企业纳税户124户）。现有管户6002户,其中增值税纳税人5923户，消费税纳税人26户，企业所得税纳税人972户。

税收宣传活动

设"导税台"

荣县文体广电和新闻出版局

2014年，县文体广电和新闻出版局认真履职，在开拓中进取，在创新中提高，努力营造浓厚的社会文化氛围。

狠抓“文化规划”工程，加快文化产业发展。启动荣县文化产业发展规划编制工作。完成荣县文态规划。完成荣县大佛本体保护方案编制和荣县军政府旧址、吕仙崖摩崖造像保护规划编制的招标工作。荣县镇南塔保护规划立项报告已上报国家文物局审批。

非遗“麒麟灯”表演

狠抓“文化惠民”工程，完善公共文化服务网络。推进基层公共文化服务规范化建设。图书馆维修改造工程12月底完工。17个社区书屋、农村数字化工程建设、基层综合文化服务中心、乡村文化院坝、农民工文化驿站和留守儿童文化之家等工程的建设方案已获批。推进农村数字化工程建设和城乡公共阅报栏建设。

长跑健身活动

狠抓“文化引领”工程，提高公共文化服务水平。成功举办了五期“玉章文化论（讲）坛”。免费开放“四馆一站”6万小时，免费接待15万人次。吴玉章故居陈列馆、军政府旧址等爱国主义教育基地免费接待参观者5.5万人次。开展了“2014年‘党的十八届三中全会精神进万家’文艺巡演活动”等一系列的文化活动。充分发挥农家书屋的阵地作用，组织开展了“2014年‘文化自贡·书屋飘香’全民阅读活动”。成功举办了“最美中国·荣县大佛篇”系列活动。组织开展各类体育活动50余场。承办了川西南片区军休干部门球邀请赛、四川老全兴队与荣县国申足球队足球赛、荣县第六届老年人运动会、四川省老年人健身腰鼓和排舞等重大赛事。拍摄制作专题片12部。

狠抓“文化保护”工程，加强文化遗产保护利用。全面完成了全县范围内47处各级文物保护单位保护标志安装工作。完成了第七批“国保”、第八批“省保”保护范围和建设控制地带的初步划定和上报工作。

狠抓“文化品牌”工程，加大文化品牌打造力度。积极打造“佛文化、红色文化、诗书文化和生态休闲文化”四大品牌，重点加强对大佛文化旅游系列活动、全民春晚、元宵节民俗文化展演、荣县农民漫画等文化品牌的打造和宣传。

送文化下乡

荣州春晚

文化活动丰富多彩

四川省荣县中学校

四川省荣县中学校是我县唯一一所省一级示范性普通高中（原国家级示范性普通高中），是一所有着深厚文化底蕴和良好社会声誉的百年名校。学校全面贯彻党的教育方针，在吴玉章“品端、学粹、体健、能强”教育思想指导下，不断深化改革，强化管理，优化教育资源，办学质量稳步提高，科技创新教育、艺术、体育教育等方面独具办学特色。学校占地247.58亩，现有94个教学班，在校学生5500余人；在职教职工345人，其中专任教师328人，高级教师169人，中级教师104人，特级教师1人，自贡市名校长1人，自贡市名教师5人，荣县名教师12人。

2005—2014年高考本科上线共9035人，其中重点本科上线共1615人，共有9名学生分别被清华、北大录取,夺得2014年自贡市理科状元；荣获市教育局表彰的省级及以上示范高中教学质量考核一等奖2次、二等奖2次、高考特别贡献奖2次、完成目标任务奖6次。2014年有2个课题分别荣获全国一、二等奖，有14个教师项目荣获省级奖，有60个教师项目荣获市级奖，有58个教师项目荣获县级奖；学生参加学科竞赛荣获国家级奖励7项、省级奖励129项、市级奖励82项；参加科技创新大赛荣获国家一等奖1项、二等奖1项、省二等奖3项、市一等奖1项。

2014年学校艺体办学特色卓有成效：获全国自行车10公里锦标赛团体第二名；荣中皮划艇队在省运会取得3金6银7铜总分386分的好成绩，并获体育道德风尚奖。荣中女排荣获“体彩杯”2014年四川省中学生排球联赛第二名，并获“体育道德风尚运动队”称号；获四川省第十二届运动会一组第三名。在市、县各类艺体综合比赛中，获第二届中国汉字听写大会（中学组）自贡赛区决赛团体第三名。

党委书记、校长　赵建明

外教献课

课改新课堂

学校艺术节文艺演出

第二届远足活动

四川省荣县第一中学校

鸟瞰一中

悠久的办学历史

第二届60华里远足

这是一所历史悠久的学校——

地处荣县旭阳镇旭水大道南三段333号，学校的前身是加拿大传教士赫玉光于1923创办的华英女子小学，1952年由荣县人民政府接管，1978年经四川省人事厅、教育厅批准，命名为“四川省荣县第一中学校”，2008年，成功创建自贡市示范性普通高中，2014年，与原荣县城关中学合并，组建成新的“四川省荣县第一中学校”。

现有高初中教学班56个，3400余名学生，241名教职工。其中省名校长1人，市名校长1人，县名校长2人；省级特级教师1人，市名教师3人，县名教师10人；省级骨干教师8人，省教学名师1人，市级骨干教师34人，县级骨干教师27人；高级教师98人；有23名教师已取得研究生毕业证和结业证。

这是一所成绩斐然的学校——

2014年高考，文考本科上线243人。连续7年位居全市示范性高中第一名；连续16年超额完成市县教育局下达的最高目标任务。

2014年中考，有40人一次性考上省级示范性普通高中实验班，升学率名列全县第二名；物理、化学的平均分名列城区初中组第一名。2013年，丁耀杰勇夺全县中考状元。

是全国教育科学重点课题实验基地、团中央中学实践教育活动合格单位、四川省校务公开先进集体、四川省德育工作先进单位、四川省五四红旗团支部、2012年度川南十大名校、四川省阳光体育示范校。

这是一所面貌全新的学校——

这里有崭新的校园、完善的设施；这里有明确的目标、先进的理念；这里有特色的课程、高效的课堂。新一中占地246亩，建筑面积11万平方米。办学规模将逐步达到108个教学班，其中高中教学班72个，初中教学班36个，教职工数将达到400余人。

办学目标——近期目标：创建省二级示范校。
——中期目标：创建省一级示范校。
——远期目标：创建富有特色的西南名校。

办学理念——质量立校、科研兴校、特色强校。

校　训——厚德、强身、博学、笃行。

一中精神——有理想、敢拼搏、能坚持。

市委书记雷洪金视察一中

团结务实开拓进取的领导班子

四川川投水务集团荣县天然气有限公司

川投水务集团董事长李文志视察荣县配气站

省安全督察组检查安全工作

四川川投水务集团荣县天然气有限公司系城市公用事业全资国有企业，主要从事天然气供应、天然气管道安装及配套设备零售。公司总资产9100万元，员工76人。公司自1986年组建以来，累计发展城市天然气用户6万余户。

2014年，公司围绕城市发展总体规划，开展优质服务和户安工程建设，安全生产、稳定供气各项经济指标合格率100%。全年销售天然气2573万立方米，户安工程完成4068户，保证了城市发展的燃气需求。

2014年，公司铺设各种口径管道20公里，新安调压器600台，投资212多万元对城区支管、庭院管及89个调压器进行更新改造，消除了供气瓶颈，确保了安全生产事故为零。投资近2000万元新建东兴五井站至荣县配气站Φ219输供主管及配套设施，对城区的天然气输送能力提升了2.5倍。

2014年，公司被川投集团评为安全生产先进单位，被县委、县政府评为工业企业“纳税十强企业”、“纳税增长十强企业”。

气源调度中心—荣县配气站

工程建设

编辑说明

一、《荣县年鉴》是由荣县人民政府主持编纂的综合性资料工具书，是宣传荣县的重要窗口。1994 年创刊，其宗旨是翔实、全面、系统地反映荣县政治、经济和社会的发展状况，为各级部门进行决策及制定发展规划提供依据，为社会各界人士了解和研究荣县提供资料，促进荣县与外界进行经济、科技、社会发展各方面的交流合作，构建和谐荣县。

二、《荣县年鉴（2015）》记述时限为 2014 年 1 月 1 日至 2014 年 12 月 31 日，以事分类，由概貌、大事记、特载、中共荣县县委、荣县人民代表大会、荣县人民政府、政协荣县委员会、民主党派·工商联、群众团体、军事、政法、工业、农业、交通·通信、城建·环保、商贸·旅游、财政·税收、金融·保险、综合管理、教育·科技、文化·广电·体育、社会生活、乡镇、人物、附录、专文等组成。采取栏目、类目（分目）、条目的梯级结构形式。

三、《荣县年鉴》采用语体文、纪述体。文字力求简洁、朴实、流畅、准确，寓观点于事实之中。

四、《荣县年鉴》的主要内容，根据县政府的要求，由县内各单位和乡镇等确定专人撰写，经各级领导审核，事实可靠。

五、《荣县年鉴》数字，由县统计局和业务主管部门提供。数字不一致的，以县统计局的数字为准。

六、《荣县年鉴》人物，收录受到国务院、中央各部委和省委、省政府、省级各部门及市委、市政府与县委、县政府表彰奖励的劳动模范、先进工作者。

七、“荣县优秀机关与企事业选介”彩色专栏的断限时间，个别情况作适度追溯或下延。

八、编辑出版《荣县年鉴》，各级领导、资料员和主笔，都给予大力支持，他们为年鉴工作出谋献策、多方联系、团结合作、勤奋耕耘。在此，谨向他们表示诚挚的感谢。

《荣县年鉴（2015）》编纂委员会

顾　问：荣　全　　武役卫　　王斌儒

主　任：韩明祝

副主任：郑小清　　施东良

委　员：宋成文　　邹崇霞　　傅仕方　　郑　刚　　冯永志

沈焰林　　吴永红　　荣秀英　　邓　明　　缪　剑

杨文华　　邝　平　　廖宣福　　易敬水　　胡爱华

刘纯忠　　郭效谦　　杨泽祥　　吴志平　　邓晓清

张红兵　　兰　泉　　龚秀丽　　李国权

《荣县年鉴（2015）》编辑部

主　　编：李国权

副 主 编：谢　旭

编　　辑：陈　静　　唐崇波

图片编辑：陈　静　　部分图片由宣传杂志社提供

工作人员：钟　琴　　蒋　磊

目 录

MU LU

概 貌

………………………………………………… 1

大事记

1月 ………………………………………… 8
2月 ………………………………………… 9
3月 ………………………………………… 10
4月 ………………………………………… 12
5月 ………………………………………… 14
6月 ………………………………………… 16
7月 ………………………………………… 17
8月 ………………………………………… 19
9月 ………………………………………… 20
10月 ………………………………………… 22
11月 ………………………………………… 25
12月 ………………………………………… 28

特 载

改革创新适应新常态　苦干实干稳中有作为
为同步全面建成小康社会而努力奋斗
——2015年1月20日在中国共产党荣县第十三次代表大会第四次会议上的报告 ………………………………………… 34
人大常委会工作报告
——2015年1月23日在荣县十七届人民代表大会第四次会议上 …………… 45
政府工作报告
——2015年1月22日在荣县第十七届人民代表大会第四次会议上 ………… 51
政协工作报告

——2015年1月21日在政协第十三届荣县委员会第五次会议上 …… 63

中共荣县委员会

重要会议 …… 72
党代会 …… 72
全委(扩大)会 …… 72
常委会 …… 72
县委办公室工作 …… 72
目标督查工作 …… 72
对台工作 …… 72
保密工作 …… 72
党史研究 …… 73
领导名录 …… 73
统筹城乡发展 …… 73
农村产权制度改革 …… 73
城乡建设用地增减挂钩 …… 73
农民财产性收入改革试点 …… 73
壮大集体经济实力 …… 73
农村融资体制改革 …… 73
农民集中居住 …… 73
管理运行机制改革 …… 74
纪检监察工作 …… 74
组织建设 …… 74
队伍建设 …… 74
宣传教育 …… 74
纠风治乱 …… 74
查信办案 …… 74
组织工作 …… 75
教育实践活动 …… 75
干部选拔培养 …… 75
干部教育培训 …… 75
干部监督管理 …… 75
人才队伍建设 …… 75
服务型党组织建设 …… 75
党员队伍建设 …… 76
远程教育服务 …… 76
老干部工作 …… 76
宣传工作 …… 76
理论武装和学习型党组织建设 …… 76
县委中心组集中学习 …… 77
新闻宣传 …… 77
网络舆论引导 …… 77
培育和践行社会主义核心价值观 …… 77
公民道德建设 …… 78
精神文明创建 …… 78
未成年人思想道德建设 …… 78
主题教育 …… 78
公共文化服务体系建设 …… 78
文化建设 …… 78
文化产业发展 …… 79
大佛文化产业园建设 …… 79
文化遗产保护 …… 79
宣传杂志 …… 79
政法工作 …… 80
队伍建设 …… 80
执法监督 …… 80
维稳工作 …… 80
综治工作 …… 81
大调解工作 …… 81
平安建设 …… 81
统战工作 …… 82
民主党派和党外干部工作 …… 82
经济统战工作 …… 82
民族、宗教、侨务联络工作 …… 82
调研和宣传、信息工作 …… 82
知联会 …… 83

群众和信访工作 …… 83
责任落实 …… 83
信访处置 …… 83
创新机制 …… 83
机关党建 …… 83
思想建设 …… 83
组织建设 …… 84
作风建设 …… 84
“三联三服务”和直接联系服务群众工作 …… 84
机构编制 …… 84
政府职能转变和机构改革 …… 84
事业单位分类改革 …… 85
机构编制管理 …… 85
扩权强镇试点改革 …… 85
事业单位登记管理 …… 85
实名制管理和机构人员编制核查 …… 85
机构编制监督检查 …… 85
党校工作 …… 85
党员、干部培训 …… 85
科研工作 …… 86

荣县人民代表大会

重要会议 …… 88
人民代表大会 …… 88
人大常委会会议 …… 88
主任会议 …… 89
主要工作 …… 90
法律监督和工作监督 …… 90
视察检查 …… 91
专项工作报告 …… 91
人事任免 …… 91
领导名录 …… 91

荣县人民政府

重要会议 …… 94
全体(扩大)会 …… 94
常务会议 …… 94
政府办公室工作 …… 94
政府信息公开 …… 94
调研工作 …… 94
法制工作 …… 94
目标督查工作 …… 94
应急管理 …… 94
议案、提案、建议办理 …… 95
领导名录 …… 95
政务服务 …… 95
标准化建设 …… 95
行政审批度改革 …… 95
开展“双向”测评 …… 95
扶贫和移民工作 …… 96
扶贫开发项目建设 …… 96
社会扶贫 …… 96
村企共建 …… 96
移民后期扶持 …… 96
小井沟工程建设情况 …… 97
小井沟移民 …… 97
气象工作 …… 97
气候 …… 97
暴雨 …… 98
气象防灾减灾 …… 98
资源性人工增雨 …… 99
气象现代化建设 …… 99
综合改革 …… 99
机关事务管理 …… 99
公务接待 …… 99

公共机构节能管理 …… 99

政协荣县委员会

重要会议 …… 102
全体会议 …… 102
常委会议 …… 102
主席会议 …… 102
资政会 …… 104
主要工作 …… 104
提案工作 …… 104
视察调研 …… 104
派驻民主监督员 …… 104
民主评议部门 …… 104
社情民意 …… 104
委员管理 …… 105
联谊宣传 …… 105
领导名录 …… 105

民主党派·工商联

民盟荣县总支部 …… 108
组织建设 …… 108
思想建设 …… 108
参政议政 …… 108
民主监督 …… 108
民革荣县支部 …… 108
简况 …… 108
思想建设 …… 108
参政议政 …… 108
民主监督 …… 108
民建荣县支部 …… 109
简况 …… 109
组织建设 …… 109
建言献策 …… 109
主要活动 …… 109
荣县工商联(商会) …… 109
组织建设 …… 109
服务维权 …… 110
参政议政 …… 110
光彩事业 …… 110

群众团体

县总工会 …… 112
简况 …… 112
两个普遍 …… 112
劳动竞赛 …… 112
职工维权 …… 112
劳模管理 …… 112
职工帮扶 …… 112
职工教育 …… 112
群团中心 …… 113
女工工作 …… 113
共青团荣县委员会 …… 113
团建工作 …… 113
干部培训 …… 113
选树先进 …… 113
青少年教育 …… 113
关爱留守儿童 …… 113
就业创业 …… 113
西部计划 …… 114
主要活动 …… 114
关工委工作 …… 114
县妇联 …… 114
简况 …… 114
主要活动 …… 114
扶贫助困 …… 114

关爱女性健康行动 …………………… 115
双学双比 …………………… 115
巾帼建功 …………………… 115
“家”字评选活动 …………………… 115
维权工作 …………………… 115
县侨联 …………………… 115
联络联谊 …………………… 115
侨情普查 …………………… 115
侨心工程 …………………… 116
参政议政 …………………… 116
自身建设 …………………… 116
县残联 …………………… 116
残疾人康复 …………………… 116
残疾人扶贫 …………………… 116
残疾人救助 …………………… 116
残疾人就业 …………………… 116
残疾人无障碍改造 …………………… 116
综合服务中心建设 …………………… 116
残疾人状况监测 …………………… 116
残保金征收 …………………… 117
个性化服务 …………………… 117
县科协 …………………… 117
简况 …………………… 117
科普宣传 …………………… 117
科技创新实践 …………………… 117
科普惠农兴村建设 …………………… 117
金桥工程 …………………… 117

军 事

荣县人民武装部 …………………… 120
简况 …………………… 120
民兵整组与训练 …………………… 120
参建参治 …………………… 120
基层武装部规范化达标建设 …………………… 120
获奖 …………………… 120
领导名录 …………………… 120
人民防空 …………………… 120
主要工作 …………………… 120
武警荣县中队 …………………… 120
思想政治建设 …………………… 120
军事训练 …………………… 120
内部关系建设 …………………… 120
执勤战备工作 …………………… 121
依法从严治警 …………………… 121
拥政爱民活动 …………………… 121
党支部建设 …………………… 121
获得荣誉 …………………… 121
消 防 …………………… 121
消防安全宣传 …………………… 121
消防监督管理 …………………… 121
火灾事故调查 …………………… 121
便民服务 …………………… 121

政 法

审 判 …………………… 124
刑事审判 …………………… 124
民事案件 …………………… 124
行政案件 …………………… 124
执行案件 …………………… 124
审判监督 …………………… 124
服务大局 …………………… 124
便民利民 …………………… 124
自身建设 …………………… 125
外部监督 …………………… 125
领导名录 …………………… 125
检 察 …………………… 125

打击刑事犯罪 …………………………… 125
化解社会矛盾 …………………………… 125
社会管理创新 …………………………… 125
预防和查办职务犯罪 …………………… 125
刑事侦查和刑事审判监督 ……………… 126
民事、行政诉讼监督 …………………… 126
刑罚执行和监管活动监督 ……………… 126
检务公开 ………………………………… 126
外部监督 ………………………………… 126
队伍建设 ………………………………… 126
领导名录 ………………………………… 126
公　安 …………………………………… 126
职业化建设 ……………………………… 126
规范化建设 ……………………………… 126
信息化建设 ……………………………… 127
110 平台接处警 ………………………… 127
维护社会稳定 …………………………… 127
反恐防暴 ………………………………… 127
安保工作 ………………………………… 127
打击刑事犯罪 …………………………… 128
打击经济犯罪 …………………………… 128
打击毒品犯罪 …………………………… 128
查处治安案件 …………………………… 128
缉枪治爆 ………………………………… 128
热点整治 ………………………………… 128
户籍管理 ………………………………… 128
流动人口管理 …………………………… 129
出入境管理 ……………………………… 129
道路交通管理 …………………………… 129
司　法 …………………………………… 129
法制宣传 ………………………………… 129
人民调解 ………………………………… 129
安置帮教、社区矫正 …………………… 130
法律服务 ………………………………… 130
法律援助 ………………………………… 130

工　业

综　述 …………………………………… 132
企业技术创新与改造 …………………… 132
支柱产业 ………………………………… 132
项目建设 ………………………………… 132
召开新型工业化大会 …………………… 133
节能减排工作 …………………………… 133
金融服务 ………………………………… 133
信息化建设 ……………………………… 133
减轻企业负担 …………………………… 133
名优产品 ………………………………… 134
企业管理 ………………………………… 134
企业培育 ………………………………… 134
企业改制 ………………………………… 134
企业维稳 ………………………………… 134
安全生产 ………………………………… 135
煤炭工业 ………………………………… 135
简况 ……………………………………… 135
煤炭生产经营 …………………………… 135
煤矿企业兼并重组 ……………………… 135
行业管理 ………………………………… 135
项目建设 ………………………………… 135
技术革新 ………………………………… 135
项目建设竣工 …………………………… 135
在建矿井管理 …………………………… 136
煤矿制度 ………………………………… 136
煤矿环境综合治理 ……………………… 136
信息工作 ………………………………… 136
电　力 …………………………………… 136
企业改革 ………………………………… 136
电网建设与发展 ………………………… 136

经营管理 …… 136
安全生产 …… 136
优质服务与行风建设 …… 136
天然气 …… 137
简况 …… 137
基础设施建设 …… 137
表彰 …… 137

农 业

综 述 …… 140
农业农村政策调研 …… 140
农业产业化经营 …… 140
新农村建设成片推进示范县 …… 140
表彰 …… 141
种植业 …… 141
简况 …… 141
新品种新技术推广 …… 141
农业行政执法与农产品质量安全 …… 142
农业补贴与保险 …… 142
农村经营管理 …… 142
畜牧业 …… 142
简况 …… 142
品种改良与技术推广 …… 143
畜牧产业化规模养殖 …… 143
动物疫病防控 …… 143
畜产品质量监管 …… 143
农业机械 …… 143
农机安全监理 …… 143
农机作业 …… 144
农机购置补贴 …… 144
农村机电提灌建设 …… 144
农机行业 …… 144
林 业 …… 144
造林绿化 …… 144
重点工程建设 …… 144
现代林业重点县建设 …… 144
森林防火 …… 145
林业案件查处 …… 145
森林病虫害防治 …… 145
森林采伐管理 …… 145
行政审批 …… 145
集体林权制度改革 …… 145
林业经济 …… 145
水 务 …… 145
水利工程建设 …… 145
水利工程管理 …… 146
供排水工程 …… 146
污水处理 …… 146
水资源保护 …… 146
水土保持 …… 146
水产 …… 146
防汛抗旱 …… 146

交通·通信

交 通 …… 148
简况 …… 148
运输行业管理 …… 148
港航管理 …… 148
公路养护与管理 …… 148
公路建设 …… 149
争取项目资金 …… 149
运输服务 …… 149
交通执法 …… 149
安全监管 …… 149
邮 政 …… 149
简况 …… 149

业务发展 …… 150
网点建设 …… 150
提升服务质量 …… 150
荣誉 …… 150
电　信 …… 150
简况 …… 150
渠道发展 …… 150
网络建设 …… 150
移动通信 …… 150
简况 …… 150
客户服务 …… 151
获奖 …… 151
网络建设 …… 151
联通通信 …… 151
简况 …… 151
网络建设 …… 151
客户服务 …… 151

城建·环保

城乡建设 …… 154
城乡规划 …… 154
规划管理 …… 154
村镇建设 …… 154
危房改造 …… 154
违法违章建设查处 …… 154
棚户区改造 …… 154
市政建设 …… 155
勘察设计 …… 155
招标投标管理 …… 155
工业园区建设 …… 155
简况 …… 155
民生工程 …… 155
工程建设 …… 155
领导名录 …… 155
城市管理 …… 155
综合治理与专项治理 …… 155
环境卫生专项治理 …… 156
园林绿化管护 …… 156
市政设施管护 …… 156
市场管理 …… 156
项目建设 …… 157
建筑管理 …… 157
建筑施工管理 …… 157
质量安全管理 …… 157
房地产管理 …… 157
房地产业开发管理 …… 157
商品房预售管理 …… 157
房屋登记 …… 157
住房保障 …… 157
白蚁防治 …… 158
环境保护 …… 158
简况 …… 158
环保宣传 …… 158
行政审批 …… 158
环境监测 …… 158
环境监测站建设 …… 159
噪声管理 …… 159
污染治理 …… 159
饮用水源保护 …… 159
排污费征收 …… 159
环境监察 …… 159
行政执法 …… 159
减排工作 …… 159
环保产业 …… 160

商贸·旅游

商　贸 …… 162

简况 …… 162
项目建设 …… 162
社会消费品零售额 …… 162
服务业发展 …… 162
外贸出口 …… 162
规划编制 …… 162
农家购物中心建设 …… 162
对外交流 …… 162
服务业培训 …… 163
商品促销 …… 163
茧丝绸管理 …… 163
市场监管 …… 163
乡镇市场建设 …… 163
肉品专项治理 …… 163
旅　游 …… 163
简况 …… 163
星级农家乐培育 …… 163
供销合作 …… 164
简况 …… 164
发展与规范专合组织 …… 164
农村社会化服务体系建设 …… 164
基层组织体系建设 …… 164
项目建设 …… 164
构建新网工程 …… 165
产销对接 …… 165
粮　油 …… 165
简况 …… 165
粮食购销 …… 165
启动最低收购价预案 …… 165
粮食仓储 …… 165
储备粮管理 …… 166
粮食清仓查库 …… 166
推广农户科学储粮 …… 166
粮食流通法规宣传 …… 166
粮食行政执法 …… 166
粮食收购许可证办理 …… 167
烟草专卖 …… 167
简况 …… 167
卷烟营销 …… 167
专卖执法 …… 167

财政·税收

财　政 …… 170
财政体制 …… 170
财政收入 …… 170
财政支出 …… 170
财政平衡 …… 170
基金收支 …… 170
财政专户管理资金 …… 170
财政预算管理与改革 …… 171
财政国库管理与改革 …… 171
行财社保管理与改革 …… 172
财政支农和经建管理与改革 …… 173
国有资产管理与改革 …… 173
财政监督 …… 174
政府债务 …… 174
民生工程 …… 174
获奖 …… 175
国　税 …… 175
税收收入 …… 175
税务登记 …… 175
征收管理 …… 175
纳税服务 …… 175
税收宣传 …… 175
税务稽查 …… 175
文明单位创建 …… 175
地　税 …… 176

地税收入 …… 176
依法治税 …… 176
税收征管 …… 176
纳税服务 …… 176
税收优惠 …… 176
获奖 …… 176

金融·保险

荣县银监办 …… 178
服务实体经济 …… 178
防化风险 …… 178
实施现场检查 …… 178
案防工作 …… 178
发挥监管职能 …… 178
人民银行荣县支行 …… 179
简况 …… 179
存贷款 …… 179
货币政策 …… 179
金融稳定 …… 179
征信管理 …… 179
金融业管理 …… 180
人民币管理 …… 180
反洗钱管理 …… 180
金融消费权益保护 …… 180
经理国库 …… 180
支付结算 …… 180
农发行荣县支行 …… 180
简况 …… 180
主体业务 …… 181
支持城乡发展 …… 181
建行荣县支行 …… 181
简况 …… 181
存款 …… 181
贷款 …… 181
电子银行产品 …… 181
工行荣县支行 …… 181
简况 …… 181
业务拓展 …… 181
农行荣县支行 …… 182
简况 …… 182
存款业务 …… 182
贷款业务 …… 182
中间业务 …… 182
网点转型 …… 182
服务城乡 …… 182
中行荣县支行 …… 183
简况 …… 183
存款与贷款 …… 183
网点转型 …… 183
渠道建设 …… 183
优质服务 …… 183
商业银行荣县支行 …… 183
简况 …… 183
资产负债业务 …… 183
邮政储蓄银行荣县支行 …… 184
简况 …… 184
存款业务 …… 184
贷款业务 …… 184
服务能力 …… 184
渠道建设 …… 184
荣县农村信用合作联社 …… 184
简况 …… 184
网点建设 …… 184
资金组织 …… 184
信贷投放 …… 185
业务发展 …… 185
荣县中成村镇银行 …… 185

简况 …… 185
支农支“小” …… 185
业务拓展 …… 185
人保财险荣县支公司 …… 186
简况 …… 186
服务地方经济 …… 186
加强内控管理 …… 186
优化资源配置 …… 186
人保寿险荣县支公司 …… 186
简况 …… 186
经营管理 …… 186
中国人寿荣县支公司 …… 187
简况 …… 187
农村小额保险业务 …… 187
新型农村合作医疗补充保险业务 …… 187
太保产险荣县支公司 …… 187
简况 …… 187
业务经营 …… 187
理赔服务 …… 187
平安财险荣县营业部 …… 187
简 况 …… 187
服务方式 …… 187
经营管理 …… 187
中华联合财险荣县支公司 …… 188
简况 …… 188
服务地方经济 …… 188

综合管理

发展与改革 …… 190
简况 …… 190
投资和项目储备 …… 190
争取资金 …… 190
重大项目建设 …… 190
强化项目服务机制 …… 190
农村经济 …… 191
工业经济 …… 191
服务业经济 …… 191
新型城镇化建设 …… 191
财政金融 …… 192
招商引资 …… 192
社会事业 …… 192
招标投标监督管理 …… 192
价格管理 …… 192
保持物价基本稳定 …… 192
加强价格监测 …… 193
价调基金征收放缓 …… 193
价格认证 …… 193
安全生产监管 …… 193
简况 …… 193
死亡控制指标与执行 …… 193
监管监察执法 …… 193
标准化建设 …… 194
安全社区建设 …… 194
基层基础工作 …… 194
宣传培训 …… 194
重大危险源登记与监控 …… 194
事故灾难应急救援 …… 194
职业健康危害防治 …… 194
建立安全生产长效机制 …… 194
煤矿专项整治 …… 195
交通专项整治 …… 195
非煤矿山专项整治 …… 195
危险化学品专项整治 …… 195
隐患整改 …… 195
食品药品监管 …… 195
简况 …… 195
餐饮服务食品安全监管 …… 196

药品、保健化妆品安全监管 …… 196
农村群体宴席监管 …… 196
食品药品安全宣传 …… 196
质量技术监管 …… 197
名牌发展 …… 197
特种设备安全 …… 197
执法监管 …… 197
计量管理 …… 197
标准及代码管理 …… 198
法制宣传 …… 198
住房公积金管理 …… 198
简况 …… 198
贷款发放 …… 198
规范支取 …… 198
运营增值促保障 …… 198
提高办理效率 …… 199
提升技术手段 …… 199
国土资源管理 …… 199
耕地保护与利用管理 …… 199
实施“金土地”工程 …… 199
地籍规划管理 …… 200
地质矿产管理 …… 200
执法监察 …… 201
工商行政管理 …… 201
市场监督管理 …… 201
维护城乡市场秩序 …… 201
企业与个体登记管理 …… 201
城乡环境综合整治 …… 201
商标与广告管理 …… 201
经济监督管理 …… 202
经济合同管理 …… 202
消费维权 …… 202
基层工商所建设 …… 202
工商体制下划 …… 202
获奖 …… 202
审　计 …… 203
审计项目实施 …… 203
审计处理处罚 …… 203
交办事项完成情况 …… 203
全国土地出让金审计 …… 203
升级审计系统 …… 203
优秀审计项目 …… 203
统　计 …… 203
统计年定报 …… 203
城乡一体化调查改革 …… 203
生猪监测调查 …… 203
粮食产量抽样调查 …… 204
服务业统计 …… 204
统计服务 …… 204
第三次全国经济普查 …… 204
基本单位名录库建设 …… 204
统计信息化建设 …… 204
统计教育与培训 …… 204

教育·科技

教　育 …… 206
简况 …… 206
幼儿教育 …… 206
义务教育 …… 206
普高教育 …… 206
成人教育 …… 206
特殊教育 …… 206
职业教育 …… 206
素质教育 …… 206
新城中学建设 …… 207
教育信息化建设 …… 207
教师周转房建设 …… 207

队伍建设 …… 207
教育教学改革 …… 207
教育民生工程 …… 207
县招办 …… 208
教研室 …… 208
电教教仪站 …… 208
科 技 …… 208
科技计划项目工作 …… 208
市县科技进步奖申报、评审工作 …… 208
科技人员下乡帮扶工作 …… 208
农业科技创新工作 …… 209
知识产权工作 …… 209
推进关键技术攻关 …… 209
构建产学研合作联盟 …… 209

文化·广电·体育

文 化 …… 212
文化规划 …… 212
文化改革 …… 212
文化基础设施建设 …… 212
重要文化活动 …… 212
文化保护 …… 214
行政审批 …… 215
文化治理 …… 215
打造文化品牌 …… 215
文化开放 …… 215
文化人才 …… 215
广 电 …… 216
宣传工作 …… 216
事业发展 …… 216
体 育 …… 216
体育活动 …… 216
体育设施建设 …… 216
档 案 …… 217
馆库建设 …… 217
新馆建设前期工作 …… 217
新农村建设档案工作 …… 217
档案业务培训 …… 217
规范化管理工作 …… 217
重大建设项目档案管理 …… 217
档案法制建设 …… 217
档案信息化建设 …… 217
档案数字化建设 …… 217
档案接收征集 …… 217
档案开放利用 …… 218
地方志 …… 218
简况 …… 218
编辑出版《荣县年鉴(2014)》…… 218
强化业务培训 …… 218
大事记工作制度 …… 218
志书交流 …… 218
《荣县史话》编写 …… 218

社会生活

社会保障和人力资源 …… 220
社会保险参保面 …… 220
社会保险基金征收 …… 220
社会保险费支出 …… 220
社会保险扩面 …… 220
社会保险基金监管 …… 220
企业离退休人员待遇调整 …… 220
工伤人员相关待遇调整 …… 220
落实惠民政策 …… 221
解决历史遗留问题 …… 221
提升服务水平 …… 221
就业促进 …… 221

职业介绍 …… 222
就业与创业培训 …… 222
劳务开发 …… 222
推进公共就业服务活动 …… 222
农村劳动力实名制登记入库 …… 222
公务员队伍建设 …… 222
事业单位岗位设置管理 …… 223
专业技术人才队伍建设 …… 223
工资福利管理 …… 223
企业军转干部解困 …… 223
维护劳动者合法权益 …… 223
高校毕业生人才队伍建设 …… 224
基础设施建设 …… 224
民　政 …… 224
简况 …… 224
重大项目建设 …… 225
居民最低生活保障 …… 225
医疗救助 …… 225
临时生活困难救助 …… 225
受灾人员救助 …… 225
农村五保供养 …… 225
儿童福利 …… 225
优抚安置 …… 225
殡葬管理 …… 226
社会事务管理 …… 226
婚姻与收养登记 …… 226
流浪乞讨人员救助 …… 226
基层民主建设 …… 226
区划地名工作 …… 226
社会福利与慈善事业 …… 226
养老服务体系建设 …… 226
搭建数字民政综合平台 …… 227
其他工作 …… 227
卫　生 …… 227
机构 …… 227
基础设施 …… 227
医疗设备 …… 227
队伍建设 …… 228
新型农村合作医疗 …… 228
基本药物制度 …… 228
公立医院改革 …… 228
基本公共卫生服务 …… 229
传染病防治 …… 229
精神卫生 …… 229
卫生应急 …… 229
食品安全 …… 229
妇幼保健 …… 230
爱国卫生 …… 230
卫生执法监督 …… 230
医疗业务 …… 230
中医建设 …… 231
卫生文化建设 …… 231
科技动态 …… 231
获奖情况 …… 231
人口和计划生育 …… 232
简况 …… 232
宣传教育 …… 232
信息化建设 …… 232
行政执法 …… 232
利益导向 …… 233
流动人口管理 …… 233
技术服务 …… 233
计生协会 …… 233
人民生活 …… 234
城市居民收入 …… 234
城市居民消费 …… 234
农村收入 …… 234
农村居民消费 …… 234

民族宗教 …… 234
少数民族分布 …… 234
少数民族扶持 …… 234
协调处理矛盾纠纷 …… 235
宗教事务管理 …… 235

乡 镇

旭阳镇 …… 238
简况 …… 238
农业 …… 238
工业 …… 238
商贸 …… 238
新农村建设 …… 238
财政金融 …… 238
基础设施建设 …… 238
重点工程建设 …… 239
城乡环境 …… 239
社会事业 …… 239
领导名录 …… 239
留佳镇 …… 240
简况 …… 240
小井沟移民搬迁安置 …… 240
农业 …… 240
乡镇企业 …… 240
财政金融 …… 240
基础设施建设 …… 240
教育卫生 …… 241
社会事业 …… 241
一事一议 …… 241
新农村建设 …… 241
双石镇 …… 241
简况 …… 241
农业 …… 241
土地确权登记 …… 241
财政金融 …… 241
乡镇企业 …… 242
新农村建设 …… 242
惠民政策 …… 242
一事一议建设项目 …… 242
基础设施建设 …… 242
移民新村建设 …… 242
城乡环境治理 …… 242
风貌整治 …… 242
文化事业 …… 242
社会事业 …… 243
乐德镇 …… 243
简况 …… 243
农业 …… 243
乡镇企业 …… 243
新农村建设 …… 243
教育卫生 …… 243
计划生育 …… 243
民政 …… 243
社会事业 …… 243
长山镇 …… 244
简况 …… 244
农业 …… 244
乡镇企业 …… 244
商贸 …… 244
农业产业化建设 …… 244
新农村建设 …… 244
公共服务项目 …… 244
财政金融 …… 244
基础设施建设 …… 244
百镇示范建设 …… 245
城乡环境治理 …… 245
社会事业 …… 245

高山镇 …… 245
简况 …… 245
农业 …… 245
民营企业 …… 246
基础设施建设 …… 246
村镇建设 …… 246
国土资源管理 …… 246
招商引资 …… 246
社会事业 …… 246
计划生育 …… 247
双古镇 …… 247
简况 …… 247
农业 …… 247
乡镇企业 …… 247
财政金融 …… 247
基础设施建设 …… 247
教育卫生 …… 248
招商引资 …… 248
社会事业 …… 248
度佳镇 …… 248
简况 …… 248
农业 …… 248
乡镇企业 …… 248
财政金融 …… 248
基础设施建设 …… 248
重点项目建设 …… 249
城乡环境治理 …… 249
社会事业 …… 249
来牟镇 …… 249
简况 …… 249
农业 …… 249
畜牧养殖 …… 249
企业 …… 250
财政 …… 250
民政 …… 250
计生 …… 250
村建环卫 …… 250
社会事业 …… 250
教育卫生 …… 250
重大项目 …… 251
招商引资 …… 251
保华镇 …… 251
简况 …… 251
农业 …… 251
乡镇企业 …… 251
新农村建设 …… 251
基础设施建设 …… 251
重点项目建设 …… 251
城乡环境治理 …… 252
社会事业 …… 252
民生 …… 252
过水镇 …… 252
简况 …… 252
农业 …… 252
畜牧业 …… 252
乡镇企业 …… 253
新农村建设 …… 253
财政金融 …… 253
设施建设 …… 253
重大项目 …… 253
城乡环境整治 …… 253
社会事业 …… 253
便民服务 …… 254
信访 …… 254
本地特色 …… 254
鼎新镇 …… 254
简况 …… 254
农业 …… 254

乡镇企业 …… 254
新农村建设 …… 254
财政金融 …… 255
基础设施建设 …… 255
城乡环境治理 …… 255
社会事业 …… 255
东佳镇 …… 255
简况 …… 255
农业 …… 255
乡镇企业 …… 256
财政金融 …… 256
基础设施建设 …… 256
城乡环境治理 …… 256
社会事业 …… 256
河口镇 …… 256
简况 …… 256
农业 …… 256
财政金融 …… 256
公共服务 …… 256
民心工程 …… 257
新农村建设 …… 257
劳务输出 …… 257
教育 …… 257
社会保障 …… 257
惠农补助 …… 257
城乡环境综合整治 …… 257
一事一议 …… 257
望佳镇 …… 257
简况 …… 257
农业 …… 258
乡镇企业 …… 258
财政金融 …… 258
基础设施建设 …… 258
城乡环境治理 …… 258
社会事业 …… 258
招商引资 …… 258
观山镇 …… 258
简况 …… 258
农业 …… 259
乡镇企业 …… 259
招商引资 …… 259
基础设施建设 …… 259
社会事业 …… 259
新桥镇 …… 259
简况 …… 259
农业 …… 259
工业 …… 259
劳务输出 …… 259
财政金融 …… 260
教育卫生 …… 260
社会保障 …… 260
道路建设 …… 260
交通运输 …… 260
城乡环境 …… 260
邮政电信 …… 260
基础设施 …… 260
集镇绿化 …… 260
古文镇 …… 260
简况 …… 260
农业 …… 261
财政金融 …… 261
基础设施 …… 261
城乡环境治理 …… 261
社会事业 …… 261
铁厂镇 …… 261
简况 …… 261
农业 …… 261
乡镇企业 …… 261

财政金融 …… 261
基础设施建设 …… 262
教育卫生 …… 262
社会事业 …… 262
正紫镇 …… 262
简况 …… 262
农业 …… 262
乡镇企业 …… 262
财政金融 …… 262
基础设施建设 …… 262
教育卫生 …… 263
招商引资 …… 263
社会事业 …… 263
重点工程建设 …… 263
古佳乡 …… 263
简况 …… 263
农业 …… 263
财政金融 …… 263
基础设施 …… 263
一事一议 …… 263
城乡环境治理 …… 264
社会事业 …… 264
复兴乡 …… 264
简况 …… 264
农业 …… 264
乡镇企业 …… 264
财政金融 …… 264
基础设施建设 …… 264
教育卫生 …… 265
社会事业 …… 265
墨林乡 …… 265
简况 …… 265
农业 …… 265
乡镇企业 …… 265
财政金融 …… 265
基础设施建设 …… 265
重点项目建设 …… 265
城乡环境治理 …… 265
社会事业 …… 266
东兴镇 …… 266
简况 …… 266
农业 …… 266
乡镇企业 …… 266
财政金融 …… 266
基础设施建设 …… 266
教育卫生文化 …… 266
一事一议 …… 266
社会事业 …… 267
惠农政策 …… 267
土地流转工程 …… 267
回引工程 …… 267
农村公共服务 …… 267
交通 …… 267
雷音乡 …… 267
简况 …… 267
农业 …… 267
新农村建设 …… 267
乡镇企业 …… 267
财政金融 …… 268
基础设施建设 …… 268
重点工程建设 …… 268
教育卫生 …… 268
社会事业 …… 268
于佳乡 …… 268
简况 …… 268
农业 …… 268
乡镇企业 …… 268
新农村建设 …… 268
财政金融 …… 268
基础设施建设 …… 269

社会事业 …………………………………… 269
金花乡 …………………………………… 269
简况 …………………………………… 269
农业 …………………………………… 269
乡镇企业 …………………………………… 269
财政金融 …………………………………… 269
基础设施建设 …………………………………… 269
教育卫生 …………………………………… 270
计划生育 …………………………………… 270
社会事业 …………………………………… 270

人 物

2014 年度获奖名录 …………………………………… 272

附 录

荣县 2014 年国民经济和社会发展的统计公报 …………………………………… 286

专 文

调研文章 …………………………………… 296
荣县农业产业化发展的对策报告 ……… 296
关于加强城区农贸市场规划建设与管理的调研报告 …………………………………… 300
关于增加农民财产性收入的调研报告 …… …………………………………… 305
重要文件名录 …………………………………… 311
重要文件选录 …………………………………… 312
中共荣县县委　荣县人民政府关于深入推进农村改革加快发展现代农业的意见 …… …………………………………… 312
中共荣县县委关于深入开展党的群众路线教育实践活动的实施意见 ……………… 316
中共荣县县委关于深入推进依法治县的意见 …………………………………… 324
荣县人民政府印发《荣县农村土地承包经营权流转管理实施办法(试行)》的通知…… …………………………………… 331
荣县人民政府关于加快推进养老服务体系建设的实施意见 ………………………… 336
荣县人民政府关于印发荣县大气污染防治行动实施方案的通知 ……………………… 340

概　貌

GAI MAO

一、建置沿革

荣县历史悠久，相传古为青阳封国，战国初为蜀国地，秦为蜀郡南安县地，西汉时属犍为郡南安县，晋义熙十年（414），因荣地有铁山产铁，置为冶官县，隋开皇十三年（593），在今县城设大牢县治，唐贞观元年（627），设为旭川县治。宋改县名为“荣德”，明代起称“荣县”至今。从唐永徽二年（651）起，至明洪武九年（1376），先后为荣州、和义郡、都督府、绍熙府、绍熙府军民宣抚司、绍熙路总管府的治所。一度成为“川南一大都会”“西南一大都会”。特别是唐宋时代，曾建过荣王府，先后封有7位荣王，宋光宗赵惇继位之前，于绍兴年间来此任过三年荣州刺史。爱国诗人陆游也曾任荣州知州。1911年9月25日，吴玉章、王天杰在县城宣布荣县独立，建立军政府，敲响了中国最后一个封建王朝的丧钟，荣县独立比武昌起义早半个月，“首义实先天下”。民国元年（1912）设县公署，隶属嘉定府。民国24年（1935），隶属四川省第二行政督察区专员公署，县公署更名县政府。1949年12月6日，荣县解放，隶属川南行政公署资中专区（后名内江专区）。1978年4月，荣县划归自贡市。

二、地理

荣县地处四川盆地南部，属自贡市管辖，位于北纬29°08′04″～29°38′26″，东经104°03′03″～104°40′15″。东邻威远、贡井，南界宜宾，西连井研、犍为，北接仁寿。辖区面积1609平方公里，年末总人口69.18万人，辖21个镇、6个乡、346个社区居委会（村民委员会）。

荣县地形由丘陵、低山、平坝及沟谷组成，地势西北高，东南低，海拔多介于350～450米之间，最低288米，最高901米。地貌分区特征较明显，由北向南波状起伏，北部多为低山高丘地形；中部多为低丘、中丘地形；南部多为中丘、高丘地形。平坝主要分布在沿河两岸。

荣县属中亚热带季风气候区，大陆性季风气候显著，四季分明、气候温和、降水充沛。冬暖，雨水少；春早，气温波动大；夏季炎热、潮湿，雨水集中，多雷暴，初夏多干旱，盛夏多局部洪涝；秋季气温下降快，雨日多。

荣县的河流可分为两大水系六个流域，即：岷江水系越溪河流域、沙溪河流域、芒溪河流域；沱江水系的旭水河流域、中溪河流域、威远河流域。荣县境内共有大小河流72条，总长934.25公里，长度在10公里以上的河流有28条，6～10公里的河流有44条。距县城北1.5公里处双溪水库，库容5800万立方米，防洪能力达20年一遇。境内其他支流主要有臭水河、照石河、中溪河等。越溪河属岷江水系一级支流，为荣县过境河流。在县境内长115公里，流域面积730平方公里，年径流总量4.8亿立方米。主要支流有仁和溪、朱家河、太公河、斑竹河、牛尾河、沙溪河等。小井沟段（沙凼河至箭滩）长9公里，在越溪河中段，段内落差90多米，正兴建小井沟水库。

2001年，矿产普查，全县发现主要矿产13种，矿产地111处，主要矿产为天然气气田、煤井田、岩盐、石灰岩、石英砂岩、陶瓷原料、澎润土、建筑石料、页岩矿、建筑用砂、含钾水云母黏土岩、菱铁矿、铜。前10种矿产已开发利用，后3种为矿化点。县境内煤矿均属烟煤，主要分布在保华、度新、铁厂、旭阳、东兴、墨林、顺河、双古、于佳、长山、留佳等地。县有煤炭资源储量5416万吨。岩盐有固体岩盐矿床两处，即威西岩盐矿、高山岩盐矿。主要分布于长山、来牟、高山镇，资源储量60亿吨。石灰岩矿（水泥用灰岩、石料）主产3个片区，有矿产地29处，其中大中型号矿产地各1个，开采矿山均为小型，质量以东兴为佳，可作优质水泥原料，现有资源量2.73亿吨，预测资源量达24亿吨。长石石英砂岩分布在墨林、东兴、保华、长山等地，矿石用途广泛，可作玻璃原料，水泥配料、铸型砂、陶瓷配料等，查明资源量3947.03万吨。2011年，探明较好煤质储量1亿吨以上。2014年，探明页岩气储量210亿立方米。

三、经济

2014年，全年实现地区生产总值（GDP）173.43亿元，比上年增长8.1%。其中，第一产业增加值39.11亿元，增长4%；第二产业增加值89.87亿元，增长9.6%；第三产业增加值44.44亿元，增长8%。三次产业对经济增长的贡献率分别为9.7%、65.4%、24.9%，三次产业分别拉动经济增长0.8、5.3、2个百分点。三次产业结构由上年末的23.6∶51.1∶25.3调整为22.6∶51.8∶25.6。全县全年人均生产总值2.94万元，比上年增加1931元。地方公共财政预算收入实现4.87亿元；地方公共财政预算支出实现24.7亿元；固定资产投资完成71.59亿元，增长9.9%；社会消费品零售总额实现60.89亿元，增长12.4%；城镇居民人均可支配收入2.24万元，增长9.6%；农民人均纯收入9999.77元，增长11.3%。

项目建设扎实推进。以“项目突破年”为抓手，加大项目争取和推进力度。全年争取政府性投资项目补助资金12.3亿元，名列全市前茅。以产业发展、民生改善为重点的122个重大项目，完成年度计划投资60.4亿元。金铂利陶瓷生产线等47个项目投用投产，旭阳药业现代中药产业园等35个项目加快推进，巴尔农牧研发基地等48个项目顺利开工。小井沟水利工程大坝填筑至设计高程；移民搬迁安置工作扎实推进，累计完成移民投资12.5亿元，完成安置对接1930户7286人，分别占规划水平年的87.5%和90.7%。不断加大招商力度，全年引进项目59个，其中，引进世界500强企业沃尔玛等1亿元以上的项目14个，招商引资到位市外资金77.55亿元，其中，到位省外资金42.29亿元。

工业经济逆势增长。全年全部工业增加值实现78.81亿元，增长9.8%，对经济增长的贡献率为59.0%。其中，规模以上工业企业增加值实现59.06亿元，增长9.1%。年末规模以上工业企业户数92户；规模以上工业企业总产值实现184.69亿元，增长9.7%；工业产品销售率99%，下降0.3个百分点。全年规模以上工业企业主营业务收入实现175.11亿元，增长8.4%；利税总额11.5亿元，增长3.4%，其中，利润总额5.49亿元，增长25.6%。全县新增规模以上工业企业8户。出台稳定工业发展八条措施，设立5000万元企业应急临时周转资金，累计帮助9户企业转贷1.7亿元。工业园区建设稳步推进，新增承载能力1000亩，建成核心区面积3平方公里。园区产值实现120亿元，同比增长8.5%。实施重大工业项目26个，完成投资12亿元。企业自主创新能力进一步提高，双丰机械等3户企业被认定为2014年国家高新企业，瑞安机械被认定为四川省第七批创新型企业，旭阳药业技术中心被确定为省级企业技术中心，战略性新兴产业增加值占比提高到10%以上。中小企业培育取得初步成效，俊鸿鞋业等5户企业被确定为全省“小巨人”企业，博晨农业被确定为全省“成长型”中小企业，川瑞锅炉等6户企业被确定为全省“专精特新”中小企业培育对象。

煤矿整顿关闭稳步推进，旭湾等4座煤矿顺利关闭。页岩气勘探实现重大突破，探明储量210亿立方米。

农业效益稳步增加。年末耕地面积3.99万公顷，比上年增加46公顷；全年农作物总播种面积10.04万公顷，比上年增加576公顷，其中，粮食作物播种面积7.21万公顷，比上年增加84公顷。全年实现农业增加值40.5亿元，同比增长3.7%，再获全省“三农”工作先进县。“两再四秋”成效显著，百公里“中稻+再生稻”产业化发展长廊已具雏形，再生稻最高亩产345.7公斤，创全省次适宜地区再生稻生产最高纪录；建成2个万亩高粱+再生高粱示范区，粮食总产量40.76万吨，增产620吨，增长0.2%，产粮大县地位进一步巩固。实施标准口粮田、金土地等项目，改造完善高标准农田3.3万亩，新增工程蓄水能力175.4万立方，新增和改善灌面2.6万亩。全年肉类总产量8万吨，比上年增长3.1%。其中，猪肉产量4.97万吨，增长2.6%；牛肉产量845吨，增长11.8%；羊肉产量4226吨，增长3.2%；家禽肉产量9548吨，增长1.5%。年内生猪出栏71.73万头，增长1.7%；年末生猪存栏48.21万头，增长0.1%。大力培育农业新型经营主体，巴尔农牧集团成功创建为农业产业化国家重点龙头企业，新增3户国家级示范专合组织、3户省级重点龙头企业，建成21个万亩特色产业园区、22个万头（只）规模养殖基地（场），成功举办全省深化现代畜牧业发展现场会、全省超级稻“德香4103”产业化示范现场观摩会等3个省级现场会。农业品牌建设成效明显，古文镇创建成为全国“一村一品”示范镇，绿茗春“巅峰雀舌”绿茶获中国国际农产品交易会金奖，“荣县油茶”地理商标获国家工商总局正式注册，“川南丘陵区乡土油茶良种选育及产业化研究与示范”获省科技进步二等奖。新农村建设有序推进，整合涉农资金2.2亿元，建成10个幸福美丽新村。省级现代畜牧业重点县、省级农产品质量安全监管规范化县等3项创建工作推进顺利。

第三产业活力增强。全年实现服务业增加值44.44亿元，同比增长8%。着力发展旅游产业，梧桐水街、金台村乡村旅游示范区观光园主体工程顺利完工；成功举办“旅游卫视·最美中国·荣县大佛篇”活动。县及县以上风景名胜区6个；星级饭店3个，星级饭店客房196间，全年接待旅游人数288.36万人次，同比增长13.1%；实现旅游综合收入41.21亿元，同比增长18.1%。商贸服务业加快发展，美吉特家居建材科技博览城等6个项目有序推进。着力推进服务网点建设，惠友超市等骨干企业作用进一步发挥。新增限额以上商贸企业、规模以上服务业企业17户，社会消费品零售总额60.89亿元，同比增长12.4%。对外贸易加快发展，全年全县出口总额（包括转口贸易）510万美元，比上年增长65.6%。金融机构各项存款余额172.94亿元，比年初增长12.4%。各项贷款余额83.34亿元，增长4.7%。

各项改革不断深化。新一轮政府机构改革和事业单位分类改革进展顺利，行政审批制度改革有序进行，行政权力公开透明运行平台投入使用。推行“零基预算”，盘活财政存量资金2775万元；营改增工作全面实施，为企业减轻税赋1100万元。实施工商登记制度改革，全面落实“先照后证”制度。全面放开农民进城落户限制，推进农业转移人口市民化；省级农民财产性收入试点成效明显，财政资金量化入股做法在全省进行经验交流；实行农村“五权”股份制改造，为壮大农村集体经济组织探索出新途径；农村公共服务运行维护机制试点成效显著，被确定为国家级标准化试点县；农村“六权”确权工作进展顺利，被确定为全省水权确权试点县。长山镇、双石镇省级示范镇建设扎实推进。

四、城乡建设

城乡规划。县城总体规划调修全面完成，县域全域规划编制工作被列为全省首批8个试点县之一，双溪生态旅游小镇、双溪环湖路规划顺利启动。旧城、河东片区控制性详细规划设计方案有序进行，东街、附东街等棚户区改造规划不断完善。乡镇总规修编实现全覆盖，行政村新村规划编制完成率达66%。城市建设稳步推进，县城建成区面积达15平方公里，城镇化率达到37.4%。

基础设施建设。内威荣高速公路路基工程全面完工，乐自高速公路荣县城区连接线景观绿化工程、旭水大道及相邻支道工程B标段路面沥青砼铺筑基本完成，旭水大道西延线、东川大道及相邻支道建设工程进展顺利。91公里道路安保工程和锁江桥、长山大桥危桥整治及双石至高山等4条连乡（镇）公路路面整治工程全面完工，建设县乡、村道75公里、便民路290.6公里。开展城区交通缓堵保畅工作，新增停车泊位290个。老城区破损道路及下水道改造（一期）、新城区人行道改造（一期）、白塔山公园（一期）、南华宫市场排危工程顺利完工，体育中心公园、星河翡翠公园完成前期工作。

综合治理。扎实开展“城市管理年”活动，数字化城市管理平台正式启用，全时段、全方位覆盖的城市管理模式初步建成。以整治城区扬尘为重点，深化“五乱”治理。来牟镇被评为全省“环境优美示范城镇”，乐德镇回龙殿村、长山镇胡家村等9个村被评为全省“环境优美示范村庄”，双石镇、望佳镇成功创建为省级生态乡镇。开展机动三轮车非法行为整治，查处各类违法三轮车529辆，城区交通秩序明显好转。依法拆除城乡非法占地违章建筑1.2万平方米。

生态环境。县城区生活污水处理厂二期、长山中心水厂主体工程顺利完工，留佳镇等3个场镇生活污水处理设施全面完成，保华镇等16个场镇生活污水处理设施建设有序推进。小井沟和双溪水库饮用水源地生态功能区保护建设控制规划启动实施。开展土地综合整治和森林资源保护，全年新增造林面积2927公顷，森林覆盖率达39.86%，县城建成区绿化覆盖率达39.7%。关闭污染企业18家，治理畜禽养殖场20户，实施工业企业“煤改气”6户。

五、社会事业

民生项目。全年民生投入达19.2亿元，占公共财政预算支出的77.6%。九大民生工程深入实施，77项量化考核指标全面完成，17件民生实事全部办结。社会保险覆盖范围不断扩大，城乡居民养老保险参保人数达35.92万人。城镇新增就业6995人，城镇登记失业率控制在4.15%以内。医疗救助困难群众6.8万人次，发放救助金1952万元。清理退出低保4158人，新增低保5308人，发放低保金1.1亿元，城乡低保人均月补差分别提高到231.03元和144.34元。推进养老服务体系建设，新改扩建乡镇敬老院6所，新增床位815张，建成26个老年人日间照料中心、18个农村幸福院。河西新区第五期安置房全面建成，第六期安置房开工建设。健全残疾人社会保障和服务体系，为2.59万名残疾人提供“量体裁衣”式个性化服务。

社会事业。有序推进教育教学改革，教育质量稳步提高，高考重点本科上线168人，比去年增加48人；投入3.2亿元，完成荣县一中和城关中学整体合并迁建，实现2014年秋季招生目标。推进卫生事业发展，基层首诊暨双向转诊制度初步建立；巩固完善城镇居民医保、新农合制度，参合率达99.8%，参合农民实际补偿比达65.1%；县精神病院综合大楼建成投入使用，县疾控中心升级为二甲疾控机构；成功创建省免疫规划等3个示范县，顺利通过全国中医工作先进县中期检查。落实“单独两孩”政策，符合政策生育率达85.8%，古文镇李子村获“全国人口和计划生育基层群众自治示范村居”称号。推进文体事业发展，县电视台顺利搬迁，完成66个村广播“村村响”、40个村广播电视“村村通”工程；荣县（农民漫画）、长山镇（锣鼓）成功申报为四川省民间文化艺术之乡；成功举办2014年春晚、县第九届老年人运动会等系列文体活动，全面完成省第十二届运动会参赛任务。加强档案规范化管理，全县各级各部门档案管理再上新台阶。全国第三次经济普查工作全面完成。地方志工作获四川省第16次地方志优秀成果奖。“双拥模范县”实现七连冠。

大事记

DA SHI JI

1月

1月1日　在荣县体育中心及城区举行荣县2014年元旦“体彩杯”全民健身万人长跑活动。

1月2日　长山镇小学、双古中学分别通过市教育局专家组评估，成为自贡市现代教育技术示范校和自贡市实验教学示范校。

1月3日　荣县邀请英国教授莫森作“旧城更新与再生、过程与结果”专题讲座，与全县党员干部探讨旧城改造问题。县人大副主任代少书、县政协副主席兰其贵参加。

1月3日　荣县总工会举行2014年元旦春节送温暖资金发放仪式，启动2014年春节期间送温暖和劳模关爱周活动。县委常委、宣传部部长、县总工会主席邹崇霞参加发放仪式。

1月4日　“巴尔农牧·2014年荣县春节联欢晚会”节目选拔总决赛在首义广场举行，共选拔20个节目参加2014年荣县春晚。县委常委、宣传部部长邹崇霞，县人大常委会副主任周本光，副县长施东良，县政协副主席吴平与千余名市民现场观看比赛。

1月5日至6日　中共荣县第十三次代表大会第三次会议在县行政中心大会厅召开。248名党代表和列席代表、特邀来宾参加会议。县委书记荣全代表中共荣县第十三届委员会向大会作题为《乘势而上谋发展，加速提质强后劲，为实现底部崛起而努力奋斗》的工作报告。会议通过《县委工作报告的决议》《县纪委工作报告的决议》，通报《提案审查报告》。

1月6日至8日　召开政协第十三届荣县委员会第三次会议。242名政协委员参加会议。会议听取和讨论《政府工作报告》《政协常委会工作报告》《政协常委会提案工作报告》《法院工作报告》《检察院工作报告》。会议通过县政协常委会提案审查报告和县政协常委会工作报告决议。

1月7日至9日　荣县第十七届人民代表大会第三次会议召开，232名县人大代表参加会议。县委副书记、县长韩明祝代表县人民政府向大会作《政府工作报告》。审查和通过《荣县2013年国民经济和社会发展计划执行情况及2014年计划（草案）的报告》《荣县人民政府工作报告的决议》等文件。

1月7日　由省环保厅、省财政厅组成的省级生态乡镇考核验收专家组对荣县双石、望佳创建省级生态乡镇和巴尔集团鼎新有机肥生产厂项目开展考核验收并同意通过省级生态乡镇验收，上报省环保厅审定。县委常委、副县长、政法委书记冯永志参加。

1月9日　2014年一季度荣县12个重大项目集中开工。12个重大项目涉及机械制造、农副产品加工、鞋业制造、市政基础设施等领域，总投资24亿元，年度计划投资6.3亿元。县委书记荣全，县委副书记、县长韩明祝，县人大常委会主任武役卫，县领导郑小清、冯永志、吴永红、邓明、缪剑参加开工仪式。

1月11日　荣县第九届村（居）民委员会换届选举日，全县331个村、居选出村（居）民委员会主任。县委书记荣全，县委副书记、县长韩明祝，县委副书记宋成文，县领导肖永忠、傅仕方、吴永红、杨文华、秦开亮分别到望佳镇品山村、双石镇金台村等巡查指导。

1月16日　荣县开展春节劳模关爱周活动，集中为省、市级的26名劳模代表发放慰问金。县委常委邹崇霞、冯永志，县人大常委会副主任周本光参加。

1月17日　荣县第二届“农行杯”暨第十二届“篮协杯”篮球邀请赛正式开赛，副县长施东良参加开幕式并开球。

1月20日至21日　县委书记荣全走访长山镇和旭阳镇，看望慰问困难群众、劳模及优秀人才，送去慰问金和慰问品。县委常委、宣传部部长邹崇霞，县委常委、县委办主任吴永红参加。

1月21日　荣县开展集中整治三轮车非法营运专项行动。按照“先城区、后乡镇”的思路，分疏导教育、集中整治、长态管理3个阶段实施。至9月底，共查扣非法运营三轮车457台。

1月24日　荣县法院审结自贡市新星源食品有限公司破产重整案，裁定批准新星源公司重整计划。

1月24日　荣县县委、县政府表彰蒋兵（荣县宣传杂志社记者）、杨屹迪（雷音乡小学教师）、范绍能（乐德镇太平村党支部书记）、邓小洪（河口镇字库村4组村民）、林传政（鼎新镇农业中心农技员）、曾贤（荣县义工联合会会长）、程淑修（过水镇敬老院院长）、伍学军（旭阳镇二佛路社区居民）、龚东梅（墨林乡大石门村大学生村官）、童义兴（荣县关工委常务副主任）10人为第三届荣县道德模范。

1月24日　荣县等33个2013年度全省“三农”工作先进县（市、区）在全省农村工作电视电话会议上被通报表扬。

1月24日　荣县公安局举办“警民情·平安颂”警民迎春联欢会。副市长、市公安局局长马宏，县委书记荣全，县委副书记、县长韩明祝，县人大常委会主任武役卫，县政协主席王斌儒，县领导冯永志、吕良、缪剑、秦开亮参加联欢会。

1月27日　荣县宣传杂志社与县电视台、县文联、县文化馆联合举办的“巴尔农牧·2014年荣县春节联欢晚会”在新城体育馆举行。来自基层的3000多名“草根”演员登上春晚选拔舞台，经海选、复赛、决赛、总决赛，选拔出20个节目。整台节目分为贺岁·迎春、耕耘·收获、奋进·跨越3个乐章。

1月28日　副市长杨征宇到小井沟水利工程大坝浇筑现场，看望慰问施工一线的建设者们，副县长杨文华参加。

1月　省委政法委、省法学会通报表彰“未成年人健康成长法治保障”征文活动获奖论文，县法院李文超、张军撰写的《论聚类分析在抑制农村未成年人犯罪的应用》获二等奖，杨勇军、姜启明、张军撰写的《反思与构建——以C市R县法院近三年涉未成年人案件为视角谈未成年人的司法保护》获优秀奖。

1月　荣县旭阳镇被省政法委、省社会管理综合治理委员会、省人力资源和社会保障厅授予2013年度“全省社会管理综合治理先进集体”称号，是全市唯一获此荣誉的乡镇。

1月　荣县人民政府创建的绿色食品原料标准化生产基地被农业部批准为“全国绿色食品原料标准化生产基地”。

1月　荣县中学被省教育厅授予“四川省一级示范性普通高中”。

1月　宽50米双向6车道的乐自高速荣县城区连接线通过专家组竣工验收。工程工期500余天。

2月

2月11日　留佳镇党委、镇政府举办“共筑和谐·平安留佳”为主题的荣县留佳镇第二届麒麟文化艺术节。县委常委、宣传部部长邹崇霞、副县长杨文华参加。

2月11日　在全县餐饮、娱乐行业全面推

行机打发票管理工作。

2月12日　省农业厅副巡视员牟武俊到旭阳、乐德、鼎新等镇督查春耕及春季田间管理工作。副县长邓明参加。

2月14日　县委书记荣全，县委副书记、县长韩明祝，县人大常委会主任武役卫，县政协主席王斌儒一行调研河西新区工作。县领导肖永忠、郑小清、冯永志、吴永红、缪剑等参加调研。

2月14日　荣县举行“龙腾狮跃”闹元宵民俗文化巡演暨“巴尔农牧”春晚节目选拔活动颁奖晚会。此次春晚系列活动共27场，502个节目参赛，3000多演员登场，历时5个月。县人大常委会主任武役卫，县委常委、宣传部部长邹崇霞，县人大常委会副主任周本光，副县长杨文华、施东良，县政协副主席吴平为获奖单位和个人颁奖。

2月18日　意大利首席兔业专家乔治·美利坚到荣县考察肉兔产业，先后参观自贡市品山兔业有限公司肉兔加工生产线和乐德种兔繁育基地，听取肉兔产业发展情况介绍，副县长邓明参加。

2月19日　荣县人民政府官方微信正式开通。

2月21日　省人社厅厅长王建军到荣县，就大学生创业孵化基地运行情况、社区社会保障和劳动人事争议调解委员会建设情况开展专题调研。副市长唐杰，县委书记荣全，县委副书记、县长韩明祝，县领导郑小清、冯永志参加。

2月24日　河西派出所在旭阳镇河西新区水岸南苑馨悦茶坊查获一起聚众赌博案，现场查获赌资近10万元，抓获涉嫌违法、犯罪嫌疑人8名。

2月25日　荣县旭水河旭阳镇防洪治理工程开工建设。总投资2400万元，新建堤防3.5公里，河道清淤6.3公里。

2月27日　荣县召开党的群众路线教育实践活动动员大会，安排部署全县党的群众路线教育实践活动。县委书记、县委党的群众路线教育实践活动领导小组组长荣全，市委督导组第二组组长杨大忠，县委副书记、县长韩明祝，县领导及各乡镇、部门负责人，各界人士代表等共300余人参加会议。

2月28日　全省政府职能转变和机构改革电视电话会召开，县委副书记、县长韩明祝，县委副书记宋成文，县委常委、组织部长肖永忠，县委常委、常务副县长郑小清，县委常委、县委办主任吴永红在荣县分会场参加。

2月　“荣县油茶”地理商标获得国家工商总局商标局正式注册，这是自贡市首件地理商标，也是目前四川省油茶行业唯一的地理商标。全县拥有国家级油茶示范基地10万余亩，是四川省唯一的油茶之乡，也是四川唯一的全国100个油茶基地示范县之一。

2月　荣县档案局与四川大学法学院合作，正式启动民国档案抢救整理和数字化基础工作。县档案馆现存民国档案3.29万卷，争取用3年时间完成对馆藏民国档案的数字化工作。

3月

3月1日　台湾同胞蔡精强、曾国钧等一行到四川旭水酒业有限公司考察并参观大佛寺风景区。县委常委、县委办主任吴永红参加。

3月3日　省森林公安局调研组到荣县调研工作，了解县森林公安局近年来的队伍建设、经费保障、民警编制配备、护林防火、打击涉林违法犯罪等工作情况。

3月3日　在荣县新城中学一空地集中销毁收缴的各类赌博游戏机50余台（整机）。

3月5日　县委书记荣全先后参加座谈会、走访企业，就县级领导班子工作发展思路、“四风”问题等方面，征求意见和听取建议。县委常委、组织部长肖永忠，县委常委、县委办主任吴永红参加。

3月5日　县委副书记、县长韩明祝，县政法委书记、副县长冯永志率有关部门负责人到双石镇开展“走基层、解难题、办实事、惠民生”县领导大接访活动。

3月6日　第一批荣县乡镇生活污水处理工程建设14个项目正式投入试运行。完成总投资7200万元，总日处理生活污水能力达到8420吨，建成污水主管网长25.4公里。

3月8日　荣县新城医院成为泸州医学院附属医院（泸州）对口支援医院。

3月11日　荣县法院法官“走基层”法律服务队成立。

3月12日　荣县民政局被民政部表彰为全国殡葬改革先进单位。

3月14日　荣县在首义广场举行培育和弘扬社会主义核心价值观主题宣传活动。教育、文化、团委、和南街社区围绕立德树人、文化场所建设及管理、青少年关爱和志愿服务、青少年社区实践活动等做动员发言，道德模范龚东梅宣读倡议书，并举行千人签名、现场宣传和志愿服务活动。共400余人参加活动。

3月17日　在荣县中医院多媒体室开展由县纪委、县委宣传部、县监察局主办的“电视问政·问政城管”专题录制。问政代表共提出扬尘污染、路口占道经营、路灯开关不规范等问题，县城管局对问题进行解答。

3月17日　在双石镇虎板村七零水库水面发现漂浮腐败尸体，立案为“3·17”杀人碎尸案。5月29日，在成都、贡井分别将犯罪嫌疑人程某、刘某（女）抓获。

3月17日　荣县县委书记荣全到留佳镇调研小井沟移民搬迁安置工作。县委副书记宋成文，县委常委、组织部部长肖永忠，县委常委、县委办主任吴永红，副县长杨文华参加。

3月18日　市委常委、宣传部部长向华全到鼎新镇西堰村3组参加“院坝会”，听取群众生产生活及宣传文化方面的意见建议，面对面为群众答疑解难。县委书记荣全，县委常委、宣传部部长邹崇霞参加。

3月19日　荣县召开县委中心组党的群众路线教育实践活动第二次集中学习（扩大）会，邀请省委宣讲团成员、省社科院纪委书记向宝云对省委十届四次全会精神作专题辅导报告。

3月19日　省环保厅组织内江、眉山等市、县环保局负责人在荣县召开越溪河流域综合治理协调会。县委常委、副县长、政法委书记冯永志，副县长杨文华，县政协副主席兰其贵参加。

3月20日　省委督导组第二组组长林海云到荣县调研指导党的群众路线教育实践活动。县委书记荣全，县委常委、组织部部长肖永忠，县委常委、政法委书记冯永志，县委常委、县委办主任吴永红参加。

3月20日　荣县2013年新农村建设成片推进示范县和新村基础设施建设接受省级考核。考核组对推进产村相融，全面建设新农村成片推进示范县和加快推进新村基础设施建设工作中取得的成绩予以肯定。县委副书记、县长韩明祝，县委副书记宋成文，副县长邓明参加考核。

3月21日　荣县人大常委会主任武役卫到荣州路社区院坝，就棚户区改造、车辆占道等群众关心的热点、难点问题，听取意见建议。

3月24日　市人大常委会主任陈华一行到荣县调研双溪水库饮水源保护情况，指出建立市县联动、社会参与的常态管护机制，科学推进饮用水源保护。县委书记荣全，县委副书记、县长韩明祝，县人大常委会主任武役卫，县委副书记宋成文，县领导郑小清、冯永志、代少书、施东良参加。

3月24日　荣县纪委、监察局联合旭阳镇、县国土局、县公安局等单位在首义广场开展党风廉政建设宣传暨纪检干部大接访活动，向群众发放资料上万份。县委常委、纪委书记傅仕方参加。

3月26日　荣县被四川省卫生厅命名为四川省结核病防治综合示范县、四川省免疫规划示范县。

3月26日　荣县人口和计划生育局组织召开荣县实施“单独两孩”生育政策解释及网上预约审批系统培训会。

3月29日　荣县首个30万平方米的大型综合体——美吉特·荣县家居建材科技博览城，首批旺铺特惠权认卡活动在其营销中心举行，美吉特家居建材科技博览城一期项目将于年底竣工，明年3月投入使用。

3月　荣县中学女排在“2014年四川省中学生排球联赛”中，夺得女子乙组亚军。

3月　荣县中医院创建成为全市首批“自贡市温馨医院”，成为自贡市首批成功创建的11家医疗机构之一。

3月　荣县商会会员企业川能公司捐资100余万元，在双古镇烟坡村修建拦河堰水利工程将建成，拦河堰工程有2万多立方米的蓄水量，总灌溉面积3000亩以上。

3月至5月　发动全县妇女和家庭参与“最美家庭”评选活动，评选出市级“最美家庭”3户，县级“最美家庭”20户。其中留佳镇朱世开被全国妇联评为全国百名“传承好家风的好爸爸”。

4月

4月1日　荣县县委中心组举行群众路线教育实践活动第三次集中学习（扩大）会，邀请省检察院正厅级巡视员周力作预防职务犯罪专题报告。中心组成员和400余名科级领导干部参加会议。

4月1日　自贡市第十一届职工技能大赛采茶比赛在荣县来牟镇一洞桥村举行，来牟镇、双古镇、长山镇、新桥镇等10支参赛队30名采茶女能手参赛。市总工会党组书记、常务副主席牟云川，县委常委、宣传部部长、县总工会主席邹崇霞到场观赛指导。

4月3日　市人大常委会主任陈华一行到荣县视察《食品安全法》《农产品质量安全法》贯彻实施情况。县委副书记、县长韩明祝，县人大常委会主任武役卫，县人大常委会副主任钟永平、周本光，副县长荣秀英参加。

4月8日　县委书记荣全到旭阳镇金碧社区办事大厅体验基层服务工作，以工作人员的身份接待办事群众，并听取对窗口服务工作的意见建议。

4月8日　荣县举行首个由民营企业家捐资修建的荣新敬老院捐赠仪式，荣新敬老院总投资800余万元，其中荣新集团捐资500余万元。敬老院地处度佳镇杨佳场，总建筑面积3800多平方米，房间92间、床位184个。

4月12日　荣县农民创业协会在首义广场举办农字号产品展销会。共展出名优农产品398个，交易额850余万元，签约交易额1000万元，5万余人到展销会现场参观或购买。省农业厅总农艺师潘海平、县委书记荣全、县委副书记宋成文、县人大常委会副主任代少书、县政协副主席兰其贵等与市民参观农产品展销会。

4月15日　荣县县委副书记、县长韩明祝到双石镇平坦桥村参加院坝会，面对面倾听群众心声，邀请村民对党委政府和各级干部的不足和问题提意见，了解村民在生产生活中的困难和问题。

4月17日　市委督导组到保华镇红豆树村、荣县中学、望佳镇麦子山村，通过抽查的形式查看荣县教育实践活动开展情况，并了解小井沟水利工程、荣县新城中学建设情况。县委书记荣全，县委副书记宋成文，县委常委、组织部部长肖永忠，副县长荣秀英参加。

4月19日　凌晨1时，东兴镇遭遇大风、冰雹、大雨袭击，过程降水量31.1毫米，冰雹直径10毫米，风力8级。983户受灾，房屋受损1451间，农作物损失3000余亩。

4月20日　由共青团荣县委员会、荣县宣传杂志社、荣县广播电视台、荣县文联、荣县文化馆联合主办的2014年“放歌青春·唱响荣州”荣县青年歌手大赛开赛。近150余名选手参加，分三轮进行，5月4日在首义广场进行决赛。

4月21日　市政协副主席、民建自贡市委主委牟玉昆一行调研荣县民建会员企业。县委副书记、县长韩明祝，县委常委、副县长、政法委书记冯永志，县人大常委会副主任钟永平，县政协副主席、县委统战部部长秦开亮参加调研。

4月22日　省委督导组第二组副组长左小川一行检查指导荣县教育实践活动。市委常委、组织部部长李国贵，县委书记荣全，县委副书记、县长韩明祝，县人大常委会主任武役卫，县领导肖永忠、吴永红、兰其贵参加。

4月23日　省扶贫移民局局长张谷到荣县调研扶贫移民工作，到小井沟水利工程大坝施工现场，了解工程建设情况。副市长杨征宇，县委书记荣全，县委副书记、县长韩明祝，县委副书记宋成文，副县长杨文华参加调研。

4月24日　省住房城乡建设厅总规划师邱建调研荣县全域规划工作。

4月25日　在高峰宾馆召开荣县党外知识分子联谊会第一届理事会第四次会议。县政协主席王斌儒、县委副书记宋成文、副县长邓明、县政协副主席秦开亮参加，会议审议通过《知联会工作报告》《2013年度经费情况通报》，聘请县委副书记宋成文为名誉顾问，选举产生1名副会长和1名秘书长。

4月28日　全市首个驻镇（村）巡回审判联系点落户双石镇金台村，举行授牌仪式。由市中级人民法院副院长黄晓春主持。

4月29日　市委常委、市纪委书记李清到县工业园区和来牟镇等地调研荣县经济社会发展及纪检监察工作。县委书记荣全，县委常委、纪委书记傅仕方，县委常委、副县长、政法委书记冯永志，县委常委、县委办主任吴永红参加调研。

4月29日　荣县总工会、荣县文体广电和新闻出版局、中共荣县直属机关工作委员会主办全县职工工间操比赛。县政协主席王斌儒，县委常委、宣传部部长邹崇霞，县人大副主任钟永平、代少书、周本光，副县长荣秀英，县政协副主席吴平、兰其贵及千余群众观看比赛。19支代表队参加比赛。城东小学、县人民医院等4支代表队获一等奖。

4月29日　荣县召开“弘扬诗书文化·传承蝶画艺术”座谈会，把脉荣县诗书文化建设、计议文化事业与文化产业发展。县政协主席王斌儒，县委常委、宣传部部长邹崇霞，县政协副主席吴平参加座谈。

4月　荣县引进的全市首条自动水稻育秧播种流水线在乐德镇南华村高标准农田示范基地投入使用，当日播种水稻2万余盘，机械化育插秧面积1000亩。

4月　荣县文化馆举办的玉章文化讲坛开讲，邀请国家一级编剧严西秀为全县近100名乡镇文化专干及文艺创作爱好者授课。

4月　旅游卫视“最美中国栏目”摄制组走进荣县，对荣县大佛文化旅游景区、吴玉章故居、双溪水库等旅游景点以及绿茶栽种、采摘及茶文化、羊肉汤、豆花等特色名小吃进行拍摄。

4月　由省民政厅、市政府主办的第22届四川省西南片区军队离退休干部门球邀请赛在荣县举行，来自乐山、泸州、攀枝花等地的10支代表队参加比赛。

5月

5月1日　省服务业促进会会长曾清华一行到荣县考察现代服务业发展情况。县政协主席王斌儒、副县长杨文华、县政协副主席兰其贵等参加考察。

5月1日至10日　由荣县大佛文化旅游公司与旅游卫视共同策划推出“最美中国·荣县大佛篇”系列活动，旅游卫视对荣县风土人情进行拍摄、录制和播放。

5月4日　全省首个县域金融系统青年课题组在荣县成立，来自县人民银行、工商银行、邮政储蓄、信用合作社、农业银行、建设银行六家金融机构相关负责人及首批17名成员参加成立大会。

5月4日　荣县在首义广场举行文艺晚会，纪念“五四”运动95周年。

5月5日　市人大主任陈华一行到荣县调研推进集体林权制度改革工作。县委书记荣全，县委副书记、县长韩明祝，副县长邓明陪同到长山镇高松村新造油茶基地、长山镇林业站和郝家坝工业园区油茶精深加工厂调研。

5月5日　荣县“践行群众路线 深化政府信息公开”主题宣传日活动在首义广场举行，县交通局、计生局、民政局、政府信息公开办公室、城管局、人社局、教育局等部门分发宣传资料2000余份，并接受群众现场咨询。

5月6日　以“诗经风雅·大美无言”为主题的“2014荣县·富顺县硬笔书法作品联展”在荣县行政中心大厅举行。

5月8日　荣县获得国家免费孕前优生项目全国第五次临床检验室间质量评价优秀等次，连续三次获得国家卫生和计生委通报表扬，全省仅有两县获此荣誉。

5月9日　市委副书记、市长刘永湘到望佳、过水、度佳等镇村民院坝，与群众交心谈心，听取意见建议，帮助群众解决难题。县委副书记、县长韩明祝，县委常委、组织部部长肖永忠参加。

5月10日　2014年“佛光照荣州”游子组合专场音乐会在荣县大佛景区举行。

5月12日至13日　省正风肃纪督察组到荣县督察中央八项规定及省十项规定贯彻落实情况。省、市纪委及财政、审计部门有关负责人参加。

5月13日　全市食品安全监管工作现场会在荣县召开，会议传达全省食品安全监管座谈会议精神，安排部署食品生产、食品流通环节食品安全工作。副县长荣秀英就荣县食品药品监督管理局机构改革等情况作经验交流。

5月13日　荣县2014年首期个体工匠普

法技能培训会举行。全县颁证个体工匠260余人参加培训会。

5月14日　县委书记荣全一行到旭阳药业、白塔山公园、内环路、荣县一中新校区等地调研重大项目推进工作。县委常委、常务副县长郑小清，副县长荣秀英及相关部门负责人参加调研。

5月17日　荣县双石镇金台第一庄被评为二星级农家乐。

5月18日　荣县长山镇中心水厂建设开工。工程预算总投资2750万元，其中中央资金2200万元，地方配套资金550万元。工程取水源为荣县长山镇双龙水库，供水规模为4800立方米/日，该水厂建成后，可解决长山镇、保华镇、留佳镇、来牟镇、度佳镇5个乡镇31个行政村共5.5万人饮水安全问题。

5月19日　"四川省慈善总会·博润白癜风专项基金全省行"自贡市义诊筛查活动在县社会福利救助服务中心启动。

5月21日　荣县召开打击和处置非法集资工作专题会议，决定在全县范围内开展为期一个月的防范打击非法集资宣传月活动。县委常委、常务副县长郑小清，副县长、县公安局局长缪剑及相关部门负责人参加会议。

5月22日至23日　省公共文化服务体系建设调研组到荣县调研公共文化服务体系建设。县委常委、宣传部部长邹崇霞，县人大副主任周本光，副县长施东良，县政协副主席吴平参加调研。

5月23日　荣县法院官方微博"荣县法院"（新浪）正式开通，微博地址为：http：//weibo.com/rxfy2014。

5月24日至25日　由度佳古井酒业主办，市羽毛球运动协会、荣县文体广电和新闻出版局承办的市羽毛球赛在县体育馆举行，来自全市8个羽毛球俱乐部代表队约120名羽毛球爱好者参赛。

5月25日　中国人民大学原校长、中国职业技术教育学会会长纪宝成一行到荣县考察指导工作。市委常委、宣传部部长向华全，副市长石岷嘉，县委书记荣全，县委副书记、县长韩明祝，县委副书记宋成文，县委常委、县委办主任吴永红参加。

5月27日　省农业厅厅长任永昌到双石镇、望佳镇、长山镇农副产品加工园区调研，了解荣县特色农业和现代畜牧业发展情况。市委常委杜彦坤、县委书记荣全、副县长邓明参加调研。

5月27日　省委"走基层"活动指导组到双石镇、双石镇蔡家堰村、旭阳镇南街社区调研"走基层、解难题、办实事、惠民生"活动开展情况。县委副书记宋成文参加。

5月27日　荣县法院在科技法庭公开开庭审理原荣县留佳镇党委书记董××犯受贿罪、挪用公款罪一案。部分人大代表、政协委员、机关干部及社会群众130余人到庭旁听。7月判处其有期徒刑12年。

5月28日　全市金融支持新型农业经营体系建设座谈会在荣县召开。市委副书记谭豹，市委常委杜彦坤，副市长杨征宇，县委书记荣全，县委副书记、县长韩明祝，县委常委、常务副县长郑小清，副县长邓明及各区县相关负责人和相关部门、金融机构、新型农业经营主体负责人参加会议。

5月29日　全市突发重大动物疫情实战应急演练在荣县旭阳镇黑林沟村举行。

5月30日　市人大主任陈华一行到荣县视察双溪小井沟水库饮用水源地生态功能区保护和建设控制规划实施工作。县委书记荣全，县委副书记、县长韩明祝，县人大常委会主任武役卫，县领导郑小清、冯永志、代少书、邓明、杨文华等参加。

5月30日　荣县“践行核心价值观、放飞中国梦”庆“六一”文艺演出活动在首义广场举行。县领导邹崇霞、周本光、秦开亮与近千市民一道观看，并向少年儿童送去祝福。

5月30日　在荣县第十七届人大常委会第十二次会议上，经县法院院长吴正提请，全票通过任命曹丽英等69人为人民陪审员。使县法院人民陪审员总数达到80名，标志着荣县法院提前完成人民陪审员“倍增计划”。

5月　荣县林业局被省人社厅、省林业厅表彰为“四川省森林资源保护管理工作先进集体”。

5月　荣县观山镇政府强制关闭9家废旧塑料、蕉藕加工作坊。

6月

6月4日　自贡俊鸿鞋业有限公司、荣县双丰机械制造有限公司、四川金岁方药业有限公司、四川旭阳药业有限责任公司、自贡市荣成实业有限责任公司、自贡市博晨农业有限公司6户企业，入围全省2014年至2015年度第一批“小巨人·成长型”中小企业计划。截至当前，全县“小巨人·成长型”中小企业达到18户。

6月6日　省农业厅副厅长涂建华一行到荣县双石、鼎新、乐德及农副产品加工园区和望佳镇调研乡村旅游和现代农业产业发展。副县长邓明参加。

6月6日　荣县种粮大户联合社成立，将与大农和农业公司合作，走公司＋基地＋专业合作社＋农户的产业化模式。副县长邓明参加成立大会。

6月9日　市委书记雷洪金到荣县驰宇盐品生产车间、长山五通工业集中区、绿茗春、东气、天护线缆、金岁方等企业调研工业经济运行情况。副市长唐杰，县委书记荣全，县委常委、政法委书记冯永志等参加调研。

6月10日　荣县在首义广场举行食品安全宣传周启动仪式，县委常委、县委办主任吴永红，县药监局、农牧业局、质监局、工商局等12个部门参加启动仪式，发放宣传资料2000余份。

6月13日　荣县企业工资集体协商现场会在自贡市东方气体设备有限公司召开。县委常委、宣传部部长邹崇霞和县两普领导小组成员单位、各乡镇、企业有关负责人出席会议。会议中企业方代表与职工方代表经1个多小时谈判，双方就最低工资标准、发放工资时间、工资增长比例等问题达成共识。

6月16日　荣县召开金融工作暨重大项目银政座谈会。县委副书记、县长韩明祝，县人大常委会主任武役卫，县政协主席王斌儒，县领导郑小清、冯永志参加会议。

6月17日　荣县鹏润融资理财咨询有限公司案爆发，荣县立即成立专案组，县维稳办、县委群工局、县公安局、县法院、县检察院及相关单位参加。

6月19日　荣县2014年林业有害生物飞机防治工作启动，防治范围为马尾松林分较为集中成片的旭阳镇、铁厂镇、双古镇、高石梯森林公园，重点为松材线虫病媒介昆虫—松褐天牛等森林病虫害，共飞行33架次，防治面积1万亩。

6月23日　县老干部志愿服务队向全县离退休老干部发倡议，为农村基层离职困难党员捐款献爱心，共收到爱心捐款6000余元。

6月25日　由市公安局、市卫生局等相关

人员55人参演的全市非煤矿山应急救援演练在东兴镇举行。副市长唐杰，副县长、县公安局局长缪剑与来自各区县安监局分管非煤矿山工作负责人、全市各主要非煤矿山企业的负责人、市安监局相关人员等150人观摩。

6月25日　省文化稽查总队到荣县现场抽查文化执法工作。

6月27日　省政府研究室主任何树平带队调研荣县金融运行情况，并就中小企业融资难等问题听取意见。县委副书记、县长韩明祝，县委常委、常务副县长郑小清参加调研。

6月28日至29日　荣县在首义广场举行庆祝建党93周年暨“广电网络惠民生”系列文艺活动。县委常委、宣传部部长邹崇霞，县人大常委会副主任周本光与上千名市民观看演出。

6月30日　完成全县城市社区网格化服务管理体系建设，成立荣县网格服务管理指挥中心、乡镇网格服务管理指挥中心和社区工作站，全县社区划分网格88格，配备网格员88名，网格员统一配备手持终端机、工作包等必备装备。

6月　川内首条全自动化刹车片生产线顺利通过国家质量检测，在荣县工业园区四川联利汽车配件制造有限公司正式投产。年产刹车片100多万套，年产值5000万元。

6月　月初，县人大得知仁寿县到荣协商汪洋镇华腾焦化建设事宜。6月9日和12日，召开会议进一步了解情况并安排调查组13日至15日实地调研。19日，召开全县乡镇人大主席会议，通报仁寿县在小井沟上游未批抢建年产100万吨的华腾焦化厂存重大污染隐患情况，引起市、县、乡三级1241名人大代表联名上书反映。20日，省委省政府主要领导对此作出重要批示。21日，县人大将人大代表联名信报省人大并反映情况。7月15日，市人大通报省委省政府对处置华腾焦化项目决定——停止建设华腾焦化项目。

7月

7月1日　省农业厅副厅长祝钧到荣县望佳、东兴等镇调研草食动物发展情况。县委副书记宋成文、副县长邓明参加调研。

7月2日　省国土资源厅李学军书记一行到荣县鼎新镇验收金土地工程项目，常务副县长郑小清陪同。

7月7日　县委书记荣全到旭阳镇桂林街社区调研，听取意见建议，看望慰问困难党员和群众，指出要充分发挥服务群众“最后一公里”的作用，在服务意识、态度、质量、效率和公平上下功夫，加强服务型社区建设。

7月7日至11日　荣县连续降雨成灾，截至7月11日，全县23个监测点中，有10个点累计雨量达暴雨标准，其中3个点达大暴雨标准，最大雨量双古镇为135.3毫米。造成全县18个乡镇2万人受灾。紧急转移安置26人，倒塌农房208间，严重损坏农房147间，农作物受灾面积1052公顷，成灾面积635公顷。

7月15日　省委督导组第二组组长林海云一行检查指导荣县教育实践活动，并实地查看小井沟水利工程、杨家山移民安置点建设和双溪水库饮用水源地保护情况。县委书记荣全，县委副书记宋成文、县委常委、组织部部长肖永忠参加检查。

7月16日　荣县第八届“振兴杯”教职工篮球赛开幕，25支中小学代表队、6支机关代表队的球员们参加为期5天的比赛。

7月17日　全省“美德少年四川行”夏令营到荣县，19名来自全省各地的美德少年参观吴玉章故居、荣县大佛景区和双溪湖风景区。

7月17日　荣县人民医院黄福发、荣县中医院邹家林被自贡市政府评为“自贡市首届名中医”。

7月20日　中国人民大学副校长洪大用一行到荣县考察，瞻仰吴玉章故居，参观荣县一中建设。县委副书记宋成文、副县长邓明、县政协副主席吴平参加。

7月22日　县委常委班子召开党的群众路线教育实践活动专题民主生活会。省委第二督导组组长林海云，市委副书记、市长刘永湘，市委第二督导组组长杨大忠到会并对县委常委班子专题民主生活会情况作点评。县委书记荣全，县委副书记、县长韩明祝等县委常委班子成员参加会议，县人大常委会主任武役卫、县政协主席王斌儒等列席会议。

7月24日　县政府党组召开党的群众路线教育实践活动专题民主生活会。市委第二督导组组长杨大忠对县政府党组教育实践活动专题民主生活会情况作点评。县委副书记、县长韩明祝，县政府党组班子成员参加会议，县委常委、组织部部长肖永忠，县纪委相关负责同志列席会议。

7月25日　荣县召开县委常委班子专题民主生活会情况通报暨全县教育实践活动推进会。县委书记荣全在会上强调，要坚持从严从实抓作风、持之以恒改作风，以动真碰硬的态度和扎实整改的强硬举措，及时回应群众期盼。县委副书记、县长韩明祝，县人大常委会主任武役卫，县政协主席王斌儒，县委副书记宋成文等参加会议。

7月25日　县人大常委会党组召开党的群众路线教育实践活动专题民主生活会。市委第二督导组组长杨大忠对县人大常委会党组班子专题民主生活会情况作点评。县人大常委会主任武役卫主持会议。

7月25日　县政协党组召开党的群众路线教育实践活动专题民主生活会。市委第二督导组副组长唐猛对县政协党组教育实践活动专题民主生活会情况作点评。县政协主席王斌儒主持会议。县政协党组成员参加会议，县政协非党班子成员、县委组织部、县纪委相关负责人列席会议。

7月28日　县委中心组召开专题学习会，学习《习近平总书记系列重要讲话读本》及王东明书记庆“七一”重要讲话，并集中观看电影《兰辉》。县委书记荣全强调，要按照“三严三实”要求，坚持作风建设常抓不懈，以好作风推动发展，促进经济稳定增长；要加强指导督查，确保教育实践活动不走样变形、不流于形式。县委副书记、县长韩明祝，县人大常委会主任武役卫，县政协主席王斌儒，县委副书记宋成文等中心组成员参加会议。

7月28日　县委组织部被省委组织部、省委统战部、省人社厅表彰为“四川省对口援藏工作先进集体”。

7月29日　荣县县委、县政府命名20名“荣县首届优秀专家”。优秀专家评选实行动态管理，每2年评选一次，每次评选名额原则上为20名，管理期限为2年，每人每月将获得400元专家津贴。

7月30日　由省发改委体改处处长宋光辉带队的省统筹城乡综合配套改革评估组到荣县调研，副县长杨文华参加。

7月31日　小井沟水利工程大坝填筑全面达到设计高程429.4米，坝高88.7米，坝顶长255米，实现大坝填筑封顶。

7月31日　农业部公布古文镇为全国第四批“一村一品”示范镇，是全市唯一获得该荣誉的单位。

7月　荣县七厢土花生专业合作社，获省专业合作社指定扶持项目150万元，其中自行配套50万元。

8月

8月3日　第12届省运会皮划赛艇比赛结束，荣县皮划赛艇队以3金6银7铜，总分378分的成绩在全省12支参赛队中名列第一。

8月4日　由荣县关工委、团县委、县教育局、县精神文明办联合举办的自贡市“践行核心价值观·争做‘四爱’青少年”夏令营荣县分营在县关工委城区中小学生周末活动室闭营。全体营员及其家长共200余人参加当天的闭营仪式。

8月5日　由省农业厅、省农科院主办的超级稻“德香优403”产业示范现场观摩会在荣县召开。省农业厅副厅长牟锦毅、省农科院副院长刘建军、副县长邓明及来自省内11个市州的相关代表近150人参加会议。

8月5日　根据省政府、市政府要求，经煤矿企业申请，县政府决定，关闭荣县旭阳镇余家沟煤厂、荣县亿佳能煤业有限公司（善卷洞煤矿）、四川弘鑫矿业有限公司荣县源泉煤矿（荣县源泉煤矿）、荣县旭湾煤业有限公司（旭湾煤矿）4个煤矿。

8月6日　在荣县体育馆召开荣县河西新区第二、第三、第四期廉租房实物配租抽签分配大会。分配的房源均为2室1厅1厨1卫，每套50平方米左右。县河西新区243户住房特困户参加抽签。

8月8日　副省长陈文华调研小井沟水利工程建设，指出要未雨绸缪，切实做好水资源保护，为实现可持续发展提供支撑和保障。副市长杨征宇，县委书记荣全，县领导宋成文、郑小清、冯永志参加调研。

8月8日　全国普法办对实施“六五”普法规划的先进集体、先进个人予以表彰，荣县被全国普法办表彰为全国“六五”普法中期先进县。

8月8日　荣县在首义广场启动“全民健身周”活动，同时举行第六届老年人运动会开幕式。市体育局局长郭连、县人大副主任周本光、副县长施东良、县政协副主席吴平参加开幕式。

8月10日　美国C2E能源集团亚洲顾问、中国区总裁文浩、香港智富源国际投资控股集团股份有限公司董事局主席、常务副总裁司学全一行考察荣县旅游业。

8月12日　中央国家机关团工委下基层体验生活分队一行到荣县东佳镇敬老院，走访调研“三无”对象、农村五保对象生活现状。副县长杨文华参加。

8月13日　县政府与四川省服务业促进会举行战略合作签约仪式。省服务业促进会副会长黄俊、副县长杨文华出席签约仪式。

8月13日　省农业厅专家组研究员郑家国等一行9人对荣县承担的农业部推进水稻高产创建项目进行中稻测产验收，对各农户种植的Q优5号、Q优10号、Y两优900三个品种进行现场收打验收，最高亩产646.5公斤，平均亩产619.72公斤。

8月19日　省委常委、政法委书记刘玉顺到荣县调研医疗纠纷人民调解工作，实地查看医疗纠纷受理室、调解庭，翻阅部分档案资料并听取情况汇报。省政法委副书记孔祥俊，市委书记雷洪金，市委常委、政法委书记刘笑禹，县委书记荣全，县委常委、政法委书记冯永志，副县长缪剑陪同调研。

8月19日　省委第六巡视组在荣县召开巡

视工作动员大会，巡视组组长杨素作动员讲话。市委常委、市纪委书记李清主持会议。

8月19日　县委常委、常务副县长郑小清，副县长荣秀英、施东良及相关部门负责人到自贡人民广播电台《行风热线》直播间，与听众交流，解答群众关心的城市建设、道路交通、社会保障等热点问题。

8月20日　市政协主席潘泽金到小井沟水库大坝、留佳镇金子村和来牟镇凉风村移民安置点视察小井沟水利工程建设和移民搬迁安置工作。县委书记荣全，县委副书记、县长韩明祝，县政协主席王斌儒，县委副书记宋成文，县政协副主席兰其贵参加视察。

8月20日　自贡市民企助学活动启动仪式在荣县举行。市委统战部、市工商联、市关工委、省扶贫基金会自贡市分会、市光彩事业促进会有关负责人，县人大副主任钟永平，县政协副主席秦开亮参加。

8月20日　荣县林业局和四川富万家农业科技发展有限公司送选的“荣县核桃”，在四川省生态旅游协会和四川农村日报社共同主办的“2014四川花卉（果类）生态旅游节”首届“四川果王子”评审活动中，荣获“2014四川花卉（果类）生态旅游节”首届“四川果王子”（核桃类）优质果品奖称号，也是自贡市该次的唯一参选科目、唯一获奖的品种。

8月20日　荣县农民漫画协会“龙乡漫画”10件作品入展四川省图书馆青少年书画作品展；2件作品入选四川省美术家协会、四川省漫画研究会“四川省第十四届漫画作品展览”，4件作品入选“第五届中国国际版权博览会”。

8月22日　荣县总工会举行2014年金秋助学金发放仪式。县委常委、宣传部部长主席邹崇霞向68名贫困大学新生发放助学金15万元。

8月25日　荣县举行2014年慈善助学金发放仪式，向20名大学贫困新生发放3.8万元助学金。县委常委、县委办主任吴永红，副县长杨文华参加。

8月26日至27日　全省蚕桑产业发展现场观摩会在荣县举行，来自省各市州蚕桑技术专家就蚕桑养殖技术进行观摩和交流。副县长邓明参加。

8月28日　省旅游局巡视员柴延祝一行验收荣县廉政文化进景区试点工作，副县长杨文华陪同。

8月29日　县第十七届人大常委会第十四次会议召开，审议通过《荣县人大常委会关于依法治县工作决议（草案）》的起草说明等议题，表决通过邝平为县人民政府副县长（挂职一年）。县人大常委会主任武役卫，县领导郑小清、代少书、吕良、周本光参加会议。

8月29日　荣县首次向社会公开41个县级预算单位三公经费预算情况。

8月29日　中国人民大学研究生支教团8位成员到荣县，他们将分别在玉章中学、新桥学校等地开展为期1年的支教服务。县委常委、宣传部长邹崇霞，县人大常委会副主任周本光，县政协副主席吴平参加欢迎会。

8月　荣县法院首次在官方网站上进行庭审直播，并在其官方微博上进行同步图文转发，这也是该院首次利用官方微博进行庭审“微直播”。

9月

9月1日　荣县第一中学校3500余名师生在新校区举行第一次开学典礼。新校区占地218亩，投资3.2亿元，按国家级示范性普通高中标准建设，建成教学楼1.67万平方米，学生食堂6093平方米，学生宿舍3.9万平方米。当前学校有56个教学班，在校学生3500余人，在职教职工245人。

9月2日　县召开2015年春晚系列活动工作部署会，以“福满荣州·欢乐春晚”为主题。由县广播电视台、文联、文化馆、全媒体中心联合承办。

9月4日　荣县在全市率先启动“银龄意外伤害保险”试点工作，鼓励全县60周岁及以上且身体健康的老年人参保。副县长杨文华及市县民政局等相关负责人参加会议。

9月4日　荣县组织10名侨属代表和10名台属代表实地参观小井沟水利工程，让台属侨属感受家乡的变化和发展。县政协副主席、县委统战部部长秦开亮参加。

9月8日　荣县作家协会举行“珠落玉盘、诗韵婵娟”中秋诗会。荣县作家协会现有会员110多人，其中省级会员6人，市级会员30人。

9月9日　市委书记雷洪金到荣县中学看望慰问教师。市委常委、秘书长吴丕，副市长石岷嘉参加慰问。

9月10日　县委、县政府举行第30个教师节庆祝大会，51名教育工作先进个人获表彰。县委书记荣全，县委副书记、县长韩明祝，县人大主任武役卫，县领导肖永忠、傅仕方、郑刚、冯永志、吴永红、周本光、兰其贵等参加会议。

9月12日　四川省老年人健身腰鼓和排舞比赛在荣县体育馆举行。来自全省24支参赛队的409名老年人运动员参加比赛。省人大常委会原副主任、省老体协副主席李洪仁，市委常委、宣传部部长向华全，县委副书记、县长韩明祝，县人大副主任周本光，副县长施东良和现场千余名群众参加开幕式并观看比赛。

9月16日　市委副书记、市长刘永湘到荣县调研城市生活污水处理厂二期工程建设，要求倒排工期，加快进度，确保今年年底主体工程完工。县委书记荣全，县委常委、常务副县长郑小清，县人大常主任代少书及市、县相关部门负责人参加调研。

9月16日　全县集中整治非法占地违法建设工作会召开，县长韩明祝、常务副县长郑小清、副县长施东良参加。

9月16日　日本蔬菜专家善平朝信先生一行参观鼎新镇“日援项目”西堰村“稻-菜”轮作基地和鲤鱼村秋菜基地，副县长邓明陪同。

9月16日　省农发办组织有关部门对度佳镇2013年国家农业综合开发高标准农田建设示范工程项目验收合格。工程总投资2155万元。

9月18日　四川巴尔农牧集团位于长山镇五通工业集中区年产20万吨畜禽饲料全自动生产线投产。该项目占地300余亩，厂房建设、设备等总投资4000多万元，年生产能力为20万吨。

9月19日　县人大常委会组织部分市、县人大代表视察荣县一中、小井沟水利工程。市人大主任陈华，县人大主任武役卫，县人大副主任钟永平、代少书，副县长杨文华和50多名市、县人大代表参加视察。

9月19日　荣县财政局首次向社会公开42个县级预算单位的2013年部门决算和“三公”经费决算情况。

9月19日至21日　由商务部、四川省人民政府共同主办的第十届中国食品博览会在成都世纪城新国际会展中心举行。四川弘鑫农业有限公司、自贡市博晨农业有限公司、四川忆天香食品有限公司、四川绿茗春茶业有限公司、荣县七厢土花生有限公司5家参展企业现场销售产品10余万元，签订产品代理协议25个。

9月22日　市委书记雷洪金到荣县调研农村改革与发展，并就农村土地承包经营权确权登记工作与村民进行座谈。市委常委、秘书长吴丕，副市长杨征宇，县委书记荣全，县委副书记宋成文参加调研。

9月24日　荣县首批遴选优秀年轻干部和人才培训班在县委党校开班，全县10名正科级领导干部培养对象、20名副科级领导干部培养对象和55名村（社区）主要负责人培养对象参训。

9月26日　荣县商务旅游局组织荣县七厢土花生有限公司、四川大农和农业开发有限公司等4家企业参加第二届西南商品博览会，荣县七厢土花生荣获“最受消费者喜爱产品奖”。

9月26日　荣县组织旅游企业参加首届四川国际旅游交易博览会。

9月26日　省灾后重建基金会向荣县中医院、县人民医院、县妇幼保健院捐赠价值213万元的医疗器材。副县长荣秀英参加捐赠活动。

9月29日　省残联理事长毛大付一行到荣县督查残疾人工作，县委常委、宣传部部长邹崇霞，副县长杨文华参加检查。

9月30日　全国首个烈士纪念日，荣县在革命烈士陵园举行公祭烈士活动。县委书记荣全，县人大常委会主任武役卫，县政协主席王斌儒，县委副书记宋成文，县领导肖永忠、傅仕方、郑小清、冯永志、吴永红等县四大家领导，以及驻荣官兵、中小学生、烈士家属代表和各乡镇、部门负责人代表，各人民团体和各界群众到荣县烈士陵园缅怀革命先烈。

9月　荣县数字化城市管理中心建成。

10月

10月1日至7日　荣县关工委分别在县城首义广场和柳倩诗书收藏馆开展庆祝新中国成立65周年培育和践行社会主义核心价值观世纪伟人邓小平诞辰110周年图片资料和诗书画作品展览，3000余人参观。

10月8日　荣县开通城镇职工和城镇居民医保“全省一卡通”即时结算系统。

10月9日　县委书记荣全调研长山镇工作，要求围绕人和集镇迁建、城镇建设、产业发展等七大板块工作，推动长山整体工作发展。县委常委、组织部部长肖永忠，县委常委、县委办主任吴永红参加调研。

10月9日　鼎新镇被评为市首批农业生产标准化工作先进单位。

10月10日　省安监局执法总队总队长周彤一行到荣县与金属非金属地下矿山业主、矿长座谈，全县11个高岭土矿及1个地下片石厂的负责人参加座谈。

10月10日　县政协视察《拓展融资渠道，助力中小企业发展》重点提案办理情况。县政协主席王斌儒，副县长邝平，县政协副主席吴平、兰其贵参加视察。

10月10日　省环保厅总量处处长蒲彬一行到长山镇检查污水处理厂建设情况，副县长冯永志陪同。

10月10日　省农业厅副厅长杨朝波一行到荣县指导全省现代畜牧业重点县建设现场会筹备工作，副县长邓明陪同。

10月11日　县委书记荣全调研工业园区管委会工作，要求加强土地、资金等要素保障，支持园区建设。组织部部长肖永忠，常务副县长郑小清，政法委书记、副县长冯永志，县委办主任吴永红参加调研。

10月11日　县政协主席王斌儒率队视察2014年重点提案办理及城区道路交通秩序整治情况。

10月11日　县政府政务中心在4个办事大厅安装了大功率、高速wifi设备，办公楼实现高速wifi信号全覆盖。办事群众可以利用随身携带的手机、iPad等移动终端办理、查询政务服务相关信息业务。

10月13日　县委书记荣全到新桥、正紫镇调研“中稻+再生稻”产业发展，要求要继续抓好“中稻+再生稻”品种选用、管护，把“两再四秋”作为突破粮食总产量和促农增收的重要渠道，进一步巩固产粮大县地位。

10月14日　市人大主任陈华一行到县法院调研，县政法委书记、副县长冯永志陪同。

10月14日　四川路桥公司董事长孙云一行查看内威荣高速公路荣县段及城区连接线建设情况，副县长缪剑陪同。

10月14日　市人大主任陈华，副主任王建威、胡开洪，秘书长刘贵君一行，到县法院视察执行公开及“三大平台”建设情况。市中院院长马泽波、副院长张阳，县委书记荣全，县人大主任武役卫，县政法委书记、副县长冯永志，县人大副主任吕良陪同视察。

10月14日　荣县民裕核桃种植专业合作社在保华镇政府举行成立大会，选举产生理事长、监事长、秘书长。该合作社以小井沟水库大坝为中心，辐射大湾村、洋叉坳村等8个村，现有社员70余名。

10月15日　荣县新老城区人行道、车行道一期改造工程开工。

10月15日　国家统计局四川调查总队队长滕采模到双石镇、望佳镇调研农业农村工作。市委常委杜彦坤，县委常委、常务副县长郑小清，副县长邓明参加调研。

10月16日　县人大常委会视察荣县农业产业化发展，要求培育新型农业经营主体，强化科技、市场、项目引领，提升产业效益，促农增收。县人大主任武役卫参加视察。

10月16日　县委书记荣全到双古镇看望慰问因病逝世民政干部郝修文同志的家属，要求在全县开展向郝修文同志先进事迹学习的活动。

10月16日　县政协视察荣县旅游开发与利用工作。

10月16日　荣县旭阳镇卫生所、长山镇中心卫生院接种门诊代表县AAA级预防接种门诊分别通过四川省卫计委考核复评。

10月17日　荣县党的群众路线教育实践活动总结大会召开。会议学习贯彻中央、省委、市委教育实践活动总结大会精神，总结县教育实践活动开展情况，对深入贯彻党的群众路线、进一步巩固教育实践活动成果、抓好从严治党各项工作、加强作风建设进行再部署。

10月17日至20日　县委统战部开展民主党派、无党派人士暑期调训活动，集中到吴玉章故居、红军四渡赤水纪念馆、遵义会议纪念馆学习交流，有30余人参加调训。

10月17日　市残联理事长邓玲一行到荣县现场抽样调查残疾人“量体裁衣”式个性化服务工作开展情况。

10月17日　县政协到荣县医保中心服务窗口、社保局、就业局等视察社会保障工作。县政协主席王斌儒，县政法委书记、副县长冯永志，县政协副主席吴平、兰其贵、周明学参加视察。

10月18日　农业部、省农业厅等专家组成的专家组在新桥镇牛皮洞村中稻再生稻示范片对荣县“德香4103”再生稻测产，最高亩产345.7公斤，创全省次适宜地区再生稻生产最高纪录。

10月18日　在县城首义广场举办以“全民健身、快乐延年”为主题的2014年全民健身文艺晚会。

10月20日　国家妇幼卫生中心调研荣县孕产妇及新生儿健康监测和横断面调查项目工作。

10月21日　省经信委产业园区处处长杨静副一行调研荣县工业园区，副县长冯永志陪同。

10月21日　荣县交警各执勤点民警实行配枪执勤与巡逻。

10月21日　荣县档案馆馆藏档案数字化项目启动。今年将完成5000卷婚姻档案的数字化加工，项目完成后，查阅1个婚姻档案最多只需5分钟。

10月21日　省卫计委督导荣县新农合工作，对县推行的支付方式改革、医疗费用监管、大病救助政策和新农合补充医保等工作给予好评。

10月22日　县政协主席王斌儒一行到保华镇视察新农村建设及农业产业化发展。副县长邓明，县政协副主席吴平、兰其贵参加。

10月23日　省规划督察员赵平督察荣县规划编制、规划管理及项目建设情况，副县长施东良陪同。

10月24日　在旭阳、长山等7个片区同时举办以“安全用药　关注民生”为主题的安全用药月集中宣传活动。

10月24日　荣县成立气象服务三农专家小组。由气象、农牧、林业、水务等方面专业技术人员组成，下设办公室。

10月27日　县委中心组专题学习党的十八届四中全会精神。

10月28日　县政协视察《棚户区改造》和《加快推进农产品市场准入、竭力保障农产品质量安全》提案办理情况。县政协主席王斌儒，副县长施东良，县政协副主席秦开亮、兰其贵参加视察。

10月28日　荣县计生站获全省妇幼健康服务工作先进集体称号。

10月29日　市委副书记、市长刘永湘到荣县调研中石化页岩气开采工作，副县长冯永志陪同。

10月30日　县人大常委会视察荣县文化产业发展情况，县人大主任武役卫，县委常委、宣传部部长邹崇霞，县人大副主任代少书、吕良、周本光参加视察。

10月30日　召开荣县节俭养德全民节约行动动员会，县委常委、宣传部部长邹崇霞参加。

10月30日　第十五届西博会四川农博会在成都新世纪会展中心开幕。荣县大农和紫色食品、弘鑫油茶、绿茗春茶业、博晨腌腊制品、元森四川麻鸭等12家企业、近百种农产品参加会展。

10月30日　荣县地税局创建县级职工书屋示范点。

10月30日　县法院在科技法庭公开审理被告人龙某某于2010年至2013年间以做煤炭生意和经营医院、宾馆等为由，支付高息为诱饵，非法吸收存款5000余万元案件。部分人大代表、政协委员及群众100余人到庭旁听。

10月31日　荣县组织20余名中小企业负责人到旭阳药业参观学习。

10月31日　县纪委组织全县纪检监察干部集中学习党的十八届四中全会和中纪委十八届四次全会精神，要求充分认识全面推进依法治国的重大战略意义，深入推进党风廉政建设和反腐败斗争。县委常委、纪委书记傅仕方参加。

10月31日　在荣中召开2014年全县入模教育暨德育改革推进会。县人大主任武役卫、副主任周本光参加会议。

10月31日　举行2014年度行政执法人员培训会，全县29个执法单位的300余名执法人员参加培训。县委常委、常务副县长郑小清参加培训会。

10月　荣县（农民漫画）和长山镇（锣鼓）被省文化厅确定为2014－2016年度“四川省民间文化艺术之乡”。

10月　荣县绿茗春茶业公司的“巅峰雀舌”绿茶获第十二届中国国际农产品交易会“金奖”。

10月　省经济信息化委员会、省科技厅、省财政厅、省地税局、成都海关联合发布“第十九批省认定企业技术中心”名单，四川旭阳药业有限责任公司技术中心获得认定，成为荣县第一个省级企业技术中心。

10月　“十一”黄金周，荣县旅游景区景点接待旅游人数17.63万人次。

10月　拟投资8亿元的百帮盛陶瓷生产线落户度佳镇，现正进行土地审批中。

10月　长山镇完成《荣县2014年省级财政支农专项项目实施方案》胡家村实施生态茶园建设项目编制，向上级申报。11月获得省市批准，该项目总投资600万元，其中省财政补助300万元。

11月

11月4日　中央编办三司副司长陈颖一行到双石镇蔡家堰村调研乡镇政府行政体制改革及“公共服务进乡村”工作。市委副书记谭豹，县委书记荣全，县委副书记宋成文，县委常委、常务副县长郑小清等陪同调研。

11月4日　省发改委统筹城乡改革处处长雷国富一行调研荣县统筹城乡工作，副县长邓明陪同。

11月4日　市环保局调研组一行到荣县，实地查看环保民生工程建设情况。县委常委、常务副县长郑小清，县委常委、副县长、政法委书记冯永志，县人大副主任代少书，副县长施东良参加调研。

11月5日　县委书记荣全到来牟镇调研生猪监测调查小区、粮食抽样调查点等工作，指出要抓牢抓实农村“三项工作”，不断改善农村基础设施、生产服务、生活保障和社会管理，促进农民增收致富。县委常委、县委办主任吴永红参加调研。

11月5日　县委常委、常务副县长郑小清，副县长邝平带领县金融办、人民银行荣县支行等单位负责人到县内部分小额贷款担保公司调研。了解经营发展、存贷款规模等情况，并就如何助推中小微企业创业发展进行交流和讨论。

11月5日　荣县财政局组织全县各部门及乡镇财务经办人员100余人集中学习新《预算法》。县委常委、常务副县长郑小清到会指导。

11月5日　荣县一中、古佳小学、明君学校创建“自贡市阳光体育示范学校”通过市教育局检查验收。

11月5日　县人大主任武役卫带队到古文镇视察农业产业结构调整，先后到花香语园林绿化公司、四川忆天香食品有限公司、乡巴佬饲料厂、朱家湾村新村综合体进行实地考察。

11月5日　留佳镇无偿献血活动在镇粮站

举行。全镇有150余人报名参加无偿献血，总献血量达25000CC。

11月6日　县政府与群团部门联席会议召开。会议通报了2013年联席会议议定事项的完成情况，提请2014年联席会议议题，专题研究群团组织服务民生工作等相关问题。县委常委、宣传部部长邹崇霞，县委常委、常务副县长郑小清，副县长杨文华，政协副主席周明学参加。

11月6日　市公安局纪委书记朱跃平率党代表、人大代表、政协委员等7名市局特邀监督员到荣县巡查指导工作。巡查了双石派出所、旭阳派出所、县局警营文化中心，实地查看信息采集室、执法功能区和办证窗口等办案服务场所。

11月7日　县委书记荣全、县人大主任武役卫，县领导邹崇霞、郑小清、施东良、周明学看望慰问荣县宣传杂志社和县电视台新闻工作者。县委书记荣全希望全县新闻工作者要坚持“接地气”、讲好“荣县故事”、传播“荣县经验”、展现“荣县亮点”。

11月11日　荣县召开“宽带乡村”建设工程实施动员会，启动农村区域光纤宽带网络建设。县委常委、常务副县长郑小清，副县长杨文华参加会议。

11月12日　县人大主任武役卫带队视察荣县棚户区改造工作。县人大副主任钟永平、代少书、吕良、周本光，副县长施东良参加视察。

11月12日　环保部西南督查中心主任张迅一行检查荣县大气污染防治工作，副县长冯永志、邝平陪同。

11月12日　在行政中心大会议厅召开“荣县落实‘两个责任’暨领导干部集中廉政谈话会”。

11月13日　省草原工作总站副站长何光武一行调研荣县种草养畜工作，副县长邓明陪同。

11月13日　县政协组织部分政协委员到大农和农业开发公司调研现代农业发展。县政协主席王斌儒，副县长邓明，县政协副主席吴平、秦开亮、兰其贵等参加调研。

11月14日　县委书记荣全到度佳镇大林坝煤矿、保华镇新胜煤矿检查煤矿安全生产工作，要求企业要以钉钉子的精神，常抓、抓细安全生产教育，将安全生产意识根植于每一名工人心中。县委常委、县委办主任吴永红，副县长缪剑参加。

11月14日　由县委宣传部、县文体广新局主办，县文联、县文化馆、广播电视台、宣传杂志社承办的星河地产·2015年荣州春晚系列活动电视综合曲艺大赛初赛开幕，50名选手参加首日比赛。11月28日，大赛决赛专场在首义广场举行，共有23个节目参加决赛，评出一等奖1名，二等奖3名，三等奖5名。小品《奔向前》获得一等奖。

11月17日　召开县委全面深化改革领导小组第一次会议。

11月18日　召开荣县城乡环境综合治理工作推进会。会议要求大力营造人人参与、齐抓共管的浓厚氛围，彻底整治卫生、秩序、扬尘等突出问题，提升城乡环境形象。县委副书记宋成文，县委常委、常务副县长郑小清，县人大副主任代少书，副县长施东良，县政协副主席吴平等参加。

11月21日　荣县数字化城市管理信息系统建设项目通过市城乡环境综合治理工作领导小组办公室组成的专家组验收，信息系统实行资源共享、独立运行的模式，实现数字化与网格化有效结合。

11月19日　自贡市部分全国、省人大代表到县集中视察荣县双溪湖、小井沟饮用水源地生态功能区保护和建设控制规划议案办理及饮用水源开发情况。省决策咨询委员会主任甘道明，市人大主任陈华，副市长石岷嘉、杨征宇，县委书记荣全，县人大主任武役卫等参加视察。

11月19日　市委常委、纪委书记李清到度佳镇、旭阳镇南街社区等地调研县党风廉政建设工作。县委书记荣全，县委常委、纪委书记傅仕方参加调研。

11月19日　荣县地税局召开建筑安装业税企座谈暨政策培训会，有57家企业参加会议。

11月20日　县人大视察县第十七届人大第三次会议议案和代表建议意见办理情况。县人大主任武役卫，县政法委书记、副县长冯永志，县人大副主任钟永平、代少书、吕良、周本光参加视察。视察了4件议案和《强力推进县城区粉尘污染治理，建设美丽荣县》《整治非法营运三轮车，维护城区良好交通秩序》等54件代表建议意见的办理情况。

11月20日　自贡市召开工商质监行政管理体制调整移交会议，省工商局副局长杨跃，市委副书记谭豹，副市长马宏及市区县有关部门参加会议。县工商和质监由原垂直管理下划由县政府分级管理。

11月20日　井荣路漆树湾至程家桥段中修养护中修工程启动，该段里程36公里，投资近1000万元，由荣县公路段养护段组织实施。

11月21日　中宣部"核心价值观百场讲坛"在县行政中心举行。中国人民大学法学院副院长胡锦光作了《法治与核心价值观的关系》的演讲。光明网对活动现场视频网络直播。

11月21日　县气象局"地震灾后基础设施重建工程"和"荣县气象局综合改善"两个基建项目建设通过省局验收。

11月22日　2015·自贡春节联欢晚会节目选拔大赛走进荣县，24个节目在首义广场参加选拔，7个节目晋级决赛。

11月25日　县委书记荣全一行到东兴镇调研，要求围绕水源、地势、土壤、气候等条件，做好农业规划，着力改善水、路等基础设施，把资源优势变为经济优势。县委常委、县委办主任吴永红，副县长邝平参加调研。

11月25日　副县长杨文华、县政协副主席周明学到古文、过水镇调研敬老院工程进展情况。古文敬老院改扩建工程总投资170万元，新建35间房间，新增68个床位，目前主体工程已经竣工。

11月26日　召开荣县农村公共服务运行维护标准化试点工作联席会，会议讨论部署县承办的全国首批农村公共服务运行维护标准化试点工作。县委常委、常务副县长郑小清，副县长邓明等参加会议。

11月26日　荣县疾控中心省标准化建设二级甲等创建工作通过省卫计委评审验收。

11月26日　荣县政务服务中心推进村（社区）便民服务室规范化建设。旭阳镇、望佳镇、双石镇共60个村（社区）示范点建设已完成，其余乡镇2015年3月底前完成。

11月27日　中国计划生育协会授予古文镇李子村为第五批全国人口和计划生育基层群众自治示范村。

11月27日　荣县交警大队组织20余名干警、协警到县城首义广场献血点献血。

11月28日　县残联举行全县一级、二级重度残疾人护理补贴及"阳光家园"补贴直接发放会，共计发放补贴约250万元。

11月28日　于佳乡场镇污水处理厂项目动工。该项目占地约4.8亩，设计日处理污水100立方米，总投资400余万元。

11月29日　由四川大学华西医院主办，县人民医院承办的“2014年区域协同医疗科技帮扶、卫生下基层——走进荣县”学术活动在县人民医院举行。

11月　对县城玉章大道实施景观绿化工程。该工程经西南大学景观园林设计研究院设计，总投资4500万元。以菩提、青桐、法国梧桐等具有荣县地方元素的树种为主线，展示荣县佛教文化和荣县县名由来等地方文化。

11月　在鼎新镇召开全县马铃薯田间管理现场会，县内部分乡镇农技员和马铃薯种植大户参加现场会。

11月　县委组织部开通“荣州先锋”微信公众平台。

11月　由荣县农民漫画协会创作的“富强、民主、文明、和谐”等12幅公益宣传漫画，入围《人民日报·讽刺与幽默》漫画增刊发起社会主义核心价值观公益漫画征集行动。已分别于8月6日、10月17日、11月14日在《人民日报》漫画增刊第六版刊载。该作品同时刊登在《中国日报网》《中国新闻漫画网》。

11月　中国银行荣县支行推出长城环球通日韩旅游卡金卡、长城环球通日韩旅游卡白金卡、长城环球通汽车白金卡等银联品牌跨境新产品。

11月　月初开工建设铁厂镇山王村幸福美丽新村，预计年底完工，拟投入资金130余万元，开展道路硬化和农房风貌改造等建设。

12月

12月1日　召开荣县庸懒散浮拖问题专项整治工作推进会。要求围绕“治庸提能、治懒正气、治散聚力、治浮定神、治拖增效”，全面开展庸懒散浮拖问题专项整治工作。

12月1日　全市县域经济工作推进会启动首日参观考察。市委书记雷洪金，市委副书记、市长刘永湘率市级相关部门和各区县党政主要负责人，对荣县县域经济推进情况进行现场考察。雷洪金指出要聚焦项目建设，保持发展定力，着力推进县域经济发展。市人大主任陈华，市政协主席潘泽金，市领导谭豹、王猛、刘任远、杜彦坤、杨征宇、唐杰、未也、张邦举参加考察。

12月1日　荣县交警大队副大队长金勇和车管所所长周明军一行走进“《阳光政务》自贡行”栏目，通过电台热线与广大听众进行互动，解答听众对出行交通管理、车管业务等问题。

12月3日　省纪委副书记、监察厅厅长、省预防腐败局局长黄昌明一行到度佳镇、旭阳镇南街社区调研荣县落实“两个责任”和党风廉政建设工作。市委常委、纪委书记李清，县委书记荣全，县委副书记宋成文，县委常委、纪委书记傅仕方等参加调研。

12月3日　荣县环境监察执法大队标准化建设通过省厅验收。

12月3日　荣县体育总会换届选举大会举行，会议选举产生了县体育总会新一届委员会成员。副县长施东良参加。

12月3日　荣县地税局在办税服务大厅及办公场所升级改造互联网光缆专线，为纳税人免费提供WiFi服务，实现WiFi全覆盖。

12月4日　在县城首义广场举行“12·4”国家宪法日暨全国法制宣传日集中宣传活动，县委书记荣全开展宪法宣讲。县人大主任武役卫，县委副书记宋成文等县四大家领导参加活动。

12月4日　荣县投资促进中心第6个联络处——昆明联络处成立。

12月5日　荣县12358价格举报投诉电话割接和路由调整工作完成，标志荣县12358全国价格举报投诉网络平台正式开通。

12月5日　在来牟镇举行集中发放救灾衣被仪式，副县长杨文华、县政协副主席周明学参加。

12月5日　由中国美吉特集团举办、美吉特家居建材城承办的郎咸平——川南创业投资峰会在荣县举行，著名经济学家郎咸平到现场演讲《创业机遇与投资风险》。

12月7日　由重庆海科交通工程建设有限公司和四川世荣建设股份有限公司承建的涉及观雷路、踏石路、观东路、双过路等11条路101公里的公路安保工程开工建设，工程拟总投资1885万元，于12月31日完工。

12月8日　农行荣县支行首个乡镇离行式自助银行——长山离行式自助银行开业运行。

12月9日　省关工委常务副主任徐世群一行调研荣县关心下一代工作。副县长荣秀英陪同。

12月9日　荣县地税局完成网上办税服务厅试点工作。

12月10日　县政协组织部分市政协委员代表视察内威荣高速公路荣县段建设情况。县政协主席王斌儒，县人大副主任钟永平，副县长、县公安局局长缪剑，县政协副主席吴平、秦开亮参加视察。

12月10日　省安监局（省煤监局）组织县27家煤矿业主举行“依法办矿、依法治矿”谈心对话活动。副县长、县公安局局长缪剑参加会议。

12月10日　召开荣县新农村建设和农业产业化发展情况各界人士通报会。县政协主席王斌儒，县委副书记宋成文，县人大副主任钟永平，县政协副主席吴平、秦开亮、周明学参加会议。

12月11日　市委副书记、市长刘永湘到留佳镇开展转作风走基层活动，看望慰问困难党员和群众，与基层党员干部、村民代表座谈。市委常委、常务副市长项晓峰，县委书记荣全，县委常委、常务副县长郑小清参加活动。

12月11日　全县公务用车改革摸底统计工作培训会在县行政中心大会厅举行。

12月12日　县纪委、县监察局邀请“两代表一委员”、民主党派人士、机关工作人员、老干部、企事业单位、村（社区）干部、群众代表近40人参加“纪委开放日”活动，并参观反腐倡廉建设成果图片展。县委常委、纪委书记傅仕方，县政协副主席周明学参加。

12月12日　市食安办到荣县检查验收2014年小型餐饮综合整治工作。县委常委、县委办主任吴永红参加。

12月14日　荣县在全市率先启动“五失”（失亲、失学、失业、失管、失足）青少年关爱计划。

12月15日至16日　省扶贫移民局副局长邹积立一行到荣县调研小井沟水利工程移民搬迁安置工作。县委副书记宋成文，副县长杨文华参加。

12月15日　县委中心组召开专题学习会，学习习近平总书记在中央全面深化改革领导小组第七次会议上的讲话精神、省委十届五次全会精神及庸懒散浮拖专项整治等内容。

12月15日　荣县创建省级重性精神疾病综合防控示范县工作通过四川省卫计委的评审

验收。全县排查确诊重性精神疾病患者3000余名，管理率、管患者病情稳定率均超省标准。

12月15日　荣县食品药品监管管理局在全市率先开通“荣州美食攻略”微信公众服务平台。设立荣州美食、美食地图、美食评论、曝光平台、不良信用查询等版块。

12月15日　荣县食品药品监督管理局依托中华联合保险公司在全市率先推出“农村家宴乡厨保险”，在乐德食品药品监督管理所首先试点推广。

12月15日　荣县旭阳镇、高山镇、东兴镇3个乡镇通过省市县档案创建考评领导小组的验收，创建为新农村档案工作示范乡镇。

12月16日　县人大主任武役卫带队视察县新农合运行情况及医患纠纷调解工作。县人大副主任钟永平、吕良、周本光，副县长荣秀英参加视察。

12月16日　荣县清淞湖望佳肉牛养殖场、华鑫养兔专业合作社种兔场、巴尔鼎新繁育猪场、华牧生猪养殖示范中心、花香狗黑山羊养殖场、兴顺源养殖公司6个养殖场被省农业厅评为省畜禽标准化示范场。全县省级示范场达到14个。

12月17日　荣县举行首批新型职业农民颁证仪式，全县174名农民领到四川省新型职业农民资格证书。

12月17日至18日　县委书记荣全到留佳、长山、双石镇等地调研涉农项目建设，指出要加大涉农项目整合力度，更新理念、科学规划，围绕一片产业、一条通道、一片民居、一套制度、一种文化的“五个一”建设，打造幸福美丽新村。县委常委、县委办主任吴永红，副县长邓明参加调研。

12月18日　自贡市旅游标准评定委员会对乐德镇春林山庄和长山镇祥禾度假村两家三星级农家乐进行评定验收。

12月19日　第十四届市政协中共界别小组视察小井沟水利工程建设及移民搬迁安置工作。市政协主席潘泽金，市政协副主席钟莉、肖光俊、常玉华，县委书记荣全，县政协主席王斌儒，县委副书记宋成文，副县长杨文华，县政协副主席周明学等参加视察。

12月19日　县人大机关开展“走基层——东街、附东街棚户区体察民情”活动。县人大主任武役卫、县人大副主任钟永平、代少书、吕良、周本光参加。

12月19日　全县学校、家庭、社会三结合教育现场会在荣新小学举行。

12月19日　荣县交警大队开展整治酒后驾驶违法行为集中统一行动。

12月20日　金曲迎春·舞动天府“美吉特杯”四川群众广场舞荣县赛区总决赛在首义广场举行。6个代表队12个参赛节目参加总决赛，东街社区夺得第一。

12月22日　自贡市副市长杨征宇、县委书记荣全、常务副县长郑小清、副县长邓明等领导一行到荣县乐德镇回龙殿村调研现代化种兔场，了解现代化的乐德种兔场基本情况，参观了智能化种兔生产线，标准化兔舍。

12月23日至24日　中国人民大学党委副书记吴付来一行到荣县开展教育教学调研。县委副书记宋成文，县委常委、宣传部部长邹崇霞，县政协副主席吴平参加调研。

12月24日　全省深化现代畜牧业发展现场会在荣县召开，全省21个市州政府分管领导、农业（牧）局主要负责人，第二轮40个现代畜牧业建设重点县政府主要负责人和省直有关部门负责人参加，副省长曲木史哈带队先后参观了县望佳镇自贡农投生态农业科技有限公司黑山羊养殖场、四川清淞湖养殖科技有限公司望佳种牛场、鼎新镇四川巴尔农牧集团鼎新种猪场、乐德镇华鑫养兔专业合作社种兔场。

12月25日　荣县作家协会农民创作分会在双石镇成立。

12月25日　荣县交警大队联合荣县道路交通安全协会和旭阳镇道交办到旭阳镇富南小学、旭东中学、东街小学等学校开展交通安全宣讲活动，倡导全校师生文明交通，安全出行。

12月26日　县委书记荣全参加荣县农牧业工作座谈会，强调农牧业发展要以“建立五大体系、推进三大转变、消除五大风险”为目标，着力提高土地效益、力促农民增收，为全面建成小康社会做出更大贡献。县委常委、县委办主任吴永红，副县长邓明参加座谈。

12月26日　全省依法治省工作循环检查组到荣县检查依法治县工作，并到旭阳镇南街社区、县职教中心等地检查指导。县委书记荣全，县委副书记宋成文，县委常委、县委办主任吴永红等参加。

12月26日　在县城首义广场举行德耀荣州·你我同行——“微荣州·爱心驿站”慈善捐助活动，向荣县10名首届“十佳美德少年”捐赠学习生活用品，现场捐助西街小学患病学生。活动现场募捐救助金1.4万余元，当日累计募捐14.5万元。县委常委、宣传部部长邹崇霞，县人大副主任周本光，副县长荣秀英，县政协副主席吴平等参加。

12月29日　央视记者到双石镇金台村拍摄“培育和践行社会主义核心价值观”专题片，拍摄了金台村“培育和践行社会主义核心价值观”以来的新面貌、农民漫画家程龙香“培育和践行社会主义核心价值观”系列漫画，并采访程龙香及其创作团队。

12月30日　在行政中心大会厅召开省委巡视组巡视荣县情况反馈会。

12月30日　荣县西部计划项目办在全国项目办2013—2014年度绩效考核中被评定为优秀等次，全省共14个项目办获奖，荣县是全市唯一受表彰区县。

12月30日　在县政协三楼会议室召开政协第十三届荣县委员会常务委员会第十四次会议。会议听取了县政府关于2014年工作总结及2015年工作安排的通报；县纪委关于县2014年党风廉政建设和反腐败工作的通报；县政府关于县政协十三届三次会议委员提案办理情况的报告；协商审议并通过了《政协荣县委员会委员管理办法》；书面审议县政协各专委会2014年工作总结。

12月31日　在县城首义广场举行2015年元旦“体彩杯”全民健身长跑活动。

12月31日　荣县参加在宜宾屏山县举行的“三江放歌”川滇七市广场舞比赛中荣获一等奖。

12月　荣县财政局组织全县预算内单位职工参加全国百家网站暨中国普法官方微博宪法知识竞赛，这也是县首次组织职工参加宪法知识竞赛。

12月　中石化西南油气分公司在留佳镇瓦滓村15组成功开凿1口深4623米、水平段长1160米、日产天然气6万立方米的页岩天然气井。

12月　荣县中学举办首届“纸桥承重”科技活动。

12月　自7月启动“2015·荣州春晚”选拔活动以来，经过海选、初选、决赛共49场次的比赛，共评选出声乐类、舞蹈类、综合曲艺类专场比赛一等奖3名，二等奖9名，三等奖15名，优秀奖30名。先后有800余个节目参赛，直接参与演员约5000人，是历次春晚选拔赛中参赛人数最多的一次。

12月　荣县农村劳动力实名制登记入库工作全面完成。

12月　荣县首家民办养老管理服务中心“晚霞养老中心”落户长山镇，整个中心占地10亩，建筑面积4000多平方米，可容纳200人入住。

12月　从11月至12月，四川省档案工作规范化建设考评领导小组对全县省一级、省三级档案室县地方税务局、人口和计划生育局、卫生局等10余个单位档案室的档案规范化管理工作进行验收。

12月　对全县142株百年以上古树名木进行了核查。

12月　荣县来牟镇、乐德镇回龙殿村、于佳乡瓦窑村、长山镇胡家村、保华镇红豆树村、留佳镇小田村、双石镇长冲村、鼎新镇学堂村、新桥镇赶场冲村、过水镇夜合村被省委、省政府评为“2013年度四川环境优美示范镇、村”。

12月　由《小说选刊》《小小说选刊》《微型小说选刊》和小小说作家网等联合举办的中国·武陵“德孝廉”小小说全国征文大奖赛评选揭晓，荣县作者张玉兰的小小说《陪着母亲坐火车》获一等奖。2013年张玉兰公开出版小小说集《会跳舞的风信子》，2014年张玉兰被中国小小说作家网评为“2014·中国小小说十大新秀”。

12月　荣县自来水公司空气自动站建成并投入试运行，该空气自动站投资100余万元，具有二氧化硫、二氧化氮、可吸入颗粒、臭氧、一氧化碳、细颗粒物6个项目的监测能力。

12月　县环保局对荣县捷顺电碳厂超标排污行为进行行政处罚，处罚金1万元。

12月　观山镇井坎山村村级文化广场竣工并验收。

12月　于佳乡正街棚户区改造工程开工建设。该工程投资约1000万元。

12月　双古镇从月初到月底，对全镇违规建筑和城乡环境综合治理进行集中整治，处置2户违规建筑，清除户外小广告400余处。

特　载

TE ZAI

改革创新适应新常态 苦干实干稳中有作为 为同步全面建成小康社会而努力奋斗

——2015年1月20日在中国共产党荣县第十三次代表大会第四次会议上的报告

荣 全

各位代表、同志们：

中国共产党荣县第十三次代表大会第四次会议，是在全县上下认真学习贯彻党的十八大及十八届三中、四中全会精神，深入实施“十二五”规划的新形势下，召开的一次重要会议。大会的主题是：高举中国特色社会主义伟大旗帜，以邓小平理论、“三个代表”重要思想、科学发展观和习近平总书记系列重要讲话为指导，系统总结2014年工作，科学确立2015年奋斗目标，动员全县广大党员干部群众，解放思想，凝心聚力，适应新常态，稳中有作为，为与全市同步全面建成小康社会而努力奋斗！

下面，我代表中国共产党荣县第十三届委员会，向大会报告工作，请予审议，并请特邀来宾和列席同志提出意见。

2014年工作总结

2014年，在市委的坚强领导下，县委团结带领全县广大党员干部群众，面对复杂严峻的宏观经济形势和始料未及的困难工作局面，克服发展任务重、矛盾挑战多的巨大压力，紧紧围绕“推进发展、深化改革、教育实践活动”三项关键任务，始终保持发展定力，主动适应新常态，扎实开展“四个年”活动，努力改善民生，积极化解各类矛盾和风险，经济发展的基本面得到有力维护，社会稳定的基本面得到有力维护，基本完成了上次党代会确定的任务。

一、以发展为主线，攻坚克难，发展质效稳中向好

坚持把发展作为第一要务，突出投资、产业两个关键，强化城镇化的带动作用，全县经济社会保持平稳健康发展。全年实现生产总值175亿元（预计，下同），同比增长8.5%；地方公共财政预算收入实现4.87亿元，同口径增长7.3%；全县固定资产投资完成71.6亿元，同比增长9.9%；城镇居民人均可支配收入实现2.204万元，同比增长10%；农民人均纯收入突破万元大关，同比增长11.8%。

投资拉动稳健有力。全年对上争取政府性投资项目补助资金12.3亿元，争取资金规模位居全市前茅。实行重大项目推进常态化管理，金铂利陶瓷工艺改造等47个重大项目全面建成，巴尔农牧研发基地等48个重大项目顺利开工，全年重大项目投资突破60亿元，同比增长26%。加快重大交通水利基础设施建设，小井沟大坝主体工程基本完工，移民安置对接进入最后攻坚阶段，农村移民集中安置点开工14个、竣工11个，输水干渠基本完工；内威荣高速公路荣县段路基工程基本完工，城区连接线实现开工。

三次产业协调发展。加快新型工业化进程，克服经济下行、煤矿关停的重大影响，设立企业应急临时周转金和新型工业化发展资金，全力帮扶企业渡过难关。全年新增规模以上工业企业8户，规模以上工业增加值实现58亿元，同比增长11.5%。旭阳药业成功创建省级企业技术中心，页岩气勘探实现重大突破。顺利完成煤矿企业关闭和土陶行业兼并重组工作。建成工业园区核心区3平方公里，园区产值实现120亿元，为争创省级特色产业园区奠定坚实基础。农业现代化和新农村建设进程加快，“三个创建”[(1)]有序推进，“三个省级现场会”[(2)]成功举办。“两再四秋”[(3)]全面推广，打造百公里“中稻－再生稻”产业化发展长廊，粮食总产量41.4万吨。旭水河百里现代循环农业示范区基本成型，长山－保华油茶等9个万亩产业园区和长山胡家村等10个幸福美丽新村基本建成。巴尔农牧集团成功创建国家级重点龙头企业，新增省级重点龙头企业3户、国家级专业合作社3户。全年农业增加值突破40亿元，同比增长3.7%。文化旅游目的地加快建设，成功举办“旅游卫视·最美中国·荣县大佛篇”活动，梧桐水街、双石国家级乡村旅游示范区观光园建成投入使用。商贸物流业提档升级，新培育限额以上商贸企业、规模以上服务企业17户，电商销售模式不断扩大。全年社会消费品零售总额突破60亿元，同比增长12.6%。

城乡环境明显改善。县域全域规划全面启动，乡镇总规修编实现全覆盖，长山、双石全省百镇建设示范镇加快建设，全县城镇化率达37.4%。河西新区旭水大道全面贯通，外环路东标段主干道全面完成，拓展城区面积1.5平方公里。“水利三项重点工程”[(4)]有序推进，一批通乡连界公路竣工或开工。城市网格化管理全面推行，数字化城管平台建成投入使用，“一镇九村”[(5)]被评为四川环境优美示范城镇、村庄。加速推进城市绿化进程，全县森林覆盖率达39.9%，全年空气质量优良天数达305天。深入开展流域水环境综合治理，小井沟、双溪水库饮用水源地生态功能区保护建设控制规划启动实施，双溪水库饮用水源达标率100%。

二、以改革为引擎，点面并进，发展动能缓中带劲

坚持把改革作为第一动力，突出创新驱动、对外开放两大抓手，发展活力更加凸显。

重点领域有序推进。建立投资项目审批“一窗通”管理模式，实现审批提速80%以上。食品药品监管机构改单全面完成，新一轮政府机构改革即将启动。农村土地确权颁证工作全面启动，农民财产性收入改革取得重大进展，年增加农民人均财产性收入300元。探索推进“保息＋盈利分红”财政资金量化入股新模式，其成功经验在全省推广。在全市率先出台家庭农场培育办法，培育数量位居全市第一。创新农村公共服务运行维护机制，被确定为全国农村公共服务运行维护机制标准化试点县。成功推行“零基预算”，清算上年财政预算单位结余资金和指标2775万元。纪检（监察）“三转”[(6)]有序推进，清理退出议事协调机构85个。

科技创新释放活力。旭阳药业抗感解毒膨化颗粒剂及制备方法等12项技术获国家发明专利，“川南丘陵区乡土油茶良种选育及产业化研究与示范”技术获省科技进步二等奖，旭阳药业“金岁方”荣获全省著名商标称号，绿茗春巅峰雀舌产品获得全国农业博览会金奖。实施省重大科技成果转化项目2项，洁力环保等3户企业被认定为国家高新技术企业，高新技术产业产值占规模以上工业总产值的比重提高到16%，科技对经济发展的贡献率达50%。

对外合作实现突破。成立荣县投促中心昆明联络处，成功引进世界超市巨头沃尔玛以及百邦盛陶瓷等5亿元以上项目6个。创新投融资方式，吸纳社会资金8.3亿元用于基础设施、民生工程、社会事业项目建设。搭建银政企融资平台，全年新增信贷3.7亿元。全年实现对外贸易自营出口500万美元，同比增长62.3%。

三、以稳定为前提，破难解困，发展成果进中有为

坚持把稳定作为第一责任，突出民生保障、社会治理两个重点，人民群众的幸福指数不断提高。

幸福荣县渐显成效。全年投入民生资金19.2亿元，占公共财政支出的77.6%。城乡居民就业持续扩大，社会保障覆盖面和保障水平不断提高，精准式扶贫有序推进。城乡养老救助服务体系不断完善，城乡低保实现应保尽保。1205套保障性住房即将分配入住，群众住房条件得到改善。坚持教育优先战略，荣县新一中、河西幼儿园建成投入使用。教育教学质量稳步提升，高考重点本科上线增加率居全市第一。医疗服务体系日益完善，基层首诊暨双向转诊工作有序推进，县第三人民医院改扩建工程全面完成。全国计划生育优质服务先进县成果持续巩固，被确定为首批国家级孕产妇及新生儿健康监测县。广泛开展群众文化活动和全民健身运动，打造“荣县春晚”文化品牌，县电视台完成新址搬迁。成功承办“中央宣传部核心价值观百场讲坛走进荣县”专题讲座，被中央电视台等多家媒体报道；以漫画形式把核心价值观融入农耕文化的“接地气”典型做法，被选入全国社会主义核心价值观百家经验；《让群众签单验收》被《人民日报》头版报道，荣县知名度不断扩大。

平安荣县加快建设。社会治安立体化防控体系不断完善，网格化服务管理体系实现城乡全覆盖，“一标三实”信息采集工作全面完成，刑事犯罪率连续四年实现下降，群众生命财产安全得到有效保护。县检察院荣获“全国文明接待室”殊荣，县法院被评为“全省纪检监察先进集体”，县公安局连续两次被评为“全省优秀公安局”。安全生产责任制全面落实，透明厨房监管方式全面推广，全县未发生一起较大以上安全事故，煤矿连续两年实现“零死亡”。

和谐荣县逐步构建。构建社会风险防控体系，妥善处理非法营运三轮车群访等信访维稳突出问题，创造性推进新星源公司依法重整工作，受到省政府主要领导肯定性批示。党务政务公开实现常态化，全面推行职代会制度和工资集体协商制度。依法治县工作深入开展，“六五”普法中期评估获全国先进县称号。积极支持人大及其常委会依法行使职权，以推进发展、关注民生、促进和谐为主要内容的法律监督和工作监督成效明显。积极支持政协依法履行职能，协调关系、汇聚力量、建言献策、服务大局的作用更加凸显。民主党派、工商联、无党派人士的作用充分发挥，民族宗教、外事侨务、对台工作取得新成效，爱国统一战线得到巩固。关心下一代工作取得实效，工会、共青团、妇联等群团组织的桥梁纽带作用进一步发挥，大群团工作格局逐步形成。县西部计划项目办绩效考评获全国优秀等次。民兵预备役战斗力得到新提升，取得全市比武竞赛

四个第一的佳绩。国防动员建设、双拥、优抚安置和老龄工作不断加强，军政军民团结和谐局面进一步巩固。

四、以活动为抓手，固本强基，发展保障实中显优

坚持把党建作为第一保障，突出作风转变、基础夯实两大目标，凝心聚力促发展的氛围更加浓厚。

干群关系紧密融洽。围绕“为民务实清廉”主题，按照“照镜子、正衣冠、洗洗澡、治治病”总要求，坚持把领导带头、整风精神、开门搞活动、解决问题和制度建设贯穿始终，扎实开展教育实践活动，《漫话群众路线》读本和“我有话对书记说”活动等自选动作得到中央、省、市领导的高度认可。以触及灵魂的深度抓思想教育，坚定了党员干部为民务实清廉的价值追求；以整风精神的高度开展批评和自我批评，普遍经受了一次严格的党内生活锻炼。坚持“人”和“事”的问题一起解决，“9+2+3”正风肃纪专项治理扎实开展，查处典型案件22起、处理22人，通报7件次，“四风”突出问题有效整改；县级领导领办23个群众反映强烈的突出问题，一批关系群众切身利益和“最后一公里”问题得到有效解决。深入推进机关管理服务标准化建设，固化周五学习日制度，涌现四川省人民满意的公务员邱相权，树立郝修文学习典型，在联系服务群众、反对铺张浪费等方面形成了一批制度成果。整个活动兑现了“正风气、惠民生、促发展、强基础”的承诺，群众总体评价为“好”和“较好”达98.6%，党心民心进一步凝聚。

基层基础夯实有力。党内基层民主进一步扩大，县纪委副书记、团县委书记、市县党代表和普通党员代表列席县委常委会、全委会实现常态化。把“三严三实”要求落实到干部教育管理监督全过程，制定贯彻落实省委“两个意见”[7]的实施意见，集中开展超职数配备干部、“为官不为”、干部走读等专项整治。全面贯彻执行新修订的《干部任用条例》，坚持好干部标准，鲜明“重公认、重实干、重品行、重基层和一次性把工作做正确的能力”用人导向，全年累计交流干部94人，提拔18人，其中2名正科级干部得到提拔。高度重视老干部工作，老干部政治、生活待遇全面落实，老干部作用得到充分发挥。评选首批20名优秀专家，公开遴选首批32名“1+5”优秀年轻干部人才[8]，实施首批18名干部“双挂双跨”[9]计划。探索“一评两考三票决”[10]竞争性发展党员机制，新发展党员305名。村（社区）三委换届工作圆满完成，后进基层党组织转化升级率达100%，“两新”党建工作实现全覆盖。党务信息工作全市第一，创历史新高。

从严治党持续深入。始终坚持党要管党、从严治党，“两个责任”“一岗双责”“一案双查”得到有效落实，政治生态进一步优化。创新同级监督机制，得到中纪委、省纪委高度肯定。党风廉政建设社会评价、政风行风民主评议机制进一步健全，开展《电视问政》接受群众质询监督，一批群众反映强烈的实际问题得到解决，庸懒散浮拖等现象得到有效整治，社会评价群众满意度综合指数排名上升到全省第69位。大督查工作机制全面实施，作风建设系列规定得到有效执行，全县“三公”经费支出同比下降17.5%。廉政风险防控机制不断完善，权力运行监察平台建设进一步加强，“积极预防、系统治理”机制更加健全。以“零容忍”态度坚决惩治腐败，全县党纪、政纪立案81件、81人，挽回直接经济损失1400余万元。

各位代表、同志们：过去一年，过程极为艰辛，成绩来之不易。各项成绩的取得，是上级党委正确领导的结果，凝聚着全县70万人民的智慧和力量，倾注了全县广大党员干部群众的心血和汗水。在此，我谨代表县委，向所有为荣县发展作出贡献的同志们、朋友们，表示衷心的感谢和崇高的敬意！

在总结成绩的同时，我们必须清醒地看到，我县经济社会发展中还存在不少困难和问题：一是干部工作热情减退，"四风"顽疾根除不彻底，开创干事创业新局面任务艰巨；二是经济下行压力巨大，传统优势产业不景气，实现经济发展预期目标任务艰巨；三是发展质效提升缓慢，主导产业带动作用不明显，加速产业结构优化升级任务艰巨；四是财政收支矛盾凸显，税源培植不充分，落实民生保障等刚性支出任务艰巨；五是社会维稳形势严峻，风险防控意识不到位，维护社会和谐稳定任务艰巨；六是基层组织建设较为薄弱，基层服务体系不健全，战斗堡垒作用发挥任务艰巨。针对以上六大问题，我们必须高度重视，严肃对待，深刻吸取教训，采取有力措施，切实加以解决。

2015年工作安排

2015年是全面完成"十二五"规划的收官之年，是全面深化改革的关键之年，是全面推进依法治县的开局之年，也是实现"四翻番"目标全面建成小康社会的冲刺之年。全力以赴做好2015年各项工作，对推动荣县经济持续健康发展和社会和谐稳定至关重要。

当前，全国经济进入增长速度换挡期、结构调整阵痛期、前期刺激政策消化期的"三期叠加"阶段，新一届党中央用"新常态"来描述中国经济的特征。新常态不是一个经济周期，而是一个新时期、一个新时代，具有全面、深刻、持久的特征，必然要求速度变化、结构优化、动力切换。主动适应新常态，就需要我们冷静理性看待新常态下增长速度变化，既不能违背阶段性特征、不顾条件盲目追求高增长，也不能把"换挡"变成"失速"、把速度都降下来。保持荣县经济社会平稳健康发展，关键要准确领会习近平总书记一系列重要论述，把思想和行动统一到中央和省、市委决策部署上来。要坚持发展、主动作为，始终把经济发展作为兴县之要；要保持定力、加快转型，坚定不移转方式调结构；要挖掘潜力、激发活力，积极培育发现新的增长点；要把握全局、守住底线，重视防范和化解各种社会风险。

2015年工作总体思路是：高举中国特色社会主义伟大旗帜，以邓小平理论、"三个代表"重要思想、科学发展观和习近平总书记系列重要讲话为指导，全面贯彻落实党的十八大和十八届三中、四中全会精神，坚持稳中求进工作总基调，主动适应新常态和"从严从实"新要求，牢牢把握全省"三大发展战略"和全市持续推进"五个自贡"建设要求，深入实施"工业强县、农业兴县、三产活县、生态立县"战略，保持发展定力、突出转型发展，聚焦"深化改革、依法治县、从严治党"三大任务，强化风险防控，持续夯实发展基础，加快建设四川丘陵生态经济强县。

2015年工作奋斗目标是：努力实现"五个更加"。即：经济实力更加强劲。全县地区生产总值同比增长8%，地方公共财政预算收入同口径增长8%，固定资产投资同比增长10%，社会消费品零售总额同比增长13%。产业结构更加合理。产业结构不断优化，非农产业比重达80%，新兴产业比重大幅增加，现代服务业加速发展，产业转型升级取得实质性进展。群众生活更加殷实。城镇居民人均可支配收入同比增长 11%，农民人均纯收入同比增长 12%，基本公共服务和社会管理水平显著提升，民生保障体系进一步完善。改革成效更加显著。实施创新产业发展机制、深化农村产权用地制度等 15 项重大改革课题，确保 1－2 项改革走在全市前列，其中 1 项改革得到省上肯定。政治生态更加优化。坚持思想建党与制度治党相结合，各级党组织领导科学发展、服务群众能力进一步增强，形成干部清正、政府清廉、政治清明的良好政治生态。

一、坚持问题导向、专注发展，在促进提质增效上有新作为

围绕适应经济发展新常态，以稳增长和调结构为重点，着力提高发展质效。

着力扩大有效需求。牢固树立“项目经济”理念，把扩大投资作为“调结构、稳增长、促发展”的关键。积极对接国家、省政策导向，紧紧抓住国家区域发展战略和加快培育川南新增长极的机遇，着力拓展产业发展、基础建设、棚户区改造、社会民生等投资空间，形成新的投资增长点，建立“十三五”项目储备库。进一步开放公共投资领域，探索推行政府和社会资本合作 PPP 模式[11]，激活社会资本参与政府性公共服务项目、基础设施项目的建设和运营。坚持项目总推手不动摇，突出政府性投资项目带动作用，全力以赴推动项目加快建设，力争向上争取项目资金同比增加 7% 以上，确保旭阳药业现代中药产业园三期等 51 个项目竣工投入使用，百邦盛陶瓷生产线等 50 个项目实现开工，全年重大项目投资突破 70 亿元。

强化双轮驱动战略。牢固树立“产城融合”理念，把“两化”互动作为发展的重要支撑。全力推进新型工业化，强化工业园区的核心引擎作用，创新园区准入、退出和管理服务机制，着力提高园区的综合效益和综合能力。坚持“农产品精深加工和资源转型升级”工业发展路径，抓住盐业体制改革契机，巩固提升传统优势产业，促进工业稳定回升。健全预警分析和监控机制，引导企业建立完善现代企业制度、保持企业稳健发展、专注企业核心主业，始终与企业风雨同舟，共克时艰。加速工业化与信息化深度融合，推动企业能力转型、科技创新。强化产城一体理念，高标准完成县城总规调修、县域全域规划工作。加快推进新城道路骨架和实施改造一批县、乡道路建设，建成内威荣高速公路及城区连接线并实现通车。全力以赴抓好小井沟水利工程移民搬迁安置工作，加快建设长山人和迁建新址新型社区和留佳镇大大田等移民安置集中区，确保工程如期下闸蓄水。加快推进城乡供水一体化进程，不断优化城乡电网布局和升级改造。坚持民生、精品、合理理念，加快新城建设，稳步推进旧城有机更新。启动河东片区及北环路开发建设，增强城市承载能力。坚持统筹理念，加强县域城镇体系建设，重点打造长山－留佳工贸旅游小城镇群。有序推进城镇化，全面推行居住证制度，力争全县城镇化率提高两个百分点。

力促转型集约发展。牢固树立“生态红线”理念，严守耕地保护红线，把转型发展作为调优结构的重要方式。突出农业基础性和战略性地位，加速农业现代化进程。强化“农村三项重点工作”[12]，加快农田水利基础设施建设，完成李子坝水库、锁江桥水闸等骨干水源工程。以创建国家级、省级现代农业、林业示范区为目标，牢牢把握“粮经畜”[13]发展思路，加快农业“五大体系”[14]建设，推进“三大方式”[15]转变、消除“五大风险”[16]，提高

农业劳动生产率和农业现代化水平。强化“五个一”[17]思路，突出人和物的新农村理念，推进鼎新鲤鱼村等10个幸福美丽新村建设，建成小井沟水库大坝生态养生观光等10个万亩园区，力争省绩效考核获优秀等次。更加注重“接二连三”[18]，推动农业多功能化发展。突出服务业消费基础作用，加快现代服务业发展。大力发展物流金融、健康养老等新兴服务业，加快沃尔玛进驻荣县，建成美吉特·荣县家居建材科技博览城专业市场。积极发展网销网购零售业，推动农村商业连锁经营。主动融入川南城市休闲旅游发展群落，加快构建“三库连三佛，辅以一塔一居一园”的旅游体系。[19]继续举办2015年大佛文化旅游活动。突出生态的主导地位，围绕增绿、护蓝、净水三大目标，加快国土绿化进程，深化流域综合治理，持续推进水泥、土陶行业节能降耗，确保全年空气优良天数（按新标准）达270天以上。建成新城体育中心公园、星河翡翠公园，城乡污水处理设施实现全覆盖。严格执行法定饮用水源地水生态功能区保护规划，强制实施城乡饮用水源保护。

二、坚持深化改革、蓄势发展，在实现自我革新上有新突破

围绕破除体制机制障碍，以深化改革和创新驱动为推手，着力增添发展动力活力。

*全面推进重点改革。*突出全面改革的引领作用，充分发挥基层首创精神，持续在重点领域和关键环节取得实质进展。以放活土地经营权为重点，建立三权分离的权属关系，引导农户参与土地经营权股份化改造，激活农业农村发展要素，发展适度规模经营，扎实推进“三项试点”[20]工作。以转变政府职能为重点，加大政府购买民生保障、社会治理、行业管理等公共服务力度，稳妥推进公务用车制度改革，防控政府债务风险。以深化政务服务为重点，建立行政权力、事项和前置审批条件三个清单，确保权利运行阳光高效。以改善金融环境为重点，完善银政企衔接机制，招引外地银行来我县设立分支机构，推动完成农商银行组建工作。以推进资源性产品价格改革为重点，探索居民生活用气、用水阶梯价格制度，推动地方电网网内同价。以提高教育教学质量为重点，深化“学生为主体、教材为载体、教师为主导”课堂教学改革，建立教师“交流轮岗、竞争上岗、按岗定酬”管理新机制。以构建和谐医患关系为重点，扎实推进县级公立医院综合改革，加快建立现代医院管理制度。以党的建设制度改革为重点，建立完善领导干部综合选配机制，健全基层公务员报酬待遇稳定增长机制。

*大力实施创新驱动。*突出创新驱动的核心地位，进一步完善政府引导、企业主导、院所指导的创新体系，全面提升科技进步贡献份额，力争科技对经济增长的贡献率提高一个百分点。积极推进工业化、信息化深度融合，加快智慧荣县、电信光网城市建设，支持东方气体等企业组建技术中心。推动科技创新与企业文化的融合，推进企业和产品向高端化、品牌化发展，力争获得国家发明专利3项以上，实施科技成果转化2项以上，全县高新技术产业产值占规模以上工业总产值的比重达17%。实施高端人才培养计划，优化用人环境，创新人才流动、激励机制，激发人才干事创业激情。

*持续扩大对外合作。*突出对外合作的集合效应，积极适应产业转移和资本流动新趋势，抓住川南经济区建设机遇，主动接受天府新区辐射。把握农产品主产区定位，围绕“资源型企业转型升级、战略性产业调整结构”思路，完善招商目录，力争到位市外资金75亿元。

提高对外贸易水平，鼓励和支持俊鸿鞋业等外向型龙头企业大力开拓国际市场，确保全年实现外贸出口600万美元。

三、坚持全民法治、和谐发展，在推动公平正义上有新期待

围绕构建法治荣州，以民主和法治并进为统揽，着力净化社会人文环境。

全面推进依法治县。把依法治县作为促进公平正义的重要途径，加快建设法治荣州。推进依法执政，探索领导班子重大事项决策全程记实制度，健全重大决策、重要政策、重大改革措施稳定风险评估制度，加强党内规范性文件备案审查工作，健全法律顾问制度。推进依法行政，完善公共资源交易服务平台，深入推进行政权力依法规范公开运行系统建设，规范行政执法行为和自由裁量权。推进公正司法，加强执行活动法律监督力度，完善执行协作联动机制，推进司法程序透明公开。推进法律服务体系建设，健全重心下移、力量下沉的法治工作机制，强化社区矫正公共服务。建立健全会前学法、任前考试、任前宣誓制度，加强执法司法公职人员法治能力培训；深入开展“六五”普法，健全完善“谁执法、谁普法”工作机制，扎实推进基层法治建设示范创建和社会法治工作，提升全民尊法守法意识。

加强民主政治建设。把民主政治建设作为凝聚共识的重要平台，不断扩大社会主义民主。积极支持人大依法行使职权和法律监督职能，密切代表与人民群众的联系。积极支持政协履行政治协商、民主监督、参政议政职能，充分发挥政协协商民主重要渠道作用。巩固扩大爱国统一战线，加强党外代表人士队伍建设，发挥各民主党派、工商联和无党派人士作用，做好民族宗教、外事侨务、对台、新阶层工作。充分发挥大群团作用，办好微荣州·爱心驿站。加强国防动员能力建设，巩固双拥成果。扩大党内基层民主，严肃党内组织生活。加强村（居）民自治组织建设，完善政务、村（居）务、厂务公开，积极推进组务公开。加强司法为民机制建设，统筹解决信访群众的司法诉求和实际困难。

推动社会治理创新。把社会治理创新作为转变职能的重要抓手，突出法治思维和法治方式，持续提升服务管理水平。拓展“排化防”社会治安体系建设，优化网格化服务管理体系，严厉打击各类违法犯罪活动。健全大调解工作机制，推进信访法治化建设，全面落实诉访分离制度，推动信访秩序依法规范，固化“一经常、五及时”“五方恳谈”群众工作法，着力化解各类矛盾问题。积极引导公益性、行业性等社会组织发展，充分发挥社会组织、人民团体的社会治理作用。强化运行风险防范，坚决防止经济和社会风险相互传导，依法妥善处置企业债务风险。加强金融生态建设，严厉打击非法集资、高利贷行为，促进金融稳定发展。全面落实安全生产责任制，强化对煤矿、道路交通、特种设备、食品药品四大重点领域安全监管，努力防范各类重特大事故发生。

四、坚持民生优先、共享发展，在回应群众需求上有新举措

围绕满足人民群众需要，以强化保障和优化服务为目标，着力提高群众安全感、幸福感。

聚力改善民计民生。立足于保障民生，对接群众需求，统筹做好改善民生各项工作，确保民生支出不低于地方公共财政预算支出的70%。按照“广覆盖、保基本、多层次、可持续”要求，完善社会保障体系，确保城乡居民社会养老保险、医疗保险扩面提升。健全城乡社会救助服务体系，建立统一的弱势群体救助

信息服务平台，执行好社会救助和保障标准与物价上涨挂钩的联动机制。统筹推进以居家养老为基础、社区服务为依托、机构养老为补充的城乡养老服务体系建设，积极发展社会福利和慈善事业。加快推进精准式、造血式扶贫十年攻坚计划。扎实推进保障性安居工程，加快东街、附东街棚户区改造，稳步推进农村公租房建设，满足不同群体住房需求。

统筹发展社会事业。立足于促进公平，整合资源、合理布局，推进社会事业大发展、大繁荣。突出“五个优先”[21]，统筹推进城乡教育均衡发展。鼓励发展民办学校，加快推进职教中心整体搬迁，启动河西小学建设。稳定优质教育资源，加大对“五失”[22]青少年、留守学生教育帮扶力度，努力办人民满意的教育。健全医疗卫生服务体系，鼓励社会资本参与。开展省内异地就医即时结算工作，全面推动健康档案规范化建设，创建省级卫生县城。持续巩固全国计划生育优质服务先进县成果。加快数字化档案建设，完成档案馆新馆建设。广泛开展群众文化活动和全民健身运动，建成县群团文化活动中心，举办荣县第六届运动会，办好荣县春晚。

提高群众生活质量。立足于增加收入，优化环境，着力提升群众幸福指数。完善就业再就业服务体系，促进创业带动就业，动态消除城乡“零就业”家庭。健全工资正常增长机制，推进企业工资集体协商制度全覆盖。加强价格监管，维持物价总体平稳。巩固省级环境优美示范县成果，坚持“以人为本、疏堵结合、文明执法”的工作理念，实施“治脏、治乱、治堵、治尘”提升工程，以法制化、数字化、市场化、精细化提升城市管理水平。

五、坚持从严治党、保障发展，在优化政治生态上有新进步

围绕构建良好政治生态，以思想建党和制度治党为引领，着力提升党的领导能力和执政能力。

坚守宣传思想阵地。牢牢把握意识形态工作主动权，发挥思想引领、舆论推动、精神激励的重要作用，引导广大党员干部始终坚定正确的政治立场和政治方向，始终做到“心中有党、心中有民、心中有责、心中有戒”。加快推进学习型党组织建设，紧紧围绕中心工作和重大现实问题开展好理论研究，不断提高各级党员干部的理论水平和综合素养。推动媒体融合发展，把握正确舆论导向，传播荣县声音，讲好荣县故事。加强社会主义核心价值观培育，不断提升市民的公共意识和公益意识，重点抓好公务员、教师、医生、企业家队伍的“四德”[23]教育，大力弘扬“德行天下·勇为人先”的荣县精神。

注重基层基础建设。牢牢把握“重视基层大抓基层”导向，全面落实基层党建工作责任。坚持好干部标准和“三严三实”要求，加强对优秀干部、党外干部、妇女干部的培养，大力选拔使用“爱岗敬业、勇于担当、能力过硬、清正廉洁”的好干部。完善后备干部梯次培养管理机制，统筹推进干部分类培训，开展第二批优秀年轻干部遴选工作。健全党内激励、帮扶机制，建立困难干部诉求台账，加大对干部的关怀帮助。满怀热情做好老干部工作，进一步发挥老干部作用。健全基层干部报酬待遇稳定增长机制，推进村级组织活动场所标准化建设。深化“三四五六”工作机制，探索城市社区公共服务运行维护机制，强化对“两新”组织的组织覆盖和工作覆盖。扎实开展“回头看”工作，大力推行“一线工作法”，常态化开展“走基层”系列活动，巩固拓展党的群众路线教育实践活动成果。

巩固作风建设成果。牢牢把握“依规治党”要求，主动适应作风新常态。强化“两个责任”落实，深化同级监督，严格执行“一案双查”，全力支持纪委“三转”。深入贯彻落实中央及省市县委关于“改进工作作风、密切联系群众”系列规定，按照“抓常、抓细、抓长”要求，进一步健全完善作风建设常态化长效化机制。强化权力运行制约和监督，持续推进正风肃纪，深化“5+8”巡视反馈问题专项整治，健全党风廉政建设社会评价和政风行风民意倒逼机制，推动党风政风持续好转。始终保持惩治腐败高压态势，以零容忍态度坚决打击腐败行为，着力构建风清气正的政治生态和公平正义的社会生态。

各位代表、同志们：今年发展改革稳定任务依然繁重，让我们更加紧密团结在以习近平同志为总书记的党中央周围，适应新常态、保持好作风，迎难而上、团结拼搏、务实有为，为加快建设四川丘陵生态经济强县，与全市同步全面建成小康社会而努力奋斗！

名词注释

（1）**三个创建**：指创建全省现代农业产业基地、现代畜牧业、现代林业重点县。

（2）**三个省级现场会**：指全省深化现代畜牧业发展现场会、全省超级稻“德香4103”产业化发展现场观摩会、全省现代蚕桑产业发展助推会。

（3）**两再四秋**：“两再”指再生稻、再生高粱；“四秋”指秋玉米、秋大豆、秋马铃薯、秋蔬菜。

（4）**水利三项重点工程**：指城市生活污水处理二期工程、旭阳镇中心水厂、旭阳镇河堤工程。

（5）**一镇九村**：一镇：来牟镇；九村：乐德镇回龙殿村、于佳乡瓦窑村、长山镇胡家村、保华镇红豆树村、留佳镇小田村、双石镇长冲村、鼎新镇学堂村、新桥镇赶场冲村、过水镇夜合村。

（6）**纪检（监察）“三转”**：指转职能、转方式、转作风。

（7）**两个意见**：指《关于认真贯彻“三严三实”要求进一步加强党员干部教育管理监督的意见》和《关于建立健全作风建设长效机制的意见》。

（8）**“1+5”优秀年轻干部人才**：指党政综合与经济金融、城建规划、社会管理、科教文卫、农业农村方面优秀年轻干部人才。

（9）**干部“双挂双跨”**：指实施跨领域、跨层级双向挂职计划。

（10）**一评两考三票决**：指民主测评、两轮考察、三次票决。

（11）**PPP模式**：Public－Private－Partnership的字母缩写，即公私合作模式，是公共基础设施一种项目融资模式。指政府与私人组织之间，以特许权协议为基础，通过签署合同明确双方权利和义务，合作建设城市基础设施项目、提供公共物品和服务。

（12）**农村三项重点工作**：指农民人均纯收入入户调查，粮食产量抽样调查小区建设，生猪出栏监测小区建设。

（13）**“粮经畜”发展思路**：指以粮食“两再四秋”，经济作物“20万亩菜畜、20万亩果畜、30万亩茶及油茶”以及畜牧业“100万头生猪、50万只牛羊、3000万只禽兔”为目标的农业发展思路。

（14）**五大体系**：指新型农业经营体系、农业技术服务体系、农业信息技术体系、农产品质量监管体系、农产品物流标准体系。

（15）**三大方式**：指生产、经营、服务方式。

（16）**五大风险**：指自然、市场、技术、体制、安全风险。

（17）**五个一**：指一个新村（农家大院）、一片产业（增收主业）、一条通道（水路设施）、一套制度（村规民约）、一方文化（乡情乡愁）。

（18）**接二连三**：指农业第一产业延伸连接第二、第三产业，在发展传统种养业同时，全面协调发展农副产品深加工，以及与农业相关联的商业、休闲、生态旅游等服务业。

（19）**“三库连三佛，辅以一塔一居一园”旅游体系**：指以小井沟水库、双溪水库、双河水库，大佛寺、二佛寺、古佛寺，镇南塔、吴玉章故居、高石梯森林公园为主的旅游发展体系。

（20）三项试点：指深化城乡建设用地增减挂钩试点、农村公共服务运行维护机制标准化试点、增加农民财产性收入试点。

（21）五个优先：指规划谋划优先安排、优惠政策优先倾斜、财政资金优先投入、重点工程优先考虑、公共资源优先满足。

（22）“五失”青少年：指失学、失业、失亲、失足、失能的青少年。

（23）四德：指职业道德、个人品德、家庭美德、社会公德。

人大常委会工作报告

——2015 年 1 月 23 日在荣县十七届人民代表大会第四次会议上

武役卫

各位代表：

我受荣县第十七届人民代表大会常务委员会的委托，向大会报告工作，请予审议，并请列席会议的同志提出意见。

2014 年工作回顾

2014 年是县人大工作不平凡的一年。在这新的历史时期，县人大常委会一班人主动深入学习，把握时代脉搏，一手抓各项政治任务的完成，一手抓人大常委会工作目标的落实，围绕全县工作大局不动摇，突出服务民生不放松。常委会在面临抽借到省县人员多、病缺人员多、人代会年度议案多、专项工作多、重点调研课题多，各项工作任务加倍繁重的情况下，工作任务一项不减，工作标准一分不降，保持定力，激发热情，统筹力量，踏着坚毅的步伐，圆满完成了全年的各项目标任务。

一、强化发展意识，主动服务全县工作大局不动摇

多年来，始终围绕全县重大决策部署发挥人大职能作用，在推动全县发展上全心全意、发力敢拼，一直是人大的首要政治追求。一是通过委员代表视察，审议国民经济、财政预算等议题，重点课题调研报告等，在工业发展、重点企业破产重整、推动经济转型、农业产业化新发展和支柱产业等重点问题上，从战略的高度开展深度调研，提出方案和专题建议。对“十二五”生态立县战略这一重大课题，我们通过若干次分散调研和集中视察进行全面回顾，对项目政策全面梳理，提出了新时期“十三五”发展战略的系统化建议，强化生态文明理念，倡导绿色经济模式。两份农业产业化的对策报告，分析了我县农业产业发展的转型困境，以新观念、新视野提出了“十三五”农业产业化新愿景、新道路的系统化建议。二是全力支持全县中心工作、重点工程，抽派 2 名人大常委会副主任、6 名委室负责人参与小井沟移民搬迁安置及输水干渠建设、高速路连接线建设、两河四岸及污水处理厂二期工程建设、新城建设拆迁等重点工作。三是继续推行人大常委会班子成员领衔重点课题调研制度，专题研究经济社会发展重大问题，今年共完成《建设我县新型农业产业化发展之路》《从图表看荣县工业》《荣县农业产业化发展的对策报告》《荣县中小学德育工作调研报告》四篇重点课题调研任务，为改善民生，实现底部崛起提供智力支持。

二、突出监督重点，积极推动重大民生改善

扎实推进教育教学改革。以荣县父老乡亲子女的教育梦、青少年的成长梦为愿景动力和事业情怀，继续扎实推进教育教学改革。一是全力支持配合县委、县政府教育教学改革领导小组的工作。在推进教改的重大工作部署、关键环节和重大问题上及时向领导小组建言献策，并以人大的工作方式和多种形式率先抓落实，在各方面共同努力下，2014 年高考取得显著成效。二是抓关键突重点推动教改扩面。会同教育部门组织优秀教师和管理者到杜郎口初中和谢家湾小学驻校培训，系统接受名校的先进经验；初中教改试点校由 2013 年改革试点班向成建制全年级、全学科全员推进改革。三是深入教改一线。一年来到达教改一线四十多次，把自己作为教改突击力量走进课堂，走进操场，推门听课评课，观察评价课堂流程和效果，反思会诊教改难点，以前瞻的教改理念、鲜活的专业反思与一线教师扎扎实实推进教改进程。四是重视系统推进。全力推动杜郎口初中教改模式、河北衡水和精英中学的高中高效课堂模式在我县初中、高中落地入校。县人大常委会和小学教育的有识之士面向全国搜集多种先进模式反复比较，四次深入重庆考察研判，重庆谢家湾小学办学育人的新模式被最终选定，在我县城区小学落地入校。这样以改革为动力，以立德树人、提高教育质量为内容，以先进务实为共同特征的三套办学育人模式，分别对应我县高中、初中、小学，在荣县落地入校，三个层次学校就全面接轨了中国现在最先进务实的教学育人系统模式，使我县教学育人实践站在了教育未来十年的制高点上，荣县这一代青少年也因此终身受益。

遏制双溪水库周边乱修乱建“专项工作”取得实效。专项工作设定的目标得以实现，双溪水库周边乱修乱建势头得到根本遏制，饮用水源保护形成不可逆转之势。一是积极争取市人大常委会的重视和支持，通过市、县联动，全面构建饮用水源保护工作的体制机制，法律支撑、政策支撑和工作支撑全面形成。二是通过连续议案的办理形成强力推进双溪水库饮用水源保护的抓手。建立了饮用水源地安全巡查机制，保持高压态势，确保不发生违章建设新的增量，实现了“不新增一匹砖、新添一片瓦、不新占一寸地”的工作目标；专项工作组督促、指导议案办理工作，旭阳镇黑林沟村地质滑坡 43 户受灾户得到妥善安置，避险搬迁异地集中安置点已在 2014 年年底前开工，受灾户吃下了定心丸。

持续助推粉尘污染源头治理。督促县政府及其相关部门、单位按照《荣县城区粉尘污染源头治理三年规划》切实加强硬件设施建设，强化日常管理，有效治理城区粉尘污染，切实改善城区空气质量；加强日常监督，发现问题及时反馈，督促整改。

高度关注民生热点。高度关注城市交通秩序，专题调研三轮车非法营运整治工作，全力支持县政府进一步坚定决心，依法治理，坚决维护公共利益，确保人民生命安全。组织部分人大代表视察了城区供电、供水、供气保障服务情况，力推了星河湾、美丽新城、御景尊邸、荣州上城等小区频繁停电问题的圆满解决。结合专项视察和专题调研，积极回应社会关切，就养老服务体系建设、首义广场禁噪、城区居民生活保障服务、新农合基金运行、食品药品监管职能运行、扰乱医疗卫生秩序行为专项治理、职业病防治以及城镇职工医保、城镇居民医保和新型农村合作医疗“三保合一”等民众高度关注的工作，分别提出改进意见建议，让发展成果更多更公平地惠及全县人民。

三、紧扣决策部署，依法行使重大事项决定权和人事任免权

科学决定重大事项。人大常委会讨论、审

议全县经济社会发展中的重要问题，依法行使重大事项决定权。全年作出4项决议、决定，从人大工作角度促进县委重大决策部署的贯彻落实。依法作出《关于深入推进依法治县的决议》。依法作出关于批准2014年县本级财政预算调整、批准荣县2013年财政决算、批准荣县2014年地方政府债券预算调整方案等决议、决定，有力促进地方经济发展和保障民生改善。

依法行使人事任免权。人大常委会一年来，共依法任免国家机关工作人员9人次，任命69名人民陪审员。

四、立足依法治县，着力强化法律监督

加强司法工作监督。督促审判机关、检察机关完善工作机制，强化队伍建设，规范司法行为，提高司法水平，维护社会公平正义。人大常委会听取审议县人民检察院关于预防和查办职务犯罪工作、县人民法院关于行政审判工作等情况报告，运用多种监督方式，督促司法为民，提高司法公信力，努力让人民群众在每一个司法案件中都感受到公平正义。

推动法律法规有效实施。受市人大常委会委托，人大常委会对《消费者权益保护法》贯彻执行情况开展了执法检查。配合市人大常委会来我县开展《食品安全法》《农产品质量安全法》执法检查，促进了相关法律法规在我县的有效实施。配合市人大常委会信访办做好“关于对涉法涉诉信访改革中的人大常委会信访工作”调研。

五、创新思路方法，充分发挥代表作用

激发代表履职积极性。组织市、县两级人大代表三次集中视察，就新一中办学、小井沟建设、人大常委会“专项工作”听取人大常委会和政府的多次汇报。深化“代表在行动”主题活动，全县市、县、乡镇三级人大代表“走基层”共结对帮扶贫困群众3300余人，访贫问苦，分别给群众送去了技术知识、政策指南、农业生产资料和生活必需品，仅县人大常委会机关就向41户困难群众送去结对帮扶资金2.7万元。2014年6月“华腾焦化”事件一发生，荣县1241名市、县、乡人大代表依法行使代表权力，集成人民意愿，自愿联名向省人大、省政府环保部门反映情况，表达合理诉求，该事件在市委、市政府、县委、县政府的智慧支持下，市、县两级人大常委会共同努力，事件得到妥善处理，为圆满解决越溪河上游重大工业污染源头治理开了一个好头。我们荣县的各级人大代表还是蛮拼的，在这个历史事件中，自贡人民、荣县人民的历史主动性和主人翁责任感，让人感怀激烈，应为历史所铭记。

议案建议督办成效明显。随着推进工作方式的改变，我们改变了督办思想和方式，对涉及我县重大民生事项的议案加强重点督办。在对《尽快解决双溪水库地质滑坡农房受损未解决居住问题的43户农房的住房问题，确保不发生乱修乱建反弹现象》《加快东街、附东街、东桥街等棚户区改造》2件议案督办中，县人大常委会情系东街、附东街最下层群众的生存和蜗居状况，以议案办理为抓手，多次会同规建等有关部门深入棚户区群众中，零距离体察棚户区最下层居民生存状况和蜗居，深度调研，推动社会凝聚共识，督促有关方面走出传统的议案办理思路，系统规划，下定决心，破解棚户区改造难题，推动我县棚改迈出关键一步。

支持指导乡镇人大工作。人大常委会班子成员带队对27个乡镇人大工作开展情况进行调研指导并形成了综合调研报告。组织乡镇人大主席列席常委会和“专项工作”、议案办理

推进会。组织乡镇人大主席团业务交流培训会，相互借鉴，取长补短，不断提高乡镇人大主席团开展工作的能力和水平。修订乡镇人大工作考核项目和考核办法，健全完善乡镇人大工作绩效考核体系。

六、以“群教活动”为重点，扎实抓好机关党的建设和作风建设

人大常委会把深入开展党的群众路线教育实践活动作为首要政治任务。在县委的领导下，深入学习照镜子，联系人大常委会实际，深入查找四风方面的突出问题，切实整改，正风肃纪，着力营造风清气正的工作氛围，认真践行人大常委会履职为民的职责。认真执行“八项规定”，简化公务接待、规范外出学习考察、厉行勤俭节约等。建立健全民主管理、监督检查、信息公开等作风建设方面12项制度。切实改进监督方式，对不同议题实行跟踪监督、刚性监督、服务监督，增强监督实效。针对群教活动征集的“审议意见质量不高”问题，我们高度重视，认真整改，加强了视察前的学习，改变了视察方式，增加视察的信息量，仅人大常委会审议“生态立县”战略实施情况时我们就在集中视察前组织了若干次分散调研，召开议题调查报告会进行初审，力求提出的建议意见更贴近荣县经济社会发展实际，针对性和可操作性更加突出，努力提升人大监督工作实效。

各位代表，2014年，在县委的正确领导下，通过全体代表、常委会组成人员的共同努力，在“一府两院”的密切配合和全县人民、社会各界的大力支持下，县人大常委会圆满完成了各项工作任务。在此，我谨代表县人大常委会向所有关心和支持人大工作的同志们，表示衷心的感谢和崇高的敬意！

回顾2014年的工作，我们清醒地认识到，离县委要求和群众期盼还存在着差距和不足，主要是：一些审议监督工作的实效有待进一步提升；履职行权的组织方式和工作机制有待进一步完善；代表工作和自身建设有待进一步加强等等。对此，人大常委会将虚心听取代表意见，采取有效措施，切实加以改进。

2015年主要工作任务

2015年人大常委会工作的指导思想和总体要求是：在县委的领导下，认真贯彻党的十八届三中、四中全会精神，切实履行宪法和法律赋予的职责，立足县域发展和重大民生问题的解决，推动人大工作与时俱进，为全面深化改革、助推荣县实现底部崛起提供法治保障。

一、善做善成，推动人大工作与时俱进

党的十八届三中、四中全会作出的全面深化经济改革和依法治国的决定以及从严治党的要求，为新一年人大工作提供了思想新武器、行为新准则、制度新约束、治县新方略。要通读精读，善学善思，问题导向，把握趋势。通过学习，今年县人大工作要用实践回答四个方面的问题：一是在从严治党和作风建设新常态下，以何种精神状态和精神境界去克服旧常态，克服“作为不大年年有”的慵懒心理，大力倡导为我县发展大局、为民生“立言、立德、立功”的新要求，引导人大工作新境界。二是在依法治国，依宪治国的理念下，人大工作以什么工作方式和履职方式来开展工作监督和法律监督。三是在全面深化改革，推进“十三五”的条件下，县人大怎样就经济持续稳定发展、县域经济结构性调整、产业转型升级提供系统化的新分析、新建议。四是倡导“民惟邦本”的理念，回答怎样把人大的工作重心更深地扎入一线，工作重点更多地关注最下层群众的生存状态，工作价值取向更多的来自人民的幸福指数。

二、凝心聚力，大力推进经济社会发展

我县县域经济将在极其复杂的经济环境下，在经济新常态下进入经济和社会发展的“十三五”规划。

主动面对复杂深刻的经济环境，密切关注和分析我县经济形势，积极建言献策。我县县域经济面临的复杂深刻局面已非“十二五”，原有的经济和产业增长方式已难以适应形势，企业所面临的金融环境、产业环境、市场环境已发生重大变化，企业原有的一套发展理念和增长模式许多已不适应经济新常态，我们在传统区域经济理论、传统产业理论下指导评估县域经济的传统行政办法已越来越不灵了，人大常委会要在县委的领导下深入学习，提高能力，汇集众智破解难题。

积极支持做好“十三五”的经济和社会发展规划。我县县域经济“十三五”规划面临多重战略因素的叠加影响，我县处于工业化中期、城镇化快速进展期，大交通环线将催生的产业布局，成都一小时经济圈和川南经济圈重合覆盖我县县域，这些将对我县三次产业的结构、产业布局、城镇空间布局、传统资源禀赋的评估产生深刻长远的影响。我们要用“创新驱动，转型发展”的理念，用大经济圈、大交通的理念，用产业跨界融合的思维，互联互通的思维来综合分析我们面临的局势，积极支持政府高水平地做好“十三五”规划。

大力推动当期经济发展。开展畜牧产业转型升级视察；听取农村土地承包经营权确权登记颁证工作专题报告；文化产业规划制定；国民经济和社会事业发展计划执行；财政预算和决算执行等工作。继续支持和督促审计机关依法开展审计工作，促进经济社会持续健康发展。

三、转变方式，着力推进法治建设

贯彻落实好依法治国、依宪治国对人大工作提出的新要求，以依法行政和公正司法为监督重点，促进法律实施。研究建立宪法宣誓制度，开展国家宪法日活动。认真组织学习新《预算法》等法律法规，制定《荣县人大常委会预算审查监督暂行办法》。组织开展新《预算法》和新《环保法》执法检查，促进法律法规的有效实施。听取和审议县人民法院关于刑事审判工作和县人民检察院关于诉讼监督工作的专题报告，开展公安改革工作、社区矫正工作专题调研，督促司法公正，维护人民权益，让人民群众感受到公平正义。

四、齐心协力，突出促进民生改善

继续以“专项工作”形式强力推进教育教学综合改革、粉尘污染源头治理规划的实施等群众最关心、最现实的问题。密切关注老百姓日常反映强烈的民生热点问题，顺应社会舆论和民意，推进民生热点问题的解决。重点关注棚户区改造、双溪水库43户地质灾害受灾户搬迁安置工作推进情况。听取计划生育奖励扶助和特别扶助政策实施情况专题报告，听取和审议养老服务体系规划建设、我县中小学学校布局调整等工作，促进民生改善。

五、忠诚宪法，正确行使决定权和任免权

坚持与县委合拍、与“一府两院”合力、与人民群众合心的工作理念，行使好重大事项决定权和任免权。着眼我县全局性、长远性、根本性的问题以及人民群众关注的热点难点问题，深入调查研究，广泛集中民智，依法作出决议决定。坚持党管干部原则和人大依法行使任免权相结合，依法任免国家机关工作人员，加强对任命干部的监督，促进国家机关工作人员进一步增强法律意识和公仆意识。

六、忠于人民，切实发挥代表主体作用

进一步完善“三联系”制度，深化“代表在行动”主题活动，拓宽联系代表渠道。定时组织代表面向社会收集群众亟待解决的问题，并迅速归集，多渠道反馈民意。围绕重点工作和民生热点，组织代表开展集中视察和小型、多样化的视察。邀请代表列席人大常委会会议，参加执法检查、专题调研等活动，畅通代表知情知政渠道。探索改进代表建议意见办理和督办工作的新机制，着力解决代表多年连续提出的、群众反映强烈的问题，切实提高办理质量和落实率。分片区召开乡镇人大工作会议，开展乡镇人大工作现场交流，进一步加强对乡镇人大工作的指导，推动全县人大常委会工作的深入开展。

各位代表，历史赋予我们的使命光荣艰巨，人民对我们的期待殷切厚重。我们要在县委的坚强领导下，紧紧依靠全县人民，依法履职，改革创新，务实重干，奋力开创人大工作新局面，为加快建设四川丘陵生态经济强县、与全市同步全面建成小康社会而努力奋斗！

政府工作报告

——2015年1月22日在荣县第十七届人民代表大会第四次会议上

韩明祝

各位代表：

现在，我代表县人民政府向大会报告工作，请予审议，并请列席会议的同志提出意见。

2014年工作回顾

2014年，是我们在“新常态”[1]下奋力推进发展的一年。面对近年来少有的严峻复杂形势和持续加大的经济下行压力，县政府在市委、市政府和县委的坚强领导下，在县人大、县政协的监督支持下，团结带领全县人民，始终保持定力、专注发展、积极作为，克服诸多困难和挑战，全县经济社会保持平稳较快发展。全年地区生产总值完成175亿元（预计，下同），增长8.5%；地方公共财政预算收入完成4.87亿元，同口径增长7.3%；公共财政预算支出完成24.87亿元，与去年持平；固定资产投资完成71.6亿元，增长9.9%；农民人均纯收入完成1.005万元，增长11.8%；城镇居民人均可支配收入完成2.204万元，增长10%。

一、始终坚持推动发展为首任，县域经济难中求进

项目建设扎实推进。以“项目突破年”为抓手，加大项目争取和推进力度。全年争取政府性投资项目补助资金12.3亿元，名列全市前茅。以产业发展、民生改善为重点的122个重大项目，完成年度计划投资60.4亿元。金铂利陶瓷生产线等47个项目投用投产，旭阳药业现代中药产业园等35个项目加快推进，巴尔农牧研发基地等48个项目顺利开工。小井沟水利工程大坝填筑至设计高程；移民搬迁安置工作扎实推进，累计完成移民投资12.5亿元，完成安置对接1930户7286人，分别占规划水平年的87.5%和90.7%。不断加大招商力度，引进世界500强企业沃尔玛等1亿元以上的项目14个，全年到位市外资金75.2亿元。

工业经济逆势增长。全年实现规模以上工业总产值183亿元，同比增长11%；实现规模以上工业增加值58亿元，同比增长11.5%；实现主营业务收入180亿元，同比增长10%。全县新增规模以上工业企业8户，达到93户。及时出台稳定工业发展八条措施，设立5000万元企业应急临时周转资金，累计帮助9户企业转贷1.7亿元。工业园区建设稳步推进，新增承载能力1000亩，建成核心区面积3平方公里。园区产值实现120亿元，同比增长8.5%。实施重大工业项目26个，完成投资12亿元。企业自主创新能力进一步提高，双丰机械等3户企业被认定为2014年国家高新企业，瑞安机械被认定为四川省第七批创新型企业，旭阳药业技术中心被确定为省级企业技术中心，战略性新兴产业增加值占比提高到10%以上。中小企业培育取得初步成效，俊鸿鞋业等5户企业被确定为全省“小巨人”企业，博晨农业被确定为全省“成长型”中小企业，川瑞锅炉等6户企业被确定为全省“专精特新”中小企业培育对象。煤矿整顿关闭稳步推进，旭湾等4座煤矿顺利关闭。页岩气勘探实现重大突破，探明储量210亿立方米。

农业效益稳步增加。全年实现农业增加值40.5亿元，同比增长3.7%，再获全省“三农”工作先进县。“两再四秋”(2)成效显著，百公里“中稻+再生稻”产业化发展长廊已具雏形，再生稻最高亩产345.7公斤，创全省次适宜地区再生稻生产最高纪录；建成2个万亩高粱+再生高粱示范区，粮食总产量达41.4万吨，产粮大县地位进一步巩固。实施标准口粮田、金土地等项目，改造完善高标准农田3.3万亩，新增工程蓄水能力175.4万立方米，新增和改善灌面2.6万亩。大力培育农业新型经营主体，巴尔农牧集团成功创建为农业产业化国家重点龙头企业，新增3户国家级示范专合组织、3户省级重点龙头企业，建成21个万亩特色产业园区、22个万头（只）规模养殖基地（场），成功举办全省深化现代畜牧业发展现场会、全省超级稻“德香4103”产业化示范现场观摩会等3个省级现场会。农业品牌建设成效明显，古文镇创建成全国“一村一品”示范镇，绿茗春“巅峰雀舌”绿茶获中国国际农产品交易会金奖，“荣县油茶”地理商标获国家工商总局正式注册，“川南丘陵区乡土油茶良种选育及产业化研究与示范”获省科技进步二等奖。新农村建设有序推进，整合涉农资金2.2亿元，建成10个幸福美丽新村。省级现代畜牧业重点县、省级农产品质量安全监管规范化县等3项创建工作推进顺利。

第三产业活力增强。全年实现服务业增加值44.5亿元，同比增长8.5%。着力发展旅游产业，梧桐水街、金台村乡村旅游示范区观光园主体工程顺利完工；成功举办“旅游卫视·最美中国·荣县大佛篇”活动。全年接待旅游人数283.8万人次，同比增长11.3%；实现旅游综合收入41.2亿元，同比增长18%。商贸服务业加快发展，美吉特家居建材科技博览城等6个项目有序推进。着力推进服务网点建设，惠友超市等骨干企业作用进一步发挥。新增限额以上商贸企业、规模以上服务业企业17户，社会消费品零售总额61亿元，同比增长12.6%。对外贸易加快发展，实现出口额500万美元，同比增长62.3%。金融机构年末存款余额172.9亿元，同比增长12.4%；贷款余额83.3亿元，同比增长4.7%。

各项改革不断深化。新一轮政府机构改革和事业单位分类改革进展顺利，行政审批制度改革有序进行，行政权力公开透明运行平台投入使用。推行“零基预算”(3)，盘活财政存量资金2775万元；营改增(4)工作全面实施，为企业减轻税赋1100万元。实施工商登记制度改革，全面落实“先照后证”(5)制度。全面放开农民进城落户限制，推进农业转移人口市民化；省级农民财产性收入试点成效明显，财政资金量化入股做法在全省进行经验交流；实行农村“五权”(6)股份制改造，为壮大农村集体经济组织探索出新途径；农村公共服务运行维护机制试点成效显著，被确定为国家级标准化试点县；农村“六权”(7)确权工作进展顺利，被确定为全省水权确权试点县。长山镇、双石镇省级示范镇建设扎实推进。

二、始终坚持统筹城乡为重任，城乡建设快中提质

城乡规划更加完善。县城总体规划调修全面完成，县域全域规划编制工作被列为全省首批8个试点县之一，双溪生态旅游小镇、双溪环湖路规划顺利启动。旧城、河东片区控制性详细规划设计方案有序进行，东街、附东街等棚户区改造规划不断完善。乡镇总规修编实现全覆盖，行政村新村规划编制完成率达66%。城市建设稳步推进，县城建成区面积达15平方公里，城镇化率达到37.4%。

基础设施更加有力。内威荣高速公路路基工程全面完工，乐自高速公路荣县城区连接线景观绿化工程、旭水大道及相邻支道工程B标段[8]路面沥青砼铺筑基本完成，旭水大道西延线[9]、东川大道及相邻支道[10]建设工程进展顺利。91公里道路安保工程和锁江桥、长山大桥危桥整治及双石至高山等4条连乡（镇）公路路面整治工程全面完工，建设县乡、村道75公里、便民路290.6公里。开展城区交通缓堵保畅工作，新增停车泊位290个。老城区破损道路及下水道改造（一期）、新城区人行道改造（一期）、白塔山公园（一期）、南华宫市场排危工程顺利完工，体育中心公园、星河翡翠公园完成前期工作。投资4429万元，改造正紫镇张家庙村等108个村电网353.4公里，农村电力条件大为改善。蜀南气矿威五井至子同桥配气站供气主管工程建成投运，城区气压不足问题彻底解决。4G通信网络顺利开通，“宽带乡村”试点工程[11]全面启动。

综合治理更加深入。扎实开展“城市管理年”活动，数字化城市管理平台正式启用，全时段、全方位覆盖的城市管理模式初步建成。以整治城区扬尘为重点，深化“五乱”[12]治理；以整治占道经营为重点，持续开展八大专项治理[13]；来牟镇被评为全省“环境优美示范城镇”，乐德镇回龙殿村、长山镇胡家村等9个村被评为全省“环境优美示范村庄”，双石镇、望佳镇成功创建为省级生态乡镇。大力开展机动三轮车非法行为整治，查处各类违法三轮车529辆，城区交通秩序明显好转。依法拆除城乡非法占地违章建筑1.2万平方米，集中整治行动取得初步成效。

生态环境更加优美。县城区生活污水处理厂二期、长山中心水厂主体工程顺利完工，留佳镇等3个场镇生活污水处理设施全面完成，保华镇等16个场镇生活污水处理设施建设有序推进。小井沟和双溪水库饮用水源地生态功能区保护建设控制规划启动实施，双溪水库300亩经济林改生态林和43户地质滑坡受灾户搬迁安置等工作进展顺利；投入2000万元，实施双溪水库农村环境连片整治项目，双溪水库饮用水源达标率达100%。开展土地综合整治和森林资源保护，全年新增造林面积2.7万亩，森林覆盖率达39.9%；大力实施公共绿化、小区绿化、庭院绿化工程，县城建成区绿化覆盖率达39.7%。狠抓污染治理联防联控，关闭污染企业18家，治理畜禽养殖场20户，实施工业企业“煤改气”6户，全年空气质量优良天数达305天。

三、始终坚持服务民生为己任，社会大局稳中向好

实事项目普惠于民。全年民生投入达19.2亿元，占公共财政预算支出的77.6%。九大民生工程深入实施，77项量化考核指标全面完成，17件民生实事全部办结。社会保险覆盖范围不断扩大，城乡居民养老保险参保人数达26.2万人。城镇新增就业6995人，城镇登记失业率控制在4.15%以内。医疗救助困难群众6.8万人次，发放救助金1952万元。清理退出低保4158人，新增低保5308人，发放低保金1.1亿元，城乡低保人均月补差分别提高到

231元和144元。发放90岁以上老人长寿金2.4万人次245.4万元。推进养老服务体系建设，新改扩建乡镇敬老院6所，新增床位815张，建成26个老年人日间照料中心、18个农村幸福院。河西新区第五期安置房全面建成，第六期安置房开工建设。改造农村危旧房4796套，保障性住房开工700套，完工600套。推进住房公积金扩面，新归集金额1.5亿元，为279户职工家庭发放贷款5788.2万元。健全残疾人社会保障和服务体系，为25912名残疾人提供“量体裁衣”式个性化服务(14)。落实国家精准扶贫要求，帮助1.2万名农村贫困人口脱贫。

社会事业协调发展。有序推进教育教学改革，教育质量稳步提高，高考重点本科上线168人，比去年增加48人；投入3.2亿元，完成荣县一中和城关中学整体合并迁建，实现2014年秋季招生目标。推进卫生事业发展，基层首诊暨双向转诊制度(15)初步建立；巩固完善城镇居民医保、新农合制度，参合率达99.8%，参合农民实际补偿比达65.1%；县精神病院综合大楼建成投入使用，县疾控中心升级为二甲疾控机构；成功创建省免疫规划等3个示范县，顺利通过全国中医工作先进县中期检查。落实“单独两孩”政策，符合政策生育率达85.8%，古文镇李子村获“全国人口和计划生育基层群众自治示范村居”称号。推进文体事业发展，县电视台顺利搬迁，完成66个村广播“村村响”、40个村广播电视“村村通”工程；荣县（农民漫画）、长山镇（锣鼓）成功申报为四川省民间文化艺术之乡；成功举办2014年春晚、县第九届老年人运动会等系列文体活动，全面完成省第十二届运动会参赛任务。加强档案规范化管理，全县各级各部门档案管理再上新台阶。全国第三次经济普查工作全面完成。地方志工作获四川省第16次地方志优秀成果奖。“双拥模范县”实现七连冠。民政、残联、农村五保供养、殡葬改革、科普示范、计划生育优质服务等全国、全省先进县成果进一步巩固。国防动员、人民防空、应急管理、防灾减灾、民族、宗教、外事侨务、工青妇、老龄、机关事务管理、消防、供销、气象、邮电、通讯、烟草等工作全面发展。

社会秩序稳定和谐。乡镇、村、社区网格化服务管理实现全覆盖，“一标三实”(16)基础信息采集工作综合考核全市第一。第九届村居换届选举工作全面完成，村居治理能力不断提高。“六五”普法和省级法治县创建工作进一步深化，医患纠纷、道路交通事故等六大纠纷调解工作成效显著。坚持领导干部定期接访、包案化解制度，华斯公司集资案等27件信访积案成功化解，鹏润公司非法集资案等疑难信访有序处置。深化食品药品专项整治，食品药品安全形势稳定可控。开展“夏季严打整治”等专项行动，群众安全感普遍增强。全面落实“党政同责、一岗双责、齐抓共管”安全生产责任，全年无较大及其以上安全生产事故。

自身建设不断加强。深入开展“作风建设年”活动，扎实做好政府系统党的群众路线教育实践活动，认真开展正风肃纪和五项专项整治行动，政务服务更加规范、高效。认真执行县人大及其常委会的决定和决议，自觉接受人大、政协监督，广泛听取各方面的意见和建议，按期办结人代会议案4件、人大代表建议意见54件，政协提案及建议意见134件，满意率均达100%。健全依法决策机制，涉及经济社会发展全局的重大决策，充分听取人大、政协、民主党派、专家等各方面的意见和建议。加强行政监察，政纪处分29人。强化审计监

督，全年审减工程投资1224万元；对全县9名乡镇、部门主要负责人进行了经济责任审计。深化财政检查，评审减少工程投资1.5亿元。严格控制和规范工程增量，同比下降70%。认真贯彻落实中央“八项规定”，完善公务接待和差旅费管理办法，“三公经费”[17]同比下降17.5%。

各位代表，2014年是我们切身感受“新常态”、初战应对“新常态”的一年，我们经受了经济增速放缓、产业结构调整阵痛、维护社会稳定的重大考验。在难以预料、难以掌控、异常严峻的重大挑战面前，全县广大干部群众同心同向、真抓实干、奋力攻坚，实现了经济平稳较快发展，全县经济实力进一步增强，城乡面貌进一步改观，人民生活水平进一步提高，发展环境进一步优化，社会更加和谐、安定、有序。在严峻挑战的背景下来审视我们取得的成绩，更加显得难能可贵、来之不易。这些成绩的取得，离不开市委、市政府和县委的正确领导，离不开县人大、县政协的监督支持，饱含着全县各级各部门和广大干部群众的心血和汗水，凝结着社会各界人士和各条战线同志的智慧和力量。在此，我代表县人民政府，向全县人民，向各位代表，向离退休老同志，向辛勤工作在各条战线上的广大干部职工，向所有参与、支持、关心荣县发展的社会各界人士，表示衷心的感谢和崇高的敬意！

各位代表！在总结成绩的同时，我们也清醒地看到，经济社会发展和政府工作中还存在一些突出的矛盾和问题：经济指标方面，受宏观经济整体下行的影响和自身产业结构限制，全年地区生产总值、财政收入等指标未达到预期目标。产业升级方面，资源型产业占比仍然较大，新兴产业尚未形成规模，主导产业培育和企业转型升级任重道远；环境承载受限、要素制约突出等问题没有得到根本解决，企业融资难、融资贵的问题没有得到有效缓解。社会民生方面，可用财力与保障民生需求矛盾依然突出，就业、教育、医疗、城市管理等关系群众切身利益的问题仍然较多，保障和改善民生的任务依然艰巨。作风建设方面，部分干部思想不够解放，工作作风不够扎实，“为官不为”“中梗阻”[18]现象还不同程度存在。依法行政方面，部分干部运用法治思维和法治方式深化改革、推动发展、化解矛盾、维护稳定的能力还需进一步提高。对于这些问题，我们将高度重视，进一步采取有效措施，切实加以解决。同时，针对未按预期完成的指标和未按进度推进的项目，我向各位代表致以深深的歉意。

2015年工作安排

2015年是“十二五”规划实施的收官之年，也是全面深化改革、经济深度调整的关键之年，机遇和挑战前所未有。放眼全球，经济缓慢复苏、走势错综复杂；审视国内，经济发展步入增长速度换挡期、结构调整阵痛期、前期刺激政策消化期“三期叠加”新环境，中国经济正处于“中高速、优结构、新动力、多挑战”的新阶段，经济增长的下行压力、区域竞争的赶超压力带给我们严峻考验。同时，我们也面临机遇，中央全面深化改革的总体部署将释放巨大的政策红利，稳中求进、改革创新的发展基调和省、市一系列重大战略将催生强大的发展动力。只要我们解放思想抓机遇、凝心聚力促跨越，就能迈出新步伐，实现新发展。

2015年政府工作的总体思路是：全面贯彻党的十八大，十八届三中、四中全会和中央、省委经济工作会议精神，牢牢把握“稳中求进”的工作基调，以提高经济发展质量和效益为中心，以改革创新为动力，坚定不移地实施"工业强县、农业兴县、三产活县、生态立县"战略，着力投资消费拉动，着力产业转型升级，着力加快新型城镇化，着力风险防控，着力保障改善民生，促进全县经济持续健康发展、社会和谐稳定。

2015年政府工作的主要预期目标是：地区生产总值增长8%，力争8.5%；规模以上工业增加值增长10%，力争11%；固定资产投资增长5%，力争10%；地方公共财政预算收入（同口径）增长7%，力争8%；社会消费品零售总额增长12%，力争13%；城镇登记失业率控制在4.4%以内；城镇居民人均可支配收入增长9%，力争11%；农民人均纯收入增长10%，力争12%。

围绕上述目标，我们将重点抓好五个方面的工作：

一、顺应经济发展新常态，在推动经济发展上开创新局面

坚持"三围绕"[19]发展思路，把投资作为拉动经济增长"三驾马车"中的"驾辕之马"，抓存量做大做强，抓增量招大引强，努力促进三次产业协调快速发展。

*狠抓项目促投资。*全年计划实施重大项目127个，年度计划投资69.3亿元，同比增长15%。以项目储备为重点，精心编制"十三五"规划。继续实行县领导联系重点项目责任制，建立完善"定期督查、跟踪考评"的项目推进机制，力促恒生生物改扩建工程（现代中药产业园三期）等51个项目竣工投产，内威荣城区连接线工程等58个项目加快推进，G348荣县段改造工程等50个项目开工建设。加快小井沟水利工程移民搬迁安置工作，满足工程下闸蓄水要求。强化土地节约集约利用，积极争取省重点项目、双挂钩[20]等专项用地指标，努力破解发展空间不足的难题；加强银政企对接，建立重大项目融资需求定期对接机制。

*狠抓工业促转型。*全力抓好企业培育，发挥龙头企业的示范引领作用，促进县域工业企业升级做强，全县规模以上工业总产值实现195亿元，新增规模以上工业企业5户，实施重大工业项目22个，完成工业投资8亿元。加强中小企业扶持发展，力争全年培育成长型企业5户。全力抓好园区建设，按照"一园多区"发展思路，沿G348线珍珠串链式布局工业集中区；严格执行工业企业准入制度，土地供应与产值、纳税、就业挂钩，建立园区企业退出机制，提高园区土地使用综合效益。全力抓好产业升级，鼓励企业自主创新，扶持新产品、新工艺和新技术的推广应用，实施好东气公司锅炉低氮燃烧关键技术等一批成果转化项目，全年万元工业增加值综合能耗下降3%。全力抓好企业服务，加强经济运行监测，实施"一企一策"分类帮扶，千方百计稳定企业生产。强化运行风险防范，引导企业优化债务结构，防范债务风险。全力加强企业经营队伍建设，帮助企业家理性看待经济转型，积极应对市场挑战，在复杂多变的发展环境中保持清醒和定力，强基固本，尽显风流！

*狠抓农业提效益。*围绕农业增加值增长3%、粮食产量41.5万吨目标，着力稳定发展粮食生产，以"两再四秋"和加强粮食生产能力建设为重点，持续实施优质高产粮油工程，巩固产粮大县地位。着力提升农业产业化水平，积极培育农业新型经营主体，鼓励发展种养专业大户1000户、家庭农场30户。创新"千斤粮、万元钱"[21]粮经复合模式，加快国家级百里现代循环农业示范区建设，积极推进现代畜牧重点县、现代林业重点县建设。着力

优化农业服务体系，完善农产品质量安全追溯体系，推行农产品产地准出、市场准入制度；加大“宽带乡村”试点工程推进力度，进一步搞活农产品流通，新增经纪人300户；实施品牌化战略，加大“三品一标”[22]申报和认证力度。着力改善基础设施，以高标准农田建设为统领，积极争取现代农业、农业综合、土地整理等项目，建设交通、水利设施，调整田型土块，新增高标准农田4万亩，有效提高土地产出率。着力推进新农村示范片建设，按照“五个一”[23]要求，整合涉农资金，建设10个幸福美丽新村，确保示范片农民人均纯收入增长15%以上。

狠抓三产上档次。加快发展旅游业，以精品化的思维，深入挖掘“三库连三佛”和“一塔一居一园”[24]的文化内涵，主动融入川南城市休闲旅游发展群落，重点打造大佛文化旅游区，加快推进高石梯国家级森林公园创建工作。加快推进梧桐水街龙湫大酒店等4个星级酒店建设，提升旅游接待能力。强化旅游宣传营销，继续办好2015年荣县大佛文化旅游节，力争全年接待游客300万人次，实现旅游收入48亿元。加快发展生产性服务业，积极发展配送型和市场流通型物流产业，力争荣州物流园开工建设。支持以金融和电子商务等为代表的新兴产业发展壮大。加快发展生活性服务业，推进天宇财富中央城市综合体和美吉特家居建材科技博览城等专业市场建设，提升商贸服务层次。以特色餐饮示范街为载体，不断提高荣县豆花、羊杂汤等一批特色小吃的影响力，努力提升荣县餐饮文化的辐射力。力争培育限额以上商贸企业、规模以上服务业企业8家，实现服务业增加值增长9%。努力扩大出口贸易规模，出口额达到500万美元。

二、适应城乡建设新任务，在改善人居环境上开创新局面

突出科学规划引领，提升城乡建设水平，全力推进新型城镇化进程，努力构建新型城乡形态。

构建现代城镇体系。编制完成县域全域规划，实现规划全域覆盖，完成双溪生态旅游小镇及双溪环湖路（绿道）规划。实施“两河四岸”[25]王家坝滨河景观工程，完成体育中心公园、星河翡翠公园建设，县城建成区绿化覆盖率达40%。加快推进新城建设，充分发挥新城优化空间、聚集人口、带动发展的作用。稳步推进旧城改造，强化旧城棚户区房屋征收与补偿方案论证，积极稳妥推进东街、附东街棚户区改造。以提高产业聚集能力和综合管理水平为核心，抓好长山镇、双石镇等省级示范镇建设。

完善城乡基础设施。完成内威荣高速公路及城区连接线C标段[26]、旭水大道西延线主线等道路建设，力争东川大道工业园区段及相邻支道工程建成投入使用。协助做好宜宾至仁寿高速公路前期工作。加强农村道路建设管护工作，完成农村道路改造100公里，硬化村道100公里以上。启动旭阳中心水厂建设，建成长山中心水厂。完成城市生活垃圾处理厂、县城区生活污水处理厂二期工程管网配套建设及度佳镇等17处场镇生活污水处理设施项目。

深入实施环境治理。充分发挥数字化城管指挥平台作用，全面提高城市精细化、智能化管理水平。大力开展城乡“五乱”治理，持续整治城乡“脏乱差”，推进城区夜市摊点规范经营。加快农贸市场“三化”[27]建设，完成城南综合市场改造工程；实施下水道改造等市容市貌整治工程。加强城乡管理执法，巩固机动三轮车非法行为专项治理成果，深化非法占地违法建设集中整治行动，全力维护城乡建设秩序。

加强生态文明建设。实施“天保工程”（二期）、退耕还林（第二轮）项目，森林覆盖率达到40.9%，积极创建省级园林县城。强化养殖污染和农村面源污染整治，继续加大双溪水库农村环境连片整治力度。抓好农村饮用水安全工程，水质监测合格率达85%以上。开展旭水河、越溪河流域综合整治，治理水土流失22平方公里。扎实推进旭水河流域“河长制”[28]和跨界断面水质超标资金扣缴制度[29]，推动建立流域生态补偿机制。大力推进节能减排，突出工业、建筑等重点领域节能降耗，万元GDP综合能耗下降3%，工业污水达标排放率达98%。强化环境监测，持续推进环保专项行动，确保全年空气质量（新标准）优良天数达270天以上。

三、回应人民群众新期待，在服务民计民生上开创新局面

坚持改革发展成果公平普惠，不断强化民生保障，加快社会事业发展，不断提升政府公共服务水平。

办好十件实事聚民心。1. 为全县65岁以上的老人免费体检一次。2. 帮助8500名困难家庭失能老人和80岁以上高龄老人提供居家养老服务。3. 实施棚户区改造700套。4. 建设教师周转房1.76万平方米。5. 新建和升级改造农贸市场5个。6. 实施老城区河街等6条道路黑化，整治背街小巷10条、人行道3万平方米。7. 实施城区老旧燃气管网改造12公里。8. 城区新增停车泊位310个、公厕2座。9. 实施城区—墨林、乐德—河口—合什、白岩石—保华—礼佳、乐德—古文等一批县乡道路改造。10. 实施于佳乡长林村等10个村86.2公里农村电网改造工程。

健全保障体系解民忧。加大民生投入，确保全年对民生支出占公共财政预算支出的70%以上。积极搭建就业创业平台，确保全年城镇新增就业6500人。加大社会保险征缴力度，不断提高社会保险覆盖率。完善社会救助体系，实现城乡低保动态管理下的应保尽保，农村五保集中供养率达65%。加快养老服务体系建设，发展居家养老和社区养老，新建老年人日间照料中心26个。确保保障性住房开工700套，完工700套；建成第六期安置房，启动第七期、第八期安置房建设。实施8个贫困村脱贫工程，帮助1万名农村贫困人口脱贫。

优化公共服务顺民意。巩固教育教学改革成果，持续推进义务教育均衡发展；强化师德师风建设，打造“四有”教师[30]队伍；实施西街小学、教师进修校搬迁和富北学校扩容工程；完成全国教育信息化试点县创建工作。提升医疗卫生服务水平，开展省内异地就医即时结算；启动县人民医院等3家医院等级创建与评审工作，巩固全国农村中医药工作先进单位成果；深入开展爱国卫生运动，力争创成省级卫生县城。继续巩固“国优”成果，符合政策生育率达85%左右。组织开展荣州春晚、第六届县运动会等系列文体活动。加大文物保护力度，实施荣县大佛石窟保护工程。积极创建国家3A级婚姻登记机关。推进档案信息化，力争新馆主体工程完工。开展全国第二次地名普查工作。统筹抓好国防动员、防震减灾、兵役、工青妇、统计、残疾人、红十字、保密、双拥、民族、宗教、外事侨务、对台、气象、供销、机关事务管理、消防、公积金、人防、地方志、邮电、通讯、烟草等工作。

创新社会管理保民安。充分发挥城乡网格化服务管理体系作用，不断提升基层社会治理能力。完善突发公共事件应急机制，增强突发事件的预防和处置能力。建立健全食品药品安全监管协调联动机制，确保食品药品安全。继续坚持领导干部接访下访制度，畅通和拓宽群众诉求渠道；强力推进信访法治化建设，依法规范信访秩序。不断强化“大调解”工作，切实加强法律援助和司法救助。加强煤矿、非煤矿山、道路交通等重点领域安全监管，坚决杜绝各类较大及其以上安全生产事故。提高公安信息化防控水平，完成243个点位的“天网”新增改造工程，着力打造“平安荣县”。

四、呼应深化改革新形势，在激发工作活力上开创新局面

坚持市场在资源配置中的决定性作用，深化重点领域和关键环节改革，不断提升改革创新和合作交流水平。

重点改革要有突破。深化农村综合改革，以放活土地经营权为核心，扎实推进农村土地“三权”[31]确权工作；开展农村水权确权试点，推广财政资金量化入股、农村土地经营权股份化改造、农村“五权”反担保质押融资等成功做法，扩大增加农民财产性收入试点成果；完成农村公共服务运行维护标准化示范实施方案编制；综合运用政策激励，推进土地规范流转，发展适度规模经营。深化行政体制改革，全面完成政府机构改革任务；基本完成事业单位分类改革工作；深入实施行政审批流程再造，实现审批程序简洁、高效。深化收入分配制度改革，落实公务员职务与职级并行、职级与待遇挂钩制度；统筹推进机关事业单位养老保险制度改革、事业单位工资和绩效改革。深化投融资体制改革，破除阻碍非公经济发展的“玻璃门”、“弹簧门”，稳妥运用PPP[32]等模式吸引社会资本参与政府投资项目建设运营；健全风险监测预警机制，规范小贷公司、融资性担保公司和理财公司经营行为，打击非法集资，营造良好金融生态；建立金融机构支持地方经济发展激励制度，鼓励金融机构增加信贷投放。

对外开放要有突破。密切关注国家产业政策导向，以嫁接产业为目标，主动接受天府新区以及自贡、乐山辐射，力争引进总投资5亿元以上项目2个、1亿元以上项目5个。围绕上级政策支持重点，加强项目对接和向上争取力度，力争新争取项目资金增长7%以上。努力提高项目成熟度，抓好百邦盛陶瓷等4个纳入省重点推进项目的相关工作。出台促进民营经济发展的政策措施，激发全民创业激情，力争民营经济增加值达到118亿元，占GDP的62.1%。

创新驱动要有突破。加大对高新技术企业扶持力度，创新产、学、研合作机制，支持东气公司等企业组建企业技术中心。鼓励企业加大研发投入，力争获国家发明专利3项。积极促进科技成果转化，实施省重大科技成果转化项目2项、市级以上科技计划项目10项，新培育高新技术企业1户，全县高新技术产业产值占规模以上工业总产值的比重达17%以上。

五、对应自身建设新要求，在转变工作作风上开创新局面

着眼“依法行政、高效施政、廉洁从政”，强化政府职能和管理方式转变，进一步提升政府履职能力。

依法行政重规范。自觉接受人大的法律监督，主动接受政协的民主监督，及时办理人大代表和政协委员的议案、提案及建议。广泛听取民主党派、工商联、无党派人士和各人民团体的意见和建议，高度重视司法监督、舆论监督和社会监督。坚持县政府常务会会前学法和“三重一大”[33]决策制度，促进政府决策科学化、民主化、法制化。严格遵守法定权限和程序，所有规范性文件都必须进行合法性审查。

有针对性地开展法律知识培训，提升政府系统领导干部运用法治思维和方式解决问题、推动工作的能力，坚决纠正执法不公、执法不严、执法违法现象，维护政府公信力。大力推进行政权力公开运行，努力营造公平、正义、透明的法治环境。

高效施政优环境。深化党的群众路线教育实践活动的整改，认真贯彻中央和省、市、县委关于改进工作作风、密切联系群众的系列规定，集中整治政府系统“庸懒散浮拖”现象，努力营造干事创业、崇廉尚实、风清气正的政治生态。县政府班子成员将带头改进学风、文风、会风，把更多的时间和精力用于深入基层、调查研究、访贫问苦，解决实际问题。加大效能问责、行政问责力度，杜绝越位、错位、不到位和相互推诿等现象，确保政令畅通。完善县长热线、县长信箱、政务微博等平台运行机制，实现政情民意多元化双向直通。

廉洁从政塑形象。认真落实党风廉政建设责任制，健全惩治和预防腐败体系，完善重点领域反腐制度建设，加强重大项目资金审计，严格领导干部经济责任审计。规范政府采购、投资和公共资源交易管理，严禁领导干部利用职权干预和插手土地出让、工程建设等市场活动。高度重视人民群众投诉举报，坚决纠正损害群众利益的不正之风，严肃查处各类违法违纪案件。加强节约型机关建设，严格落实《党政机关厉行节约反对浪费条例》和《党政机关国内公务接待管理规定》，切实加强“三公”经费、办公用房等管理，开展一般公务用车改革，进一步降低公务成本。

各位代表，风劲潮涌，自当扬帆破浪；任重道远，更须策马扬鞭。今天的荣县正处于转型升级的关键时期，我们面临的任务更加艰巨而繁重，我们肩负的责任更加重大而光荣。让我们在中共荣县县委的坚强领导下，紧紧团结和依靠全县人民，以前所未有的激情和态度，以抓铁有痕的智慧和勇气，抢抓机遇、攻坚克难、奋发超越，为加快建设四川丘陵生态经济强县、与全市同步全面建成小康社会而努力奋斗！

名词注释

（1）**新常态**：“新”就是“有异于旧质”；“常态”就是时常发生的状态。新常态就是不同以往的、相对稳定的状态。这是一种趋势性、不可逆的发展状态，意味着中国经济已进入一个与过去30多年高速增长期不同的新阶段。

（2）**两再四秋**：再生稻、再生高粱，秋玉米、秋大豆、秋马铃薯、秋苕。

（3）**零基预算**：在编制成本费用预算时，不考虑以往会计期间所发生的费用项目或费用数额，而是以所有的预算支出为零作为出发点，一切从实际需要与可能出发，逐项审议预算期内各项费用的内容及其开支标准是否合理，在综合平衡的基础上编制费用预算的一种方法。

（4）**营改增**：以前缴纳营业税的应税项目改成缴纳增值税，增值税就是对于产品或者服务的增值部分纳税，减少了重复纳税的环节。2014年前试点行业包括交通运输业、部分现代服务业（主要是部分生产性服务业）、邮政服务业。2015年建筑业、通信行业、金融保险业和生活性服务业将纳入营改增范围。

（5）**先照后证**：先申领营业执照后再办理有关许可证。根据《国务院关于取消和调整一批行政审批项目等事项的决定》（国发〔2014〕27号），公共场所卫生许可、娱乐场所设立、互联网上网服务等31项前置许可审批改为后置许可审批，各地工商部门一律不再将其作为登记前置，申请人可以直接申请相关经营范围登记，办理营业执照，取得营业执照后再到相关审批部门办理许可手续。

（6）**农村五权**：集体建设用地使用权、房屋所有权、土地承包经营权、水权、林权。

（7）**农村六权**：农村集体土地所有权、集体建设用地使用权、房屋所有权、土地承包经营权、水权、林权。

(8) 旭水大道及相邻支道工程B标段：西起金碧大道交叉口，东至滨河路交叉口范围内的旭水大道和滨河路、朝阳路、贵州桥路、郝家坝路。

(9) 旭水大道西延线：旭水大道（内环路）西起国道348线，东至望溪路交叉口的路段。

(10) 东川大道及相邻支道：东川大道（外环路）指东至桑树湾路交叉口，西至水井湾路交叉口之间的一段；相邻支道从西而东依次为望溪路、望景路、水井湾路、金碧大道、朝阳路、小阳冲路、方冲塘路、桑树湾路和滨河路。

(11) "宽带乡村"试点工程：结合"宽带中国"战略实施时间表，推进农村地区宽带发展，到2015年，实现95%以上行政村通光缆，农村宽带接入能力达到4M，农村家庭宽带普及率达到30%。

(12) 五乱：垃圾乱扔、摊点乱摆、广告乱贴、车辆乱停、工地乱象。

(13) 八大专项治理：占道经营专项治理、夜宵摊点专项治理、户外广告和牌匾标识专项治理、环卫设施专项治理、违法建设专项治理、餐饮油烟专项治理、噪声专项治理、扬尘专项治理。

(14) "量体裁衣"式个性化服务：要求基层残疾人工作者了解政策、熟悉业务，在全面掌握辖区内残疾人基本情况的基础上，为每个残疾人量身定做个性化的发展方案和帮扶方案，在帮助残疾人充分挖掘自身潜能的基础上，将各级各部门和社会各界为残疾人提供的各项保障、服务和帮扶与残疾人实现有效对接，并应用互联网技术进行信息化管理的一种科学方法。

(15) 基层首诊暨双向转诊制度：我县参加城镇基本医疗保险或新农合的城乡居民就医时，原则上首先到其居住地或发病所在地的基层医疗机构就医，再根据病情救治需要、基层救治能力、当地医疗条件、个人就医愿望等因素由医患双方综合决定是否转往上级医保定点医院救治。

(16) 一标三实：标准地址，实有人口、实有房屋、实有单位。

(17) 三公经费：因公出国（境）经费、公务车购置及运行费、公务招待费。

(18) 中梗阻：特指各级党政机关中层干部在行使权力过程中居关设卡、以权谋私，给投资者制造麻烦，给基层和群众办事设置障碍，导致政令不通、执行不力、效能低下的现象。

(19) 三围绕：围绕农业办工业、围绕资源促升级、围绕旅游兴三产。

(20) 双挂钩：即土地增减挂钩。指依据土地利用总体规划，将若干拟整理复垦为耕地的农村建设用地地块（即拆旧地块）和拟用于城镇建设的地块（即建新地块）等面积共同组成建新拆旧项目区，通过建新拆旧和土地整理复垦等措施，在保证项目区内各类土地面积平衡的基础上，最终实现建设用地总量不增加，耕地面积不减少、质量不降低，城乡用地布局更合理的目标。

(21) 千斤粮、万元钱：以实现农民增收为目标，采用菜稻轮作方式，推广"菜—稻—菜""玉米+辣椒—秋冬菜""辣椒+花生—秋冬菜""玉米+南瓜—秋冬菜"等模式，1亩地既要产出1000斤稻谷，又要实现1万元现金收入。

(22) 三品一标：无公害农产品、绿色食品、有机农产品和农产品地理标志。

(23) 五个一：一个新村（农家大院）、一片产业（增收主业）、一条通道（水路设施）、一套制度（村规民约）、一方文化（乡情乡愁）

(24) 三库连三佛和一塔一居一园："三库"即小井沟水库、双溪水库、双河水库；"三佛"即大佛寺、二佛寺、古佛寺；"一塔一居一园"即镇南塔、吴玉章故居、高石梯森林公园。

(25) 两河四岸：栖桐水、东川水汇聚成的旭水河城区段沿河四岸。

(26) 内威荣高速公路城区连接线C标段：内威荣高速公路城区连接线其中的旭阳连村路至东立交收费广场全长1005米的道路。

(27) 农贸市场"三化"：农贸市场建设标准化、经营规范化、监管制度化。

(28) 河长制：由各级党政主要负责人担任"河长"，负责辖区内河流的污染治理。

(29) 跨界断面水质超标资金扣缴制度：对高锰酸盐指数、氨氮、总磷3项指标，按单因子超标倍数扣缴资金。超标1倍扣5万元、2倍扣10万元，以此类推。

(30) "四有"教师：有理想信念、有道德情操、有扎实知识、有仁爱之心。

（31）**农村土地“三权”**：农村土地所有权、承包权、经营权。

（32）**PPP模式**：Public—Private—Partnership的字母缩写，即公私合作模式，是公共基础设施建设的一种项目融资模式。指政府与私人组织之间，以特许权协议为基础，通过签署合同明确双方权利和义务，合作建设城市基础设施项目、提供公共物品和服务。

（33）**三重一大**：重大问题决策、重要干部任免、重大项目投资决策、大额资金使用。

政协工作报告

——2015 年 1 月 21 日在政协第十三届荣县委员会第五次会议上

王斌儒

各位委员、同志们：

我受政协第十三届荣县委员会常务委员会委托，向大会报告工作，请各位委员审议，请同志们提出意见。

2014 年工作回顾

2014 年，县政协在中共荣县县委的正确领导下，全面学习贯彻党的十八大和十八届三中、四中全会及习近平总书记系列讲话精神，团结带领全体政协委员和社会各界人士，牢牢把握团结和民主两大主题，切实履行政治协商、民主监督、参政议政职能，更加突出科学发展、和谐发展和民生改善，充分发挥协调关系、汇聚力量、建言献策、服务大局作用，为加快实现底部崛起、建设四川丘陵生态经济强县做出了积极努力和贡献。

一、加强学习、专注定力，筑牢团结奋进思想基础

党的十八大和十八届三中、四中全会精神，特别是习近平同志在纪念人民政协成立 65 周年大会上的重要讲话，是新时期做好政协工作的行动指南。为了形成共识，常委会把学习贯彻作为首要任务，紧密结合政协实际加以部署和推进。

（一）强化学习培训，坚定正确履职方向。年初，常委会根据中央、省、市、县委的部署，结合政协工作实际确定年度学习培训计划，充分利用政协常委会、主席会等多种形式，组织政协委员深入学习党的十八大和十八届三中、四中全会精神，学习中国特色社会主义理论以及习近平总书记系列重要讲话精神，进一步增强道路自信、理论自信和制度自信，始终不渝地坚持中国共产党的领导，把握正确的履职方向。切实把广大政协委员的思想统一到中央和省、市、县委的重大决策部署上来，统一到加快我县底部崛起与全市同步建成小康社会的战略目标上来。先后组织全体政协委员听专家讲授“荣州历史与文化”，组织全体政协常委参加“2014 川南创业投资峰会”，现场聆听学者讲座，保证了每位常委、委员每年至少参加 1 次以上的学习。通过学习培训，使委员们统一了思想，增强了信心，同时也开拓了视野，增长了知识。

（二）强化作风建设，践行党的群众路线。精心组织、周密安排、扎实开展党的群众路线教育实践活动。着力聚焦“四风”，坚持敞开大门广泛听取意见，以求真务实的精神查找突出问题、剖析思想根源，以整风精神认真开展批评与自我批评，坚持边查边改、立行立改，消除“到政协歇气”的懈怠思想，切实转变作风；针对“深入基层调研不够、服务联系委员不够、着力解决群众实际问题不多”等问题，建立服务联系基层、群众的长效机制，改进文风会风，切实提高议政建言质量，服务民生、服务群众、服务发展的意识明显增强。

二、围绕中心、服务大局，竭力助推经济社会发展

围绕中心、服务大局是人民政协履职工作的重要原则。县政协紧紧围绕县委十三届三次全会和县政协2014年确定的工作目标，充分发挥政协人才荟萃、联系广泛等优势，积极务实建言，助推全县经济社会发展。

（一）积极探索实践，推进协商民主建设。坚持政协全会、常委会、主席会、专委会多层级的协商，在协商选题、深度调研、务实协商、跟踪反馈上进行积极探索，使协商工作更加深入，更富有成效，提出的意见和建议更具前瞻性、科学性和可操作性。

三次全会期间，委员们对“一府两院”报告、国民经济和社会发展计划及执行情况、财政预算及执行情况等进行整体协商，提出了180多条意见、建议。在县委召开的委员代表恳谈会上，委员们就治理城区扬尘、破解企业融资难、加强农村“三资”管理、优化投资环境、加强养老体系建设、规范农产品市场准入、优化城区教育布局、搞好县级公立医院改革等积极建言，多数建议意见得到县委县政府重视和采纳。各专委会加强同联系部门的沟通协调，就政务服务、新农村建设及农业产业化、食品安全监管、重大项目审计、社会保障等工作进行对口协商，全年整理报送协商意见建议100余条。

第12次常委会议，对《荣县东街附东街及东桥街片区棚户区改造规划编制》进行了专题协商。提出了“要结合城市总规做进一步科学统筹规划，以建设生态宜居城市这个总要求再进行充分论证并有序推进，应建立高效协调机构对棚户区改造工作进行统一协调指挥”的协商意见。县政府及县规建住房保障局采纳了这一建议，对原规划方案作了调修。

第45次主席扩大会议，对“新型节能环保木塑产品规模化生产项目”“福海源年产3300万平方米陶瓷生产线建设项目”引进和“留佳镇金子村、凤龙村移民集中安置房及村公共服务设施工程问题处置建议方案”进行了重点协商。为广泛听取意见，会议邀请经济界、农业界、科协界、科学技术界、工商联界、特邀界部分委员参加。经过热烈讨论，对两个工业项目的引进，在表示支持的同时提出了“优化政务环境，强化要素保障；政策扶持应审慎；高度重视环保”等三点具体建议。对凤龙村移民安置房及村公共服务设施建设工程问题处置建议方案，县政协本着从实际出发，维护稳定和推动移民工作的原则，提出了积极的建议意见，为县委、县政府决策提供了支持。

（二）拓宽渠道重实效，扎实开展民主监督工作。坚持通过提案、调研、视察、民主评议、派驻民主监督员、反映社情民意等多种形式强化民主监督，提高监督的实效。

围绕改进作风，抓好民主评议工作。认真组织开展对县环保局的民主评议。县政协评议组通过查资料、听汇报、发问卷、下乡访、会议评等方式，对县环保局近三年来“履行职责”“行风建设”“制度建设”“班子和队伍建设”等方面工作开展深入调查，客观评价成绩，查找存在的问题，并有针对性地提出整改建议意见。县环保局对照政协民主评议意见，制订了整改方案，积极加以整改，收到较好效果。同时，我们还通过“回头看”活动，跟踪督查2013年民主评议县交通运输局的工作，针对问题再次督促整改，增强评议实效。

围绕优化环境，抓好民主监督员工作。年初，根据委员变动情况和工作需要，补充选派14名委员担任县级部门的民主监督员，强化派驻部门民主监督工作。各民主监督小组坚持“寓支持于监督和寓服务于监督之中”的原则，积极加强与部门的联系沟通，通过走访、视察、座谈等形式，向派驻单位提出口头和书面工作建议意见100余条，为提高部门工作效率和优化我县发展环境起到了积极作用。

（三）紧扣中心建诤言，服务发展献良策。坚持把调研、提案、视察、大会发言等作为参政议政的重要抓手，为改革发展出实招，献良策。

围绕改革发展议政建言。围绕经济发展，组织委员视察了工业园区入驻项目建设及运行情况、重大项目推进、旅游资源开发与利用等工作，助力推动全县经济持续平稳发展。针对深化农村改革发展中的“三农”问题，选择“发展壮大农村集体经济”“增加农民财产性收入”“加快农业转移人口市民化”为重点调研课题，成立3个调研组，深入我县15个乡镇开展调研和外出考察学习，形成了《发展壮大农村集体经济的调研报告》《增加农民财产性收入的调研报告》《加快农业转移人口市民化的调研报告》。3个调研报告受到县政府主要领导的高度重视并作出批示，要求相关部门认真研究采纳政协所提建议意见。在市政协常委会上，荣县政协作了“关于增加农民财产性收入的建议”的大会发言，在市政协资政会上作了题为“创新农村经营管理，壮大村社集体经济”的发言，受到与会领导的好评，其中关于农村改革的有关意见建议编辑成《社情民意》已转报省政协。

围绕民生改善议政献策。先后组织委员对城区基础设施建设、公共服务设施和社会治安综合治理等进行视察。委员对加强城区扬尘、三轮车、夜市摊点的治理，加快棚户区改造和两河四岸打造等工作提出建议意见，为促进城市管理，提升城市形象发挥了积极作用。对优化城区教育布局、加大教育教学改革力度、健全医患纠纷调解机制、加强乡镇卫生队伍建设、筹建青少年活动中心、加强移民就业技能培训、加快养老服务体系建设等方面提出意见建议，协力推动民生事业健康发展。针对我县城区农贸市场长期“脏乱差”的问题，县政协成立调研组，对城区农贸市场、超市专区、沿街摊位进行详细调查了解，并赴苍溪县、射洪县等地考察学习，形成了《加强城区农贸市场规划建设与管理的调研报告》，县政府主要领导对该调研报告作了重要批示，责成职能部门积极采纳。

持续关注和呼吁加强生态环境保护。针对“小井沟水库流域生态环境治理与保护”问题，2013年县政协进行了专题调研并形成调研报告，报送县委、县政府和市政协，2014年在市政协三次全会上，荣县政协作了“关于加强小井沟水库流域生态环境保护的建议”的大会发言，引起与会领导和委员的高度关注和热议，驻荣的市政协委员还就小井沟水库流域的生态环境保护提出了联名提案。在省政协第三次全会上，秦开亮委员提交了“关于加强小井沟水库流域生态环境保护”的提案，这些提案均引起省、市的高度重视，责成相关部门认真办理。为推动这项工作的落实，县政协组织相关界别和有专业知识的委员参加专题视察，联系省级新闻媒体跟踪报道小井沟水库流域的生态环境现状，《四川日报》《四川政协报》相继刊登“为了百万人的饮水安全——荣县政协连续三年关注小井沟水库流域生态环境保护”的文章，助推小井沟水库流域生态环境治理与保护工作。目前，小井沟流域生态环境保护与治理问题已得到省、市领导和有关部门的高度重视，市与市之间的区域保护治理机制正在形成。

三、把握主题、倾情为民，广泛汇集和谐发展正能量

充分发挥人民政协大团结大联合优势，广泛汇集政协委员、各民主党派、工商联、无党派人士以及社会各族各界力量，共促和谐发展，共维社会稳定。

（一）*加强同党派团体合作共事*。坚持主席会成员和党派、工商联负责人联系制度，互通信息，扩大交流，促进工作。积极支持党派群团发挥自身优势独立开展调研、视察活动，提出意见建议。在政协全会上安排民主党派、工商联、无党派和6个界别代表作大会书面发言，积极为全县发展建言献策。政协三次全会以来，党派团体提交集体提案6件、政协全会大会书面发言材料9篇，32名党派团体中的政协委员担任部门民主监督员，邀请党派团体成员参加政协调研、视察、民主评议活动120余人次，为增强合作、共促发展发挥了积极作用。积极协助县委、县政府开展法律进宗教场所活动，加强与少数民族群众、信教群众的联系沟通，促进民族团结与宗教和睦。

（二）*搭建委员履职活动平台*。有计划地安排委员列席政协常委会、政府常务会，努力为委员搭建知情平台；安排相关界别委员参与专题协商、调研、视察等活动，为委员更好履职提供机会；推荐委员参加县上的人事推荐、民主测评、行风政风评议、社会评价和有关听证会，让委员更好知情明政，切实发挥委员主体作用；搭建委员沟通交流平台，鼓励和要求委员加入“荣县政协委员之家”QQ群，加强工作上的联动，促进委员间的联系与交流。

（三）*广泛收集社情民意*。积极引导委员利用调研视察、民主监督、委员小组活动等多种方式，深入调查研究，倾听群众呼声，反映社情民意。全年收集信息57条，整理编印《社情民意》7期，其中“打造体育前山公园为吴玉章主题纪念公园、当前荣新农贸市场部分区域转作他用的行为亟待叫停、自贡市昶达水暖器材公司应尽快搬迁、刷新交通‘隐身’标示线、解决荣中巷脏乱差、打造荣州美食一条街”等社情民意得到县委主要领导的批示，相关部门积极采纳，社会反响良好。

（四）*积极为民办实事做好事*。以开展党的群众路线教育实践等活动为载体，扎实开展“三联三服务”工作，帮扶对口联系乡镇、村（社区）、学校和重点工矿企业工作，联系贫困党员和群众工作，积极为帮扶对象筹措发展资金，为帮扶对象长远发展建言献策。今年县政协机关通过各种渠道协调落实帮扶物资3万余元，帮助有关单位和人员渡过了难关；重视信访工作，全年接待来信来访150余件（次），并积极参加全县大接访、下乡访和信访包案化解工作，协助县委县政府及有关部门及时协调关系、化解矛盾、维护稳定。主席、副主席所包信访积案得到有效化解。

四、强基固本、完善制度，不断提高履职服务水平

采取多种方法，从会风、文风、作风改起，从增强向心力、执行力、内动力抓起，切实加强自身建设，不断提高服务发展的能力和水平。

（一）*加强机关建设和委员管理*。狠抓学习建设，坚持政协机关每月一次的集中学习，推荐、安排职工参加中国人民大学、全国、全省政协系统、省市县委党校专题培训；组织职工到吴玉章故居、烈士陵园进行爱国主义教育，进一步激发广大职工奋发向上、务实而为的工作热情。狠抓思想作风建设，在巩固党的群众路线教育实践活动成果的基础上，深入开展正风肃纪和治理“庸懒散浮拖”活动，全面贯彻落实中央八项规定和省、市、县委系列规定，坚持节约办会、勤俭办事、精确办文、高效办公，严控行政经费支出，严格接待标准。建立健全机关财务管理、公车管理、职工考勤等10多项制度，工作效率明显提高。结合党的群众路线教育实践活动，进一步完善主席会成员联系常委、常委联系委员制度，修订完善县政协《委员管理办法》，坚持委员履职登记制度、委员表扬制度和委员诫勉谈话制度，对参加政协会议、政协活动差的委员进行告诫提醒，对3名涉嫌违纪违法的委员予以撤销委员资格处理，委员的责任意识明显增强。

（二）切实发挥专委会的基础作用。制定主席会成员联系专委会、专委会联系界别、联系乡镇工作制度，及时召开专委会工作联系会，强化工作领导。今年各专委会的基础作用进一步强化，为全面推动政协工作开展发挥了重要作用。提案委持续着力提案的预约征集、交办协商、规范办理、网上督办、跟踪督查工作，全年开展各种形式的提案督办活动10次，办复提案138件，办复率100%。学文联委着力牵头抓学习，机关职工和委员的学习按计划扎实开展，同时，组织编写人员征集、编辑出版了文史资料《文物·非遗》（上集）。经济委、教科文委、法制群团委、人资环委分别牵头开展农村改革、农贸市场建设与管理、建立生态环境保护补偿机制等专题调研，专委会的组织优势、专业优势和联络优势得到充分发挥。专委会指导各界别小组创新活动形式，丰富活动内容，充分彰显了各界别的优势与特色。

（三）加强对外宣传与联动工作。高度重视政协宣传工作。加强与省、市政协和各级新闻媒体的联系与合作，及时报道政协重要的会议和活动，坚持执行稿件考核办法，鼓励政协委员多写稿、写好稿。一年来，在《四川日报》《四川政协报》《四川政协网》和县新闻媒体刊（播）发政协新闻稿件87篇、图片40多张、视频20多个，增进了社会各界对政协工作的了解，扩大了政协工作的影响力，荣县政协再次被省、市政协表彰为“宣传工作先进单位”。广泛开展联谊交流活动。加强与合江县、威远县、宜宾县等20多个区县政协的工作交往，热情接待省、市政协领导来荣调研考察工作，邀请在荣的省、市政协委员参加县政协的重要会议和活动；积极参与配合市政协的调研、视察活动，参加省政协地方政协联络委联系点工作会、市政协主席、秘书长、专委会主任联系会和其他重要会议，相互交流经验、传递信息、增进友谊。

各位委员，一年来，县政协在发挥优势中展示作为，在创新思路中突出特色，在服务大局中彰显价值，政协工作呈现出生动活跃、积极有为的良好态势，这是中共荣县县委坚强领导和关怀的结果，是县人大、县政府和各级各部门，以及社会各界大力支持的结果，也是县政协各参加单位和广大委员团结奋进的结果。在此，我代表政协荣县委员会向中共荣县县委、县人大、县政府和县直各部门，各民主党派、工商联、无党派人士、各人民团体、各族各界人士和广大政协委员，向所有关心、支持政协工作的同志们、朋友们致以崇高的敬意和衷心的感谢！

在总结成绩的同时，我们也清醒地看到，面对新形势、新任务和新要求，常委会工作还存在一些差距和不足。主要表现在：政治协商的内容、形式、成果转化和反馈机制还不规范；获取社情民意信息的渠道还较单一；政协联系服务委员、服务基层、服务发展的创新意识还不够强等等。这些问题，我们将在今后的实践中重点研究并加以解决。

2015 年工作意见

2015 年县政协工作的总体思路是：高举中国特色社会主义伟大旗帜，以深入贯彻中共十八届三中、四中全会和习近平总书记在庆祝人民政协成立 65 周年大会上的重要讲话精神为统领，在中共荣县县委的坚强领导下，牢牢把握团结民主两大主题，坚持把政治协商的着力点放在重要领域和关键环节的深化改革上，把民主监督的重点放在重大发展举措的贯彻落实上，把参政议政的重心放在解决人民群众切身利益问题的对策研究上，积极协调关系、汇聚力量、建言献策、服务大局，以改革创新思维和敢于担当的勇气，不断增进改革共识，积极营造改革氛围，广泛凝聚改革智慧，为推动我县全面深化改革、与全市同步全面建成小康社会作出新的贡献。

一、强化学习意识，把握正确的政治方向

继续深入学习贯彻中共十八大和十八届三中、四中全会精神，深入学习贯彻习近平总书记系列重要讲话精神，加强中国特色社会主义理论体系主题教育，不断增强道路自信、理论自信和制度自信，进一步巩固人民政协团结奋斗的共同思想政治基础。培育和践行社会主义核心价值观，提升价值判断力和道德责任感。特别是要深刻理解习近平总书记在庆祝全国政协成立 65 周年大会上对政协工作提出的“五个坚持”要求的重大意义和现实意义，积极引导广大政协委员、各民主党派、工商联以及各族各界人士始终不渝地坚持中国共产党的领导，始终不渝地坚持和发展中国特色社会主义。

二、强化履职意识，紧紧围绕全县中心工作献计出力

着力提升政治协商、民主监督、参政议政的质量和效率。一是深入推动协商民主建设。努力拓宽协商范围和领域，丰富协商形式和内容，增加协商密度，不断提高协商质量和实效。扎实推进会议协商、专题协商、提案办理协商、对口协商和界别协商。创新建立以专题为内容、以界别为纽带、以专委会为依托、以座谈为方法的“双月协商会”制度。常委会专题协商更加重视科学选题和研究论证；主席会重点协商更加重视加强与县政府及各部门就具体工作、重点工程建设进行沟通协商；专委会对口协商更加注重参加部门会议、活动的频度和质量；提案办理协商更加突出重点、注重实效。二是拓宽民主监督渠道。通过例会、视察、民主评议、派驻民主监督员等方式开展多形式、多渠道的民主监督，坦诚提出建议和意见。三是提升参政议政实效。更加突出专题调研在政协工作中的基础性地位，着力在课题选择、质量提升、成果跟踪上下功夫、上水平，选择依法治县、全面深化改革、建立水源地生态补偿机制等课题进行重点调研。

三、强化民生意识，牢牢把握主题维护社会和谐稳定

坚持把弘扬团结和民主主题与服务保障和改善民生紧密结合起来，积极引导各民主党派、工商联和无党派人士通过政协组织平台，参加大会发言、调研、视察和其他履职活动，切实为民生事业发展建言出力；重视发挥宗教界人士和信教群众在促进经济社会发展中的积极作用，更加密切与少数民族群众和信教群众的联系。重视发挥政协界别、政协各专委会、政协各参加单位的主渠道作用，及时收集和反映社情民意，积极协助党委、政府协调关系、化解矛盾。积极引导广大群众正确对待改革涉及的利益格局的深刻调整，更好理解县委、县政府的各项工作。着眼于社会事业发展，就劳动和社会保障、教育、医疗、文化体育等民生热点问题参政议政，努力增进民生福祉，营造良好发展环境。

四、强化主体意识，充分发挥政协委员的整体优势

切实尊重和保障委员的各项民主权利，努力为委员履职尽责创造更好条件。开展经常性的委员培训，举办好学习讲坛，提升委员素质。积极搭建委员之间、委员与政协组织之间、委员与党政部门之间多种形式的交流平台，尽可能扩大委员参与面，在政协调研、视察和各类会议中安排有关界别委员参加，提供履职机会。运用现代网络改进委员提案、人会发言、社情民意信息等工作，为委员履职提供更加便捷高效的载体。坚持主席会成员、专委会、政协机关联系委员制度，把为委员服务贯穿于常规履职中，努力让每位委员在政协组织中都有发挥作用的领域。同时，积极引导和教育广大政协委员增强委员意识，切实珍惜委员荣誉、维护委员形象，无论是在本职岗位上，还是在社会公众和政协工作中，都要勤于学习、努力工作、严于律己、遵守法规，始终如一地承担起政协委员的责任和使命。

五、强化服务意识，不断提升政协工作科学化水平

巩固扩大党的群众路线教育实践活动成果，认真贯彻落实各项制度机制，以优良作风提升县政协工作科学化水平。发挥政协党组在政协组织中的领导核心作用，把县委、县政府的重大决策部署贯彻到政协工作之中。进一步密切与各民主党派、工商联和无党派代表人士的联系，加强党派合作；发挥专委会在政协履职中的基础性作用，在提出问题的深度、切中要害的程度、提出对策的实用度上下功夫，进一步提高履职质量；增强机关政务性服务和综合协调能力，健全提案、调研、视察、民主评议、派驻民主监督员、信息宣传、后勤保障等工作机制。加强与各地政协的工作联系和友好交往，协同互动，增强推进政协事业发展的合力。

各位委员，同志们：荣县的发展催人奋进，政协事业大有可为。让我们高举中国特色社会主义伟大旗帜，紧密团结在以习近平同志为总书记的党中央周围，在中共荣县县委的坚强领导下，凝心聚力、奋勇拼搏、努力工作，为助推四川丘陵生态经济强县建设、与全市同步全面建成小康社会而努力奋斗！

中共荣县委员会

ZHONG GONG RONG XIAN WEI YUAN HUI

重要会议

【党代会】 1月5日至6日，召开中国共产党荣县第十三次代表大会第三次会议。参会代表259人，列席人员34人，邀请来宾8人。荣全代表十三届县委作题为《乘势而上谋发展 加速提质强后劲 为实现底部崛起而努力奋斗》的工作报告，傅仕方代表县纪委作《忠诚守责 奉献为民 为实现底部崛起提供有力纪律保障》的工作报告。会议审议并通过了关于县委工作报告和县纪委工作报告的决议。

【全委（扩大）会】 召开全委（扩大）会3次，会议审议并通过《中共荣县县委关于贯彻落实党的十八届三中全会精神全面深化改革的实施意见》。通报2014年上半年全县经济社会发展情况，安排部署下半年全县经济发展工作。审议通过县委工作报告（草案）和县纪委工作报告（草案），审议通过终止肖永忠等10人代表资格和补选党代表的请示，审定代表提出的提案和建议。

【常委会】 召开常委会24次，学习传达贯彻上级会议和文件精神，听取审议部门汇报，讨论决定人事、机构、国民经济和社会事业发展计划，党风廉政建设，决定召开重要会议，讨论重要报告，部署和总结工作。

县委办公室工作

【目标督查工作】 完成2013年度绩效管理考核工作，提请县绩效管理考核工作领导小组及县政府常务会、县委常委会审定。修改完善2014年度绩效管理考核方案。分解下达2014年市下目标任务，并纳入县委、县政府2014年度目标管理考核。分解《县委工作报告》和《政府工作报告》，下达2014年度目标任务及考核细则。围绕四川巴尔农牧集团生产及研发基地建设等6个重大项目、市下目标任务开门红、双过半、全年目标任务等。开展定期督查，定期分析，定期报告。先后对县委十三届十一次全会精神贯彻落实情况、加强服务稳定工业发展贯彻落实情况、城乡环境综合治理、新农村建设成片推进示范县、经济工作开门红、企业家座谈会意见建议、小农水建设情况、信访维稳情况等进行专项督查。

【对台工作】 继续加强与县公安局出入境管理大队协调联系，开展对因私赴台人员，特别是首次去台人员面对面宣传。做好回乡探亲、旅游台胞的接待服务和宣传工作。组织全县台胞台属参观荣县小井沟水利工程建设情况，并举行中秋座谈会。接待台湾同胞陈明哲一行到县青元酒厂和旭水酒业开展酿酒文化的交流；接待台湾台中市农业局局长蔡精强一行参观荣县大佛和考察旭水酒业；接待台北市四川同乡会理事长刘爱理一行到县留佳镇参观考察；接待台北市自然发酵养生协会文化经济访问团参观考察。全年共接待10起台胞台属反映或咨询有关问题。继续做好县台胞台属人员的查询和补充登记工作，补充登记台属2人。

【保密工作】 印发《2014年荣县保密工作要点》，制定中考、高考保密工作制度。落实上网信息保密审查审批制度和责任制度，累计在电子政务内网发布信息500余条。对全县（除国家层面普查以外）87个单位产生的国家秘密、涉密人员变化等保密管理数据库进行更新，实现信息的动态化管理。全县46个单位确定了定密责任人并报县国家保密局备案。对44个单位的涉密中央文件、保密要害部门部位及涉密载体保密管理和相关制度建设等方面进行检查，共检查涉密计算机22台、涉密文件300余份，发出整改通知1份。

【党史研究】 征集党史资料10余万字。完成25万余字的《中国共产党荣县历史》第二卷（1949－1978）书稿编撰工作。向市党史研究室《自贡党史》刊物报送专题文章4篇。为龚子华申报烈士，提供史料并形成说明材料。

【领导名录】 书记：荣全；副书记：韩明祝、宋成文、吴兰（2014年11月止）；常委：肖永忠（2014年11月止）、邹崇霞、傅仕方、郑刚、郑小清、冯永志、沈焰林（2014年11月起）、吴永红。

（罗继红）

统筹城乡发展

【农村产权制度改革】 高山镇试点完成农村土地承包经营权确权登记换证工作。出台土地流转管理办法，推进土地承包经营权和林权有偿流转工作，全县规模流转土地面积达9万余亩，流转林地面积约7万亩。

【城乡建设用地增减挂钩】 深化城乡建设用地增减挂钩试点工作，金台村城乡建设增减挂钩项目已完成实施，该项目结余集体建设用地指标近300亩。过水镇刘家庙村城乡建设增减挂钩项目筹备就绪，该项目将结余集体建设用地329.2亩。双石镇大竹林村和度佳镇白坡村等7个项目已报请市国土资源局审批。

【农民财产性收入改革试点】 以“六探索、六增加”为基本思路，推进增加农民财产性收入改革试点工作。盘活集体建设用地749亩，结余用地指标629.2亩，实现增值近1亿元。约4万亩土地（林地）入股龙头企业合作经营，3万余受益农户户均可获红利416元。1800余套农具堆放室实现收益540万元。2225万元财政生产性项目资金折资入股合作经营，实现保息分红98万元，受益农户年人均增收216元。实现担保贷款余额1.8亿元，农户信用贷款余额12亿元，林权抵押贷款余额2424万元。农民存款利息收入年增近亿元，理财产品收入增加394万元。2014年，农民财产性收入人均增加64元，同比增长27.1%。

【壮大集体经济实力】 度佳镇灯坡村以林地权占股22%，四川元森农业科技有限公司以资金和技术占股78%的方式，实施村企合作发展经济林木，探索创新“确权确股不确地”“集体经济组织成员认定办法”“壮大集体经济组织实力”三大机制，促进农民增收。公司每砍伐1吨木材，村、组各收取5元的集体管理费。

【农村融资体制改革】 2014年，市农担公司为农民、企业利用“五权”反担保，实现贷款余额近亿元，实现农户信用贷款余额5亿元。

【农民集中居住】 2014年，续建、新建来牟镇凉风村移民新村综合体、过水镇夜合村移民移村综合体、旭阳镇柏林村移民安置点、留佳镇五间房村移民新村综合体等9个农民集中居住区（点）。同时，结合农民集中居住区推进

"1+6"标准化村级公共服务活动中心建设，双石镇长冲村、鼎新镇鼎新村、来牟镇凉风村、过水镇夜合村、留佳镇五间房村5个"1+6"标准化村级公共服务活动中心基本建成。继续巩固提升金台、来牟新农村综合体，启动建设长山镇五通村新农村综合体。累计建成农民集中居住区10.54万平方米，农民集中居住率达35.48%，综合体内规模化种植养殖业比例达37.26%，成立农业专业合作组织9个，4502名农民加入专合组织。

【管理运行机制改革】 制定《荣县农村公共服务运行维护机制建设示范试点实施方案》等10个规范性文件。

（县统筹办）

纪检监察工作

【组织建设】 全县有纪检监察组织68个（不含县纪委监察局），其中，县级部门纪委（纪检组）39个，乡镇纪委27个，设纪律检查员的县直机关2个。

【队伍建设】 推进"三转"，清理退出县纪委监察局牵头或参与的议事协调机构85个，保留或继续参与12个。县级部门纪检组长（纪委书记）不再分管纪检监察业务以外的工作，不再兼任行政职务。深化"三项建设"，组织全县纪检监察干部参加省、市纪检监察业务视频培训16期、1000余人次，建立全县纪检监察干部月度集中学习会议制度，选派和抽调纪检监察干部到省、市、县纪检监察机关挂职锻炼。修订全县纪检监察干部管理办法，实行纪检监察干部外出报备管理。

【宣传教育】 在全县27个乡镇试点纪检监察信访举报办理工作公开，公开群众反映强烈、涉及面广、影响较大的信访件办理结果。会同县委组织部制定并落实案发单位专题民主（组织）生活会制度。试点组务公开，打通基层民主建设联系群众最后"一公里"。举办6期副科级以上领导干部、村基层干部廉政专题培训班，组织全县党员观看廉政教育警示片、学习警示教育读本，把廉政教育列入"三会一课"重要内容。举办党风廉政建设反腐倡廉成果巡展，印发20余万份反腐倡廉宣传画和宣传海报，更新12期党报党刊重要时评文章，向全县党员干部发送廉政短信20次，打造廉政文化示范点22个。

【纠风治乱】 开展作风建设年活动，印发正风肃纪作风建设年活动实施方案，细化"9+2+3"14个专项方案，3次专题召开全县作风建设年推进大会，发放正风肃纪社会监督卡1万余份。腾退超标准办公用房，清退违规发放的各类补贴补助和奖金，全县各级干部职工自查自纠、整改问题8000余个。开展部门政风行风第三方民主评议，聚焦不作为、慢作为、乱作为行为。每季度举办现场电视问政，跟踪督办解决43个群众关心的实际问题。组建"3+6+10"明查暗访组，查处"四风"案件22件、党纪政纪处分22人，通过中央纪委网站、廉洁四川网站通报曝光典型案件5件次。建立健全治理党员干部大操大办、加强工程项目和惠民政策公开、落实组务公开、治理干部走读、建立健全作风建设长效机制等制度25个，整理编纂形成深化正风肃纪构建作风建设长效机制制度汇编。

【查信办案】 调查处理行政效能投诉11件，

对15名违规干部问责，对5个责任单位全县通报批评。按期全部办结中央和省委巡视组交办的信访件。全年，县纪委监察局共受理纪检监察信访举报245件次。查处党员干部贪污受贿、失职渎职、侵害群众利益和违反中央八项规定等案件81件，查处81人，直接收缴违纪违规资金82万元。

（左甜甜）

组织工作

【教育实践活动】 以“为民、务实、清廉”为主题，按照“照镜子、正衣冠、洗洗澡、治治病”总要求，抓住“四风”问题，牵头开展全县教育实践活动。全年开展“五学三讲六议”各类学习活动1500余次，收集各类意见建议5000余条，查改问题2300余项，立案查处“四风”典型案件16起，告诫约谈55人次，问责4件9人，清理制度1268项，制定下发治理庸懒散奢等能问责工作常态化管理办法等5项制度。

【干部选拔培养】 全年调整干部94人，其中新提拔科级领导干部18人。非定向推荐产生县级领导干部拟提拔使用人选6人，2人受到市委提拔任用。公开遴选首批“1+5”优秀年轻干部人才32人。优先选拔任用乡镇、“一城一库三条路”等重点工程一线干部11名，占全年提拔干部总数的61%。实施“双挂双跨”计划，挂职交流干部18人。

【干部教育培训】 开展《党政领导干部选拔任用工作条例》和《关于加强干部选拔任用工作监督的意见》学习宣传。以新任科级领导干部培训班、优秀年轻干部人才递进班、“百人高端培训计划”主体班为重点，共组织调训县乡干部6000余人次。选派127名干部参加清华大学、浦东干部学院、浙江大学、武汉大学等高校培训，选派7名县级领导、56名科级干部参加省委党校（省行政学院）主体班培训。

【干部监督管理】 开展全县超职数配备干部清理整改工作，共清理超职数配备科级领导干部53人。落实《荣县干部监督工作联席会议成员单位信息沟通办法》，全年对11名科级领导干部进行经济责任审计。出台《关于落实从严要求加强干部监督管理的实施意见》《中共荣县县委关于认真贯彻“三严三实”进一步加强党员干部教育管理监督的实施意见》《荣县县乡机关中层干部管理办法》，加强干部监督管理。严格选人用人全程监督，坚持派员列席讨论决定干部任免会议。建立完善了新提拔领导干部廉政承诺和任职承诺“双承诺”制度。制定《关于干部谈心谈话全覆盖的实施意见》。

【人才队伍建设】 继续发挥企事业单位主体作用，开展“百名紧缺人才引进计划”。制定《荣县优秀专家评选管理暂行办法》，突出创新创业实绩，奖励有科技研发、管理创新等方面做出突出贡献的人才。组织开展首届优秀专家评选，评选表彰20名优秀专家；县财政投入5万元，全面落实优秀专家激励政策。继续实施优秀人才体检制度。

【服务型党组织建设】 开展“争创基层服务型党组织、争当为民务实清廉型党员干部”活动，围绕工业园区、小井沟库区、新农村示范片区和G348公路带的“三区一带”，打造县级基层服务型党组织示范点8个。制定“两新”

组织党建工作指南和党建指导员管理办法，统筹选派500名两新党建指导员指导两新党建工作，实现全县两新党建工作全覆盖。建立“三分类三升级”长效机制，丰富基层党组织分类定级信息库，集中开展软弱涣散后进党组织整治，59个后进党组织转化升级率达100%。建立“书记领办项目”长效机制，全年基层党组织书记共领办项目872个，完成率达100%。

【党员队伍建设】 进一步完善“四库三制一集中”党员发展模式，建立“一评两考三票决”竞争性发展党员机制，全年审核批复发展对象305名。各级党组织召开党员集中学习会2400余场，开展现场实地教学200余场次。全县开展郝修文先进事迹学习宣传活动，郝修文先进事迹先后在《四川农村日报》等多家媒体宣传报道。

【远程教育服务】 在荣县电视台、荣县人民政府网、荣州党建网和党员手机快讯等媒体开辟教育实践活动宣传专栏，编辑教育实践活动专题节目30余期，刻录下发学习光盘1500余张，策划拍摄《移民的贴心人》《群众差评促转变》等教育实践活动专题片2部。投入50余万元，对全县200多个远教站点进行更新换代。采取集中学习、送学上门等方式，共组织各类学习活动5100余场次，参与党员群众达16.4万人次。

【老干部工作】 2014年，全县共有离退休老干部170人。定期开展学习和活动。邀请县委常委、组织部长肖永忠为离退休干部作十八届三中全会精神及教育实践活动专题辅导报告。组织全体离退休老干部参观视察小井沟水利工程建设情况。召开老干部情况通报会，县委、县政府主要领导和县委分管领导向全体离退休老干部通报全县经济社会发展情况，听取老干部意见建议。在教育实践活动中，县委选任了10名副县级以上退休干部担任县委督导组组长。组织4名离退休干部党支部书记参加全市离退休干部党支部书记培训班。组织老干部志愿服务宣讲团，深入学校、企业、镇乡、机关、社区开展社会主义核心价值观宣讲。向每位离休干部党员赠阅了《党员文摘》，向每位老干部赠阅了《自贡日报》和《自贡晚报》。规范老干部学习活动阵地建设，年接待参加学习活动的老干部1万余人次。

按时发放老干部的各项生活补贴和遗属生活困难补助。调整了离休干部护理费标准，调整了离休干部无工作遗孀困难补助标准。做好解放初期参加革命工作的退休干部享受生活困难补助的扫尾和信访工作，为解放初期参加革命工作退休干部提高了医疗待遇，为其中部分人审批办理了生活困难补助。

（幸福军　老干部局）

宣传工作

【理论武装和学习型党组织建设】 制定《县委和各级党委（党组）中心组学习计划》，落实县委中心组学习专项经费4万元，采取集中学习、推荐阅读、专家解读、交流发言、网络自学、领题调研等多种形式，强化各级党员领导干部对党中央“四个全面”、省委“三大发展战略”、市委建设“五个自贡”、县委“四县”建成发展战略和“四年建设”的认识和把握。坚持党委“一把手”亲自抓理论学习，开展县委中心组集中学习15次，组织专场报告会3场。坚持集中学习、考勤、学习笔记、经费、资料辅导“五落实”，编印《荣县干部理论学习与形势教育读本》5000册，组织征订《习近平系列重要讲话读本》和《习近平谈治国理政》3700册。参加市委各类培训报告会，县委中心组成员参学率100%，累计笔记字数均在4000字以上。县委中心组成员按要求撰写理论文章、调研报告或心得体会36篇，县委书记荣全在《廉政瞭望》发表理论文章《荣县同级监督新规发力》。

【县委中心组集中学习】 全年开展县委中心组学习15次。其中：开展党的群众路线教育集中学习活动5次，集中学习群众路线、社会主义核心价值观、习总书记系列重要讲话精神、参观廉政基地、观看电影《兰辉》等。3月19日，省社科院纪委书记向宝云来荣作省委十届四次全会精神专题报告。4月1日，省检察院巡视员周力来荣作《理性认知　合理用权》预防职务犯罪专题报告。8月27日，“两个责任”专题学习会。9月23日，省委“两个意见”专题学习会。10月13日，学习中央及省委群众路线教育实践活动总结大会精神。10月27日，党的十八届四中全会精神专题学习会。11月14日，学习全省落实巡视整改暨教育实践活动整改工作电视电话会议精神。11月21日，中国人民大学法学院副院长胡锦光来荣做“全国核心价值观百场讲坛”报告。12月3日，学习中央、省、市全会及领导重要讲话精神。

【新闻宣传】 开设“聚焦党的群众路线教育实践活动”“深化改革”“依法治县”“四年建设”“正风肃纪”“治理庸懒散浮拖”等专题专栏，《荣县宣传》、《荣县新闻》、“荣州之窗”等媒体刊播相关稿件50余条。策划大佛文化旅游、荣州春晚等主题宣传，全年，中央、省级主流媒体刊播荣县新闻稿件（视频）800余篇（条），《人民日报》头版《让群众签单验收》对东兴镇“五方恳谈”机制进行报道。开通荣县官方微博微信。整合《荣县宣传》、县电视台、“荣州之窗”、“荣县网”、“荣县快讯”、“微荣县”官方微博（微信）等媒介平台，办好《荣县新闻》《每周话题》《荣山旭水》全媒体时政、社教和生活栏目。向省上申报全媒体中心数据采编平台升级改造项目，实现新闻信息一次采集、新闻产品多种生成。

【网络舆论引导】 组建成立互联网信息管理办公室，加强网络舆论引导和依法管理，对具有新闻舆论和社会动员功能的网上新闻信息服务、新闻聚合、手机报、博客、微博客、微信、论坛等加强监管。更新政府网站、荣县网、微荣县等网络新闻信息2000余篇（条）。坚持县委、县政府新闻发言人制度和突发公共事件新闻快速应对机制，做好新闻发布、记者采访和突发事件报道工作，明确全县各乡镇、各部门新闻发言人，邀请省级专家开展专题培训。建立网络信息收集监测报告、舆情研判和应对处置制度，明确舆情收集工作专职人员，坚持每天报告制度。妥善应对乐德镇移民安置房建设、鹏润公司事件等舆情25件，编印《荣县舆情通报》9期。

【培育和践行社会主义核心价值观】 制定县委《关于培育和践行社会主义核心价值观的实施意见》，以党员干部和青少年为重点，开展核心价值观征文、演讲、书法、摄影比赛，以创作主题快板、漫画、公益广告、招贴画等多种形式进机关、校园、农村、社区，评选“身边的好人”和“荣县首届十佳美德少年”，开展“德耀荣州·你我同行”节俭养德全民行动、“微荣州爱心驿站”志愿服务等活动。11月21日，由中宣部指导，光明日报社、中国人民大学、中国伦理学会主办的“全国核心价值观百场讲坛”在荣举行。中国人民大学法学院副院长、公共政策研究院副院长胡锦光作题为《法治与核心价值观的关系》的报告，光明网现场视频网络直播。12月24日，《光明日报》以《四川荣县：让价值观教育连民心接地气》为题，报道荣县培育和践行社会主义核心价值观工作。

【公民道德建设】 评选首届十佳美德少年和第三届道德模范，在县级媒体开设“最美人物”专栏，在旭阳、双石、长山、鼎新4个乡镇试点设立“好人榜”，树立了沈洪彬、郝修文、林传政等一批“最美人物”。

【精神文明创建】 评选文明乡镇3个，文明村50个，文明服务示范窗口10个，星级文明户300户。双石镇金台村被评为全国文明村、荣县中学被评为市级最佳文明单位，荣新小学和中国移动荣县分公司被评为市级文明单位，来牟镇被评为市级文明镇，来牟镇凉风村和古佳乡河坝湾村被评为市级文明村，旭阳镇桂林街社区被评为市级文明社区。开展幸福美丽新村文化大院建设，双石金台村和鼎新西堰村被确定为市级试点村。

【未成年人思想道德建设】 完善“乡村学校少年宫”“留守儿童之家”等活动阵地，文化馆、图书馆、社区和农家书屋等公共文化阵地和吴玉章故居、军政府旧址等爱国主义教育基地坚持免费错时开放。学校、家庭、社会“三结合”共同关爱未成年人成长的机制更完善。以整治网吧游戏厅、净化荧屏声频、手机治黄、整治校园周边环境和出版物市场为重点，净化社会文化环境。城东小学张键洋和高山镇学校王书玥荣获“四川省美德少年”称号。

【主题教育】 全年共举办8期荣县玉章文化讲坛。开展庆祝建党93周年暨“广电网络惠民生”系列文艺活动。7月24日，全市第一家公共文化服务活动中心在长山镇成立。9月12日，全省老年人健身腰鼓和排舞比赛在荣县体育馆举行，来自全省24支参赛队的409名老年人运动员参加比赛。推进青少年读书教育活动，获省委宣传部、省文明办全国“学雷锋”读书教育活动特等奖。

【公共文化服务体系建设】 2014年，争取省级公共文化服务体系建设专项资金651万元，县财政配套投入279万元，资金配套到位率100%。实施县、乡、村（社区）公共文化服务体系阵地工程建设（县图书馆、美术馆“两馆”建设，乡镇基层综合文化服务中心、农民工文化驿站，农村数字化、农村文化院坝、社区书屋、农村留守儿童文化之家），启动城区市民阅报栏建设。推进40个村村通、100个村村响工程，放映农村电影3552场，观看人数12.59万人次。新发展数字电视用户2000余户，整转数字电视用户6000户，旧网改造77.7万户。

【文化建设】 全县共有专兼职群文干部37人，其中图书馆专职从业人员3人，文化馆专职从业人员7人，乡镇综合文化站文化专干27人，各行政村兼职文化管理员345人，文艺社团10个，文艺家协会7个，二级协会5个，各类文化艺术事业单位的文艺工作者130余人，业余文体活动爱好者1.3万余人。2014年，以农民漫画为载体，创编全省首本十八大精神、群众路线教育实践活动漫画读本和核心价值观主题年画。以“走基层·送文化”为主题，深入金花乡、古佳乡开展十八届三中全会精神进万家文艺演出和“三下乡”活动6场次。策划大佛文化旅游、荣州春晚等重大文化活动，举办川剧戏台、青歌赛、书画影展、春联送福等活动。培育佛文化、农民漫画品牌。4月29日召开“弘扬诗书文化 传承蝶画艺术”座谈会。5月6日以“诗经风雅·大美无言”为主题展出荣县、富顺两县硬协会员和市硬协会员的作品近80幅，8月荣县农民漫画协会10件漫画作品入展四川省图书馆青少年书画作品展，2件作品入选四川省美术家协会、四川省漫画研究会“四川省第十四届漫画作品展览”，4件作品入选“第五届中国国际版权博览会”。11月《人民日报·讽刺与幽默》连续刊载12幅核心价值观农民漫画。县委办、县政府办制定《关于转发县委宣传部等7部门〈关于加强全县基层宣传文化队伍建设的实施意见〉的通知》。荣县宣传杂志社记者蒋兵、农民漫画家程龙香评为荣县首届优秀专家。荣县（农民漫画）、长山镇（长山锣鼓）被评为2014－2016年度“四川省民间文化艺术之乡”。戏剧小品《搬家》（刘荣宏）、相声《我要恋爱》（杨羽）荣获省首届农民艺术节暨民间艺术节“群星奖”。国画《走进大西北》（辜海燕）、油画《秦时明月汉时关》（曹志辉）获“唱响中国梦·展示新四川”全省群星璀璨美术书法摄影作品大赛优秀奖。硬笔《寄内兄和州崔员外十二韵》（张爱平）荣获第五届“羲之杯”全国诗书画家邀请赛二等奖。《小小说《陪着母亲坐火车》（张玉兰）荣获中国－武陵“德孝廉”全国小小说征文一等奖。漫画《空架子》（程龙香）入选省漫画双年展。

【文化产业发展】 开展文化产业发展调研，启动荣县文化产业发展规划编制工作。基本完成县城文态概念性规划。完成荣县大佛本体保护方案编制和荣县军政府旧址、吕仙崖摩崖造像保护规划编制的招标工作。荣县镇南塔保护规划立项报告已上报国家文物局审批。

【大佛文化产业园建设】 2014年年底，已完成所有主体工程建设，部分工程已交付使用。二期工程梧桐水街项目占地110亩，总建筑面积8.8万平方米。主要建设内容为：地下车库2.6万平方米，酒店1.26万平方米，艺术馆3100平方米，商业街3.9万平方米，商务写字楼7200平方米。

【文化遗产保护】 安装全县47处文物保护单位保护标志。完成文博系统内馆藏文物清库工作。做好古籍普查、清理、归类、登记工作，完成2602种1.11万册馆藏古籍初步清理。着手荣县大佛石窟、吴玉章故居、荣县镇南塔《全国重点文物保护单位记录档案》编制工作。

【宣传杂志】 2014年，《荣县宣传》出版52期，特刊3期，刊发稿件（图片）4180条（幅）篇。开设“项目突破年　产业发展年　城市管理年　作风建设年/聚焦”“党的群众路线教育实践活动——特别报道”“走基层　解难题　办实事　惠民生”“好人荣县梦想——践行社会主义核心价值观”“清风聚正气　廉政促和谐”“民生直通车”“幸福美丽乡村行——记者走基层”“问政面对面”“弘扬法治精神　推进依法治县”“集中整治非法占地违法建设”“金色年华”等栏目。《荣州之窗》荣县人民政府网、《荣县网》更新新闻信息4460条，图片825幅，平均日更新图文30条以上，日点击率达3000人次以上。2014年，编辑发送手机快讯2080余条。2月荣县官方微信公众平台“荣县微报”正式开通，平均每日发布9条以上资讯，全年共编辑发送2300条资讯。加强与中央、省、市等上级新闻媒体的对接联系，在《四川日报》《四川农村日报》《自贡日报》等主流报刊发稿512篇（幅），在人民网、新华网、中新网、四川日报网等主流网络媒体拟刊发稿件75篇（幅）。2014年，记者蒋兵撰写的《荣县关停58家煤炭烧制坛罐企业》获2013年度中国城市党报新闻奖二等奖。

（唐圣勇、朱兴贵）

政法工作

【队伍建设】 开展“转变作风，司法为民”、“增强党性、严守纪律、廉洁从政”等专题教育活动。组织观看纪录片《苏联亡党亡国20年祭——俄罗斯人在诉说》和电影《焦裕禄》。围绕总书记习近平在中央政法工作会上的讲话，针对77个讨论题目和13个调研课题开展“强化群众观点、践行群众路线”大学习、大讨论活动，共撰写心得体会23篇。组织学习省委政法委《四川省政法系统违法违纪典型案例警示录》读本和《富顺县户口纠错挺头疼》等案例，到县看守所开展警示教育。14次组织政法干警参加全省“政法大讲堂”和全市“盐都大讲堂”专题讲座。举办2期网格员工作培训班，举办1期维稳工作专题讲座。会同县纪委、人大、政协人员，对政法各部门及基层所、队、庭进行作风巡察，共收集意见21条，发现问题7个，对2名干警行政记过处分，对2个基层法庭通报批评，对16名干警通报批评或诫勉谈话。年终对政法各单位领导班子成员进行考核并通报，对涉及法院、检察院、司法局中层领导干部调整时履行代管职能。

【执法监督】 全县政法各部门开通政务网站，健全执法信息网上录入、执法流程网上管理、执法活动网上监督、执法质量网上考核的执法办案机制，实现了对执法办案过程的动态管理和实时监督。对部分生效裁判文书、起诉书、不批准逮捕决定书以及交通事故处理过程进行了公开。建立健全举报信访平台，开通网络举报和电话举报联系方式，公布举报电话和信访信箱。深化案件评查，研究细化案件质量评查工作方案，明确评查的程序、方法和结果运用。通过“调阅案卷、调查核实、集体评议、出具结论”，对去年结案的每一起案件进行评查，并把每起案件的评查结果记入干警执法档案，把整个单位的评查结论记入领导班子和领导干部的业务档案。

【维稳工作】 制定出台《贯彻落实〈自贡市加强服务稳定工业发展的八条措施〉的细化措施》。开展“定点联系、定向服务”活动，开辟服务企业绿色通道。落实“稳定第一责任”，完善县、乡镇、村三位一体的维稳工作体系。落实社会稳定风险评估机制，制定《荣县社会稳定风险评估实施办法》，对各类重大活动、项目、特殊事项进行风险评估13次。完善情报信息机制，健全县、乡镇、村（社区）、村（居）民小组四级信息员网络，多渠道获取各类信息600余条。修改完善《群体性事件应急处置办法》，解决指挥主体、责任主体、预案启动、队伍准备和预案演练五大难题。针对可能出现的各种突发情况，围绕预案实施，组织专题培训，开展综合演练。

【综治工作】 6月底前全县城镇社区完成网格化服务管理建设，12月底前覆盖所有农村的工作。以“进得了门，办得了事，上得来网”为标准，为50个城镇社区88个网格配备专（兼）职网格员88名，296个行政村296个网格配备兼职网格员296名。采取宣传承诺并举，每个网格统一制作“网格化服务管理公示栏”、“联系卡”，向辖区群众公示网格员的姓名、联系电话、工作职责，提出了“有事请找我、我为您服务”的公开承诺。全县网格基础信息录入40万条，网格化服务管理新增事件1704件，办结1696件。与“一标三实”信息对接，实现疑人见面率、信息核准率100%。2014年，全县新接收社区矫正人员269人，期满解除矫正175人，仍在矫正期的463人，收监2人，再犯罪1人，再犯罪率0.21%。接收刑释解教人员192人，衔接192人，衔接率为100%，安置172人，安置率89.5%，帮教176人，帮教率92.1%，对重点人口列管率100%，无重新违法犯罪人员。对于社会闲散青少年、流浪未成年人、外出务工人员留守在家的未成年人子女、服刑在教人员的未成年子女进行摸排建档，建立关爱档案。

【大调解工作】 建立健全矛盾纠纷“早发现、早预防、早化解、早稳控”机制，开展矛盾纠纷定期排查、综合研判、分流处理、分级化解、跟踪督办、总结通报。全县滚动排查矛盾纠纷2378件，调解成功2318件。健全医疗纠纷人民调解第三方调解机制，由资深人民调解员、知名律师、医学专家组成，专家库常年保持在20人以上。全县医疗纠纷人民调解委员会共受理医疗纠纷28件，调解成功27件，通过鉴定渠道化解1件。健全交通事故司法调解、人民调解以及律师事务所提前介入行政调解的“三大调解”工作机制，形成“出事—报警—调解（裁决、判决）—理赔”一条龙服务的“3+1”模式。全年共受理各类道路交通事故962起，其中，行政调解589件，人民调解99件，道交法庭司法调解或判决274件，道路交通事故处理到期结案率100%。在6个乡镇法庭设立温馨和解室，县法院对协商一致，当事人意思表示真实，不违反法律、法规的人民调解协议，经当事人申请，以法律文书形式给予维护和确认，终结纠纷。依托“大调解”信息系统，实现县、乡镇、村（社区）、各相关部门组织、人员、矛盾纠纷排查调处动态信息联网运行，使用信息系统覆盖率达100%。“大调解”工作涉及的动态信息、台账、报表、文件等实现了网上传输、电子化管理。

【平安建设】 推进旭阳城区治安网格化巡防和“平安联盟”建设，组织开展2次规模较大的社会治安整治大清查行动。推进“天网”系统和前端设备的升级改造，全县27个乡镇和240余家重点单位、要害部位安装有视频监控360余个；建立3000余人的“红袖标”治安巡防队伍，构建以巡防民警为骨干、专职治安巡逻队和保安人员为主要力量，其他群防群治队伍为补充的网格化巡防格局。开展“缉枪治爆”专项行动，查破涉枪涉爆违法犯罪案件9件10人。对全县40余家涉爆企业存放的过期报废炸药7648.3公斤予以集中销毁。打击“黄赌毒”违法犯罪活动，查获涉黄涉赌涉毒违法犯罪刑事、治安案件162件443人，收缴扣押和集中销毁游戏赌博机220余台，收缴赌资70余万元。打击严重暴力犯罪，侦破省公安厅挂牌督办的“3·17”杀人碎尸案。开展重点地区排查整治。全县排查重点部位31个，重点地区3个，重点地区全部建立了整治工作台账，排查出的社会治安重点地区整治率100%。对旭阳城区利用游戏机赌博违法犯罪进行了挂牌整治，查破赌博和利用游戏机赌博的刑事、治安案件19件63人，其中刑事拘留6人、治安拘留38人，捣毁开设赌场窝点4处。对旭阳城区及周边“三电”安全隐患进行了集中检查，发现安全隐患45处，发整改通知45份，强制施工单位停工2处。对110千伏乐荣线、董荣线重大安全隐患进行了挂牌整治。印发《平安和谐“三级联创”活动标准》，荣县中学、荣新小学等20所学校创建为“平安学校”，县人民医院等10家医院创建为“平安医院”。县见义勇为个人代俊鹏，见义勇为群体邓小洪、古永水、古永森、童大根荣获市政府奖励。

（王　雷、羊　巍）

统战工作

【民主党派和党外干部工作】　县内有中国国民党革命委员会荣县支部、中国民主同盟荣县总支、中国民主建国会荣县支部3个民主党派，成员175名，其中民革党员43名，民盟盟员86名，民建会员46名。2014年，共培养考察发展民主党派新成员10名。加强对党外干部的培养、推荐、选拔工作，向组织部推荐后备干部20人。有党外科级干部29名，其中副县级实职干部6名，部门、单位正职负责人9人。在民主党派、工商联和无党派人士中开展“坚持和发展中国特色社会主义学习教育活动”和“践行社会主义核心价值体系”等教育活动。与县行政学校联合举办县统战成员骨干培训班，组织30余名党外骨干到重庆学习培训，创自贡市县级培训统战成员省外办班首例。10月，组织民主党派、工商联、无党派、知联会及民宗侨代表人士30余人到遵义、赤水集中学习国防相关知识。支持民主党派服务地方经济、社会事业建设，引导民主党派参与旭水河新农村示范片区建设，3个民主党派分别与望佳镇、鼎新镇、双石镇建立对口联系；开展民主监督，在民主党派、工商联和无党派人士中推荐担任政协民主监督员和特约监督员、检察员、行风评议员等。

【经济统战工作】　组织非公企业人士参与扶贫救助、“家乡助你上大学”“感恩三老”等光彩事业活动，捐资捐物70多万元，受助学生300人，与24户新中国成立前入党的老党员、老劳模、老干部建立结对帮扶关系。协助工商联加强商会的建设工作，指导完成广东荣县商会的成立。

【民族、宗教、侨务联络工作】　支持和帮助爱国宗教团体加强自身建设，引导宗教与社会主义社会相适应，配合民族宗教部门检查全县“两乱”治理情况；做好法律进宗教场所的宣传教育活动；做好敏感期情况掌握。加强新形势下抵御境外组织利用宗教渗透工作，协同相关部门排查、化解涉及民族宗教问题的矛盾纠纷和不稳定因素，维护民族宗教领域的和谐稳定。做好与港、澳、台、侨务等部门的联系和沟通交友工作。

【调研和宣传、信息工作】　形成“坚持中特路·共建新荣州”“践行社会主义核心价值体系”“学习十八届四中会议精神”等方面的调研报告、学习心得体会20余篇；制作工作简报27期，向省、市、县报送信息60余条，18篇简报被市委统战部采用。

【知联会】 2014年，有理事成员53人，其中会长1人，常务副会长1人，副会长10人，秘书长1人，常务理事9人，理事31人。共分为4个小组，分别是医药卫生系统组、教育系统组、农口系统组、工商经济系统组。组织知联会成员参加《荣县保障房、廉租房建设及使用管理情况》《荣县食品药品安全监管情况》《荣县新型农村合作医疗情况》《荣县新农村建设及产业化发展情况》4个通报会，为县委提建议11条。5月，知联会教育小组调研县新城中学建设项目。12月，知联会农口系统小组开展小组活动调研。医药卫生小组开展乡镇义诊和学术讲座活动。

（统战部）

群众和信访工作

【责任落实】 2014年，排查出矛盾纠纷和突出问题41件，化解27件，其中市挂牌督办5件，市领导包案5件，已化解5件。2014年涉及县民生工程目标任务量化考核的指标有77项，17件民生实事项目中量化考核的指标有21项，已全面完成。

【信访处置】 共召开信访联席会7次，投入资金159.2万元，解决信访突出问题27个。在十八大期间，除每周和每天动态分析排查外，县委、县政府召开了3次全县大型会议，研究、安排部署信访维稳工作。坚持领导干部定期接待群众来访制度，推动领导干部大接访，县委书记、县长带头，县领导分别集中于2月26日、27日、28日三天带队，到全县各个乡镇开展“走基层”县级领导集中大接访活动，共向群众发放《信访知识问答》《治安处罚法》及劳动保障政策法规、卫生保健等宣传资料1.98万份；现场摆放展示牌和图片展览100余幅；播放政策法规录音录像20小时；为1万名群众提供义诊；接待群众咨询、投诉、求助1.2万人次。登记受理并交办处理群众问题433件。

【创新机制】 开展信访机制创新，县、乡（镇）、村（社区）、组四级群众工作网络和“信、访、网、电”四位一体的信访受理平台进一步健全，信访渠道进一步畅通。实行人民来信“绿色邮政”，人民群众信访做到免费投递。推进“网上信访”工作：全国信访信息系统120件、省长信箱171件、市长热线6件，县长信箱48件、网友留言95条，按期答复率100%，全国信访信息系统应用率和录入率均达100%；“12345”便民呼叫中心及时受理群众通过电话方式反映的诉求。

（周　华）

机关党建

【思想建设】 2014年，对机关及下属单位225名党员干部开展学习培训。建立学习工作督查情况台账，开展学习成果交流展示，按季度、半年进行总结。共收集各单位学习简报信息698条，干部职工学习心得文章282篇。5个巡视组定期、不定期抽查机关各单位组织干部职工学习情况46次。

【组织建设】 举办县入党积极分子暨党员发展对象培训班，对192名入党积极分子暨党员发展对象进行培训。全年共发展新党员21名，转正预备党员10名，对直属届满6个总支（支部）进行换届选举工作。组织各直属总支、支部和党员到旭阳镇、工业园区（河西新区）12社区双报到，推行“党员义工日”社区服务活动，共有38个直属党组织和900多名党员到社区开展结对服务、组团服务和志愿服务三服务，在社区认领58个服务项目，帮助社区贫困户132户，捐款捐物17.84万元，组建“党员突击队”“党员服务队”“党员义工队”61支。

【作风建设】 对直属总支、支部的4名违规违纪党员进行处罚，其中2名开除党籍，2名警告处分。

【“三联三服务”和直接联系服务群众工作】 设立县“三联三服务”工作联席会议制，组织实施和统筹协调全县“三联三服务”工作。参与“三联三服务”的县级领导和县级部门（单位）的每个党支部，以结对联系帮扶为主要形式，结合不同地域、不同机关、不同行业的特点和实际，在结对联系村（社区）或村（居）民小组联系2户以上基层群众（联系村和联系社区各确定1户以上）。县级、科级党员领导干部带头深入联系点走村入户、调查研究2次以上。共有27名县级领导，82个县级部门（单位）参与联系全县50个社区、118个村、236个小组、516户困难户帮扶活动中。

（邹玉龙）

机构编制

【政府职能转变和机构改革】 2014年，推进新一轮政府职能转变和机构改革。撤销县政府工作部门8个、组建政府工作部门5个、接收省垂直管理部门2个；撤销政府部门挂牌机构2个、新增3个；调整部门管理机构1个、参公管理事业单位1个。改革后，县政府工作部门设置为24个，部门挂牌机构8个。此次机构改革组建县卫生和计划生育局、县经济商务和信息化局、县文体旅游广电和新闻出版局、县发展改革和科学技术知识产权局，重新组建县食品药品监督管理局；不再保留县卫生局、县人口和计划生育局、县经济和信息化局、县商务和旅游局、县文体广电和新闻出版局、县发展和改革局、县科学技术和知识产权局、县价格监督检查所，不再保留县经济和信息化局加挂的中小企业局牌子、县发展和改革局加挂的县物价局牌子，不再保留县发展和改革局管理的参公管理事业单位县粮食局；将荣县工商行政管理局、荣县质量技术监督局由省级以下垂直管理调整为县政府管理，为县政府工作部门。监察局与纪律检查委员会机关合署办公，列入政府工作部门序列，不计入政府机构个数。政府办公室挂政府法制办公室、民族宗教事务办公室牌子；发展改革和科学技术知识产权局挂粮食局、投资促进局牌子；人力资源和社会保障局挂公务员局牌子；城乡规划建设和住房保障局挂人民防空和防震减灾办公室牌子；安全生产监督管理局挂安全生产委员会办公室牌子；食品药品监督管理局挂食品药品安全委员会办公室牌子。

【事业单位分类改革】　纳入此次分类的事业单位共347个，暂缓分类的事业单位18个，不纳入分类的事业单位5个（即：县文学艺术界联合会、县归国华侨华侨眷属联合会、县科学技术协会、县计划生育协会、县供销合作社联合社）。已批复第一批163个事业单位分类。

【机构编制管理】　增设荣县公安局河东派出所，为县公安局副科级派出机构。在县食品药品监督稽查大队挂荣县食品药品举报投诉中心牌子。“中共荣县县委党员干部现代远程教育中心”更名为“中共荣县县委组织部党员教育中心”并加挂“中共荣县县委党员干部现代远程教育中心”牌子，不再挂“中共荣县县委党员电化教育中心”牌子。调整教育系统部分学校教职工编制，核出县教育系统55所学校教职工编制3860名。增核河西幼儿园事业编制22名。增核县政府性投资评审中心事业编制3名。增核东佳镇政府机关工勤岗位控制数1名。增核县检察院政法专项编制1名。增核基层司法所政法专项编制5名（分别为旭阳、新桥、双古、乐德、高山司法所各1名）。核减望佳镇政府机关工勤岗位控制数1名。核减县林业科技推广中心事业编制4名。核减县建筑勘察设计研究所事业编制5名。核减县蔬菜产销服务站事业编制5名。核减县市场开发服务中心事业编制3名。核减乐德职业中学事业编制2名。核减县教师进修校事业编制3名。全年县部分机关事业单位使用空缺编制补充工作人员597名（其中县级机关17名，乡镇机关38名，政法机关59名，教育系统193名，卫生系统121名，乡镇事业单位66名，其他事业单位103名），比去年增加105名（其中县级机关2名，乡镇机关5名，政法机关24名，教育系统26名，乡镇事业单位32名，其他事业单位16名）。另外，考试转任使用编制103名，考核调动使用编制68名，“商调”使用编制13名，人才引进使用编制4名，2013年冬季转业士官安置使用编制12名。

【扩权强镇试点改革】　2014年，扩权强镇试点镇由原来的3个增加到9个。共增核乡镇事业编制40名。

【事业单位登记管理】　全县已登记事业单位344个，年检合格单位344个，在登记期间办理设立登记1个、注销登记2个，办理变更事项56项。

【实名制管理和机构人员编制核查】　制定《荣县机构和人员编制核查工作实施方案》、工作流程和核查验收标准。通过单位自查、联合审查、公示监督、实地核查等方式，开展机构和人员编制核查工作。

【机构编制监督检查】　对全县各类借用人员进行全面清理，撰写了《关于开展我县借用人员情况调查的报告》，对借用人员的问题和原因进行了分析，对规范管理提出了意见建议，为下一步加强借用人员管理打下了基础。

（刘红彬）

党校工作

【党员、干部培训】　2014年，举办（联办）干部培训班9期，培训学员2054人次。与县纪委联办科级领导干部廉政知识专题培训班，培训学员660人；举办村（社区）党组织书记群教活动专题培训班，培训学员371人；举办村

（社区）主任培训班，培训学员370人；举办村（社区）监委主任培训班，培训学员370人；举办副科级领导干部培训班，培训学员51人；与县委统战部联办党外人士骨干培训班，培训学员52人；举办首批遴选优秀年轻干部和人才培训班，优秀年轻干部32人参加全程培训，村后备干部62人参加前三天培训；举办公务员更新知识培训班，全县各乡镇、部门（单位）骨干学员86名参训。组建“流动党校”宣讲小分队，送教下乡、送学上门，培训基层干部10期2200余人次；与县内有关部门单位联办各类培训（或提供会议场地）18期、4000人次。

【科研工作】 完成市委党校调研课题4项、县政协工作课题3项的结项上报。市课题有《荣县发展壮大集体经济调查研究》《荣县城乡生活污水治理情况调查》《关于荣县增加农民财产性收入的调查与思考》《荣县农业转移人口市民化进程调查》。完成市县相关征文26篇。分别是市委党校“学习宣传贯彻十八届三中全会精神”征文8篇（获奖8篇并获组织奖）、“深入开展党的群众路线教育实践活动”征文8篇（待评奖），县委组织部群教活动、宣传部“核心价值观”征文共10篇。

（曾贵平）

荣县人民代表大会

RONG XIAN REN MIN DAI BIAO DA HUI

重要会议

【人民代表大会】 1月6日至8日，召开荣县第十七届人民代表大会第三次会议。大会应到会代表245名，实到会239名，列席本次大会的人员148名。会议听取和审查了荣县人民政府工作报告、荣县2013年国民经济和社会发展计划执行情况及2014年计划草案报告（书面）、荣县2013年财政预算执行情况及2014年财政预算草案报告（书面）、荣县人大常委会工作报告、荣县人民法院工作报告、荣县人民检察院工作报告。大会共收到议案31件，代表建议、意见24件。大会主席团第三次会议经过审议，决定：旭阳代表团郝荣芳等12名代表提出的《关于加快东街、附东街、东桥街等棚户区改造的议案》，乐德代表团李应钊等10名代表提出的《尽快解决双溪水库地质滑坡农房受损未解决居住问题的43户农户的住房问题，确保不发生乱修乱建反弹现象》，长山代表团曾平等10名代表提出的《关于加大对小井沟流域生态保护治理和产业转型支持力度的议案》。长山代表团代表张薇珊等10名代表提出的《关于加强我县住宅物业管理的议案》4件议案确定为本次大会的议案办理。

【人大常委会会议】 5月30日，召开荣县第十七届人大常委会第十二次会议。根据县人民政府县长韩明祝的提请，免去郭连、罗坚的荣县人民政府副县长职务，免去吴世国的荣县经济和信息化局（荣县中小企业局）局长职务；根据县人民法院吴正的提请，任免余文勇、丁世杰职务，任命曹丽英等69人为人民陪审员；根据荣县人民检察院检察长齐力的提请，免去曾华贵等3人检察官职务。会议通报了关于终止郭连、刘惠根荣县第十七届人民代表大会代表资格的情况。

7月9日，召开荣县第十七届人大常委会第十三次会议。会议听取和审议了县人民政府关于2013年财政预算调整方案（草案）的议案。听取和审议了县发改局受县人民政府委托所作的2014年1—6月国民经济和社会事业发展计划执行情况的汇报。听取和审议了县人民检察院关于县人民检察院预防和查办职务犯罪工作情况的汇报。听取和审议了县教育局受县人民政府委托所作的关于新一中筹备和迁建工作情况的汇报。表决通过了《荣县人民代表大会常务委员会关于授予荣县荣誉市民称号的规定》。传达了市十六次人大常委会第二十一次会议审议关于双溪水库饮用水保护情况和小井沟上游汪洋镇污染企业相关情况。

8月29日，召开荣县第十七届人大常委会第十四次会议。会议根据县人民政府县长韩明祝的提请，任命邝平为荣县人民政府副县长。会议听取和审议了县人大常委会法制室所作的关于深入推进依法治县工作决议的情况汇报。听取和审议了县审计局受县人民政府委托所作的2013年财政预算执行及其他财政收支审计的情况。听取和审议了县人民政府郑小清受县人民政府委托所作的2013年财政决算和2014年1-7月财政执行情况及2014年地方债券预算调整方案的议案，听取了县财政局受县人民政府委托所作的2013年财政决算和2014年1-7月财政预算执行情况、2014年地方政府债券预算调整情况的汇报。表决通过关于张纪延辞去自贡市第十六届人民代表大会代表职务的报告。

9月23日，召开荣县第十七届人大常委会第十五次会议。听取审议了留佳镇受县人民政府委托所作的关于留佳镇金子村、凤龙村移民集中安置房及村“1+6”公共服务设施工程投资（垫资）款问题处置的情况汇报。

11月27日，召开荣县第十七届人大常委会第十六次会议。会议听取和审议了县人民政府郑小清受县人民政府委托所作的关于荣县国有资产经营投资有限公司为自贡市农业融资担保有限公司提供担保贷款的议案。听取了河西新区管委会受县人民政府委托所作的关于荣县国有资产经营投资有限公司为自贡市农业融资担保有限公司提供担保贷款的情况汇报。听取和审议了县人民政府郑小清受县人民政府委托所作的关于调整2014年地方公共财政预算收入的议案。听取和审议了县农工办受县人民政府委托所作的关于荣县农业产业化发展情况的报告。

12月26日，召开荣县第十七届人大常委会第十七次会议。会议听取和审议关于县检察院提请免去龚明、王永益职务的议案，表决通过了该议案。会议通报了关于终止肖永忠、曾平、周莉、龚德昌、沈洪彬五人荣县第十七届人民代表大会代表资格的情况。会议听取和审议了县政府办公室受县人民政府委托所作的县第十七届人大三次会议议案、代表建议意见办理情况的汇报。听取和审议了县规建局受县人民政府委托所作的关于棚户区改造工作的情况。听取和审议了县环保局受县人民政府委托所作的关于生态立县战略实施情况的报告。

【主任会议】 5月29日，召开了荣县第十七届人大常委会第十六次主任会议。会议研究决定于5月30日召开荣县第十七届人大常委会第十二次会议，出席人员为县人大常委会全体组成人员；列席人员为县人民政府（副）县长，县人民法院院长、县人民检察院检察长，县委组织部、县政府办公室负责人，县人大常委会各委室负责人。特邀县政协联系领导参加会议。会议议题为三项：听取和审议县人民法院关于确定人民陪审员名额的报告；听取和审议人事任免事项；通报关于终止郭连、刘惠根荣县第十七届人民代表大会代表资格的相关情况。

7月7日，召开荣县第十七届人大常委会第十七次主任会议。会议决定于7月9日召开荣县第十七届人大常委会第十三次会议，出席人员为县人大常委会全体组成人员；列席人员为县人民政府（副）县长，县人民法院院长、县人民检察院检察长，县政府办、县发改局、县财政局、县教育局负责人，县人大常委会各委室负责人。特邀县政协联系领导参加会议。会议议题为五项：听取和审议县人民政府《关于2013年财政预算调整方案（草案）的议案和国有资产管理情况的报告》；听取和审议2014年1—6月国民经济和社会事业发展计划执行情况的报告；听取和审议县人民检察院预防和查办职务犯罪工作情况的报告；听取和审议新一中筹备和迁建工作情况的报告；听取和审议授予荣县荣誉市民称号的规定（草案）；通报双溪水库和小井沟饮用水源保护相关情况。

8月28日，召开荣县第十七届人大常委会第十八次主任会议。会议决定于8月29日召开荣县第十七届人大常委会第十四次会议，出席人员为县人大常委会全体组成人员；列席人员为县人民政府（副）县长，县人民法院院长、县人民检察院检察长，县委组织部，县政府办、县财政局、县审计局、县司法局、县法制办负责人，县人大常委会各委室负责人。特邀县政协联系领导参加会议。会议议题为八项：听取和审议人事任免；听取和审议县人民法院行政审判工作情况的报告；听取和通过《荣县人大常委会关于深入推进依法治县的决议（草案）》；听取和审议2013年财政决算和2014年1－7月财政预算执行情况及2014年地方政府债券预算调整方案的报告；听取和审议2013年财政预算执行及其他收支审计情况的报告；听取和审议留佳镇移民集中安置房情况的报告；听取和审议关于张纪延辞去自贡市第十六届人民代表大会代表职务的报告；研究加大力度推进双溪水库地址滑坡43户农户住房问题的建议。

10月11日，召开荣县第十七届人大常委会第十九次主任会议。会议听取和审议了荣县河西新区管委会受县人民政府委托所作的荣县国有资产经营投资有限公司为自贡市农业融资担保有限公司提供担保贷款的议案，同意提交荣县第十七届人大常委会第十六次会议审议决定。

11月27日，召开荣县第十七届人大常委会第二十次主任会议。会议决定于11月27日召开荣县第十七届人大常委会第十六次会议，出席人员为县人大常委会全体组成人员；列席人员为县人民政府（副）县长，县人民法院院长、县人民检察院检察长，县政府办、县财政局、县农工办、河西新区管委会负责人，县人大常委会各委室负责人。特邀县政协联系领导参加会议。会议议题为三项：听取和审议关于荣县国有资产经营投资有限公司为自贡市农业融资担保有限公司提供担保贷款的议案；听取和审议关于调整2014年地方公共财政预算收入的议案；听取和审议关于荣县农业产业化发展情况的报告。

12月24日，召开荣县第十七届人大常委会第二十一次主任会议。会议听取和审议了县卫生局受县人民政府委托所作的关于县新型农村合作医疗工作的汇报。研究决定于12月26日召开荣县第十七届人大常委会第十七次会议，出席人员为县人大常委会全体组成人员；列席人员为县人民政府（副）县长，县人民法院负责人、县人民检察院检察长，县委组织部、县政府办公室、县发改局、县规建局、县国土局、县环保局、县城管局、旭阳镇政府、鼎新镇政府、新桥镇政府、旭阳镇荣州路社区、旭阳镇东街社区、旭阳镇附东街社区负责人，县人大常委会各委室负责人。特邀县政协联系领导参加会议。会议议题为四项：听取和审议关于县检察院提请免去龚明、王永益职务的议案；通报关于终止肖永忠、曾平、周莉、龚德昌、沈鸿彬五人县第十七届人大代表资格的情况；听取和审议关于县第十七届人大三次会议议案、代表建议意见办理情况和荣县棚户区改造工作的报告；听取和审议荣县生态立县发展战略的报告。

12月30日，召开荣县第十七届人大常委会第二十二次主任会议。会议听取和审议了县人大常委会法制室关于《关于深入学习贯彻新〈预算法〉进一步加强预算审查监督工作的建议》的汇报。会议提出了要认真学习贯彻新修订的《预算法》；完善政府预算体系；改进人大预算审查监督工作等审议意见。

主要工作

【法律监督和工作监督】 2014年，人大常委会作出《关于同意荣县国有资产经营投资有限公司担保项目贷款的决议》批准〈荣县2013年财政决算〉的决议》《关于批准〈荣县2014年地方政府债券预算调整方案〉的决议》《荣县人民代表大会常务委员会关于深入推进依法治县的决议》《关于批准〈调整2014年地方公共财政预算收入〉的决议》。审议通过了《荣县人民代表大会常务委员会关于授予荣县荣誉市民称号的规定》。

6月初，县人大常委会得知仁寿县到荣协商汪洋镇腾焦化建设事宜。6月9日和12日，召开会议进一步了解情况并安排调查组13－15日实地调研。19日，召开全县乡镇人大主席会议，通报仁寿县在小井沟上游未批抢建年产100万吨的华腾焦化厂存重大污染隐患情况，引导市、县、乡三级1241名人大代表联名上书反映。20日，省委、省政府主要领导对此作出重要批示。21日，县人大常委会将人大代表联名信报省人大常委会并反映情况。7月15日，市人大常委会通报省委省政府对处置华腾焦化项目决定停止建设华腾焦化项目。

【视察检查】 2014年，对县生态立县战略实施情况，新一中筹备和迁建移民集中安置房及村“1＋6”公共服务设施工程情况，小井沟工程建设情况，人行道建设工程、双石至高山段连乡公路、双溪水库地址滑坡农房受损户安置点选址等进行视察。

【专项工作报告】 2014年，形成遏制双溪水库周边乱修乱建，县城周边粉尘污染源头治理教育教学改革专项工作情况报告。

【人事任免】 共依法任免国家机关工作人员9人次，任命69名人民陪审员。

【领导名录】 主任：武役卫；副主任：钟永平、代少书、吕良、周本光。

（黄智媛）

荣县人民政府

RONG XIAN REN MIN ZHENG FU

重要会议

【全体（扩大）会】 召开全体（扩大）会议1次。8月7日，召开县政府第十七届六次全体（扩大）会议，会议总结上半年各项工作，安排部署下半年重点工作。

【常务会议】 召开县政府常务会议19次，研究河西新区外环路及相邻支道工程BT模式投资建设、新星源公司依法重组、小井沟水利工程建设、荣县2013年乡镇生活污水处理设施项目BT融资建设总体方案、划定小井沟水库饮用水源保护区等重大问题，讨论通过《荣县公共租赁住房管理暂行办法》、《荣县政府性投资评审管理暂行办法》、《荣县政府性投资项目工程设计变更和工程量变更管理暂行办法》等规范性文件。

政府办公室工作

【政府信息公开】 落实《政府信息公开条例》，创新政府信息公开渠道，开通政务微博、微信平台，实现与公众“点对点”直接沟通。发挥政府网站在信息公开中的平台作用，调整完善信息公开目录分类设置。全年累计向市政府门户网站填报拟公开的政府信息3020条，采用1086条，通过县本级政府门户网站公开信息2843条，其中公开重点领域政府信息64条。

【调研工作】 围绕实施“工业强县、农业兴县、三产活县、生态立县”战略，结合县政府工作的重点、难点、热点，深入基层一线进行调查研究，在做强产业、做优城市、做实民生上开展调研课题。全年政府班子成员共完成调研文章16篇。

【法制工作】 全年为政府决策提供书面法律意见近20份。共办理行政复议案件22件，受理7件，不予受理15件，法定期限内案件办结率100%。加快行权平台建设，全县39个行权单位在行权平台系统内录入行权事项4400余项；运行办件431件，办结414件，办结率96.06%。加强行政执法监督，对10个行政执法单位开展行政执法案卷评查，查阅案卷120余件。全县24个行政执法单位梳理出50件涉及公众利益、群众反映强烈的突出问题，公开向社会承诺整改。组织全县29个行政执法单位近400名一线执法人员参加法律知识培训。

【目标督查工作】 全年对重大项目、城乡环境整治、依法治县、土地承包经营权流转、正风肃纪等市县重点工作进行督查，撰写督查材料32份，发出督查通报8期，专报2期，实地督查和电话督查共计212次。

【应急管理】 完善管理体系，构建应急平台指挥体系。规范应急值守工作，确保应急值守工作的规范化、制度化。全年在处置各类突发事件过程中，没有一起突发事件因处置不当而引发更大规模的群体性事件。加强各级各类预案编制工作，对全县近年发布的各专项、部门预案进行进一步梳理、修改、完善。全年指导乡镇、部门建立完善预案共60个，督促全县学校和规模以上企业制订预案，建立起基本覆盖全县各行各业的应对突发公共事件预案体系。增加应急演练强度，参加和组织全市突发重大动物疫情实战应急演练、全市非煤矿山事故应急救援演练、蜀南气矿天然气净化装置突发事故应急演练等大规模应急演练8次，全县各级各部门和企事业单位共组织各类应急预案演练达60次。加强应急队伍建设，统一为1937名应急救援人员购买人身意外保险。

【议案、提案、建议办理】 全年共收到县人大办、县政协办、县党代办转来的“三会”议案、提案、建议共214件。其中县人大议案4件，代表建议意见54件；县政协提案134件，其中提案109件，建议意见25件；县党代表提案22件。所有议案、提案、建议均在规定时限内办复完毕，办结率100%，代表委员满意和基本满意率100%。全年承办市政府办转来的市人大代表建议2件，市政协委员提案3件，办结率和满意率均为100%。

【领导名录】 县长：韩明祝；常务副县长：郑小清；副县长：冯永志、荣秀英、郭连（2014年5月止）、邓明、缪剑、杨文华、施东良、罗坚（2014年5月止）、邝平（2014年8月起）。

（杨祺鹏）

政务服务

【标准化建设】 2014年，已有旭阳、长山等24个乡镇完成便民中心标准化建设，还有观山、复兴、东兴3个乡镇已完成招标和立项工作。被省政务服务中心授予“四川省县级政务服务标准化建设示范单位”。

【行政审批度改革】 县政务服务中心入驻窗口单位43个，窗口工作人员137人，行政审批205项。全县共成立了32个行政审批办公室。构建审批事项联合办理机制，建立行政审批“快捷办理”制度和行政审批项目动态清理工作机制。

【开展“双向”测评】 制定了《关于开展政务（便民）服务双向测评工作的通知》。为43个入驻单位窗口印发双向测评表。套表统一编号，办事群众和工作人员对同一办件同时测评，了解群众对中心办事的总体感受、环境、流程、收费、告知、合法合规性等内容的评价，了解工作人员对群众的总体评价、群众存在的问题等内容的反映。

2014年荣县人民政府政务服务统计表（一）

名称	收件（件）	办件（件）	办结率（%）	税费（万元）		
				合计	其中	
					征税	收费
中心	1313972	1313972	100	78384.47	69577.50	8806.97
乡镇	176230	176230	100	0.00	0.00	0.00
合计	1490202	1490202	100	78384.47	69577.50	8806.97

2014 年荣县人民政府政务服务统计表（二）

单位：件、%

名称	即办件			承诺件			当场办结率
	收件	办件	办结率	收件	办件	办结率	
中心	1306102	1306102	100.00	7031	7031	100.00	99.5
乡镇	84192	84192	100.00	4117	4117	100.00	95.3
合计	1390294	1390294	100.00	11148	11148	100.00	99.2

（严棣枢）

扶贫和移民工作

【扶贫开发项目建设】 2014 年，在旭阳镇柏林村，留佳镇莫家村、小田村、瓦滓村，过水镇夜合村、文昌村、黑林村，正紫镇香炉寺村，雷音乡塘咀村、桅杆坳村规划实施扶贫开发项目，项目总投资 4188.34 万元，其中：省财政扶贫资金 955 万元、社会资金 672.62 万元、县级财政资金 100 万元、整合资金 2460.72 万元。新建水泥路 14.4 公里，新建、整治泥结碎石路 9.4 公里，新建生产便道 17.79 公里，新建便民桥 1 座；新建、整治山坪塘 15 口，新建、整治蓄水池 9 口，新建提灌渠 4.8 公里，新建排水渠 1.2 公里，新建输水管道 0.62 公里，新建、整治石河堰 2 座，砌筑囤水田埂 2.75 公里；改造危房 1 户 90 平方米，改厕 818 户；扶持发展栽植柑橘 142.5 亩，劳务扶贫培训 300 人。项目建设计划于 2015 年 5 月完成。项目建设区受益群众 7385 户 2.29 万人，每年增加收益 400 万元以上，人均增收 500 元；覆盖贫困农户 1630 户 5050 人，覆盖率为 100%，人均增加收入 1264 元。

【社会扶贫】 2014 年，共向贫困村、贫困人群提供资金、物资（折合）390 万元，帮扶贫困农户 3105 户，慰问特困职工 3000 余名，贫困党员 1200 人，资助贫困妇女 1300 人，资助贫困学生 480 人，扶持残疾人 800 余人。下派 118 名单位业务骨干驻村帮扶，为贫困村引进各类项目 41 个，资金 2775 万元，开展国家法律、法规、政策咨询、文化卫生下乡等活动专场 20 余场，开展各类农业实用技术培训 136 期，培训农户 9 万余人次，赠送各种图书 3 万余册、印发各种实用技术资料 10 万余份。

【村企共建】 四川巴尔农牧集团继续与县双石镇金台村签订《村企合作协议》。按照“在社区居住，在车间养殖，在公司种植”的模式开展土地流转和项目建设。

【移民后期扶持】 建立移民后期生活补助档案和专门账户，兑现移民后扶直发直补资金 197.76 万元。争取到位大中型水库移民后期扶持切块资金 91 万元，分别在度佳镇、保华镇、新桥镇移民安置区实施。整治山坪塘 2 口、新建蓄水池 45 口、修建引水渠道 608 米、新建生产道路 116 米、生产便道 4730 米、整治生产道路 51 米。举办剩余劳动力转移技能培训、现代农业技术培训2次，培训200人。成功处置望佳镇三峡移民土地补偿费遗留问题，帮扶10户因病、因残致贫的移民家庭脱贫。

【小井沟工程建设情况】 大坝填筑至设计430.2米高程，趾板砼浇筑完成，固结灌浆完成，帷幕灌浆完成7000米。溢洪道工程引渠段已开挖至设计高程414米，正在进行泄槽段挑流鼻坎尾端石方开挖；泄洪洞闸室永久道路开挖至设计高程431.78米；正在进行泄槽段混凝土衬砌施工，累计完成总工程量约77%。取水洞进口明挖施工至393.6米高程，正在进行取水隧洞混凝土衬砌、出口泵站主体结构及渠首砼浇筑施工。7座副坝完成坝基及齿槽石方开挖，4#、7#－10#副坝完成趾板砼浇筑，8#、9#副坝完成齿板基础帷幕灌浆施工；正在进行三塔嘴料场开采施工及黏土料碾压试验。排洪隧洞完成混凝土衬砌施工；完成上游渠道土石方开挖300米；正在进行上游明渠边坡浆砌石衬砌施工、桥梁梁板砼预制及隧洞洞身灌浆施工；桥梁工程完成1#公路桥、1#机耕桥、3#机耕桥、4#机耕桥、2#公路桥的桥墩砼浇筑施工；正在进行桥面结构砼预制准备工作。输水干渠工程累计完成总工程量94.3%。

【小井沟移民】 完成淹没区381.5米以下及大坝枢纽工程区、其他枢纽工程区、输水干渠工程区、复建道路工程区、供水管线工程区及人和场镇新址共9000亩土地的征收工作。完成1930户7286人，分别占规划水平年2207户8037人的87.45%和90.66%，其中：淹没影响区1753户6619人、大坝枢纽工程区17户64人、副坝工程区29户91人、排洪渠工程区6户27人、库周交通复建工程区9户28人、输水干渠工程区116户457人。已确定农村移民集中安置点或者移民新村17个，其中：度佳镇杨佳、保华镇天宫坝及杨家山、乐德镇桥凼村、新桥镇赶场冲村、留佳镇金子村等6个全部竣工；过水镇夜合村、留佳镇凤龙村和五间房村、鼎新镇鼎新村、双石镇长冲村、来牟镇凉风村等6个基本完工；旭阳镇柏林村安置点正在建设；望佳镇插旗村安置点已进场施工；留佳镇大大田安置点完成基础设施招标；度佳镇撞钟坝村、过水镇文昌安置点完成规划。度佳镇杨佳安置点的移民已全部入住；新桥镇赶场冲村、乐德镇桥凼村、双石镇长冲村、来牟镇凉风村、留佳镇金子村、保华镇红豆树村杨家山及天宫坝安置点的移民正在陆续入住；全县农村分散安置移民已入住260户。完成搬迁安置3450人，占规划水平年农村搬迁安置人口7331人的47.06%；拆除房屋11.48万平方米，完成28.35%。完成生产安置3370人，占规划生产安置7216人的46.71%。完成长山镇人和安置小区征地范围土地测绘、实物调查，完成基础设施工程施工招标完成输水干渠和工程建设区专项设施迁改、长山盐矿部分设施设备迁建、库周复建道路二号、三号线工程建设；库区高压电力专项设施改（复）建工程正在实施，低压电力专项设施改（复）建工程正在组织施工设计。完成移民投资12.46亿元，累计到位移民资金8.985亿元。小井沟水利工程核定后期扶持人口指标13395人，其中：搬迁人口6695人、不搬迁只进行生产安置人口6700人，已上报核定后期扶持人口3024人。

（扶贫和移民局）

气象工作

【气候】 2014年，县年平均气温正常略偏高

0.1℃，年降水量偏多5%，年日照时数偏少1%。年内出现区域性暴雨2次，寒潮3次，连阴雨3次，冬干、夏旱各1次。

年总日照时数为1212.8小时，较多年平均日照时数偏少1%。年平均气温为17.6℃，较常年偏高0.1℃；年极端最高气温39.7℃，较历年极端最高气温偏低2.6℃；年极端最低气温0.6℃，较历年极端最低气温偏高2.8℃。地表面年平均温度为19.7℃，地表面极端最高温度为63.4℃，出现在7月23日；极端最低温度为-1.6℃，出现在1月4日、21日。

年总降水量为982.3毫米，比同期平均值偏多5%。年内日降水量≥0.1毫米雨日为147天，日降水量≥10毫米雨日为31天，日降水量≥25毫米的日数为10天，≥50毫米的日数为2天，日最大降水量为100毫米。日降水量≥100毫米（大暴雨）雨日1个。年平均相对湿度为80%，月平均相对湿度最高在10月为87%，月平均相对湿度最低在月为73%，最小相对湿度为13%，出现在1月3日 。

年平均风速1.4米/秒，主导风向为NNW风，出现的风向频率为14%，SSE、SW、WSW最少，出现的风向频率为3% 。年平均气压为969.6毫巴；平均最高气压972.1毫巴，平均最低气压为966.5毫巴；极端最高气压为995.6毫巴，出现于12月16日，极端最低气压为951.6毫巴，出现于6月18日。

年霜日数12天，无霜期日数302天。年雾日数7天。霾日数229天。1月4日、13日、17日、18日、21日、22日、23日出现霜冻天气。1月17日、29日、30日、31日出现大雾天气。

出现长达52天的冬干天气，期间降水量9.1毫米。全县32个监测站全部出现了冬干，其中轻旱22站、中旱4站、重旱7站，重旱区主要分布在东北部和西部的部分乡镇。从2月5日开始，出现持续降温降雨雪天气过程。日平均气温从前期的12.1℃下降到2月10日的3.7℃，下降了8.4℃；2月10日最低气温仅2.8℃，高石梯最低气温达-1.0℃。降温期间日平均气温维持在4℃左右，较常年同期偏低5℃~6℃。伴随降温过程，全县出现连续降雨，高石梯等山区还出现了降雪。5月4日至6月2日，出现30天的夏旱天气时段，期间降水量31.3毫米。全县32个监测站全部出现夏旱，其中轻旱11站，中旱21站。从6月初开始，出现长时间的阴雨天气，6月≥0.1毫米的降雨日数为长达23天，位列历史同期第2多位。

【暴雨】 2014年汛期，出现程度不同的区域性暴雨共6次，其中影响较大的有“6·19”河口镇洪灾、“7·7”洪灾、“8·9”、“8·26~8·27”暴雨灾害。全县27个乡镇均有不同程度受灾，直接经济损失上千万元。

【气象防灾减灾】 全年发布中、长期预报28份；向县委县政府提供决策服务材料10份。组织开展气象信息员培训3批次，共发放宣传资料1.8万份。组织实施了长山镇气象灾害示范建设，并得到中国气象局的认定。组织完成了全县13个乡镇的气象灾害应急准备认证审核工作。先后与县教育、统计、农业、国土资源、双溪水库管理处、林业、环保、保险、民政等部门签署部门联动合作协议。县委农委行文明确“为农服务专家小组”。建立“荣县公众气象服务网”，利用省、市、县三级服务平台让更多市民通过公众服务网得到及时气象信息。气象预警信息拓宽到村（社区）干部。全年共发布气象短信86次（9.32万人次），其中预警信息 16 次（1.8 万人次）。启动应急响应 3 次。

【资源性人工增雨】 2014 年，县气象局组织人工增雨作业队伍，从 4 月下旬开始到 9 月中旬，开展了为市、县两城区主要饮用水源——双溪水库的资源性人工增雨作业。确保了双溪水库蓄水在 9 月末达到 4000 万立方米（实际蓄水 4200 万立方米）目标。

【气象现代化建设】 进一步完善监测预警体系建设，年内新增气象信息电子显示屏 2 套、6 要素自动气象站 1 套、4 要素自动气象站 2 套，在新城中学建设气象科普示范基地 1 个。

【综合改革】 组织开展业务一体化实施方案制订和人员的培训。人工影响天气中心人员全部到岗到位，业务一体化格局基本形成。

（气象局）

机关事务管理

【公务接待】 承办和参与协办县委、县政府重要公务接待和部门公务接待 30 次，协助综合性（专题性）会议 149 次。全年共承接各类接待、会议伙食 500 桌次。

【公共机构节能管理】 全县纳入公共机构节能管理范围的公共机构有 230 个；建筑面积 96.76 万平方米；用能人数 28.31 万人（其中：公共机构编制人数 9954 人）；车辆数量 345 辆。全县公共机构共消耗电能 615.08 万千瓦时，水 11.25 万立方米，原煤 0.22 万吨，天然气 41.63 万立方米，汽油 66.99 万升，柴油 15.82 万升。下降 3%。11 月，县行政中心被列入国家财政部、发改委、国管局“十二五”规划的全国第二批节约型公共机构示范单位。

（詹拥军）

政协荣县委员会

ZHENG XIE RONG XIAN WEI YUAN HUI

重要会议

【全体会议】 1月6日至8日，召开县政协十三届三次会议。254名县政协委员出席大会。会议听取并审议十三届县政协常务委员会工作报告和提案工作报告；听取和讨论县政府工作报告及其他报告；听取县法院、县检察院工作报告；补选李晓明、蒋诗忠、胡叙继、虞雪梅为政协十三届荣县委员会常务委员会委员。

9月28日，召开县政协十三届四次会议，大会审议同意虞德水辞去政协第十三届荣县委员会副主席职务，周明学当选为政协第十三届荣县委员会副主席。

【常委会议】 6月9日，召开县政协十三届十一次常委会，应到常委56人，实到常委43人。会前视察河西新区（工业园区）有关企业发展和工程建设情况；审议有关人事事项：同意李冬、罗慧银辞去政协十三届荣县委员会委员职务，同意彭建园辞去政协十三届荣县委员会委员、常委职务；听取县水务局和县安监局工作报告。

7月23日，召开县政协十三届十二次常委会，应到常委55人，实到常委41人。听取县委常委、常务副县长郑小清通报县政府2014年上半年工作；协商《荣县东街、附东街及东桥街片区棚户区改造规划编制》；原则通过县政协《关于发展壮大农村集体经济的调研报告》《关于加快农业转移人口市民化的调研报告》《关于增加农民财产性收入的调研报告》《关于加强城区农贸市场规划建设与管理的调研报告》。

9月24日，召开县政协十三届十三次常委会，应到常委55人，实到常委46人。协商审议通过有关人事事项；听取县国土资源局工作通报；听取民主评议县环保局工作情况；协商审议县政协十三届四次全会有关事项。

12月30日，召开县政协十三届十四次常委会，应到常委54人，实到常委44人。会上，县委常委、常务副县长郑小清通报县政府2014年工作；县委常委、县纪委书记傅仕方通报2014年党风廉政建设及反腐败工作；县政府通报2014年提案办理工作；审议并原则通过《政协荣县委员会委员管理办法》；县政协各专委会书面汇报了2014年工作。

【主席会议】 1月2日，召开县政协第三十六次主席会议，协商《荣县2014年全县及县本级财政预算（草案）情况的报告》，形成协商建议意见3条。

1月8日，召开县政协第三十七次主席会议，审议通过有关人事事项；审议通过政协十三届三次全会提案审查报告（草案）和大会决议（草案）。

2月17日，召开县政协第三十八次主席（扩大）会议，协商讨论县政协2014年工作要点；协商讨论调整派驻部门民主监督员工作有关事宜。

2月28日，召开县政协第三十九次主席（扩大）会议（政协党组39次会议）。县政协主席王斌儒传达县委开展党的群众路线教育实践活动相关会议精神；研究成立县政协党组和政协机关开展党的群众路线教育实践活动两个领导机构，明确和研究起草两个“实施方案”责任人及相关工作事项。

3月4日，召开县政协第四十次主席（扩大）会议（政协党组40次会议），研究确定召开党的群众路线教育实践活动动员大会工作事宜。

3月24日，召开县政协第四十一次主席（扩大）会议（政协党组41次会议），县政协党组书记、主席王斌儒对政协2014年重点工作提出要求。同时议定开展“发展壮大农村集体经济组织形式、加快农业转移人口市民化形式、增加农民财产性收入形式和加强城区农贸市场规划建设与管理”的调研；协商议定民主评议县环保局和民主评议“回头看”交通运输局工作。

4月23日，召开县政协第四十二次主席（扩大）会议（政协党组42次会议），县政协副主席兰其贵传达前期省委督导组抽查荣县群教活动工作情况，安排布置下步县政协机关群众路线教育实践活动工作；协商议定5－7月全面启动开展关于发展壮大农村集体经济组织形式、增加农民财产性收入形式等4项调研工作。

7月10日，召开县政协第四十三次主席（扩大）会议（政协党组43次会议），协商讨论县政协《关于发展壮大农村集体经济的调研报告》《关于加快农业转移人口市民化的调研报告》《关于增加农民财产性收入的调研报告》《关于加强城区农贸市场规划建设与管理的调研报告》。

7月14日，召开县政协第四十四次主席（扩大）会议（政协党组44次会议），审议通过召开政协十三届十二次常委会议的有关事宜；讨论完善《机关公务用车管理办法》《财务管理制度》等机关管理制度；学习中共荣县县委办、政府办《荣县党政机关国内公务接待管理办法》和《荣县党政机关差旅费管理办法》；协商议定政协社情民意信息、宣传稿件稿酬仍按2013年确定的标准执行。

8月26日，召开县政协第四十五次主席（扩大）会议（政协党组45次会议），并邀请中国共产党界、工商联界、经济界、科协和科技界委员代表参加协商会议，专题协商“新型节能环保木塑产品规模化生产项目”“福海源陶瓷生产线建设项目”的建设投资和“留佳镇金子村、凤龙村移民集中安置房及村公共服务设施工程投资款项”的问题处置。通过协商，形成协商意见建议共6条。

8月27日，召开县政协第四十六次主席（扩大）会议（政协党组46次会议），审议通过县政协《关于发展壮大农村集体经济的调研报告》《关于加快农业转移人口市民化的调研报告》《关于增加农民财产性收入的调研报告》《关于加强城区农贸市场规划建设与管理的调研报告》。4个调研报告经县政协十三届十二次常委会议审议通过，并报送县委、县政府工作参考。

9月22日，召开县政协第四十七次主席（扩大）会议（政协党组54次会议）。协商建立政协委（办、室）联系乡镇工作制度；协商议定十三届五次全会大会发言相关事宜。

9月28日，召开县政协第四十八次主席会议，听取十三届四次全会委员小组讨论情况汇报；协商通过大会选举办法（草案）；协商通过选举政协第十三届荣县委员会副主席建议候选人名单；协商通过总监票员、监票员、总计票员建议名单。

10月10日，召开县政协第四十九次主席会议（政协党组56次会议）。协商讨论《文物·非遗》书稿印发工作；协商讨论十三届五次全会的筹备工作。

10月29日，召开县政协第五十次主席会议（政协党组57次会议），主席王斌儒对学习贯彻十八届四中全会精神有关事宜进行安排部署；审议通过《政协荣县委员会关于进一步完善委员联系制度的通知》；审议通过《政协荣县委员会委员管理办法》（修订稿）；审议确定县政协十三届五次全会大会发言题目；协商讨论县政协2015年工作基本要点。

11月24日，召开县政协第五十一次主席会议（政协党组58次会议），协商讨论县政协2015年拟进行的改革措施；协商确定“关于建立水源地生态补偿机制的建议”为荣县政协在市政协十三届四次全会大会发言题目；讨论总结换届以来县政协在政治协商、民主监督、参政议政和委员管理方面的工作亮点（经验）；主席王斌儒对市政协关于落实十八届三中全会精神，深化改革的几项举措（征求意见）有关工作进行安排。

12月23日，召开县政协第五十二次主席会议（政协党组59次会议），协商议定推荐5篇新闻稿件和4篇调研报告，作为2014年度市政协表彰的优秀稿件和优秀调研报告；协商讨论县政协十三届五次全会的大会发言材料；协商议定县政协十三届十四次常委会有关事宜。

【资政会】 6月24日，在市政协召开的第九次常委会上，县政协围绕“全面深化改革，推进五个自贡建设”建言献策，作题为“深化农村产权改革，促进农民财产性增收”的大会发言。11月5日，在市政协召开的助推创新自贡建设的资政会上，县政协就“创新农村经营管理，壮大村社集体经济发展”作发言。

主要工作

【提案工作】 2014年，共收到提案138件。其中，委员个人或联名提案126件，提出提案的委员496人次；集体提案12件。经提案委员会审查，立案112件，立案率81.16%；作为意见建议26件，占18.84%。提案内容广泛，涉及经济建设、农业农村方面的21件，占立案数的18.75%；城市建设、交通方面的30件，占26.79%；教育、文化、卫生、环境保护方面的31件，占27.67%；民政、劳动和社会保障、人民生活及其他方面的30件，占26.79%。

【视察调研】 2014年，对科技创新促产业升级发展工作、食品安全监管、旅游开发与利用发展工作、社会保障、新农村建设成片推进示范县建设、社会治安管理等15个方面的工作进行视察。开展了“发展壮大农村集体经济”“增加农民财产性收入”“加快农业转移人口市民化”“加强城区农贸市场规划建设与管理”等专项调研，形成《发展壮大农村集体经济的调研报告》《增加农民财产性收入的调研报告》等4个调研报告。

【派驻民主监督员】 补充选派14名委员担任县级部门民主监督员，向派驻单位提出口头和书面工作建议意见100余条。

【民主评议部门】 4月至8月，对县环保局开展民主评议工作。同时，对2013年民主评议县交通运输局工作开展了“回头看”活动。

【社情民意】 编印《社情民意》7期，提出“打造体育前山公园为吴玉章主题纪念公园、当前荣新农贸市场部分区域转作他用的行为亟待叫停、自贡市昶达水暖器材公司应尽快搬迁、刷新交通‘隐身’标示线、解决荣中巷脏乱差、打造荣州美食一条街”等57条社情民意。

【委员管理】 修订完善了《政协荣县委员会委员委员管理办法》，坚持委员履职登记制度、委员表扬制度和委员诫勉谈话制度，对参加政协会议、政协活动差的委员进行告诫提醒，对3名涉嫌违纪违法的委员给予了撤销委员资格的处理。县政协十三届五次全会表彰了13名优秀政协常委、24名优秀政协委员、5个优秀委员小组、16件优秀提案。全年组织委员参加学习讨论、资政建言、民主监督等活动40余次。以专委会、委员小组、民主监督小组提出提案12件，反映社情民意25余条。

【联谊宣传】 先后4批次赴威远县、宜宾县、大竹县等地考察学习，配合市政协调研、视察3次，参加全市政协联系会、专题协商会、资政会共10余次，承办市、县（区）政协秘书长联系会1次，接待合江县、乐至县、威远县、宜宾县政协来荣考察学习4批次。全年有87篇稿件、40多张图片、20多个视频在《四川日报》、《四川政协报》、四川政协网、县新闻媒体刊（播）发，连续八年被省政协表彰为“宣传工作先进单位”。

【领导名录】 主席：王斌儒；副主席：吴平、秦开亮、兰其贵、周明学。

（陈亮钢）

民主党派·工商联

MIN ZHU DANG PAI GONG SHANG LIAN

民盟荣县总支部

【组织建设】 新发展盟员4名，盟员总数86人。其中：男59人，女27人，教育系统59人，文化科技及其他27人。

【思想建设】 坚持总支（扩大）会议学习制度，同时，各支部采取集中学习和自学相结合，理论学习和座谈会研讨相结合等形式，组织学习中国共产党“十八大”、“十八届三中、四中全会”精神。参加盟市委开展的“坚持和发展中国特色社会主义学习实践活动”及“基层建设年活动”等各项活动，参加盟省委成立70周年纪念活动及市委统战部开展的“中国梦·盐都情”献良策征文活动。

【参政议政】 参加县委、县政府、县人大、县政协及有关部门举行的各类协商会、座谈会和情况通报会，形成和报送《加快荣县旭阳镇老城区智能电表改造》《尊重教师不能只停留在口头上》《建立农村垃圾集中处理 建设社会主义美好新农村》《加强县内融资性担保公司监管防范金融风险的建议》《强宣传 添措施 积极行动起来保护饮用水资源》等社情民意信息和《关于加快发展荣县中药产业的建议》《荣县人口老龄化问题探讨》等调研报告。向县政协递交了《关于加强城区三轮车整治的建议》《关于成立社会主义学校的建议》《 加强城区液化气管理 》等10余篇提案。吴敏聪提出的《关于全力支持双溪水库农村环境连片整治重点示范项目实施的建议》被市政协评为领导督办的重点提案。

【民主监督】 主委吴平被中共荣县县委任命为县党风廉政建设监督评价委员会主任，傅书作被市检察机关聘为特邀监督员，盟员廖红被特聘为县监察局行政效能监察员，傅书作、陈永禄、杨长青被聘为县教育局行风监督员。

（卿安元）

民革荣县支部

【简况】 2014年，新发展3名党员，党员总数43人。其中：男30人，女13人；在职机关事业单位27人，退休党员5，其他11人。

【思想建设】 坚持支部（扩大）会议学习制度，同时，各支部采取集中学习和自学相结合，理论学习和座谈会研讨相结合等形式，学习中国共产党“十八大”、“十八届三中、四中全会”精神。参加市委统战部开展的“中国梦·盐都情”献良策征文活动，参加民革市委的理论研讨活动，“发扬中山精神·走多党合作之路”暑期活动，参加县委统战部组织的“党外干部骨干培训班”活动、“赤水·遵义”时期活动。

【参政议政】 形成《关于新型城镇的建议》调研文章，并在政协第五次全会上做大会发言。在政协第三次全会上共提交22篇提案，支部集体提案二篇，其中《加快两河四岸景观打造，提升城市品质》表彰为2014年度优秀提案，谭政荣撰写的《加快我县棚户区改造的建议》列为的2014年度重点提案和优秀提案。

【民主监督】 副主委谭政荣被中共荣县县委任命为县党风廉政建设社会评价委员会副主任，郭建红、谭政荣被县监察局聘为特邀监督员。

（谭政荣）

民建荣县支部

【简况】 2014 年，有支部会员 46 人。其中：省政协委员 1 人，市政协委员 2 人，县政协委员 13 人，市人大代表 3 人，县人大代表 7 人，县人大副主任 1 人，县人大常委委员 1 人，市政协常委 1 人，县政协常委 6 人。

【组织建设】 支部以开展“民建省委基层组织建设年”活动为主线，进一步加强支部自身建设。其中，李蜀秀被县委、县政府表彰为优秀校长，会员企业绿茗春的“巅峰雀舌”绿茶获中国国际农产品交易会金奖，赵振宇获县委、县政府嘉奖，钟永平在国家级刊物上发表专业文章 1 篇。

【建言献策】 2014 年，共提交建议 4 件，个人提案 14 件，支部提案 2 件。围绕群众关心关注的热点，提出了“加快我县养老服务体系建设的建议”“加强农村集体三资管理的建议”“关于解决帮助中小企业每年转贷问题的建议”“关于政策鼓励农业龙头企业增强科技创新能力的建议”“关于新建荣县客运中心的建议”“关于旧城西街实行单向行车的建议”“关于加强土地入股（或转租）后，地面产权办理的速度建议”“关于搬迁双溪水库一级建设控制区内关于解决双溪水库地质滑坡农户住房问题的议案” “关于绿色出行的建议”等。其中，“关于绿色出行的建议”在《自贡日报》进行了刊登。

【主要活动】 引导会员参加社会公益活动，捐助资金、物资 20 余万元。帮助和支持会员参与新农村建设，会员企业宏鑫牧业投资各项工程费近 100 万元，为双古、观山、长山等地村民新建和维修道路 10 余公里。会员企业“绿茗春”投资 120 万元捐助基地新农村建设。川能公司资助农村基础设施改造白云桥村公路维护 25 万元。继续在金碧园社区、富东街社区开展“共建和谐社区”活动。参与暖冬行动，对边远山区的抗战老兵开展慰问。

（罗文娟）

荣县工商联（商会）

【组织建设】 县工商联（商会）现共有 216 个会员，其中企业会员 119 个（涉及农、林、牧、渔业 11 个，采矿业 17 个，制造业 37 个，电力、燃气及水的生产和供应业 3 个，交通运输、仓储和邮政业 4 个，交通运输、仓储和邮政业 12 个，住宿和餐饮业 2 个，房地产业 6 个，科学研究、技术服务、地质勘查业 2 个，居民服务和其他服务业 8 个），其中，规模企业 38 个，占当地规模企业的 71%；团体会员 2 个，团体会员和企业会员占会员总数的 56%；个人会员 95 名。新发展了 3 个乡镇商会：荣县长山镇商会、荣县保华镇商会、荣县旭阳镇商会；3 个行业商会：荣县西安小竹签商会、荣县煤炭商会、荣县美容美发商会；2 个异地商会：成都荣县商会、广州省四川荣县商会。制定了《会员发展和组织建设规划》机关内部进一步建立健全《绩效考核》《财务管理》等 14 项制度，完善了非公经济人士信息数据库建设，加强了对会员的动态管理，完成了数据库分析报告及会员组织发展报告

【服务维权】 以民营企业融资问题为重点，4次组织非公企业负责人参加了征求意见座谈会、银企座谈会、转型升级观摩会。帮助引导企业分析应对当前金融形势，听取了企业当前存在困难、问题以及意见建议，并将意见建议梳理后转交相关部门办理。除邀请清华大学、市委党校教授来荣举办讲座外，还组织部分企业的经营者及财务人员分别参加了市工商联举办的“税收政策与法规知识”主题培训和省工商联、统战部联合举办的“助推民营经济发展”流动学校培训活动、市联组织的“走出川南、投资海外”论坛、“中国·自贡普润城—中华高管论坛”等多项培训活动。帮助民营企业推进结构调整和自主创新，今年，俊鸿鞋业、金岁方药业、旭阳药业等6户企业，成功入围全省2014年度至2015年度第一批“小巨人·成长型”中小企业计划。年底，全县“小巨人·成长型”中小企业达18户。

【参政议政】 2014年，《关于政策鼓励农业龙头企业增强科技创新能力的建议》等11件立为提案、议案；《关于加大对全产业链企业发展的政策项目支持的建议》等5件建议纳入意见建议。工商联《关于拓宽融资渠道，助力中小企业发展》的调研报告被县委、县政府采纳，于8月经县政府第63次常务会审议通过了政府专项安排5000万元资金用于县中小企业转贷流动资金。结合正风肃纪工作，在20多家非公企业中，采取不记名方式，对县政府重要部门开展了《荣县政风行风非公企业意见建议问卷》调查，发放问卷调查100份。

【光彩事业】 2014年，川能公司捐资100余万元在双古镇烟坡村修建了拦河堰水利工程，解决了总灌溉面积3000亩以上的农灌难题；自力水泥有限公司向东街小学捐资5万元，建立“奖励助学金”，用以奖励成绩优秀的教师、学生和学生干部；美吉特向旭阳镇敬老院、长山镇敬老院的老人们及长山镇2名重病特困儿童送去了总价值逾5万元的爱心物品及慰问金；绿茗春公司出资5000元赞助“绿茗春萌芽杯”小学生篮球比赛；巴尔公司帮扶复兴乡蔡家湾村，送去化肥1500公斤，赠送电脑和打印机。

（虞　霞）

群众团体

QUN ZHONG TUAN TI

县总工会

【简况】 2014，县总工会辖乡镇总工会1个，区域性工会联合会50个，行业工会联合会7个，乡镇工会联合会27个，局工委8个，基层工会1173个，工会会员25.59万人，其中农民工18.97万人，外出务工、农民工会员18.89万人。有机关、企事业单位会员6.7万人，专兼职工会干部3264人。

【两个普遍】 “两个普遍”即企业普遍建立工会组织，普遍推行工资集体协商。全年共新建工会组织31个，已建会非公企业达651个，新续签订企业工资集体协议364份，覆盖企业1071个，累计覆盖职工2.77万人。其中企业单独签订314个，累计覆盖职工2.43万人；区域性、行业性合同50份，覆盖企业892个，覆盖职工1.2万人，签订工资集体协商的覆盖面达98%。

【劳动竞赛】 以“凝心聚力跟党走，劳动托起中国梦”为主题，从4月10日起至5月10日，开展县第四届职工技能大赛活动，来自全县1000多名选手分别参加了工间操比赛、“中国梦·劳动美·我与改革创新主题演讲”、采茶、砌砖、焊工、安全知识等技能竞赛活动，全县企业、职工参与面达95%。

【职工维权】 全县已建会和实行厂务公开民主管理的企事业单位72个，建制率100%。全县479个企事业单位，推行了职工（代表）大会制度，315个企事业单位推行厂务公开工作。推进“安康工程”的实施，全县有78户企业开展了“安康杯”竞赛活动，参加伤亡事故调查处理15次。全县建立调解委员会组织730个，建立劳动法律监督组织743个，县总工会聘任工资协商指导员64名，维权巡视员5名，安全生产监督员350名，全县签订集体合同200个，覆盖全县293个企业，1.83万名职工。

【劳模管理】 1月16日召开了2014年春节劳模关爱周集中慰问劳模活动，共慰问省部级劳动模范25个，市级劳动模范67个，贫困劳模27个，发放慰问金共计5.51万元。为县2名全国劳模以及25名省部级劳模进行体检，建立健康档案。对新中国成立以来保持荣誉并健在的市级劳动模范的工作、生活、住房、社会保障等情况进行摸底调查，实现劳模管理网络化、信息化。表彰了荣县2014年首届“最美劳动者”，授予李大有等10位“荣县首届最美劳动者”称号。

【职工帮扶】 筹集资金31万元开展“送温暖工程”活动，对县食品公司、电瓷厂、五四陶厂3户未改制的困难企业及部分乡镇、教育、卫生、供销系统、社区的困难职工和特困劳模共1000余人进行了走访慰问。与县就业局联合举办了春风送岗位行动，组织专场招聘会4次，帮助520名下岗失业人员实现再就业。与县职高开展再就业培训200人。建立贫困职工档案1637个，对120名患重大疾病的困难职工进行了医疗救助，发放救助金28万元。出资7.5万元购买清凉药品、毛巾等，对河西新区、环卫工人等重点工程建设和企业生产一线员工进行慰问。开展金秋助学活动，共筹集资金15万元，对68名贫困新生上大学进行了资助。

【职工教育】 实施职工素质工程，全县培训农民工1.5万人，各类培训3万人次。新建立县级职工书屋7个，县地税局和人民医院职工书屋被市总工会命名为“自贡市职工书屋”示范点。与县商务和旅游局、县财政局联合举办家政服务培训班，对妇女进行技能培训，100名妇女参加了家庭清洁卫生、烹饪、电器使用常识、衣物洗涤收藏、护理等技能的培训。

【群团中心】 构建“大群团”工作格局，筹建县群团社会服务中心。投入资料1.5万元，向省总工会争取项目资金5.9万元，支持长山镇建设群团社会服务中心。

【女工工作】 组织职工参加四川省职工住院医疗互助保险，全县有80余个单位，2196人参加了职工住院互助保险。开展四川省女职工大病互助保险，新增2035人参保，赔付12份，赔付金额12万元。累计有1.4万名女职工参加了四川省女职工大病互助保险，累计赔付金额51万元；对身患重症的56名女职工进行了救助，共发放救助金10万元。

（虞尚超）

共青团荣县委员会

【团建工作】 2014年，在县宣传杂志社、县药品食品监督管理局建立团支部，新建两新团组织14个。

【干部培训】 7月和9月分别组织部分乡镇团委书记、副书记或团干部到省团校进行为期5天的业务培训和拓展训练，全年培训团干部50余人次。

【选树先进】 2014年全县共有3名优秀团干、4名优秀团员和3个优秀团组织获得市级表彰，2个团组织获省级表彰。交通局应急抢险队和新城医院内二科评为“市十佳青年文明号”，其中新城医院内二科获得“省级青年文明号”称号。开展“寻找乡村好青年”活动，3名优秀青年获评市级“乡村好青年”。开展荣县首届美德少年评选工作，10名优秀少年获评，评选优秀少先队员100名。

【青少年教育】 组织青年志愿者到各学校、留守学生之家给孩子们进行心理辅导。联合县关工委，在全县14所中学校举办“培育和践行社会主义核心价值观”专题讲座。“六一”活动期间，在全县各中学校集中开展“红领巾相约中国梦”系列文艺汇演活动、“今天我入队争当好队员”主题团日活动、“红领巾，我想对你说”微征文、“我的队礼最美丽”微影像征集、“我是红领巾宣传员”体验实践活动。8月开展“好书赠阅”活动，向偏远山区的农村少年儿童提供优秀读物。

【关爱留守儿童】 2014年，完成21所留守学生之家的创建工作。开展关爱留守学生（儿童）“暖冬行动”，为全县27个乡镇和河西新区送去了价值3万多元的物资和“爱心大礼包”。联合川理工、西南大学等高校，利用寒暑假时间组织大学生志愿者和留守学生开展“大手拉小手”结对活动。开展留守学生之家运行情况调研，通过调查问卷、面对面座谈等方式，查找留守学生之家运行中出现的问题，为探索更为广泛有效的留守学生关爱模式提供依据。

【就业创业】 与县农行合作，完成100人城镇青年小额贷款。与人社局、农牧业局等单位合作开展农村青年就业技能培训，全年培训人数200余人。县有5份创业方案参加四川青年创业创富大赛。

【西部计划】 全年招募新志愿者22人。东街、南街两个试点社区志愿者登记和帮扶需求信息登记顺利进行。全年共开展各类志愿服务活动100余次，慰问、帮扶留守学生、困难群众达2000人次。荣县西部计划项目办在全国项目办2013－2014年度绩效考核中评定为优秀等次项目办，全省共14个项目办获评，是全市唯一受表彰区县。

【主要活动】 与县委宣传部、县文明办共同发起了“志愿四川”为主题的学雷锋志愿服务活动。与县消防大队联合开展了“橙袖标正能量”消防知识宣传和演练进社区、进学校和进企业等活动，发放宣传资料2000余份，向社会招募消防志愿者30余名。开展“放歌青春·唱响荣州”为主题的庆“五四”青年歌手大赛。全年开展“环境整治”宣传50余次、“保护母亲河”义务植树活动10余次、“科技文化卫生三下乡”宣传活动5次、“禁毒宣传月”宣传活动5次、打击黑网吧、黑电子游戏专项宣传活动7次。

【关工委工作】 4月11日，分别到旭东中学、荣县一中等13所学校作题为《践行核心价值观“三爱”“三节”见行动》宣讲报告，听讲师生达2.5万人次。9月22日起，先后在高山学校、富西学校等14所中小学进行了题为“弘杨民族精神以培育社会主义核心价值观”的巡讲报告，听讲师生达3万人次。6月底，全县7956名留守学生（儿童）和8678名“五老”志愿者结对帮扶工作得以落实。10月底，全县369名“五失”青少年与516名帮扶人员结对工作落实。联合荣县农村信用联社投入50多万元对全县6000多名“五失”青少年和留守学生进行了资助和看望。全县完成创建“六好”关工委组织、“四好”五老志愿者活动达68%。

（丁水华、罗国彬）

县妇联

【简况】 全县设有27个乡镇妇联，114个机关妇委会（含河西新区妇委会），346个村（社区）妇代会。

【主要活动】 3月5日，组织全县各乡镇、县级机关单位、部分企事业单位的200余名女职工代表参加女子趣味运动会。4月13日，邀请了北京幼儿教育专家濮鑫举办公益幼儿教育讲座。“六一”期间，由县政府妇儿工委办牵头，县委、县人大、县政府、县政协等分别带领妇儿工委成员组成6个慰问组，到富南学校、东佳学校、荣新小学等6所学校慰问少年儿童，慰问金共计3万余元。组织县民政局、县卫生局、县计生局、县关工委等9个单位在首义广场开展少年儿童权益维护、家庭教育、儿童健康知识和党史知识宣传咨询活动，共接待咨询人数400人，发放资料1.4万份。6月19日和6月20日，分别在县妇女实用技术培训学校和旭阳镇附东街社区举办了“自贡市巾帼维权法律大讲堂”讲座，乡镇妇联主席、社区妇女主任、基层妇女群众近200余人参加了讲座。

【扶贫助困】 2014年，县妇联继续对患病、贫困妇女儿童进行帮扶。为过水镇患肾病的曹丽倡议捐款2万余元。为杨德容、翁惠英等20

名贫困母亲发放慰问金4000元。为114名孤残儿童每人送去了价值200元的毛衣和毛毯，发放慰问金5000余元。为金花乡、留佳镇等多名贫困儿童购买衣服，书包等共计2000余元。开展“‘让爱回家　守护成长’——援助留守儿童父母返乡创业就业”项目，帮助4名留守儿童父母实现了创业就业。向市妇联争取到了“新家园　新生活　新女性”项目，并将县双石镇金台村和长冲村的妇女纳入项目的目标人群，通过“五子、五提升”活动，促进其逐步实现从“农民”向“市民”的转变。联合工会、团委等群团部门，成立了“微荣州 爱心驿站”。12月26日，在县首义广场启动了“德耀荣州·你我同行——微荣州·爱心驿站”慈善捐助仪式。启动仪式共募集救助金14余万元。

【关爱女性健康行动】　针对原发性乳腺癌、原发性卵巢癌、原发性子宫内膜癌、原发性宫颈癌四种疾病发病率较高的疾病，县妇联在全县机关、企事业单位中下发了《关于开展“关爱女性保障计划”工作的通知》。

【双学双比】　开展家政服务培训3期，培训家庭服务员200人；初级美容培训1期，培训初级美容师100人；商业营销1期，培训商业服务员50人。经过培训后，帮助300余名妇女掌握家政服务技能和美容化妆技能，引导她们自主创业和再就业。

【巾帼建功】　新申创市级巾帼文明岗5个，巾帼文明示范村3个。以“实施‘三大创新行动’、创新妇女事业发展”为主题，大力推动“三个创新”，推动了县“群团服务中心建设”。

【“家”字评选活动】　以全县296个妇女之家为活动阵地，共评选出市级“最美家庭”3户，县级“最美家庭”20户。其中留佳镇朱世开家庭被推荐为全国“五好文明家庭”，朱世开也被评为全国的“好爸爸”。

【维权工作】　开展咨询活动6次，发放《妇女权益保障法》《儿童权利公约》《未成年保护法》等维权知识宣传单1.1万份，现扬咨询1500余人。共接待来访事件29件（包含来电6件），来访妇女45人次，来访处理率达99%。

（杨璐瑶）

县侨联

【联络联谊】　春节前夕，县侨联向海外知名荣县籍华人华侨及港澳同胞共11人发出了慰问信和贺年卡，对与海外联系紧密的归侨、侨眷20余户进行了慰问。9月，县侨联会同县侨办、台办共同举办了“荣县台侨属喜迎中秋活动”，组织了30多名侨台属及归侨参观了荣县重点工程小井沟水库建设情况。9月底接待了美籍华人世富集团总裁、中国侨联海外委员、荣县侨联名誉主席黄大清先生。全年共接待信访25人次，已办结2件。

【侨情普查】　6月，会同县民宗办在全县范围内开展了侨情调查工作。经调查县新增华人华侨及港澳同胞34户，总计150户，412人，分布在17个国家和地区，即：德国、澳大利亚、美国、新加坡、马来西亚、加拿大、印尼、日本、法国、缅甸、俄罗斯、荷兰、英国、波利维亚、泰国和香港、澳门。

【侨心工程】 6月，邀请旭阳镇东街小学冯志娟、刘平两位老师到墨林小学献课。8月，牵线荣县侨商爱心企业自贡市宝盛房地产开发有限公司和侨属爱心企业荣县经伟测绘有限公司，共捐出善款1.4万元，资助县7名贫困大学生园上大学梦，每名学生得到2000元资助。9月，牵线由美籍华人黄大清先生出资邀请美国芝加哥退休教授琳达女士来荣中为学生们上课一个月。10月，为荣县长山镇五通小学校（吴星可侨心小学）、荣县旭阳镇东街小学、荣县墨林小学的30名贫困学生发放了马来西亚星洲媒体集团每人700元爱心助学金，共计2.1万元。

【参政议政】 两会期间，侨界代表向县人大提交议案1件，向县政协提交团体提案2件，个人提案4件。撰写调研报告、心得体会文章等5篇。参与长山镇群团组织社会服务中心的建设指导工作。

【自身建设】 12月24日，召开了荣县侨联六届四次全委（扩大）会议，县侨联委员及归侨侨眷代表20多人参加会议，学习了文件精神，总结了2014年县侨联工作，并就2015年县侨联的工作打算作了介绍。

（县侨联）

县残联

【残疾人康复】 全年共实施白内障患者免费复明手术450例。

【残疾人扶贫】 对1050名农村贫困残疾人给予资金、物资和技术的帮扶；对遭受灾害或重病的残疾人给予临时性救济。发放残疾人辅助器具20多种，累计为贫困残疾人免费适配辅助器具360例（其中为40名肢体残疾人配备了假肢）。

【残疾人救助】 全县有43名脑瘫残疾儿童实施了手术或持续、系统的康复训练。救助贫困家庭重度听力残疾儿童10名。将2013年12月31日前已办理二代证的2984名一级、二级残疾人及340名三级精神、智力残疾人纳入重度护理补贴和“阳光家园”发放对象，专项资金约250万元已直发到位。对34名贫困残疾大学、大专、高中学生分别给予500－2000元资助。开展关爱行动服务2992人，完成精神病人免费服药256人，住院救助10人。足额为106名下肢残疾人发放了机动车燃油补贴，金额3.87万元。

【残疾人就业】 在残疾人中开展盲人按摩、电脑、种植养殖业、绣品加工、修鞋、缝纫、维修、家庭服务等多种培训及提供就业机会，完成城乡残疾人居家灵活就业1.49万人。

【残疾人无障碍改造】 投入38万余元为100户困难残疾人家庭进行坡道改造、安装楼梯扶手、坐便器改造、厨具改造、厕所改造等无障碍改造。

【综合服务中心建设】 将新建残疾人托养服务中心综合用房，其总建筑面积3000平方米并配套完善相关附属设施，项目总投资720万元，其中，中央预算内资金240万元，地方配套480万元。

【残疾人状况监测】 完成2013年残疾人状况监测工作，获省残联通报表扬。

【残保金征收】 2014年，征收残保金456万元。

【个性化服务】 3月，被命名为全省残疾人“量体裁衣”个性化服务示范县，于佳乡获全省“量体裁衣”个性化服务示范乡称号。编印《“量体裁衣”个性化服务工作日志》1.2万册，赠阅乡镇、村（社区）组干部及示范户。《推进残疾人事务治理现代化的实践与研究》赠阅县残工委成员单位、乡镇领导及残疾人工作者。全县“量体裁衣”个性化服务入库数2.93万人，需求数2.93万人，落实数2.93万人，对持证残疾人“量体裁衣”个性化服务服务覆盖率达100%，为残疾人提供服务29.85万项次。县、乡镇残疾人工作者对“量体裁衣”个性化服务工作实行全员参与、分片联系，全员缴纳“量体裁衣”个性化服务质量保证金，并按年度目标绩效考核实行差别化发放。

（蔡　烨）

县科协

【简况】 县有农技协等专合组织340个，会员人数2.52万人，带动农户11.9万户。筹措资金11.3万元在全县27个乡镇建“站栏员”及科普画廊共100个。

【科普宣传】 《科普大篷车》电视栏目全年播出66期。利用“荣县科普网”专题网页和广播、画廊、宣传栏等宣传工具，开展《全民科学素质行动计划纲要》解读和现代科技知识等科普知识的宣传。发放《科普读书》等系列科普挂图2.6万套。累计发放各种科普宣传资料和农村实用技术资料8.6万份，接受咨询群众1.9万人次。

【科技创新实践】 牵头组织开展了第29届青少年科技创新大赛，县共有10所学校的1.97万名学生参加，参赛作品142件。其中：科技制作类12件、科幻画129件、优秀组织奖1件。有39件作品获市等级奖，其中：学生科技创新成果项目（12项）：一等奖（3项）、二等奖（5项）、三等奖（4项）。科技辅导员科技创新成果项目（1项）。优秀组织奖（1项）。少儿科学幻想绘画（25项）：一等奖（4项）、二等奖（5项）、三等奖（16项）。有5件作品获省等级奖。获省科技竞赛项目1个二等奖、1个三等奖、科幻画3个二等奖。

【科普惠农兴村建设】 2014年，实施了荣县黑山羊养殖协会全国“科普惠农兴村”20万元的奖补资金项目和科普带头人鼎新镇乡和平村张贵礼科普惠农兴村2万元的奖补资金项目。县留佳镇优质晚熟脐橙基地获省级农村科普示范基地省财政、省科协表彰项目获奖补资金10万元。开展科普惠农兴村项目入库工作，项目入库8个。其中：1个基地、4个协会、1个科普带头人、2个社区。

【金桥工程】 上报省科协金桥工程项目2个。为四川龙都茶业（集团）有限公司科学技术协会、自贡市俐荣皮具有限公司科学技术协会。

（程桂琼）

军　事

JUN SHI

荣县人民武装部

【简况】 2014年，全县有基层武装部29个，其中：乡镇武装部27个，企业武装部2个。专兼职武装干部26人，其中：转业退伍军人占30%，各乡镇武装部部长兼任副乡（镇）长，全部进入同级党委班子。

【民兵整组与训练】 全县组建1个民兵综合应急连和1个专业救援连，各乡镇分别建立民兵独立应急排。完成水电气抢险、野外急救、森林灭火等科目训练（演练），开展高射炮、擒敌拳及盾棍术训练。

【参建参治】 共出动应急民兵500余人次。开展各类捐资助学、扶贫帮困活动，全年共捐赠1.3万余元。

【基层武装部规范化达标建设】 高山、东兴、望佳等14个乡镇武装部通过自贡军分区规范化达标建设考核验收。

【获奖】 人武部被自贡军分区表彰为“新闻报道”先进单位。人武部参加市应急民兵野外驻训，取得“四个第一”“一个第三”的好成绩。

【领导名录】 部长：李宽柱；政治委员：郑刚；副部长：谢科（2014年2月止）、李晨（2014年2月起）。

（邓春秋）

人民防空

【主要工作】 完成度佳、东佳、过水3个乡镇疏散基地建设；完成人防专业队伍整组整训工作任务；完成人防应急包、应急装备采购训练工作；分别在度佳、东佳、过水3个乡镇和城区新增安装5台电声警报器；人防机动指挥所参加上级组织的各类演练20余次；分别新批星河房地产开发公司7400平方米、天宇房地产开发公司1.19万平方米人防结建工程；组织开展了“三一”国际民防日、“5·12”防灾减灾日宣传，发放宣传资料3000余份，接待群众300余人次；完成“九一八”防空警报试鸣工作；开展了人防规划的前期资料收集、调研工作。

（规建局）

武警荣县中队

【思想政治建设】 开展“牢记强军目标，献身强军实践，永远做党和人民的忠诚卫士”主题教育活动和经常性思想教育及“军魂永驻”读书演讲比赛、“少抽一包烟、多读一本书”活动。共组织战士上台演讲50余次，实现了干部战士相互教育相互学习。

【军事训练】 采取比、学、赶、帮、超等手段，在训练方式上，因人施教。1月份，针对新战士下中队后执勤能力偏弱的实际，把训与用有机结合，坚持模拟训练、实地训练、协同作战方案演练相互结合。8月份，在支队组织的反恐比武中获得第三名。

【内部关系建设】 开展“深知兵、真爱兵”活动，通过思想教育、举办晚会、讨论活动，拉近了“三对关系”之间的距离。干部在落实“五同”中掌握官兵的思想动态，利用“三互”“双四一”等载体，进行心理疏导，解决官兵的实际困难和问题。做到政治上平等、交往上真诚、心灵上相贴，树牢了“今天我以中队为荣，明天中队以我为荣”的思想。

【执勤战备工作】 落实议勤制度，结合重大节日、敏感时期，开展形势职能任务教育。开展“三共”和“三个一遍”活动，与看守所召开联席会议，开展共教共育活动。更换了执勤器材，安装夜间照明设施，信息化设施发挥作用明显。参加了县城区武装巡逻、第三届荣县大佛旅游文化节开幕式、闭幕式安保任务、望佳收费站设卡盘查任务、荣县行政中心群体性事件机动备勤任务。

【依法从严治警】 参加支队组织的网上应用性集训2次。中队按照支队细化的180个小项、“30条小招法”、“看问查考150项”等制度载体落实行政管理，细化责任区分，做到责任到人、常抓常议。强化部队作风纪律建设，结合四反教育、“条令学习日”、安全大排查、六查活动、士官整训活动、风气专项整治和干部队伍政策法纪教育活动。

【拥政爱民活动】 出动官兵500余人次，参加义务劳动，清理整治环境卫生，植树造林、烈士陵园扫墓等活动。为驻地创建“卫生县城”“优良人居环境县城”“双拥模范县城”做贡献。

【党支部建设】 注重风气建设，发挥群众的监督作用，坚持“四公开”，在士兵关心的热点敏感问题上均由群众推荐、支部研究审议。

【获得荣誉】 中队被总队表彰为基层建设先进中队，执勤正规化达标单位，一班荣立集体三等功。

（林　昇）

消　防

【消防安全宣传】 联合宣传、教育、文化、商务旅游等部门，以消防宣传“六进”为载体，深入街道、学校、社区、单位等普及消防常识。加大消防站开放力度，组织机关、团体、学校、企事业单位参观、体验。在车站、歌舞厅、商场市场等人员密集场所全面落实消防宣传“三提示”活动，在社区、街道、公众聚集场所和消防安全重点单位张贴消防安全宣传标语、图画。共开展大型消防宣传活动4次，发放消防宣传手册7000余册，消防宣传传单6000余份，开放消防站12次，接待参观学生及社会群众2000余人。

【消防监督管理】 2014年，开展“重大火灾隐患专项整治”“打非治违”“九九消防平安行动”、“今冬明春火灾防控工作”等专项治理活动，大队共检查单位494（次），发现火灾隐患187处，督促整改火灾隐患179处，下发《责令改正通知书》171份，下发《临时查封决定书》4份，下发《行政处罚决定书》31份，责令“三停”单位4家。

【火灾事故调查】 全年发生火灾事故63起，直接经济损失73.38万元，未发生重特大火灾事故。

【便民服务】 全年义务办理各项事务390余次，义务消防培训1800余人（次）。

（熊文均）

政 法

ZHENG FA

审　判

【刑事审判】　受理刑事案件329件，审结325件，结案率98.8%，依法对474人判处刑罚。审理职务犯罪案件9件15人。公开审理龙某某非法吸收公众存款等非法集资、金融诈骗案件5件6人。

【民事案件】　受理民事案件3640件，审结3480件，结案率95.6%，结案标的额87520.4万元。处理劳动争议、婚姻家庭等涉民生案件1289件。审结涉军案件9件。审理买卖合同、民间借贷、金融借款等纠纷案件1078件。把握"调判结合"原则，对基层民间纠纷案件加大调解力度，案件调撤率达74.3%。

【行政案件】　受理行政案件1382件，结案1382件。其中行政一审案件9件，审查行政非诉案件1373件。

【执行案件】　受理执行案件1461件，执结1447件，执结率为99%，执结标的额29556.8万元。建立与银行、规建等部门的"点对点"查询系统。加强与媒体和金融机构的联系，对拒不履行义务的"老赖"予以曝光，建立信用惩戒机制。开展"转变执行作风、规范执行行为"专项活动，成功执结了台胞陈某某申请执行龚某某返还财物、伍某某执行回转信访案等多起执行难案和"老积案"。

【审判监督】　以"两评查"活动为载体，对发回重审、改判案件进行逐案评查分析，每月组织一次庭审评查，每季度组织一次案件评查，共评查各类案件2200余件，将评查出的问题通报到人，实行责任追究。完善再审听证程序，实现对当事人申诉的案件100%听证。

【服务大局】　成立服务重点项目建设工作领导小组，制定了《为全县重点项目建设提供司法保障的意见》等3个服务中心工作的制度。提出司法建议9条，《关于妥善处理煤工尘肺的司法建议》被表彰为全省法院第二届优秀司法建议。撰写调研报告《荣县法院民间融资案件审判执行白皮书》。强化"诉非"衔接，通过"诉非"衔接化解矛盾纠纷350余件，诉前参与化解矛盾纠纷400余件次。为小井沟水利工程、新城建设、融资担保理财公司清理整顿等提供法律咨询意见150件次。建立与行政机关联席会议制度，为行政机关提供业务指导100余次，召开联席会、执法培训会15次。

【便民利民】　强化诉讼服务中心和诉讼服务点建设。在立案大厅设立案件查询触摸屏，发放诉讼须知、法律文书样本，细化诉讼引导、风险告知、判后答疑等举措，引导群众依法提出诉求。完善人民法庭驻镇、村（社区）诉讼服务网络。在双石镇金台村建立全市法院首个巡回审判联系点，6个人民法庭均在未建法庭的乡镇设立巡回审判联系点，法官以"点"为依托，到社区、福利院、行动不便当事人家中开展巡回审判、法律咨询等服务。强化司法公开，推进"三大平台"建设。运用门户网站、官方微博、《荣县审判》季刊等平台，公开法院工作，方便群众诉讼和查询案件进展状况，接受公众监督。建成3个科技法庭，对重大案件全程录音录像并通过门户网站、官方微博全程直播。在中国裁判文书网上公开裁判文书2984份。成立由20名法官组成的"法官走基层法律服务队”，深入社区、学校、企事业单位开展宣传和法制讲座33次，为群众提供法律咨询2400余人次，发放宣传单2万余份。为困难当事人减、免、缓交诉讼费120万元。

【自身建设】 制定“12321”工作机制，加强基层党建细胞建设。推进法院文化建设，巩固和深化“全国法院文化建设示范单位”成果，突出“学习型”机关建设。坚持每年4月的“干警学习月”和每月一次“法官课堂”活动。9名干警通过国家司法考试，2个案例被收录《中国审判案例要览》和《中国法院年度案例》。完成人民陪审员“倍增计划”与培训工作。新桥法庭廉政文化建设被确定为全省法院基层文化建设“十大品牌”。从全院选拔20名干警担任廉政监督员。院机关市级“廉政文化示范点”通过市纪委验收。

【外部监督】 邀请县人大代表、县政协委员视察法院行政审判和执行工作2次，参加“庭审观摩”“选择中介机构”“法院开放日”等活动12次，听取人大代表、政协委员的意见和建议30余件次。邀请20名群众担任法院特邀监督员。

【领导名录】 院长：吴正。

（杨勇军）

检 察

【打击刑事犯罪】 共批准逮捕刑事犯罪嫌疑人233人，上升0.88%，提起公诉472人，上升62.75%。开展打黑除恶、打击毒品犯罪和非法吸收公众存款等专项活动，批准逮捕严重暴力犯罪案件22件26人，提起公诉22件24人；批准逮捕多发性侵财犯罪案件55件73人，提起公诉69件95人；批准逮捕“黄赌毒”案件29件38人，提起公诉31件39人。

【化解社会矛盾】 对无逮捕必要的不批准逮捕71人，对犯罪情节轻微的嫌疑人不起诉10件16人。推动刑事被害人救助制度，对8名生活有困难的被害人或其近亲属提供救助金1.6万元。发挥基层检察室作用，帮助观山镇观音滩村300余户1000多名居民解决用电难问题。

【社会管理创新】 加强对涉罪未成年人的教育、感化和挽救，推行涉罪未成年人分案起诉、附条件不起诉、犯罪记录统一封存等机制，全年共受理未成年人刑事犯罪案件24件40人，依法不批准逮捕3件5人，不予起诉和附条件不起诉各1件1人。主动引入第三方测评机制。

【预防和查办职务犯罪】 开展“法律七进”活动，到学校、机关、社区等开展职务犯罪预防讲座22场次。推进行贿犯罪档案查询工作，提供行贿犯罪档案查询96次。制作《荣县检察，与你同行》连环画册，加强法制宣传和警示教育。全年共立案查办贪污贿赂犯罪8件13人，渎职侵权犯罪2件4人，规劝1名负案潜逃长达15年的职务犯罪嫌疑人投案自首。查办留佳镇原党委书记董某某挪用公款1300万元、受贿7.8万元案；抽调15名干警参与查办成都市双流县原县委书记高某某等人巨额贿赂窝串案，主办了双流县建设局原局长孙某某涉嫌贪污受贿特大案。重点摸排了20余条发生在群众身边、损害群众利益的职务犯罪线索。

【刑事侦查和刑事审判监督】 共监督公安机关应当立案而未立案1件1人、不应当立案而立案7件7人；决定追捕3人、追诉13人。书面纠正公安机关侦查活动违法9件，办理提请批准延长侦查羁押期限2人。对一审判决适用法律错误、量刑畸轻等情形提出抗诉3件8人，提请抗诉1件2人，已改判2件3人。

【民事、行政诉讼监督】 制定的《民事诉讼立案监督实施办法》被省检察院转发推广。运用抗诉和再审检察建议两种手段，依法办理民事行政申诉案件。全年发出再审检察建议3件，办理审判活动中违法情形监督案件2件，对民事执行活动法律监督1件。

【刑罚执行和监管活动监督】 会同县法院、县公安局、县司法局签署了《关于对社区矫正人员违反法律规定变更执行的规定（试行）》。对刑罚执行和监管活动中的违法情况提出纠正意见5件次，纠正脱管、漏管罪犯4人。开展"减、假、暂"专项活动，对"三类罪犯"逐人登记建档。

【检务公开】 对进入检察环节的所有案件进行统一归口、集中管理，将本院受理的案件名称、收案日期、办案部门、结案情况向外界公布，全年累计公开案件580件。开通网上律师预约服务，接待来访律师77人次。完善检务公开配套工作机制，建立健全检务公开风险评估预警实施细则等七项工作制度。探索实施阳光检务"一厅一卡一网二册"新举措，重新规划和打造检务大厅、装备电子显示屏。

【外部监督】 建立健全与人大代表、政协委员常态化联络工作制度，走访省市县人大代表30余人次，邀请人大代表、政协委员视察工作、列席会议、观摩出庭公诉、征求意见、参加"检察开放日"等活动上百人次。向人民监督员赠阅《检察日报》《人民监督》《自贡检察》等刊物，向人民监督员通报工作、听取对检察工作的意见。落实《最高人民检察院关于实行人民监督员制度的规定》，共提请监督"七种情形"案件6件7人。

【队伍建设】 制定、完善工作制度13项，解决"四风"和执法作风方面的突出问题46个。推进专项业务培训和"1+X"人才培养计划。司法警察大队在全市建制队考核中名列第一，并获省检察院表彰。

【领导名录】 检察长：齐力。

（黄平元　余全汶）

公　安

【职业化建设】 开展"转作风、走基层"和"公安队伍突出问题集中整治"活动，围绕纪律作风、执法执勤、行为规范等重点，分片、分级开展各项督查154次，编写《警务督察》41期，《督察通报》10期，督导整改队伍问题29个。全年在中央、省、市、县各级媒体，刊发新闻报道1129篇（次）。与四川警察学院搭建"校局互动"平台，举办6期轮值轮训班，送培民警261人。慰问生病住院民警162人次，为民警解决实际困难7件，筹集、发放爱心救助基金6万余元。

【规范化建设】 以"法制员制度"为抓手，打造"法制员办公室平台"，以"执法资格考试”及“校局互动基地建设”为载体，突出警种特点和岗位技能需求，定期定员送培轮训。制定了《荣县公安局2014年法制工作日常目标绩效考核标准》《荣县公安局关于印发进一步深化执法规范化建设工作方案的通知》等执法制度。内部监督上实行“单轨制”及案审“五级把关制”，外部监督上开展“执法回访制”“联席交流制”。推动执法记录仪、录音录像机等执法装备设施建设，通过视频监控、现场巡查等方式，强化对基层单位办案场所各功能室和各项执法活动的实时监控。继续推行县局示范、市局示范、省厅示范、公安部示范的“四级示范引领机制”。

【信息化建设】 推进“一标三实”工作，采录标准地址32.27万条、实有人口35.93万人、实有单位1.59万个（从业人员6.54万人）、实有房屋25.61万间，通过全省实有人口“全覆盖”验收，获全省“一标三实”工作先进单位称号。“一标三实”服务实战成效达200余条。通过DNA、指纹比对、情报研判等手段，直接破获各类刑事案件70余件。由指挥、刑侦、情报等部门组成的合成作战室，强化情报信息搜集、分析、研判，实现情报导侦、导防、导稳。运用省厅下放的网侦技术手段，自主或协助侦破各类案件20余件，抓获犯罪嫌疑人36人。

【110平台接处警】 110指挥平台共受理报警电话4.41万起，减少2892起；无效报警4.07万起，减少3003起；有效报警3344起，增加123起，占全年报警电话的7.6%。其中刑事类警情894起，增加37起；治安类警情457起，减少212起；群众求助报警179起，减少3起；群众纠纷961起，增加139起；举报投诉269起，增加89起。

【维护社会稳定】 获取有价值的情报信息573条，编写《网侦信息》89期，准确预警45次。化解涉稳矛盾纠纷160余起。妥善处置了“6·25”乐自高速公路堵路、“12·22”蒋某某医患纠纷等涉稳闹事苗头事件30余起，刑事拘留闹事挑头者、组织者5人，行政处罚21人。

【反恐防暴】 投入100万元专项经费，购置应急反恐装备。组建了一支由3个梯队共计30名年轻民警组成的反恐快速反应突击队，要求一旦发生恐怖袭击事件，第一梯队全员在10分钟内到达指定位置，开展处置工作，第二、第三梯队分别在15分钟、20分钟内奔赴现场，跟进处置。整合旭阳、河西、特巡、县局武装巡逻队警力，分成4个巡逻小组，荷枪实弹，采取车巡与步巡相结合的方式，对人员密集场所和重点路段进行不间断武装巡逻。定期开展警务技能、枪支使用、实弹射击、情报搜集、反恐装备使用等专项培训。6月23日，在县西门车站开展了“反恐暨消防应急疏散”实战演练，8分钟完成了群众的疏散和现场处置工作。

【安保工作】 投入警力450余人次，完成“县两会”和“2·14”龙腾狮跃闹元宵安保任务。投入警力60余人次，完成“巴尔农牧杯”2014年县春节联欢晚会安保任务。投入警力150余人次，完成“3·29”和“5·13”美吉特家居建材科技博览会安保任务。投入警力800余人次，完成“5·1”旅游卫视·最美中国荣县大佛篇大型文艺晚会安保工作任务。完成了8月18日至8月29日省委巡视组来荣视察为期10天期间的安保任务。投入警力1100

余人次，完成内环路建设和污水处理场建设等征地动迁铲除青苗及附着物任务。

【打击刑事犯罪】 共立刑事案件1977件，增加55件；破获刑事案件687件，抓获违法犯罪案539名，其中逮捕225人，起诉415人，抓获网上逃犯238人，追回省外逃犯15名。攻克了“3·17”省厅挂牌督办杀人碎尸案。破获“4·14”特大涉枪贩毒案、金碧城系列持刀拦路抢劫案、伍某（彝族人）团伙持刀抢劫案等大要案30余件，打掉了谭某等涉恶团伙4个。开展“夏季严打”“反扒安民”“打击两抢两盗反扒防骗”等专项行动，破获侵财性民生案件459件，追回赃款赃物300余万元，侦破了“黄某某”盗窃摩托车系列案，打掉了罗某某盗窃团伙。对群众反映强的“黄赌毒”犯罪活动，采取专项整治、跨区作战、重点清扫等行动，共查破涉“黄赌毒”案件232件，打击处理656人，收缴、销毁赌博游戏机300余台。

【打击经济犯罪】 共受理经济案49件，立案侦查49件（其中合同诈骗28件、销售假冒注册商标的商品案5件、变造、伪造国家金融票证1件、诈骗2件、职务侵占3件、信用卡诈骗2件、非法吸收公众存款案3件、非国家工作人员受贿案3件、非法倒卖土地使用权案1件、持有、使用假币案1件），破案47件，打击处理24人，逮捕14人，起诉24人，追回网逃犯11人。

【打击毒品犯罪】 立毒品案件27件，破毒品犯罪案件27件（其中破省督目标案2件），抓获涉毒违法犯罪人员115人，刑事拘留36人、逮捕30人、起诉38人、强戒22人、行政拘留52人、行政处罚7人，缴获毒品10628.28克（冰毒10572.13克、麻古56.15克），实地摸排易制毒化学品企业11家，清查场所70家（次），开展禁毒宣传12场（次）。

【查处治安案件】 发现受理和查处治安案件860起和825起1528人，下降42.17%和43.76%、38.71%。其中，治安处罚646名，下降10.53%，治安拘留405名，下降13.46%，治安案件查处率达96%。

【缉枪治爆】 投入警力460余人次，对全县30余家涉爆企业和6家公务配枪单位开展安全大检查，整改安全隐患13处，培训从业人员500人，销毁过期报废炸药9476.58公斤、雷管1597枚、黑火药烟火剂20.4公斤，查获破获涉枪涉爆违法犯罪案件17件19人。

【热点整治】 开展“雷霆风暴”“净风”“扫黄赌·铲源头”等专项行动，挂牌整治了旭阳城区环城路、二佛路“黄赌”重点问题，投入警力420余人次，清理排查娱乐服务场所120余家次，查处40余家次，其中停业整顿10余家，依法取缔5家。查破“黄赌”刑事、治安案件141件453人（涉黄25件45人，涉赌116件408人），刑事拘留117人、逮捕10人、起诉103人、治安拘留200余名，捣毁涉黄涉赌窝点10余处，销毁赌博游戏机250余台。

【户籍管理】 办理居民身份证2.56万件、临时身份证2584件、户口迁入1179件、迁出4049件、网报业务775件、出生入户5830件、死亡注销4305件、地址变动2463件、户口补录153件、户籍删除111件，清理重复户口101个、应注销未注销户口168个，纠正户口登记项目762个，为急需人员身份证明服务

1260余人次，为新生儿重名查询服务110人次，节假日预约上门和送证上门服务4100人次，开展安全防范信息发布预警服务350余起次，制定了“十个一律”户籍管理规范（警务一律公开透明；上岗一律培训考试；人员一律着装挂牌；办理一律民警负责；节假一律适时上班；证件一律短信提示；承诺一律兑现到位；疑问一律会商报告；督查一律逗硬落实；违规一律严肃查处）。

【流动人口管理】 在充实和完善以乡镇“流管办”、社区民警、社区单位、协管员四位一体的流动人口管理体系的基础上，摸索出了一套“以房管人”+“以业管人”+“分层次管理”的工作模式，实现流进流出人口动态掌控。

【出入境管理】 办理出入国境1.72万人次，上升35.3%，其中公民因私出国4995人，占29.06%，公民因私赴港澳1.19万人次，占69.3%，大陆居民赴台湾275人次，占1.6%；登记住宿境外人员104人，常住境外人员22人；报备法定不准出境人员527人，撤销法定不准出境的人员481人；登记备案国家工作人员317人；异地协查91件。

【道路交通管理】 2014年，县交警大队开展各类集中统一行动70余次，共路查路检各类机动车24万余辆次，纠正处理各类交通违法行为14万余起，行政拘留116人，查获饮酒驾驶217人次，挡获被盗被抢车辆36台，将25名涉嫌危险驾驶罪和25名涉嫌交通肇事罪人员移送起诉，严厉打击了各类严重交通违法犯罪。通过更新各类交通标志187块，重新施画交通标线5219.2平方米，新增停车位700余个等静态交通管理方式，全力以赴保障了城区的缓堵保畅工作。大队共受理道路交通事故1104起，死亡23人，伤669人，直接经济损失59.5万元。新建车管业务大厅300余平方米，办理机动车业务2.1万余笔，驾驶证业务5.1万余笔，电动自行车注册登记1.2万余台。印制《农村交通安全宣传漫画册》《小学生安全宣传漫画册》28万余册。开展各级各类交通安全警卫任务保卫20余次。

（曾　飞交警大队）

司　法

【法制宣传】 开展返乡农民工专项法制宣传教育、“3·15”消费者权益保护日和“敬老月”等宣传活动，编制“法律明白人手册”5000册，自制法制宣传扇8000把，免费发放到全县各普法责任单位。指导全县培养“法律明白人”700余人。调整充实“荣县‘六五’普法讲师团”成员25人。推进“法律七进”工作，收集汇总全县工作信息，定期向县依法治县办公室报送情况。开展集中送法下乡活动。全县共组织送法下乡活动200余次，集中送法下乡10次，送法到宗教场所2次。

【人民调解】 全县有各级人民调解委员会436个，人民调解员1715人。受理调解民间纠纷2203件，调解成功2158件，调解成功率97.9%。受理医患纠纷35件，调解成功33件。印发县司法行政基层工作要点和《关于加强春耕大忙期间矛盾纠纷排查化解工作的通知》，进一步提高了人民调解工作的专业化、规范化、法制化水平。抽取5件人民调解卷宗参加市委政法委组织的人民调解案件质量评查。每月开展《季度“大调解”工作进展》和《矛盾纠纷季度分析研判》报告并报市司法局和县矛盾纠纷“大调解”工作领导小组。

【安置帮教、社区矫正】 全县在册社区服刑人员455人，累计接收社区服刑人员856人，累计解除社区服刑人员401人，累计办理委托调查评估34件，累计警告社区服刑人员52人，累计提请撤销缓刑8人。2014年新增192名刑释解教人员，安置172人，安置率89.5%，帮教177人，帮教率92.1%。举办社区矫正业务知识培训2次，参训人员117人，举办社区矫正职业技能就业指导培训4次，参训人员400余人次。发放购买社区矫正公共服务费40余万元。慰问困难社区服刑人员112人，发放慰问金2.12万元。制定《刑满释放解教人员安置帮教工作要点》和《关于认真做好“邪教类”刑满释放人员安置帮教工作的通知》。

【法律服务】 全县共有律师事务所3个，注册执业律师49名，代理案件439件，担任常年法律顾问168家，调解纠纷63件；有基层法律服务所6个，注册执业基层法律服务工作者27名，代理案件358件，担任常年法律顾问26家，调解纠纷53件；司法鉴定所注册执业司法鉴定人19名，办理鉴定案件194件；公证机构注册执业公证员5名，办理公证2881件。

【法律援助】 共受理法律援助案件478件，解答法律咨询5790人次，为当事人避免和挽回经济损失680余万元，法律援助案件及咨询录入系统情况分别为421件、5790件，完成全年法律援助民生工程目标任务的127%和182%。加大对农民工、特殊困难群众和重大案件的法律援助力度，共办理6件农民工集体讨薪维权案件，涉及农民工400余人。

（詹　强）

工　业

GONG YE

综　述

2014年，全县工业坚持“工业强县”战略，围绕“稳增长、调结构、促转型”要求，着力投资拉动和创新驱动，突出项目建设，强化工业经济运行监测，工业经济平稳增长，信息化建设推进，企业改制攻坚破难、安全生产无重特大事故，维稳工作扎实平稳。全年限额以上工业总产值184.69亿元，比2013年（下同）增长9.7%；规模以上工业企业工业增加值59.06亿元，增长9.1%；主营业务收入175.11亿元，增长8.4%；工业类投资14.4亿元，下降16.7%。

规模以上工业企业利润总额5.49亿元，增长25.6%；利税总额11.5亿元，增长3.4%；资产总额138.03亿元，下降7.4%；流动资产96.07亿元，下降9.1%；应收账款114.04亿元，增长26.6%；负债总额96.52亿元，下降21.2%。

在规模以上工业企业纳入统计的主要产品产量中：原煤33.45万吨，增长1.3%；洗煤144.58万吨，增长15.4%；水泥146.41万吨，下降14%；精制茶8864吨，下降48.7%；鲜、冷藏肉30.65万吨，增长2.8%；原盐30.02万吨，下降12.9%。

【企业技术创新与改造】　截至年底，四川自贡驰宇盐品有限公司真空制盐节能技改及配套设施建设项目制盐生产线一期工程正常生产，二期复合调味品生产线正在落实土地问题。四川旭阳药业现代中药产业园一期建成投产，二期主体工程基本完工。自贡市明峰陶厂陶瓷生产线改造工程、金铂利陶瓷工艺改造项目、绿茗春茶业优质生态绿茶清洁化生产线及茶精加工等项目竣工投产。旭阳药业等企业调整产品结构，开发新产品，提高产品技术含量，增加产品附加值。全年工业技改投资12.92亿元，下降9.3%。四川旭阳药业有限责任公司技术中心被省经信委、省科技厅等部门联合认定为全县第一个省级企业技术中心。

【支柱产业】　落实产业扶持政策等举措，六大支柱产业实力增强。年底，规模以上工业企业中：农副产品加工业27户，工业产值89.8亿元，占全县规模以上企业总产值（下同）48.62%，矿产采选及综合利用业33户，工业产值46.32亿元，占25.05%。机械加工及铸造业15户，工业产值19.94亿元，占10.29%。建工建材业13户，工业产值15.84亿元，占8.5%。盐化工2户，工业产值5.7亿元，占3.08%。医药业2户，工业产值7.09亿元，占3.84%。

【项目建设】　全县重大工业项目26个，总投资36.65亿元。截至年底，完成工业固定资产投资14.4亿元，下降16.7%。自贡市明峰陶厂陶瓷生产线改造工程、金铂利陶瓷工艺改造项目、瑞安机械新建农用机械生产线、绿茗春茶业优质生态绿茶清洁化生产线及茶精加工、洪庆经贸机械设备制造生产线一期、阳光农业大米加工生产线竣工投产或投入试生产。旭阳药业现代中药产业园建设一期建成投产，二期主体工程基本完工。驰宇盐品一期制盐生产线正常生产，二期复合调味品生产线正在落实土地问题。伦兴货厢集装箱生产线、东焰鞋业皮鞋加工生产线、洁力环保年产200台脱硫、除尘环保设备技改工程等项目进行主体施工。旭樽酒仓储物流、福弟食品等项目进行三通一平等基础施工。

【召开新型工业化大会】 4月18日，召开全县2014年推进新型工业化大会。会议总结2013年工业经济工作，安排部署2014年推进新型工业化工作任务。部分县领导出席会议。

【节能减排工作】 推进淘汰落后产能和节能减排工作。实施煤矿等企业整顿，关闭：旭湾等煤矿4座、县兴隆砖厂、双石镇乾明机砖厂。规模以上土陶企业重组5个。

【金融服务】 4月、10月，县经济和信息化局与邮政储蓄银行县支行、自贡交通银行、县建设银行等金融机构召开中小企业融资对接会。用好工业企业临时应急周转金。截至12月，帮助10多户工业企业转贷1.5亿元。

【信息化建设】 指导企业加强信息化建设和信息化管理，推进信息技术应用在工业领域，全年规模以上工业企业管理系统信息化率53%。完成通宽带行政村5个，通电话自然村19个。加强全县4G移动通信技术公共基础网络建设，县移动、电信公司投资1.1亿元，建成4G网络基站225个。

【减轻企业负担】 强化企业收费管理，控制涉企检查，开展对垄断行业收费和服务，维护企业权益。将减负工作纳入目标考核，严格执行涉企检查备案、申报制。建立企业缴费登记制度、检查备案制度，清理现有收费项目。安监局开展15项专项治理行动，重点检查煤矿、非煤矿山、道路交通等重点行业隐患治理整改情况，整治企业安全措施不全、隐患整改不到位问题，查处安全生产违法行为。发改局进一步落实对企业各项优惠和收费减免政策。全年取消行政事业收费项目4项，停收5项，免收9项。工商局帮助企业完善各类登记资料，指导企业进行工商登记。办理企业进入工业园区设立、变更登记12户。简化登记程序，实行登记承诺办结制，企业名称预先登记1个工作日，企业注册登记在5个工作日内办理完备，个体登记3个工作日，对要签合同等急需营业执照的企业，只要手续齐备，当天发照。环境保护局清理规范所属事业单位收费、服务行为，县环境监测站自7月至12月暂停收取环境监测服务费。严格要求各中介机构提高服务质量，坚决制止乱收费、重收费、轻服务行为。国税局落实国家结构性减税措施，全县小微企业742户，享受优惠508户，享受其他税收优惠38户，小型微利企业减免税额54.74万元。全年总征管5770户，其中：一般纳税519户，小规模纳税863户，个体工商业4388户。办理税务登记2654户（正副本），免收工本费5308元。个体工商业1194户免费使用发票51.6万份，免收发票工本费7.4万元。小型微利企业503户免费使用发票19.07万份，免收发票工本费6.43万元。为3764户个体工商业户未达起征点减免营业收入3.17亿元，减免增值税950.3万元。地税局落实国家结构性减税措施，减免个人住房转让营业税1085万元，小微企业营业税优惠134万元。截至年底，落实企业所得税优惠政策21户，其中西部大开发企业2户，减免企业所得税170.31万元；小型微利企业13户，减免企业所得税4.1万元；从事农产品初加工企业1户，减免企业所得税31.88万元。符合条件居民企业之间的股息、红利等权益性投资收益，减免企业所得税72.29万元。落实其他各类财产行为税优惠减免政策。依法执行未达起征点税收优惠政策，未达起征点1014户。支持和促进重点群体创业就业，自主创业18人，减免9.6万元。

【名优产品】 龙都公司生产的龙都香茗系列茶获国际金奖2枚、全国金奖12枚，“龙都”商标被认定为中国驰名商标。荣成公司的丝棉、丝棉被质量是国内同行中唯一的特级品，也是唯一获得国家纤维质量监督检验中心认可的生态纺织品。旭水酒业生产的“旭水”牌系列白酒，获首届中国食品博览会金奖、商业部优质酒金爵奖，被中国食品工业协会确认为中国优质白酒。“显忠”牌冻猪肉、“驰宇”牌盐系列产品，获第九届四川名牌。四川龙都茶业（集团）有限公司“龙都”牌花茶、绿茶，四川旭阳药业有限责任公司金碧阿胶益寿口服液，四川绿茗春茶业有限公司“绿茗春”牌生态绿茶、花茶，县双溪湖食品有限公司“双溪湖”牌油茶籽油、自贡市荣成实业有限责任公司“白雀”牌蚕丝被，四川旭水酒业有限公司“旭水”牌系列白酒，市俊鸿鞋业有限公司“华锦春”品牌鞋，县双丰机械制造有限公司“博谷”牌农用机械系列产品，市瑞安机械有限公司饲料粉碎机，碾米机、组合机，市俐安皮具有限公司“利普顿”牌皮具，市华牧饲料有限公司“牧旭”牌饲料，县阳光农业发展有限公司蓝田玉大米，四川忆天香食品有限公司大头菜、泡椒，市博晨农业有限公司火腿、腊肉、香肠，自贡金龙水泥有限公司水泥，四川省洛源食品有限公司鲜粒橙等15户企业产品列入省地方名优产品推荐目录。

企业管理

【企业培育】 2014年，县有规模以上工业企业92户，其中：新增8户，净增8户。培育：县鼎泰建材有限公司、四川省通顺达石材有限公司、四川巴尔动物药业有限公司、四川自贡巴尔动物营养有限公司、四川荣州动物药业有限公司、四川省自贡市东飞机床有限公司、县金山矿业有限公司和双龙陶业有限公司入围规模工业企业。自贡市东方气体设备有限公司为10亿元企业；自贡川能投资股份有限公司、四川自贡驰宇盐品有限公司为5亿元企业；县嘉垣混凝土有限公司、市瑞安机械有限公司、四川绿茗春茶业有限公司为1亿元企业。自贡俊鸿鞋业有限公司、县双丰机械制造有限公司、四川金岁方药业有限公司、四川旭阳药业有限责任公司、市荣成实业有限责任公司被确定为“小巨人”企业，市博晨农业有限公司为“成长型”中小企业。

【企业改制】 自贡第二电瓷厂改制，清偿职工敏感性债务、非因工病退、经济补偿金、失业救济金和医保补助等工作全面完成。帮助解决下岗职工公益性岗位30个。引导杜支能等4名除名职工从信访改为运用法律，县法院初审裁定，被告诉求不予支持，被告不服上诉市中院，此案正在审理中。为食品公司和五四陶厂清偿职工敏感性债务67万元。制订县五四陶厂、食品公司改制方案（草案）。妥善处置原国营、集体企业改制遗留问题。协调：处理“两矿”债务纠纷和职工安置遗留问题，落实两矿13名非因公病退职工参加医保。

【企业维稳】 全系统信访维稳工作实现“五不发生，三为零，一个防止”目标。建立信访接待制度，加强信访条例及相关政策法规宣传，接待群访10余次、500人次，个案接访100人次，信访书面回复8件。坚持每周分析排查不稳定因素，对排查出的问题分别落实分管领导和工作员处理。化解突出信访问题，协调解决曹素兰医保、原盐矿集资入矿、征地入矿临时工参加养老保险问题。对原县盐厂职工反映集资建房未办土地证及县水泥厂、糖酒公司、食品公司职工宿舍成危房要求解决保障性住房，食品公司资产出让产权过户与物资局职工福利分房无产权证等问题正在化解过程中。强化重大敏感时期信访维稳，畅通信息，掌握动态，降低引发不稳定因素风险。

【安全生产】 深入开展“安全生产年”活动，加强安全监管，深化安全生产执法，不断提高企业事故预测预防应对能力，重特大安全事故为零。健全安全生产责任体系，实行各层次安全责任制，制订重大安全事故处置预案。加强企业安全生产督促指导，构建安全生产长效机制。开展安全大检查20余次，涉及节假日、粉尘防爆、民爆企业、加油站、规模工业企业等，检查企业62户次，查出问题83处，整改83处。

（曹明杰）

煤炭工业

【简况】 荣县属全省重点产煤县，煤炭资源较为丰富，境内有煤炭资源储量5416万吨。2014年初，全县31个煤矿，主要分布于度佳、保华、长山、旭阳、墨林、高山、双古、留佳、铁厂9个乡镇，有度新、保华、高山及县普查区井田4个。各煤矿开采的均为上（中、下）元炭，大（小）白炭、高炭层、三·二炭、独层子等炭层。煤层厚度普遍在0.2～0.7米之间，普遍为烟煤，发热量在3000～7000大卡/公斤之间。县内生产矿井21个，生产能力194万吨/年；在建矿井10个，设计能力105万吨/年。

【煤炭生产经营】 全年生产原煤73.77万吨，工业总产值9亿元，实现利润716万元，上缴税金2509万元。

【煤矿企业兼并重组】 执行省政府《关于推进煤矿企业兼并重组的实施意见》，煤矿企业兼并重组生产规模（可有多个煤矿）不低于30万吨/年，全县31个煤矿通过兼并重组，建成煤矿企业7个，分别是四川弘鑫矿业有限公司、自贡市天宇实业有限公司、荣县双庆矿业有限公司、锦胜矿业有限公司、四川达源山实业有限公司、鑫鑫煤业有限公司、威远县永胜煤业有限公司。煤矿企业兼并重组实施方案经县政府审查，由市政府审查批复报省政府备案。

【行业管理】 开展煤矿行业管理检查2次，对生产矿井年检监管检查1次。加强对基建矿井检查和生产矿井隐患排查治理，涉及矿级领导带班下井、是否在核定区域设计区域作业、在建矿井施工安全管理及工程进展、煤矿下井作业人员入井秩序、煤矿环境综合治理等，对煤矿存在的隐患和问题责令期限整改。

【项目建设】 截至年底，煤矿项目建设和安全生产设施总投资6800万元，其中在建矿井投资4400万元。

【技术革新】 顺利煤矿通过实施机械化改造，采掘生产工艺有重大改进。

【项目建设竣工】 双马凼煤矿、古佛寺联办煤厂、大田角煤矿经省经信委、市经信委综合竣工验收合格，成为生产矿井。

【在建矿井管理】 加强对在建矿井工期管理，对建设工期到期矿井下达停止施工文件，对联合试运转到期矿井下达停止联合试运转文件，促进煤矿严格按照设计方案加快建设，避免煤矿事故发生。

【煤矿制度】 督促煤矿建立完善密闭管理制度、入井检身管理制度，优化入井秩序管理、矿级领导带班下井等制度。

【煤矿环境综合治理】 全县煤矿改造澡堂、职工宿舍、办公室等地面建筑设施，矿区公路硬化改造，种植花、草、树进行绿化等，煤矿环境综合治理改善、改观。

【信息工作】 成立以局长为组长，分管领导为副组长，各股室负责人为成员的信息工作领导小组，确定信息工作员2人。各股室每月按时间进度要求提供信息3条以上，及时报送。反映的主要内容有中央、省、市、县重大决策和政治、经济、社会、党建、党风廉政建设与煤矿生产、安全、管理等工作，为县委、县政府及时提供各类信息资料35条。

（钟建平）

电　力

【企业改革】 2014年，“三集五大”体系全面建设后，县供电公司设置综合管理部（办公室、人力资源部、党群工作部合署）、发展建设部、财务资产部、安全监察质量部（保卫部）、乡镇供电所管理部和电力调度控制中心6个职能部门，辖运维检修部（检修、建设工区）、营销部（客户服务中心）。有主业生产班组10个，供电所9个、二级集体企业2个。

【电网建设与发展】 截至年底，供区内有35千伏变电站6座 。主变9台、容量71.3兆伏安，35千伏线路8条112.46公里，10千伏线路38条1365.8公里，配电变压器2087台，容量313.86兆伏安。全年完成10千伏及以下农网工程项目98个，投资4264.8万元，新建（改造）10千伏线路82.97公里，新装配变58台/1.25万千伏安，改造低压线路283.84公里。35千伏墨林变电站完工，110千伏城北变电站10条10千伏出线建成投入运营。

【经营管理】 全年售电量4.77亿千瓦小时，比2013年（下同）下降4.58%。累计售电均价643.97元/千·千瓦小时，增加7.41元/千·千瓦小时。收综合电费3.07亿元，电费回收率100%。110千伏及以下综合线损6.56%，增加0.88个百分点；10千伏及以下综合线损率8.52%，其中：城网7.96%，农网10.67%。截至年底，供区内有大宗工业用户54户、普通工业用户2539户，城镇照明用户18.96万户（含农村居民照明14.37万户），城镇商业用户及其他1.73万户，农业生产522户，趸售1户。

【安全生产】 截至12月31日，连续安全生产3758天。全年未发生有人员责任的一般及以上电网、设备、交通、火灾事故。

【优质服务与行风建设】 贯彻落实国网公司新的“三个十条”，不断提高经营管理水平。深入开展用户受电工程“三指定”专项治理工作，杜绝“三指定”行为，执行首问负责制、客户经理制，为市、县重点和民生工程、大客户工程服务。召开客户座谈会、开展客户走访活动，加强对煤矿等高危及重要用户的用电服务。

（李　军）

天然气

【简况】 2014年，四川川投水务集团荣县天然气有限公司有配气站1座，调压、计量、工业汇管设施齐备，直径219毫米、直径159毫米、直径108毫米供气主管各1根，输气里程为17.5公里，城区环状输气管道240公里，各类调压器设施3600台。公司围绕县委、县政府地方经济、城市发展总体规划，坚持以满足城市发展对天然气的需求为重心，支持工业、商业用气，加强精细管理，开展优质服务和户安工程建设，安全生产、稳定供气各项经济指标合格率100%。全年销售天然气2573万立方米，户安工程完成4068户。

【基础设施建设】 截至年底，铺设各种口径管道20公里，安装调压器600台。投资212万余元，对城区支管、庭院管及89个调压器进行更新改造，消除供气瓶颈，确保安全生产事故为零。投资1999.9万元，新建东兴五井站至县配气站直径219输供主管及配套设施，城区天然气输送能力提升2.5倍，其冬季末端用户在用气高峰时段供气压力偏低问题得到彻底解决。

【表彰】 公司被川投集团评为安全生产先进单位，县政府授予工业企业“纳税十强企业”“纳税增长十强企业”。

（刘卫三）

农　业

NONG YE

综　述

2014年，农业增加值完成39.11亿元，比2013年（下同）增长4%；农民人均纯收入1万元，增长11.3%。完成固定资产投资5.2亿元。重大项目建设投资2.51亿元，招商引资3400万元，向上争取项目资金2898万元。

【农业农村政策调研】　开展惠农政策贯彻落实、农业产业化、农民增收、农村改革等工作调研，形成《荣县农业产业化发展》等调研报告。

【农业产业化经营】　推进“三带七基地”建设，打造60亿元畜牧、10亿元粮油、10亿元茶叶、10亿元蔬菜等十大产业集群。新型经营主体培育：首次出台关于家庭农场培育办法，全年登记家庭农场55个。巴尔农牧集团有限公司晋升为国家重点龙头企业；新增省级重点龙头企业3户，累计10户，占全市的52%，是全省区县拥有省级龙头企业平均水平的3倍；新增市级龙头企业7户，累计45户；新增国家级示范专合组织3户、省级示范专合组织2户，省级以上专合组织累计21户，工商登记农民专合社340户。特色产业基地建设：通过科技、市场、项目引领建基地，十大特色产业规模化、标准化水平大幅提高，建成巴尔学堂生猪养殖基地等万头（只）规模养殖基地（场）22个，规模养殖场配套建设环保处理设施，引进意大利等国先进技术，建成国家级示范场2个、省级示范场6个，清淞湖肉牛养殖场规模居全省第一。建成万亩特色产业园区21个，自犍路百里水稻长廊完工。发展鸡、羊等林下养殖16.2万只（头）及水产养殖9133.33公顷，其中稻鱼轮作6666.67公顷。依托第二、第三产业发展带动农村经济提升：农副产品加工园区规划占地4平方公里，入驻企业18户。拓展农业观光、休闲、健身、娱乐等多种功能，培育、发展乡村旅游业，有农家乐70余家，其中省级三星级农家乐3家，全年乡村旅游业收入2亿元。利益联结机制创新：实行合同订购、二次返利、两保流转（流转费保底+劳务保底）等，探索参股经营、三包到底、联合养殖等机制。有4880户农户以1800公顷土地参股四川弘鑫农业有限公司发展油茶，投产后，公司与农户按产值7∶3分红，累计量化2225万元到1307户农户，农户获得“保息+盈利分红”81.8万元，户均626元。鼎新镇蔬菜产业形成经纪人包农资、包销，农民包种“以销量定种植品种、以市场带生产”的产业良性发展机制。创新养殖大户与企业联合养殖生猪模式，即：由龙头企业提供统一猪源、饲料、防疫、兽药、技术、保护价回收，企业和政府提供保护价补贴、种猪更新补贴、死亡再补贴，确保农户养猪在市场低迷时不亏本，市场行情好时有利润。

【新农村建设成片推进示范县】　推进幸福美丽新村建设，以增加农民收入。全年完成投入10.28亿元，新农村示范县规划区域农民人均纯收入1.14万元，增长16.2%。按“新建—改造（提升）—保护”三类，推进新村建设。建成留佳镇凤龙村、五间房村等新村聚居点9个和五通、红豆树村新农村综合体2个。完成长山镇石笋村、鼎新镇学堂村等旧村落改造提升12个，民居保护修复3527户。围绕建设“一个新村——农家大院、一片产业——万亩园区、一条通道——产业环线、一套制度——村规民约、一方文化——乡愁”5个重点，基本建成幸福美丽新村10个：双石镇金台、蔡家堰，望佳镇品山、麦子山，鼎新镇西堰，乐德镇回龙殿，长山镇胡家、石笋，留佳镇花红，保华镇红豆树。双石镇长冲村、鼎新镇学堂村等9个村被命名2013年度全省美丽乡村，乐德镇回龙殿村黄莲湾农家大院被命名为全市首批最美民居。围绕产业结构，连片发展种植业1134.8公顷，其中：建成设施农业44公顷。新增规模养殖户140户，其中：建成标准化养殖小区（场）5个；生猪、肉羊、肉兔畜禽产业规模化程度分别达71%、49%、82%。形成“畜－沼－果（林）”休闲观光农业走廊15公里，“菜－玉－菜”、“菜－稻”走廊15公里，粮经复合产业长廊50公里。基本建成长山——来牟万亩油茶产业园区、留佳万亩晚熟脐橙产业园区等万亩园区10个。对各类项目实行区域整合、点位整合，围绕新村建设和产业发展建设生产性基础设施，按照新型社区标准配套建设生活性基础设施。实施农村土地综合整治1000公顷，新建、改建县乡道、村组道80.96公里，连通产业环线30条，确保每个幸福美丽新村都有1条产业通道。加强生产生活水网体系建设，新修、改建渠道157.8公里。推进水、电、路、气、电视、通信等设施入户工程建设。加强村级教育、养老、医疗卫生、便民办事、休闲健身等服务设施标准化建设，新增“1+6”村级公共服务活动中心10个。全县有村民活动广场26个、1.73万平方米。以农家大院和新村聚居点为重点，实施《新农村环境卫生公约》，推进乡村文明建设制度化。建设幸福美丽乡村文化院坝，开展农业生产活动、农村院坝文化，树立朴素人文价值观等“乡愁”，结合乡村旅游，发展乡土文化农家乐。开辟文化长廊、农民漫画读物、宣传栏等宣传载体。开展“我要上春晚”、节庆农民文艺汇演等文化下乡活动。双石镇金台村被确定为全市幸福美丽新村文化院坝建设示范村和第四批全国文明村。

【表彰】 荣县被省委农村工作领导小组表彰为全省“三农”工作先进县，获2013年度全市“三农”先进单位。县委、县政府授予县农工委2013年度新农村示范县建设先进单位。荣县被省新农村建设示范片推进工作领导小组办公室绩效考评为2013年新村基础设施建设优秀项目县。

（但立娟　吴靖宇　唐利平　杨晓娟）

种植业

【简况】 2014年，农作物播种面积10.05万公顷，其中：粮食作物7.23万公顷，经济作物8188.67公顷，其他作物2万公顷。粮食总产量41.41万吨；油料总产1.41万吨，其中：油菜籽8965吨，花生5109吨，蔬菜总产57.34万吨，茶叶总产1.04万吨，水果总产13.93万吨，蚕茧产量1710吨。农村经济总收入69.43亿元，农民人均所得1.08万元。粮食比2013年（下同）增长0.2%，蔬菜增长5.2%，水果增长1.3%，茶叶增长7.5%。蚕茧鲜茧均价32元/公斤；茶叶鲜叶（独芽）均价126元/公斤，最高价156元/公斤，大宗茶鲜叶均价2.4元/公斤。辣椒、番茄销售价平均略微偏高，茄子、黄瓜价格平均略微降低，蔬菜均价保持在2.2元/公斤左右。截至年底，争取中央、省、市各类农牧业项目35个，总投资7343万元。

【新品种新技术推广】 水稻推广川优6203、德香4103、德香4727、Q优108等品种，玉米有正红6号、禾盛玉818、禾玉9566，小麦有绵麦1403、川麦42，大豆有贡豆1号、贡秋豆2号，马铃薯有费乌瑞它、鲜薯2号等新品种。新技术：水稻旱育秧、三维立体栽培，玉米大豆带状复合植，马铃薯适时秋播垄台种植。创建高产，建立万亩高产示范片区2个，中稻万亩示范区平均亩产619.7公斤。10月18日，农业部、农业厅组织专家对县内德香4103再生稻进行实测，最高亩产345.7公斤，创全省次适宜地区再生稻生产最高纪录。

【农业行政执法与农产品质量安全】 全年开展农资市场和农产品质量安全监管执法检查106次，出动执法人员400多人次，检查农药、种子、肥料经营单位和个人850个次及农产品经营网点、超市50个次，立案查处15件。7月至8月，清理整顿全县动物诊疗机构，立案查处无证经营机构3家，没收违法所得553元，罚款9000元。截至12月，依法协调处理农资经营使用、农村土地等纠纷34件。组织农产品质量安全知识专题宣传45次，利用电视等新闻媒体宣传20次，开展无公害绿色食品技术指导培训582场次，发放各类农业法律法规、农业技术及政策宣传资料38万余份。在全县重点村设立农产品质量安全监管员（协管员），形成“县+镇乡+村”三级农产品质量安全监管服务体系。建立县农产品质量安全追溯网，设置统一追溯平台，加入平台企业4家，建成“政府—生产者—消费者”可溯源数据库。开展农产品质量专项检测6次，瘦肉精拉网式检测2次；配合农业部、省、市检测机构，对县开展例行抽检9次，县级抽样检测蔬菜166个、水果54个、茶叶20个、畜禽产品87个、“瘦肉精”4832头次，质量均合格。

【农业补贴与保险】 全县各项农牧业、农机补贴8136万元，其中：农业补贴7874万元（水稻、玉米、小麦良种补贴，油菜种植补贴、种粮农户直补），直补面积3.56万公顷，畜牧良种补贴120万元，农机购置补贴142万元。省财政奖励县财政生猪调出大县资金485万元。农牧业投保：水稻640.6万元，玉米359.6万元，高粱32.5万元，油菜113.7万元，能繁母猪160万元，育肥猪659万元。赔付：水稻21.5万元，玉米106.7万元，油菜6万元，能繁母猪201万元，育肥猪611万元。

【农村经营管理】 5月，县政府出台《荣县农村土地承包经营权流转管理实施办法（试行）》。截至年末，全县家庭承包经营耕地3.99万公顷，涉及农户17.82万户。家庭承包耕地流转6650.33公顷，占家庭经营承包耕地面积的16.67%，其中：转包3392公顷，转让500.67公顷，互换371.8公顷，出租832.13公顷，股份合作759.33公顷，其他形式794.4公顷。县、乡两级受理土地承包纠纷20件。全县有农业专业合作社320个，其中：种植业139个，林业37个，畜牧业92个，渔业28个；合作社成员4.7万人。有家庭农场33家。

（毛　军）

畜牧业

【简况】 2014年，推进省现代畜牧业建设重点县工作，实施国家级生猪调出大县奖励资金建设项目、国家生猪标准化规模养殖场（小区）建设项目等，国家财政投资分别为484万元、250万元。生猪出栏73.09万头，肉羊出栏31.57万只，肉牛出栏6929头，小家禽出栏

702.45 万只，肉兔出栏 1301.48 万只。肉类总产量 8.2 万吨，牛奶产量 844 吨，禽蛋产量 1.31 万吨。生猪等主要畜禽规模化养殖比重 75%，标准化生产比重 62%。

【品种改良与技术推广】 全县持有：省种畜禽生产经营许可证的种猪场 1 个、种兔场 1 个、种羊场 1 个，市级种畜禽生产经营许可证 6 个，县级种畜禽生产经营许可证 1 个。公猪品种为长白、约克、杜洛克、斯格、PIC 及少量本地猪，母猪地方品种为太湖、LY、YL、斯格、PIC 配套系等品种。商品猪主要是二杂猪和部分 DLY、DYL 洋三杂、斯格、PIC 五元杂交猪。牛有地方品种为蜀宣花牛、鲁西黄牛、秦川牛及少量肉牛西杂品种。山羊以川南黑山羊为主，少量南江黄羊、乐至黑山羊、简阳大耳羊及波尔山羊杂交后代。鸭主要是本地鸭和天府肉鸭、樱桃谷鸭等，在双古镇发现濒临灭绝的四川麻鸭，实施抢救性保种。鸡是本地鸡，引进土杂肉鸡和海南灰、尼克 T、罗曼粉蛋鸡等。截至年底，有生猪人工授精中心供精站 1 个，推广猪品种改良。举办各类养殖技术培训 92 次，受训 12.6 万人次，编印畜禽养殖技术手册 13 万余册。

【畜牧产业化规模养殖】 新增省级标准化畜禽养殖示范场 6 个、市级标准化畜禽示范场 3 个，新建生猪标准化规模养殖场（小区）5 个。全县年出栏生猪 50 头以上养殖场（户）4056 户，其中：1 万头以上标准化养殖场 2 个，1000 头以上标准化养殖场 29 个，养殖场出栏生猪占全县生猪出栏数的 75%。年出栏肉羊 30 只以上 482 户，其中：出栏 1000 只以上 2 户，出栏 500 只以上 3 户。年出栏肉兔 2000 只以上 2226 户，其中：出栏 10 万只以上规模养殖场 3 户，出栏 1 万只以上养殖场 112 户。年出栏肉牛 10 头以上 215 户，其中：出栏 1000 头以上 1 户，出栏 100 头以上 3 户。年蛋鸡存栏 500 只以上 222 户，其中：存栏 10 万只以上 2 户，存栏 1 万只以上 9 户。

【动物疫病防控】 全年组织猪瘟疫苗 110 万头份、猪口蹄疫疫苗 120 万毫升、牛羊口蹄疫疫苗 40 万毫升、高致病性猪蓝耳病灭活疫苗 50 万毫升、高致病性猪蓝耳病弱毒疫苗 40 万头份、禽新二联苗 400 万头份、禽流感疫苗 430 万毫升、狂犬病疫苗 6.5 万头份、消毒药物 10 吨。免疫：猪瘟 74.21 万头，猪口蹄疫 74.21 万头，猪蓝耳病 74.21 万头，牛羊口蹄疫 32.03 万头，禽流感 702.51 万只，新城疫 702.51 万只。

【畜产品质量监管】 全县检疫：生猪 22.6 万头、牛 485 头、羊 2.47 万只、兔 22.04 万只、禽类 43.04 万只、蜜蜂 1080 箱，猪肉 1.3 万吨、牛肉 125.11 吨、羊肉 29.78 吨、禽肉 608.05 吨、兔肉 211.55 吨、兔皮 4.81 万张、禽蛋 780.66 万枚，消毒车 1.5 万车次。无害化处理生猪 1.34 万头、牛 2 头、羊 206 只、小家禽 5561 羽，病害肉品 450 公斤。全年开展监督检查 160 余次，涉及规模养殖场、报检点、乡镇畜牧兽医站、定点屠宰场、农贸市场、肉品仓储场所、肉品加工场所、诊疗机构等。

（毛　军）

农业机械

【农机安全监理】 2014 年，年检合格拖拉机 59 台，注册登记（上户）拖拉机 12 台、联合收割机18台，发放上年登记耕整机1561台，考试合格核发拖拉机驾驶证209个，到期换证18个。开展安全检查38次，重大事故为零。

【农机作业】 推广耕整机900余台、联合收割机27台，引进推广茶叶修剪、加工设备199台套。全县机耕作业面积6.67万公顷以上，耕作机械化水平92%，水稻机收5333.33公顷，机插秧747公顷，主要农作物综合机械化水平42%。在乐德镇建立水稻生产全程机械化技术示范基地66.67公顷，引进全市首条水稻育秧播种流水线，实现机播、统一集中育秧、机插秧、绿色机防和机收等全程机械化作业。经测产：产量602.3～641.4公斤/亩，平均627公斤/亩，比常规栽培471公斤/亩超150公斤左右，全程机械化节约人工等成本支出299元/亩，纯收入增加400元/亩。

【农机购置补贴】 全年省厅下达到县100万元，上年节余157.73万元，录入系统并发放指标确认书1900余份，涉及受益户1800余户，机具1998台，补贴资金160余万元，核查完成兑付补贴资金9批、154.97万元。

【农村机电提灌建设】 争取投入财政资金453.9万元，改造电灌站22处22台，新建电灌站9处9台，全县机电提灌站正常运行率70%。在双古镇烟坡村人和桥电灌站新建中，项目补助20万元，发动企业业主筹资100余万元，建成高扬程电灌站1处，受益水田和茶园200公顷。各乡镇财政在村级公共维护经费中，专项安排提灌站维修资金30余万元，修复提灌站142处。

【农机行业】 全县规模以上农机生产企业6个。裕民、双丰、东方、瑞安4家生产企业涉及3个系列18个品目，分别进入四川、云南、贵州、重庆等省市2014年农机购置补贴产品目录，其中：2个产品进入国家支持推广目录。浙飞机械厂5个产品申报四川省2015－2017年农机支持推广目录。农机专业合作社发展到4个，其中：佳诚专合社被评为市级优秀合作社。农机流通企业4个，农机销售网点发展到90个，二级农机维修企业2个。

（毛　军）

林　业

【造林绿化】 3月12日，开展2014年义务植树活动，种植桂花20株、桢楠500株，绿化面积2公顷。全县有29.92万人参加春季义务植树活动，植树139.8万株，绿化农田林网232.33公顷。营造林2260公顷，新增造林1807公顷、森林2873公顷、森林蓄积3.25万立方米。截至年底，全县完成义务植树250万株，森林覆盖率39.86%，比2013年（下同）增长1.7个百分点。新增城市绿地31公顷、公园绿地11公顷，城市绿化覆盖率39.7%，人均公园绿地10.5平方米。实施道路绿化68公里、水系绿化4公里。

【重点工程建设】 实施国有林管护1472公顷，补偿集体公益林1.24万公顷；巩固退耕还林成果5471公顷，完成巩固退耕还林成果后续产业建设1308公顷，巩固林业自然保护区110公顷。

【现代林业重点县建设】 全年完成新造油茶林950公顷，改造低产低效油茶林423.33公顷。“荣县油茶”地理商标获国家工商总局正式注册。开展油茶技术培训和宣传40余次，受训林农9990余人次，发放宣传资料4.05万份。7月，通过省财政厅现代林业产业项目绩效考评。

【森林防火】 全县发生一般森林火灾4起，过火面4.11公顷，受害森林0.71公顷，损失林木蓄积26.79立方米，森林火灾损失率控制在0.1‰以内。

【林业案件查处】 全年受理各类涉林案件38起，其中：森林刑事案件2起，林政案件36起。查处率100％。

【森林病虫害防治】 开展越冬代虫情调查和复查，出动专兼职测报防治人员380余人次，完成标准地虫情调查330个，监测面积8.67万公顷，线路调查160条、8000公里，发布越冬代虫情趋势预报10期。布设松褐天牛诱捕器120套，实施林业有害生物飞机防治作业面666.67公顷，未发生松材线虫病等重大森林病虫灾害。检疫各类造林、绿化苗木760余万株。实现林业有害生物成灾率控制在3‰以内目标。

【森林采伐管理】 截至年底，采伐森林面积553.9公顷、蓄积2.77万立方米，年采伐消耗控制在7.57万立方米以内。

【行政审批】 完成林业系统行政权力清理，涉及行政权力142项。办理：林地征占用地12宗、5.18公顷，使用林地审核审批率100％。林权流转109宗、549.05公顷。林权抵押贷款10宗、288.53公顷，贷款金额1650万元。活立木移植3183株。行政审核审批接办1902件。

【集体林权制度改革】 年内，林权颁证纠错59宗，颁发、换发林权证36本，纠错面积79.6公顷。受理森林保险理赔2起、17.43公顷，赔偿6.06万元。扶持荣林油茶专业合作社新建标准化油茶种植基地93.33公顷，开展技术培训1800人次。协调解决林权矛盾纠纷14起。

【林业经济】 全年完成固定资产投资1.42亿元，招商引资2000万元。实现林业总产值9.68亿元，增长31.34％；农民人均林业收入1397元，增长30.2％。

（黄　丽）

水　务

【水利工程建设】 2014年，中央农田水利建设资金项目（“五小”水利）全面完成。项目总投资1644.5万元，其中：中央投资900万元、地方配套27万元、群众自筹和投劳折资717.5万元。新建蓄水池116口、石河堰3道、提灌站5座、渠道33.74公里，整治提灌站1座、渠道8.17公里、山平塘89口。总投资3653.21万元的26座中央重点小（2）型水库除险加固项目竣工，通过省级验收合格。中央财政维修养护项目完成，总投资220万元，维修老红光、水打沟、前进、武官等8座水库大坝、放水设施、管理房等。小型水库移民扶持基金项目完成，总投资100万元，铺筑芹菜塘、牛栏口、金竹沟等水库库区道路。省级一般小（2）型水库除险加固项目竣工，总投资863.95万元，完成战备、更生等13座水库大坝、溢洪道、放水设施、防汛公路建设，经县验收全部合格。农村小水电增效扩容改造项目基本完成，总投资463.22万元，改造幸福堰等水电站4座。编制双龙水库续建项目可研报告，上报省水利厅。旭水河锁江桥等4座水闸项目完成用地、选址、环评、节能、水保等相关审批手续，初设报告上报省发改委。对25处涉水工程建设实行全过程质量监管，总投资9900万元。

【水利工程管理】 全县水利工程安全运行。截至年底，新增灌溉面积1033.33公顷，改善灌溉面积666.67公顷。水利工程蓄水1.3亿立方米、供水1.2亿立方米。

【供排水工程】 长山中心水厂完成主体工程建设，正在铺设供水主管网。上年中央预算内农村饮水安全项目，总投资1990万元，其中：中央投资1592万元，涉及留佳等7个乡镇3.98万人饮水问题。2014年，该项目完成技术施工设计和财政评审，进入招投标阶段。旭阳中心水厂项目，总投资3821万元，其中：中央投资3021万元，供水规模7780吨/日，涉及旭阳、望佳、双石等地区7.55万人饮水问题，该项目完成技术施工设计和财政评审，进入招投标阶段。县投资360.5万元的鼎新、旭阳、乐德等11处应急供水工程全面完成，解决3.12万人饮水问题。县污水处理厂二期工程，完成主体工程建设。第二批度佳、古佳、高山等16处乡镇污水处理设施建设项目，总投资8000万元，日处理污水3300吨，该项目正在实施。长山镇污水处理厂项目，总投资3010万元，日处理污水5000吨，该项目完成初步设计，进入财政评审阶段。截至年底，全县有集中供水工程45处，城镇自来水普及率100%，城乡供水普及率60%。

【污水处理】 城区污水处理厂全年处理生活污水547.5万吨。建成场镇生活污水处理设施14处，日处理生活污水8219吨。经处理后的生活污水基本达标排放。

【水资源保护】 开展水资源保护宣传教育活动，全年集中发放水法律法规等宣传资料2000余份。对45处饮用水源地实施监控，查处影响饮水安全事件1起、影响水环境事件3起、非法采砂4处，开展执法行动9次。投入劳力5600人次，打捞船8艘、河面垃圾4200吨，实现城区河道40余公顷水域和10公里排污渠日常保洁。

【水土保持】 全县治理水土流失28平方公里。完成：县级开发建设水保方案审批8个。上年国家农业综合开发水保项目，总投资273.7万元，经省验收达到优秀。2014年国家农业综合开发水保项目，总投资300万元。

【水产】 全年引进优良鱼种8000余万尾，推广面积1666.67公顷。完成上年度省级财政水产品健康养殖建设项目，在留佳镇凤龙村建成水产品健康养殖基地8公顷。投资30万元，完成基层水产技术推广体系建设。截至年底，水产品产量1.26万吨，渔业产值2亿元。

【防汛抗旱】 汛期降雨743.5毫米，受灾乡镇11个，直接经济损失1932.6万元。全年旱情平稳。争取到抗旱应急水源工程先期安排资金1868万元，完成实施方案设计。国家投资1748万元的新桥、河口防洪治理工程竣工，经验收合格。双古防洪治理工程，总投资950万元。旭水河旭阳镇防洪治理工程，总投资2400万元，完成进度40%。

（黄学刚）

交通·通信

JIAO TONG · TONG XIN

交　通

【简况】 2014年，县内有省道1条，里程57.9公里；县道13条，301.09公里；乡道16条，265.63公里；村道990条，2134.08公里；专用道路5条，24.7公里。有客运站42个，其中：二级站2个，四级站4个，五级站2个，简易站15个。经营线路136条、客车380辆、货车3663辆、出租汽车80辆、客运人力三轮车80辆。有公交车线路5条。全年公路客运周转量49508万人/公里，货运周转量140812万吨/公里。有港口1个，码头15个，渡口11个；客船78艘，客座3516个；货船56艘，载重946吨。完成水路客运量6.5万人，货运量1.6万吨；客运周转量42万人/公里，货运周转量9.6万吨/公里。

【运输行业管理】 从元月21日起，开展整治机动三轮车非法行为联合执法行动，截至12月30日，查扣474台，主动上交36台。机动三轮车非法行为得到有效遏制。路政执法，创新公路管养举措，实行公路管养联勤联动，发动群众监督，加大对超限运输的处罚力度，综合整治道路环境，维护路产路权。

【港航管理】 全年组织安全检查92次，参检323人次，检查各类船舶354艘、客渡码头116座次、乡镇管船站25个次。完成航次201个，安全运送旅客5400人。春运期间，旅客投诉事件与水上交通事故均为零。

【公路养护与管理】 截至12月，自贡市荣县公路段完成S305线省道公路路面使用性能指数PQI80.1、优良路率77.1%。及时完善、更新桥梁基础数据库。保持省道305线自荣路风貌整治成果，并将S305线公路纳入养护常态化管理。深入开展“平安公路”创建活动，4－10月开展“安康杯”竞赛活动，完成S305县锁江桥、长山大桥危桥整治工程。县公路养护段完成：100.95公里泥结碎石路面加沙354.19万平方米，加水982.43吨；沥青砼路面149.17公里、水泥砼路面58.28公里，清扫保洁976.86万平方米；清理水沟、线型1848.24公里；清理沉沙池1276个次；清理涵洞3345道次；清理维护桥梁579座次、防护设施（标志标牌、示警桩、防撞墩、波形护栏等）40次。实施生态绿色公路建设，清除枯、死、危树702株，行道树剃枝308.4公里。站房维护投资4.2万元。坑槽手摆片石修补4.54万平方米，碎石修补9.76万平方米。清理水毁塌方1286立方米；沥青灌缝27公里。交通量调查2次，路况调查19条线路3次；采备防洪沙2980立方米。更换安装公路养护管理公示牌、桥梁养护管理公示牌36块。贯彻落实《荣县农村公路养护与管理实施办法》，强化监管和检查，督促养护责任单位加强道路日常管护。投入600余万元，实施自犍路新桥至东佳段、威荣路荣县至墨林、留乐路留佳至仁和、荣复路、观新路、荣牛路等县道的小修维护，实施荣溴路、自犍路、留乐路等路段水毁整治工程。全面完成井荣路中修养护工程前期准备、公路路侧护栏调查摸底上报工作，实施省厅下达2014年91公里的路测护栏建设工程。参与全省道路安全综合整治攻坚年活动，强化道路桥梁安全隐患排查和危病桥整治，全面完成省道S305线锁江桥和长山桥的危桥整治任务。

【公路建设】　年内，内威荣高速公路路基工程完工。完成旭阳镇溢洪道桥至同心段5.21公里应急保畅大修工程，完善标志标牌，安装波形防护栏1900米，投入整治资金1500余万元。双石至高山连乡公路整治工程，全长10.77公里，总投资2461余万元，7月初开工建设，截至12月完成路基工程。实施重要乡镇连接公路路面改善工程，正安至墨林段5.6公里，投资1100万元，于9月开工建设；正安场镇改线工程，长830米，总投资500余万元。重要乡镇连接公路路面改善工程荣宜路10.04公里和新农村示范片路面改善工程望董路2.94公里，项目投资1005万元，6月开工建设，12月底完工。实施观山、东兴、鼎新镇村道公路15.6公里建设，总投资380万元。完成河口镇刘家嘴、桥坎上渡改桥建设工程。玉章中学渡改桥工程正在施工中。

【争取项目资金】　编报2014年交通建设项目建议计划，填报水毁通乡通畅和通村通畅项目。国道348提升改造项目获省厅批准。争取到上级计划补助资金7530万元，年内到位3186万元。

【运输服务】　发展城区路网，优化公交车线路和站点布局。年审货运车2176辆、客运车176辆、出租汽车80辆、城市公交车32辆、客运人力三轮车240辆，新增货运车258辆，报废新班线客运车13辆，投入人力客运三轮车160辆。及时调整1路、3路、5路公交线路，满足新城中学校师生乘车需求，有效缓解城市交通运力不足和交通拥堵问题。

【交通执法】　依法治理及规范交通运输市场秩序，开展“打非治违”“六打六治”工作和集中整治三轮车非法营运专项行动，查扣非法营运三轮车474辆（截至12月30日），查处野的87辆次、两轮摩托车15辆次、货车35台次、其他非法营运行为220余次。整合路政执法力量，实行公路管养联勤联动，发动群众监督，加大对超限运输和破坏路产路权行为的打击力度，路政巡查制发《整改通知书》4份，处理建控区内建房2起，出动上路巡查执法人员960人次，收取公路路产补偿费9.72万元。超限治理上路执法人员1425人次，检测货运车辆4.39万车次，劝返4150台次，卸载17辆。总卸载转运量31吨。完善对水上交通安全的宣传、监管和应急救援机制，组织安全检查92次，参检323人次，检查各类船舶354艘、客渡码头116座次、乡镇管船站25个次，发现隐患及时整改，实现水上交通安全“零死亡”目标。

【安全监管】　全面落实安全生产责任体系，坚持责任追究制度。强化行业监管，面向一线，按照“四不两直”要求，不定期深入到码头、渡口、车站、重点工程、企业检查督促指导，确保安全。开展安全检查和隐患排查治理工作，水上交通安全检查90余次，道路运输安全检查220余次，公路桥梁检查40余次，排查出各类隐患40余处，全年投入隐患整治资金400余万元。

（杨　畅）

邮　政

【简况】　2014年，县邮政局内设综合办公室、市场经营部、监督检查与安全保障部3个职能部门和金融、电商分销、发投网运3个专业中心。城区设邮政及金融服务网点4处、邮政报刊亭20余个，农村邮政金融网点36个和邮政委代办网点15个，员工282人。全年实现业务总收入5941.33万元，比2013年（下同）增长12.1%，列全省县局排名第20位，上升3位。

【业务发展】 全年邮务类收入891万元，增长10.54%，全省县局排名30位，上升4位；代理金融收入4647万元，占总收入的78.24%，增长11.17%，全省排19位，上升1位。代理分销速递收入140万元，列全省第20位，上升1位；分销业务全省排名第7位，上升2位。

【网点建设】 加快网点建设，装修改造金融网点11个，新购营业网点4个。全县改造网点营业面积，由原平均65平方米增加到平均110平方米。完成国家邮政局交办的空白乡镇建设2处，村邮站建设17处，精品网点签约160个。新增自助机具3台ATM/CRS，全县ATM 15台。

【提升服务质量】 改善服务，建章立制，全面提升邮政通信服务质量水平，促进管理工作制度化、规范化。加强对营业、投递KPI指标和邮件全程时限指标管控，重大责任投诉为零。

【荣誉】 创建市级巾帼文明岗2个。

（县邮政局）

电 信

【简况】 2014年，中国电信股份有限公司荣县分公司下设本部、东南营销中心、西北营销中心，本部辖综合组、销售渠道组和政商校、旭阳、城郊、河西4个分局，东南营销中心辖双石、高山、乐德、附城4个支局，西北营销中心辖长山、新桥、双古、留佳4个支局，公司员工87人。截至12月，有固定电话用户5.93万户，宽带用户4.35万户，天翼手机用户7.92万户，电信电视用户1.94万户。业务收入持续增长，市场份额稳步提升。

【渠道发展】 围绕“情系客户、情系员工，加快发展方式转变”主题，推进服务，全面提升用户感知。全年新增宽带用户4766户、天翼用户1.59万户。突破核心商圈和开放渠道，加快实体渠道功能转型，新增专柜66个、专区7个。

【网络建设】 县基站规模128个，通过网络优化和技术更新，通话质量和覆盖范围有较大幅度提升，全县C网信号实现基本覆盖，开通基站4个，在建基站4个。推进宽带设备建设和更新换代，满足市场需求，尤其是部分农村偏远地区宽带需求。建设光网城市，进行FTTX网络改造，开展全光迁转，新城宽带用户100%迁转为光纤，乡镇迁改98%。全县宽带达标率提升到98.85%。

（电信荣县分公司）

移动通信

【简况】 2014年，中国移动通信集团四川有限公司荣县分公司，是中国移动自贡分公司的分支机构。公司下设网络部、综合部、政企客户部、职能管理室和城区、高山、长山、新桥、双石、度佳、双古7个支局及桂林街自办厅。年内，围绕移动公司“转型发展年”，加强责任营销。截至12月，业务运营收入1.69亿元，较2013年增长9.2%。移动用户24.85万人，4G用户1.55万人。

【客户服务】 公司为全县1200个单位提供通讯顾问服务，涉及集团客户成员4.4万人。为政企单位提供优质高效信息化服务，参与各单位项目建设，投资2000多万元。涉及项目有效能监控、透明厨房、平安乡镇、平安旅店、远程教育、数字城管及煤矿人员定位等。

【获奖】 公司获自贡移动2014年度新闻信息宣传工作先进单位，公司政企客户部、网络部获自贡移动先进集体。

【网络建设】 推进具有民族知识产权的TD-LTE 4G网络基础建设，全年建成4G基站183个，实现主城区、重要干道、旅游景区、27个乡镇等区域全覆盖。

（曹旭红）

联通通信

【简况】 2014年，中国联合网络通信有限公司荣县分公司组织机构调整为以区域营销为主，设置旭阳、双石、长山、集团客户4个营销中心和综合部。公司推出“沃”品牌，分别面向个人、家庭、商务、青少年四大客户群体，建立涵盖所有创新业务、服务的五大业务板块：沃·3G、沃·家庭、沃·商务、沃派、沃·服务。以客户为中心，提供差异化全方位通信、互联网业务等服务。全县有渠道合作营业厅59个，城区设大卖场3个。

【网络建设】 公司网络全县覆盖率99.5%。截至年底，建有2G基站190个，3G基站增加到160个，4G基站建成51个。城区实现完全网络优化及覆盖，各乡镇全面完成村村通工程。

【客户服务】 中国联通一切以客户为中心，侧重客户体验，针对全业务客户，基于客户端设计各渠道及各业务产品服务内容及服务标准，根据客户核心价值及兴趣爱好提供特色服务。全面提高服务质量，设有集团客户服务部、星级客户服务部、营业厅客户服务部、直销组服务、全天候值班热线系统，满足客户日益多元化需求。

（徐　洋）

城建 · 环保

CHENG JIAN · HUAN BAO

城乡建设

【城乡规划】 2014年，县城总规调修方案通过省住建厅专家复审，修改完善后按程序报批。按照“北控东扩南移”城市发展思路，完成控规编制，完善旧城、河东片区控制性详细规划设计方案。启动双溪生态旅游小镇规划，通过与市规建住房局、规划设计单位对接交流，按照县内方案评审及建议意见进一步修改设计方案。结合总规编制城区市政管网规划，正式启动城区市政管网规划编制工作，规划编制范围为总规规划覆盖范围。确定市规划设计研究院为城区市政管网规划编制设计单位。完成长山、双石、留佳3个镇规划调修与新村规划编制10个。

【规划管理】 严格执行行政许可法、城乡规划法，依法办理“一书两证”。在项目规划、选址时，严格执行城市总规要求。在项目建设、方案设计、审查时，严格规划设计条件，遵守国家强制性规范要求及《自贡市规划管理技术规定》。全年核发县城区建设工程选址意见书1份、建设用地规划许可证2份、建设工程规划许可证71份、乡村规划许可证21份。

【村镇建设】 铁厂镇、高山镇、东兴镇、观山镇、金花乡、雷音乡、古佳乡、于佳乡、复兴乡、墨林乡总规编修经规委办审查，按程序报批。长山镇总规划调修程序在报批中，双石镇总体规划通过规委办审查。启动编制村级规划，涉及长山镇得胜村和高松村、双石镇蔡佳堰村、鼎新镇学堂村、铁厂镇山王村、幸福美丽新村。2014年新村基础设施建设，省专项补助1000万元。调修编制长山镇镇区总体规划，上报审批。细化安排项目并组织实施全年省下达百镇试点专项资金1000万元，其中：城镇风貌改造及绿化705万元，垃圾中转站、公厕建设295万元。完成人和大道规划设计，采取BT模式招标。调修编制双石镇镇区总体规划，上报审批。省下达百镇试点专项资金500万元，截至12月，编制新建长冲村道路、供水排水管网改造实施方案。

【危房改造】 向上争取资金项目支持，整合资源，加快危房改造。截至年底，完成农村危房改造2358户。

【违法违章建设查处】 9月，集中整治非法占地及违法建设，成效显著。全年调解各类纠纷200余起，接待群众来电来访300余次，收到信访150件，回复率100%。拆除违法建筑1.16万平方米。

【棚户区改造】 完成东街棚改电磁厂点棚改项目，投入1250万元，改造拆除旧房7400平方米，开工建设住房43套。实施旭阳镇旭东综合市场棚改项目，前期投入100万元，征收各类房屋9000平方米，启动80户国有土地上房屋征收与补偿征收工作。实施转接2013年光明路棚改项目，开工建设住房205套。启动锁江桥棚改项目，签订征收补偿协议40户。完成来牟南安街棚改35户，拆除2200平方米，建设住房35套；于佳乡正街拆除3430平方米、占地0.4公顷，改造建设住房77套。西门桥头棚改项目完成第一期房屋征收，货币补偿安置营业房和住宅18户，拆除旧房2625平方米，收回土地0.27公顷。旭阳镇东街、附东街棚改项目，完成初步方案。蓝帝大道瑞安机械厂工矿棚改项目，方案待审批。

【市政建设】 推进城市公园建设。白塔山公园投资500万元，总用地面积13.33公顷，一期工程完工；植博园工程投资1200万元，总用地7.33公顷，项目按规定程序确定施工单位；开工建设星河公园，市星河房地产开发公司投资3550万元。创建省级园林县城，开展县城绿化专项规划前期工作。完成乐自高速公路荣县城区连接线和内环路及相邻支道景观绿化工程15万平方米、县城梧桐水街绿化面积1.9万平方米。

【勘察设计】 截至12月，完成建筑工程设计57个，建筑总面积11.24万平方米，施工图1375张。

【招标投标管理】 工程项目招投标备案78个，审查备案施工合同69份、15.58亿元。工程项目招投标现场监督101个，中标金额18.65亿元，其中：公开招标项目24个，中标11.19亿元；邀请招标项目17个，中标7.13亿元；比选及竞谈等项目60个，中标3342万元。

（县城乡规划建设和住房保障局）

工业园区建设

【简况】 2014年，推进征地拆迁工作，工业园区平整场地66.67公顷，新引进项目5个，建成投产项目5个，新开工项目5个。主营业务收入113.7亿元，总产值120亿元，其中规模以上企业总产值116.98亿元；固定资产投资入库10.59亿元，招商引资项目8.76亿元。引导企业向园区集中度比2013年提高5个百分点。截至12月，建成工业园区核心区3平方公里。

【民生工程】 办理：城市低保474户、976人；新、老保险647人，老年银龄保险55人，小额人身保险2610人；失业证204人，年审854人；失业保险572人；廉租房租金补贴272户、15万元，解决廉租住房实物配租245户。落实公益性岗位132人；医疗救助和临时困难救助672人，救助资金108万元；给予残疾人“量体裁衣”个性化服务525人，为72名重度残疾人发放护理补贴5.47万元。

【工程建设】 年底，旭水大道（内环路）B标段建成交付使用，A标段2条相邻支道和主线全线贯通。东川大道（外环路）及相邻支道东标（工业园区段）除拓展北路、桑树湾路外，其余路段全面完成。玉章大道（乐自高速公路荣县城区连接线）及相邻支道绿化工程基本完成。第五期安置房项目6万余平方米，基本建成；第六期安置房15.7万平方米，开工建设，完成投资800余万元；第七期安置房建设项目33.12万平方米，办理相关手续。400余名无房户、2000余名失地农民和4000余名师生分别先后入住廉租房、安置房和新一中学校。

【领导名录】 党工委书记：冯永志；主任：曹勤华。

（吴岷钟）

城市管理

【综合治理与专项治理】 2014年，以治理

"五乱"为重点，规范城区秩序，改善人居环境。强化城区主要街道、广场、旅游景点和重要节点冒口占道、游买游卖、乱停乱放重点治理，对无证经营游摊实施取缔或疏导。执法人员实行划片包段、错时上班、分班轮值，对重点区域进行不间断值守和巡查。截至12月，处罚占道经营418人次。对城区夜市摊点进行调查摸底，分类统计；举办夜市食品安全培训，加强监管；初步规划夜市摊点布局。多次会同文体广新局等部门，对公共广场秩序进行专项整治。取缔占道经营、游摊游贩，对拒不整改的，按照相关法律法规清除其物品，对擅自占用广场摆摊商贩，查处率100%。从严审批广场各类宣传活动，疏导劝解在广场上活动的市民自觉控制时间和音量，规范自身行为。

【环境卫生专项治理】 以治理城区暴露垃圾为重点，提高清扫保洁质量。对新老城区、双溪水库80.9万平米街面及人行道坚持每天普扫2次，实施延时保洁，多功能洗扫车每天从7点开始巡回洗扫城区主街大道，日清扫道路面积45万平方米。城区生活垃圾清运，责任到人、定点收运，日清运垃圾120吨。坚持每天早、中、晚洒水降尘，每半月冲洗一次街道、人行道和路沿石，城区扬尘得到有效控制。对3家渣土运输公司进行年审，将131台渣土运输车辆由原来的盖板改进为自动软篷全密闭覆盖系统，有效杜绝车辆冒载、抛撒扬尘现象。查处城区过往车辆未采取封闭或篷盖运输、沿途撒落等违规行为。全年教育违规车141辆次，处罚违规车38辆次，罚款5.7万元。投入25.4万元，新增垃圾桶530个、人力三轮车20辆。对投放的400个果皮箱、103个垃圾柜、1300个垃圾桶进行定时清洁、消毒、除臭。维修果皮箱100个、垃圾桶200个，环卫设施完好率96%。

【园林绿化管护】 实施园林绿化专项治理，加强对城区主街大道7600余株行道树和10万余平方米绿化带经常冲洗、浇水。投资28.7万元，实施城区春节、国庆节鲜花摆放工程。接收新城1号、2号、3号转盘，荣州大道三段，36队转盘和旭阳药业至旭水大桥行道景观绿化改造工程2.8万余平方米绿地管护。修剪城区绿化带10次，清除绿化带杂草12次，清运修剪枝叶180车次、杂草120车次。清除城区绿化带枯枝、死树25株，扶正歪树18株，修补花台30余处，病虫害防治4次。

【市政设施管护】 开展户外广告牌匾、霓虹灯专项治理，城区亮化得到提升。维护维修城区路灯4228盏，更换整流器920个，修复被盗电缆690余米、线路短路30余米。加强基础设施管护，清掏城区下水道4.26公里，维修人行道小方地砖2260块，更换沟盖板96块。定期巡查城区桥梁、堡坎，发现问题，及时处置。对户外广告、店招店牌、标识牌进行摸底调查和统计。加强户外广告巡查治理，取缔未经批准设置、破损的户外广告、牌匾，清除主街大道、背街小巷"牛皮癣"、喷涂广告。拆除城区软体广告和墙体广告89幅，清理乱拉广告横幅、乱摆牌匾970幅（块），清除"牛皮癣"8000余张。

【市场管理】 强化辖区市场规范化管理。开展市场秩序和卫生治理，基本做到座商归店、商品归区、车辆归位、广告归栏、垃圾归桶与日产日清。清理和规范流动商贩占道经营70余处，纠正和规范非机动车停放680余辆，新增垃圾桶、垃圾筐20余个，清除市场卫生死角垃圾42吨。完成南华宫市场排危工程建设。开展春节、五一、国庆等节日期间辖区市场安全大检查，实现标准化管理。

【项目建设】 完成亮化美化建设工程，环城东路、大佛路、南干道、蓝帝大道、新城主干道在春节期间悬挂灯笼，投资45.52万元。创新城市管理方法，数字化城管平台完工投入试运行。城南综合市场BT改建工程全面启动，总投资1160万元。截至12月，老城破损道路、下水道改造一期工程和新城人行道改造一期工程完工。

（兰　鑫）

建筑管理

【建筑施工管理】 全年审核建筑工程施工许可证69份，面积86.35万平方米；与建筑业企业签订《2014年建筑业企业计划生育管理责任书》13份、《2014年度建筑安全生产目标管理责任书》13份；办理竣工验收备案书68份。办理《建设工程安全文明施工措施评价及费率测定表》30份，出具《房屋安全鉴定报告》80份。首次办理劳务分包企业1家。处理民工工资拖欠信访25次。

【质量安全管理】 新增受监工程71个，上年接转工程86个，总建筑面积223.6万平方米，其中：房屋建筑工程149个，市政基础设施工程8个；竣工验收69个、43.2万平方米，受监工程质量合格率100%。

（县城乡规划建设和住房保障局）

房地产管理

【房地产业开发管理】 县内新开工商住小区有“鸿阳·水湾半岛”“天宇·财富中央”“星河公园”等项目，续建“远达·荣州上城”“鼎创·中央公园”“星河大道”“美吉特科技博览城”等项目，新开工商品房39万平方米。全年完成固定资产投资8.54亿元，商品房屋销售面积13.97万平方米。招商引资项目4个，资金任务项目到位市外资金14亿元，其中：固定资产投资类4亿元，到位省外资金8000万元。完成项目到位市外资金15.2亿元，其中：固定资产投资类6.2亿元，到位省外资金3.42亿元。

【商品房预售管理】 全县办理预售许可证24宗，面积33.2万平方米，其中：商业用房6.8万平方米，住宅26万平方米，车库4000平方米。网络签约3678份。

【房屋登记】 受理各类房屋登记2.1万件，办结率99.9%。实现房屋手续费收入500万元、档案查询收费20万元、房屋登记费收入270万元、协税5100万元，房屋抵押价值30亿元。

【住房保障】 五期廉租房250套续建项目在建设中，六期廉租房完成主体施工200套，公租房竣工验收400套。新开工建设公租房任务700套，截至12月，古佳、踏紫、留佳3个学校确定招标代理机构，其余学校与2户企业完成方案评审、初步设计等前期工作，驰宇盐品等进行选址调整。对城镇住房困难家庭实施保障，历年发放住房补贴17.44万户次，保障面积68.8万平方米，补贴资金1441.1万元。年内，按照《荣县廉租房实物配租管理办法》，实施抽签分配，旭阳镇二期、三期、四期291套廉租房于5月进行，河西新区管委会二、三、四期245套廉租房于8月进行。建立保障性住房信息管理系统并投入使用，实行保障性住房电子信息化管理。

【白蚁防治】 完成全县农村房屋白蚁危害普查，调查农户200户、2.5万平方米。签订白蚁防治合同171份，合同防治面积104万平方米，施药面积38.5万平方米，收入210万元。

（县城乡规划建设和住房保障局）

环境保护

【简况】 2014年，建成县自来水公司空气自动站，城区环境空气质量达到国家二级标准，为305天。全县声环境质量保持稳定。组织编制《越溪河（荣县段）污染综合治理总体方案》，双溪水库库周农村环境连片综合整治项目完成验收。推进蓝天、清水、绿地、宁静、利废五大行动，建成双石镇、望佳镇2个省级生态乡镇，完成乐德镇、双古镇、过水镇、来牟镇、鼎新镇、墨林乡、东兴镇7个省级生态乡镇申报工作，建成过水镇刘家庙、夜合、卢家山、回龙殿等市级生态村41个。

【环保宣传】 开展第43个世界环境日宣传活动，设点组织主题为“向污染宣战”的纪念世界环境日宣传，悬挂横标32幅，布置展板3块，发放资料1.16万余份，接受群众咨询530人次，向全县30余万移动手机用户发出公益短信。结合科普宣传周活动，实施到学校、社区利用图片和环保知识传单开展环境保护法制宣传教育。举办新《中华人民共和国环境保护法》和最高人民法院、最高人民检察院《关于办理环境污染刑事案件适用法律若干问题的解释》培训，受训80人。结合首个国家宪法日宣传活动，举办全县乡镇分管领导和企业负责人参加的新环保法宣传培训。组织全县医疗卫生机构进行医疗废物处置专题培训，发放宣传资料2000余册。

【行政审批】 严格依照《中华人民共和国环境影响评价法》《建设项目环境保护管理条例》等法律法规，受理、办理各类事项，严格执行限时承诺制度。截至12月，审批建设项目环评文件131个。大中型建设项目“三同时”执行率100%，小型建设项目“三同时”执行率95%。

【环境监测】 全年完成监测项目：城区空气质量，地表水（旭水河、越溪河）水质，城市集中式饮用水源地双溪水库水质，乡镇集中式饮用水源地上水质，城区降水、降尘和硫酸盐化速率。发出监测报告98期，报出数据5820个。实施旭水河出境考核断面叶家滩水质监测与旭水河流域相关乡镇跨界断面水质监测。发出监测报告12期，报出监测数据216个。配合环境管理，实施监督与监测项目：污水处理厂等重点污染源企业、建设项目环评现状、项目竣工环保验收、污染纠纷调查仲裁。发出监测报告197期，报出数据6852个。年内，编报环境监测简报（环境监测政务信息）19期（条）、环境分析技术报告5期，全县环境质量状况公报1期。

【环境监测站建设】 县环境监测站监测能力和申报监测项目，经省质量技术审查评价中心实验室资质认定（计量认证）评审专家组技术评审，通过各项考核。5月9日，省质量技术监督局同意批准核发省实验室资质认定（计量认证）证书。

【噪声管理】 高考期间，发出“两考”禁噪通告300份，坚持24小时领导带队值班制度，每天安排2名执法人员到现场巡查，畅通12369环境投诉热线。现场解决噪声污染事件4件。

【污染治理】 编制《越溪河（荣县段）污染综合治理总体方案》，该方案纳入全省重点流域污染治理项目库。编制《小井沟水库饮用水源保护区划分技术报告》，完成2013年城市环境综合整治定量考核。开展2010~2013年中央农村环保专项资金绩效评价和2013年环保专项转移支付项目绩效评价；2012年度双溪水库库周农村环境连片综合整治项目，经省财政厅、环保厅验收合格。

【饮用水源保护】 严格执行对饮用水源保护区巡查制度，保证监测频次。对乡镇集中式饮用水源地水质状况进行摸底调查，形成乡镇集中式饮用水源评估报告。开展污染隐患排查，整治乐德红光水库、观山金银桥水库、双河水库饮用水源保护区污染源，消除安全隐患。依法搬迁正紫镇反修水库饮用水源保护区生猪养殖场，确保群众饮水安全。推进双溪、小井沟水库饮用水水源地生态功能区保护和建设控制。编制上报《小井沟水库饮用水水源保护区划分技术报告》。协调境外污染防治，停止仁寿华腾焦化项目，督促越溪河上游跨境市县对场镇生活污染、农村面源污染和畜禽养殖污染进行综合治理。推进双溪水库库周农村环境连片整治，43户地质灾害户制订出搬迁方案，落实搬迁安置用地和资金。实施双溪水库一级保护区陆域生态恢复和生物隔离设施工程，即经果林改生态林20公顷，建设生物隔离带5平方公里。完成双溪水库饮用水源保护区规范化建设。双溪水库饮用水源达标率100%，21个乡镇集中式饮用水源达标12个，达标率57.1%，居全市第一。

【排污费征收】 完善排污费征收管理系统，全面完成排污申报登记和数据审核汇总，严格执行排污费征收政策，全年完成排污费入库272万元。

【环境监察】 完成2015年度排污申报工作，对150余个企业和单位进行业务培训。12月3日，县环境监察执法大队标准化建设通过省厅验收。

【行政执法】 发出限期改正环境违法行为决定书60余份。依法对县捷顺电碳厂超标排污行为实施行政处罚，罚金1万元。自贡市瑞安机械有限公司超标排污，处罚3万元。自贡市海鹰瓷业有限公司、四川旭阳药业有限责任公司未按规定设置排污口，分别处罚2万元。对城区燃煤企业进行煤改清洁能源10户。加强污染整治，断电停产塑料加工厂9户、蕉藕加工厂4户。

【减排工作】 加强减排项目监管。与企业沟通，科学管理污染治理设施。做好减排资料的收集、整理及现场核查迎检工作。从严、从细收集减排企业提供的各类资料，现场指导企业整理，制作彩色图片360多张、PDF模式材料4870多页，包装纸制材料82本。全年完成工业企业减排项目6户、畜禽养殖减排17户、城镇（乡镇）生活废水减排项目13个。

【环保产业】 调查自贡驰宇盐品有限公司、县污水处理厂、县环境监测站等15个单位环保产业，涵盖环境保护产品、环境服务、环保工程建设和资源综合利用四大类环保产业发展现状、行业经营状况、结构规模、技术水平和市场供求等。

（王　蓝）

商贸·旅游

SHANG MAO · LV YOU

商贸

【简况】 2014年，调整提升商贸服务业，打造特色区域性商贸中心。城乡集市贸易成交可观，物流业发展，新增限额以上商贸企业和规模以上服务企业17户，电商销售模式不断扩大。全年服务业增加值44.5亿元，比2013年（下同）增长8.5%；全社会消费品零售总额61亿元，增长12.6%。全县限额以上单位47户，个体户12户，限额以上销售额22.88亿元，占全社会消费品零售总额的37.6%，提高3.3个百分点。实现自营出口额510万美元，增长65.6%。

【项目建设】 截至年底，固定资产投资完成1.5亿元。对县内2014年重大项目进行跟踪服务：荣州现代物流园项目详细规划获政府审批，完成投资800余万元。翠湖大酒店改扩建工程，双溪湖水源保护区调整方案定稿，按程序上报审批，酒店规划设计方案在进一步修改和完善中。岚湖酒店改扩建工程，酒店环评通过评审，完成用地基础平整，工程完成投资200万元。新城天宇五星级酒店建设项目，酒店设计方案通过规委会审批，工程投资1000万元。

【社会消费品零售额】 加强社会消费品零售额信息采集、分析，进一步和限上企业建立联系机制。加大限上商贸企业培育和清理力度，鼓励有发展潜力的个体户注册为独资企业，最大限度提高限上占比。动员、鼓励工贸一体企业成立独立销售公司，拉动全县社会消费品零售额增长，巴尔公司、绿茗春、俊鸿鞋业等企业均入统，全县入统限额以上企业53家。

【服务业发展】 截至12月，县服务业发展专项资金增加到150万元，用于支持和鼓励服务业项目建设及各项补助、考核、奖励等。凡工商注册、税费解缴、统计在县内的交通运输、仓储物流业，商品及货物批发、零售（含电子商务），住宿、餐饮业，文化、体育、旅游及娱乐业，租赁服务、技术服务、物业管理等法人企业，均属专项资金支持范围。

【外贸出口】 争取上级项目资金支持，引导全县企业实现出口总额510万美元。重点为自贡市俊鸿鞋业有限公司提供业务指导和政策帮扶。协助大农和等5家商贸企业办理对外贸易经营者登记，指导23家获权企业开展对外贸易业务，推动企业间接出口转化为直接出口。

【规划编制】 围绕科学发展服务业，编制《荣县商业网点规划》《荣县城区农贸市场规划》《荣县商业业态规划》。

【农家购物中心建设】 前期摸排调查新农村建设示范村12个，保华镇红豆等村完工4个。经联系重点商贸流通企业县惠友商贸有限公司，搭建各村与企业交流平台，公司确定在年内于双石镇长冲村和长山镇五通村进行农家购物中心建设。其余10个村根据自身情况分别公开招标，确定农家购物中心进驻商家。

【对外交流】 组织全县30余家企业参加“西博会”“商博会”“广交会”“旅博会”

等，签订合作协议80余个，现场产品销售额30余万元。

【服务业培训】 申报成功四川省2014年度家政服务员培训项目，获项目扶持资金10万元。分3期培训100人，并安排学员就业，签订相关劳务合同书。

【商品促销】 举办“2014年四川·荣县迎春购物月”活动、魅力荣县·旅游商品博览会、荣县大佛文化旅游节商品展销会、荣县金秋美食暨商品展销会，组织限额以上商贸企业参与，实现销售收入900余万元。

【茧丝绸管理】 开展四川省鲜茧收购资格证书和缫丝企业生产准产证年度复审。全年出动100余人次，维护春茧、夏茧、秋茧收购秩序。

【市场监管】 推进全国市场监管公共服务建设试点县发展，县商务和旅游局与巴尔农牧集团、绿茗春茶叶有限公司、大农和等重点商贸企业建立市场监测联系，加强猪肉、蔬菜、生活用品供求。推动“农超对接”，引导大型农副产品生产基地与大型超市签订产销直供协议，减少流通环节，降低农产品成本。

【乡镇市场建设】 实施乡镇农贸市场新建改造升级。鼎新镇、观山镇俊先、雷音乡3家农贸市场改造项目全面竣工，通过验收投入使用。

【肉品专项治理】 3月1日至5月1日，开展打击私屠滥宰和注水肉等违法行为专项整治，重点打击私屠滥宰行为、严格生猪屠宰检疫、严禁销售证章不全肉品、杜绝不合格肉食品流入加工餐饮环节等，私屠滥宰等违法行为得到有效遏制。工作人员到现场监管生猪无害化处理，有效避免病害猪肉流入市场。出动执法人员120余人次，开展生猪定点屠宰执法活动。

（邹先荣）

旅　游

【简况】 2014年，加快建设文化旅游目的地，成功举办“旅游卫视·最美中国·荣县大佛篇”活动，梧桐水街、双石国家级乡村旅游示范区观光园建成投入使用。5月，为共同打造巴蜀佛教文化旅游黄金区，让荣县大佛融入巴蜀佛教，荣县与峨眉山、乐山、重庆大足、安岳、遂宁一起签订《巴蜀佛教旅游景区联盟战略合作细则》，形成二省五市（县）佛教旅游联盟。截至年底，全县旅游总收入41.21亿元，比2013年增长18%；接待国内游客288.36万人次。

【星级农家乐培育】 完善金台温泉度假村项目、观音寺乡村旅游开发项目。争取到国家、省级便民一刻钟服务、荣县大佛等项目资金680余万元。打造乡村生态旅游，培育春林山庄、祥禾度假村2家三星级农家乐。截至12月，全县有星级农家乐6家，其中：金台第一山庄为二星级农家乐，高石梯、月亮湖和竹雅斋为三星级农家乐。

（邹先荣）

供销合作

【简况】 2014年，县供销社系统有企业16个，其中：基层供销社6个，社属企业8个，新加盟企业2个。全年系统经营服务总额5.8亿元，比2013年（下同）增加8%，其中：农业生产资料销售1.1亿元，再生资源回收额6260万元，农副产品收购额5680万元；利润总额486万元，增长12.2％。

【发展与规范专合组织】 采取新组建和引进方式，发展县兴宇中药材种植、鼎新皓健小龙虾养殖、永盛果蔬种植、旭阳润兴果蔬种植专业合作社4个。采取重点指导和帮扶方式，规范县灯坡果蔬种植、双石蚕桑种植、香云蔬菜种植、金桥穿心莲专业合作社4个。截至年底，全县发展农民专业合作社32个。在组织发展中，注重产业特色、质量结构、经营管理运作模式建设。

【农村社会化服务体系建设】 在度佳、长山镇新建中药材基地2个，全县有示范基地7个，发展种植以柴胡、荆芥、草决明、砂仁等为主要品种的中药材1127公顷。年内，全部由专业合作社收购入库，当地种植户十分满意。围绕农业产业化发展，推进县级配送十乡镇配送十村级网点为主要形式的农业生产资料流通体系建设，规范和完善三级农资连锁店189个。为所帮扶的新农村示范片提供人员、资金、技术等多种服务和农用物资保障。支持过水镇文昌村、度佳胡家巷新农村建设，推进“挂包帮”帮扶工作，完成计划生育三结合及基地项目建设，提供实物和资金5000元，直接帮扶计划生育“三结合”户40户，其中：新增10户，联系15户，帮带15户，帮扶农村贫困残疾人8户。供销社引领的专业合作社向药农、果农及生姜种植户提供化肥2000吨、农药40吨、农膜50吨，为1333.33公顷中药材、水果、蔬菜种植户提供各种技术服务，接受培训农民5万人次。落实化肥淡季储备网点分布、储备管理利息补贴、奖惩，全年化肥储备3.26万吨，平抑物价与保证供应。各级供销社和农资企业采取银行贷款、职工集资等方式，筹集购肥资金2600万元，对接生产厂家和商家，疏通货源渠道，确保化肥供应货源足、品种齐、质量好、价格优。截至年底，供销社系统供应化肥6.65万吨，其中：碳铵2.24万吨，尿素1.88万吨，复合肥1.1万吨。组织基层供销社、农资企业进村入户，了解、掌握农民用肥需求，确定化肥采购储备总量和品种，并进行土样采集、分析处理，指导农户测土配方、合理施肥。为栽种再生稻提供资金10万元、化肥80吨。

【基层组织体系建设】 促进供销社向合作制企业转变，吸纳和增资500万元，组建过水嘉利达供销社有限公司，建成标杆基层供销社。新建基层社10个，创建星级综合服务社1个。

【项目建设】 组织企业涉农项目入库，制定项目申报程序。有11个企业及专业合作社进入全国供销总社涉农项目库，完成农业产业化经营项目1个，为市博晨农业有限公司4000吨肉食品深加工项目。龙头企业博晨农业公司依托发展养猪专业合作社3个，带动农户4000余户，实现从生猪养殖到肉食品深加工及直营、代理销售的产业一体化经营。

【构建新网工程】 完善农资连锁经营网络建设，指导基层供销社发展直营、加盟农资放心店，全面推行农资直供和保质监销，年底有农资直营、加盟网点380个。巩固和发展农村再生资源回收利用网络体系，严格实施规范经营，确保新建改造的回收站点存活率100%，经营额6600万元，增长26.9%。加快发展日用消费品经营服务网络建设，合理布局乡镇网点，建设配送体系，发展直营超市；设立村级加盟店，扩大农村连锁超市覆盖面，加快推进城乡一体化发展。建成“小超市、大连锁、小网点、大网络”格局，有直营加盟网点22个。全面推进农产品经营服务体系建设，依托农民专业合作经济组织，突出优势产业和特色产品，建立和扩大农产品标准化生产基地，全系统创建基地8个，培育农产品知名品牌4个。双贵马铃薯种植、腾龙生猪养殖、四海养鸡等专业合作社创新农产品流通方式，探索优质农产品直接进入终端市场运营模式，巩固和扩大与国内大型超市合作。

【产销对接】 引导与激励龙头企业发展，四川忆天香食品有限公司、自贡市博晨农业有限公司参加省、市供销社系统产品展示推介会，市博晨农业有限公司作为全市供销社唯一企业参加西部农副产品博览会，推进产销对接模式。

（余健康）

粮　油

【简况】 2014年，全县粮食系统所属国有及国有控股粮食企业，分别为国有独资企业县国家粮食储备有限公司、国有控股企业乐德粮油有限公司、新桥君恒粮油有限公司、长山粮油有限公司、县粮食局西门仓库。5个企业拥有固定资产原值2243万元，净值836万元；无形资产（土地）1957万元；有职工34人。局机关内设财会审计股、业务股、流通管理股、办公室，在职职工11人。企业实现盈利16万元。全县纳入粮食流通统计的粮食经营企业18户，其中：国有独资企业1户，国有控股企业3户，民营企业14户；纳入粮食流通统计的粮食经营个体工商户72户，连锁超市4户。

【粮食购销】 全县社会粮食收购6.89万吨，其中：小麦5493吨，稻谷5.69万吨，玉米6218吨，其他280吨。社会粮食销售9.98万吨，其中：小麦2.15万吨，稻谷7.69万吨，玉米1479吨。

【启动最低收购价预案】 启动全省2014年中籼稻最低收购价预案，要求执行时间为9月26日至次年1月31日。承担最低收购价收购任务的收储库点向农民直接收购到库价为：以2014年生产的国标三等中籼稻为标准品，每公斤2.76元，相邻等级之间等级差价按每公斤0.04元掌握。县内执行企业为中储粮县直属库、长山粮油有限公司（本部）。

【粮食仓储】 截至年底，全县社会粮食总仓容9.83万吨（不含上划中央储备粮成都分公司的王家坝仓容，含规模以上民营企业粮食仓容，下同），其中有效仓容2.86万吨。总仓容中，国有粮食企业仓容5.89万吨，其中有效仓容2.26万吨。省专项储备粮食和县级储备粮食，分别储存于国有及国有控股粮食企业。长山粮油有限公司具有省级储备粮承储资格。投入170万元，其中：省财政拨付简易建筑仓库维修资金52万元，省级财政拨付粮油质检监测建设资金30万元。分别用于乐德粮油有限公司仓储设施维修维护和长山粮油有限公司检化验设施设备。

【储备粮管理】 对代储的省、县级专项储备粮油，严格执行有关规定，各项账、卡、簿、表齐全，数据准确，填写规范，无挪用。全县储粮安全，霉烂、变质事故为零。在储备粮出库、补库、轮换时，严格按制度报批相关手续。98.5%的储粮应用地上笼机械通风、微机测温等技术、方法。承储省专储粮、县专储粮合符"一符、三专、四落实"要求，"一符四无"粮仓标准保持100%。

【粮食清仓查库】 4月11日至25日，组织实施年度县行政区域内5户国有及国有控股粮食企业库存情况企业自查和县级监督检查，以3月25日为检查时点。全县国有和国有控股粮食企业自查结果与县粮食库存检查领导小组监督检查结果一致，所有储粮仓间清查实际数与统计账差率在3%的规定误差内，粮食库存保管账、统计账，账账相符，统计账、保管账与实务库存账实相符，账务处理合符规定，不同性质和品种的粮食按规定进行专账管理和专仓储存，粮食库存管理符合政策要求。企业质量检验人员、检化验设施配置基本符合要求，各企业在入库中执行粮食国家质量标准，库存粮执行粮食定期质量检验制度，质量指标和储存品质指标符合国家相关规定；质量档案管理等方面符合相关制度要求。中央储备粮、省级储备粮和县级储备粮轮换执行相关规定。库区安全情况基本正常。库存粮食监督管理良好，储存粮食品质符合国家粮食质量和卫生标准要求，储存安全符合储粮技术规范要求，全县各类性质的库存粮食粮情稳定，没有出现发热、霉变等现象，库存粮食储存安全。库存粮食合符"一符四无"标准粮食占检查鉴定数100%。全县国有及国有控股粮食企业符合"一符四无"粮仓单位要求，管理仓储工作符合"一符四无"粮仓县要求。

【推广农户科学储粮】 全县实施农户科学储粮项目1500户，中央投资18.9万元，省级配套25.2万元，农户自筹18.9万元。确定高山、望佳、过水、保华、来牟、古佳为产粮大镇乡，36个村为2014年实施农户科学储粮专项镇村。根据省农户科学储粮项目规定，确定参与项目农户1546户。通过政府采购，确定自贡天祥有限公司为生产彩色钢板组合仓企业。产品经县质量技术监督局现场检测，县监察局等部门检查验收，确认质量合格。县粮食局按照项目要求，建立信息档案。编印农户科学储粮技术服务手册，指导参与项目农户学习并科学使用彩钢仓。对粮食收割、仓储、储粮害虫和微生物防治等环节，实施科学规范管理，合理应用科学储粮方法和储粮技术，改善储粮品质，降低储粮损失与损耗。

【粮食流通法规宣传】 组织《粮食流通管理条例》和《四川省〈粮食流通管理条例〉实施办法》培训和宣传，散发资料800余份，接受群众咨询280人次，向居民介绍优质粮油知名品牌2个，展销粮油产品9个，张挂横幅1条、宣传画4幅。推进"放心粮油"进社区，全县逐步形成粮油服务网络体系。

【粮食行政执法】 开展社会粮食流通市场专

项检查20次，出动执法人员49人次，检查粮食经营者90户次。在检查中结合实际，以教育为主，打击无证经营，规范经营者行为，粮油市场秩序稳定。

【粮食收购许可证办理】 截至年底，县粮食局为8家个体工商户核发粮食收购许可证，办理延期33户，更名3户，注销7户。

（艾　亚）

烟草专卖

【简况】 2014年，县烟草专卖围绕打造“娇子品牌培育”目标，细化管理，坚持发展，优化品牌结构，严规范、树形象，维护市场秩序，为零售户提供真诚、优质、贴心服务。

【卷烟营销】 全年销售卷烟1.42万箱，比2013年（下同）下降6.7%，占全市总销售比重17.5%；销售娇子品牌3283箱，增长4.8%，占全市娇子比重19.1%；销售一类娇子211箱，增长6.7%，占全市一类娇子销售比重13.3%。

【专卖执法】 与公安部门协作，开展日常市场检查，出动执法人员2380人次，查获销售假烟案375件，涉案卷烟5304余条、金额59.18万余元，打击处理涉烟违法活动，提高市场净化率。

（县烟草专卖局）

财政·税收

CAI ZHENG · SHUI SHOU

财 政

【财政体制】 2014年，省对县财政体制未作调整。调整部分税种分成比例。印花税、契税为市（州）、扩权试点县（市）固定收入，省不再参与分享。企业所得税，除按现行财政通知规定属于中央固定收入的企业所得税外，其余企业所得税为中央、省和市（州）、扩权试点县（市）共享收入，一般地区中央分享60%，省级分享14%、市（州）、扩权试点县（市）分享26%。即：企业所得税由原来分享的40%调整为26%；印花税由65%调整为100%；契税由65%调整为100%。县地方级留成比上年（下同）增加91万，调整后对县级收入无影响。比例调整从1月1日起执行。县对乡镇财政体制未作调整。推行乡镇基本财力保障机制试点，扣除年初纳入基本保障范围的基本财力，县补助各乡镇财力7635万元，增长11.51%。

【财政收入】 全县地方一般公共财政预算收入4.87亿元。税收收入3.63亿元，其中：增值税2450万元，营业税10991万元，企业所得税2474万元，个人所得税589万元，资源税979万元，城市维护建设税1303万元，房产税510万元，印花税538万元，城镇土地使用税464万元，土地增值税2127万元，车船税569万元，耕地占用税7425万元，契税5835万元。非税收入1.24亿元，其中：专项收入1633万元，行政事业性收费收入7997万元，罚没收入694万元，国有资源（资产）有偿使用收入543万元，其他收入1556万元。

【财政支出】 全县一般公共财政预算支出24.7亿元，其中：一般公共服务支出19964万元，国防支出24万元，公共安全支出10534万元，科学技术支出347万元，教育支出42025万元，文化体育与传媒支出3915万元，社会保障和就业支出41713万元，医疗卫生与计划生育支出39366万元，节能环保支出7816万元，城乡社区支出7149万元，农林水支出44495万元，交通运输支出8323万元，资源勘探信息等支出4088万元，商业服务业等支出878万元，金融支出19万元，国土海洋气象等支出1286万元，住房保障支出12583万元，粮油物资储备支出873万元，国债还本付息支出537万元，其他支出1081万元。

【财政平衡】 全县地方一般公共财政预算收入4.87亿元，上级补助收入19.15亿元，债券转贷收入4700万元，上年结余收入1.16亿元，调入资金5310万元，年收入总计26.18亿元。全县一般公共财政预算支出24.7亿元，上解上级支出1179万元，债券还本支出1650万元，从预算内调入政府性基金261万元，年支出总计25.01亿元。年终结余1.17亿元，结转下年支出1.17亿元。

【基金收支】 全县政府性基金收入3.49亿元，基金支出4.08亿元。截至12月，上级补助5990万元，从地方公共财政调入261万元，上年结余19971万元，基金收入总计6.11亿元。上解上级支出268万元，基金支出总计4.11亿元。年终结余2亿元。

【财政专户管理资金】 财政专户管理资金收入（教育收费）2089万元，支出（教育支出）1908万元。全年，财政专户管理资金收入2089万元，上年结余134万元，收入总计2223万元，减去支出，年终结余315万元。

【财政预算管理与改革】 实行年度收入目标考核。一是制定《荣县税收征管保障办法》。二是将县政府下达的年度财政预算收入任务落实到国税、地税、财政三部门和各乡镇，纳入县政府年度目标考核；全县非税收入目标任务落实到部门。三是开展税式支出测算。四是清理税收优惠政策和企业所得税税源调查。五是开展重点产品竞争力调查。向上级争取公共财政预算项目资金13.22亿元、均衡性转移支付资金总量3.64亿元。做好地方债券申报。推行乡镇基本财力保障机制试点，乡镇财政所规范化建设全部合格。对27个乡镇财政所管理考核，荣县在全省县区中排名第十。追减预算单位结余指标570.89万元，收回单位结余资金1030.64万元。完善财政供养人员基础信息，在县财政局门户网站公开上年财政预算报告、三公经费信息及2013年财政决算报告、总决算表。滥发奖金补贴专项整治：7月，自查清退钱物单位120个，清退资金817万元。12月，联合组成10个检查组，对5个县级部门和27个乡镇，前期乱发钱物问题整改落实和是否存在顶风违纪等情况进行督查，整改落实基本到位。对接受专项检查、审计检查中发现的问题进行整改，129个单位清退资金983万元。开展县级绩效评价项目5个，评价项目资金1925万元；省级绩效评价项目7个，评价项目资金5684万元。新预算法颁发后，利用各种形式宣传贯彻。

【财政国库管理与改革】 全县地方一般公共财政预算收入4.87亿元，比2013年（下同）下降8.79%。税收占地方一般公共财政预算收入比重74.48%，增长8.8%。基金预算收入3.49亿元，减少34.16%。国有资本经营预算收入4万元，减少85.19%。全县一般公共财政预算支出24.7亿元，持平；基金预算支出4.08亿元，下降34.71%；地方政府债券还本支出1650万元，下降47.62%。推进国库集中收付制度改革，做到单位、资金、账户、流程、区域、业务均完整。完善政府财政管理信息系统，规范资金支付流程，预算单位所有资金均纳入信息系统管理。全年纳入公务卡改革的预算单位219个，办理公务卡770张，137个单位实现刷卡消费199万元。4月起，取消财政国库支付中心的单位零余额总账户，开设预算单位零余额账户，移交授权支付业务。与县内7家金融机构完善清算协议，规范财政代收代管待结算资金支付流程。9月起正式将财政代管资金纳入财政信息管理系统中的“授权支付”管理。1月1日起执行相应会计制度，实行总分类账和明细分类账核算。预算执行实行网络动态监控，全年纠正和规范不合理开支1045笔、5687万元，拒付不合理开支173笔、154万元。规范金融机构财政性资金业务办理，明确县级预算单位零余额账户核算，坚持“收支两条线”管理不变。县财政年度决算在省集中汇审时，仅对一些补充表进行修改和调整，两套决算报表数据一致，受到省厅表扬。依托大平台和非税收入系统，加强财政预算收入管理。预防和治理乱收乱罚，规范部门和单位收缴行为。截至12月，通过非税收入收缴系统缴入财政专户10.43亿元。7月，完成上年度县本级权责发生制政府综合财务报告试编，指导乡镇财政试编。加强财政资金管理。12月，撤销超过规定数量开设的社保基金专户，及时上报省市财政部门。全面清理财政结余结转资金，全年收回结余指标和资金3650万元。清理和控制暂付款、暂存款规模，严格控制财政对外借款。年末，财政对外借款余额3.68亿元，年内清理回收6206万元、新增1.16亿元。开展财政基础管理年活动，清理过期过时制度，完善正在执行的制度，推进效能建设和精细化管理。财政国库支付中心日常业务管理，严格规范支出手续。为各单位提供网络和软件使用流程指导4250人次，审核票据和复核数据5100人次，提供会计核算业务指导1800人次。加强网络动态监控，严格报账现场监审。报账现场纠正不合理开支697人次、2052万元，拒付不合理开支387笔、557万元。规范行政单位会计核算，确保新制度实施。全年，县级部门在政府财政信息系统大平台实现资金支付43.42亿元：清算系统内资金29.67亿元，系统外支付13.76亿元。拨入乡镇资金2.56亿元，上年结余2536万元。乡镇实际支出2.72亿元，累计结余978万元。发放职工工资4.97亿元。

【行财社保管理与改革】 保障教育投入，总支出5.39亿元，其中：公共预算支出4.2亿元，基金预算支出1125万元，专户支出1908万元，社区（公租房）支出6970万元，社会力量资助1879.3万元。分类：教育助学5463.1万元，教育基本建设1.15亿元，教学设备购置1172万元，教育事业经费及其他支出3.57亿元。科技投入347万元。实施省市县重点科技项目20个，安排专项资金230万元。推广省级“无公害蔬菜生产技术创新集成与产业化示范”项目，科技兴农项目12项，投入资金20万元。申请专利38件，奖励论文14篇，金额7000元；奖励专著2部，金额2000元；资助专利28件，金额6.1万元。文化支出3937万元，其中：一般公共预算支出3915万元，基金预算支出22万元。落实计划生育奖扶政策，计生支出5685.24万元，增长12.08%，其中：落实农村计生家庭奖励1412.64万元，独生子女父母奖励347.95万元，独生子女特别扶助292.67万元，计生基本技术服务手术免费211万元，免费孕前优生健康检查69.6万元，免费婚检60.59万元，独生子女平安保险34.61万元，为343个村服务员购买意外伤害保险2.06万元，特别扶助户慰问金186.25万元，春节慰问特别扶助家庭和部分奖励扶助对象20万元，计生事业费3020.63万元。推进医药卫生体制改革，拨入乡镇总额2270.41万元，落实城镇居民医保和新农合财政补助政策，新农合医疗补助1.93亿元，城镇职工医疗补助7490.56万元，城镇居民医疗补助7040.38万元。村卫生室全部纳入基本药物制度实施范围，执行基药制度100%，零差率100%。提高公共卫生服务能力，居民健康档案56.7万人，建档率95.91%。城乡居民最低生活保障支出1.06亿元，保障5.12万人。城乡医疗救助支出1952万元，救助6.85万人。职业培训84.8万元，社会保险补贴271万元，公益性岗位补贴1244万元，高校毕业生就业见习补贴30.4万元，其他支出263.9万元。发放企业军转干部生活解困补助168万元；办理自主择业和企业军转干部、城镇职工基本医疗保险和补充医疗保险，缴纳保险费22.38万元；为企业军转干部、下岗失业人员办理养老保险，缴纳保险费19.4万元。春节、“八一”期间，发放慰问金12.6万元；

特困救助38人次，2.8万元。

【财政支农和经建管理与改革】 “三农”总投入9.34亿元，增长22.21%，其中：财政投入5亿元，社会自筹1.01亿元，整合资金2.79亿元，为龙头企业融资担保5400万元。扶贫项目2个，总投入4173.33万元；支农项目28个，总投入3.01亿元。财政补贴9项，1.1亿元。乡村道路建设项目7个，总投资8159.2万元，新修和整治乡村公路50.99公里，护栏建设92.9公里。实施国家农业综合开发高标准农田建设示范项目、现代农业项目在省级验收中均获优秀等级，并获得省级奖励支农整合资金200万元、国家农业综合开发第二批土地治理项目980万元。新农村示范片总投入3.11亿元，建设旭水河扩面示范片和小井沟库区示范片。向市农业产业化信用担保公司上报担保额度5400万元，涉及四川绿茗春茶业有限公司、自贡市新隆农牧有限公司、县宏业肉类有限公司、四川荣州动物药业有限公司等。政策性农业保险签单保费2002.29万元，赔付961.37万元。发放小额担保贷款财政贴息584.98万元，扶持创业者2039人。农村综合改革项目投资1940万元。实施村级公益事业一事一议财政奖补项目3364万元，项目完工350个。

【国有资产管理与改革】 全县国有资产总量年初31.81亿元，年末44.49亿元，其中：国有企业资产（所有者权益）总额年初10.57亿元，年末10.66亿元，增长0.9%；负债总额年初11.34亿元，年末13.45亿元，增长18.6%。行政事业单位总资产年初21.24亿元，年末33.82亿元，增长59.24%；行政事业单位净资产年初13.65亿元，年末21.14亿元，增长54.88%。年末，全县危房面积3.03万平方米。单位确权土地面积158.58万平方米。国有企业没有改制企业，处置闲置资产出让收入330.22万元。推进煤矿企业兼并重组，年内关闭4个，累计关闭19个。关闭煤矿资金7500万元。国有资产经营投资管理：一是实现目标任务。国投公司管理的国有资产总额9.56亿元，负债总额2.79亿元，所有者权益总额6.77亿元，营业收入354.19万元，实现利润85.79万元，上缴税费69.49万元。二是健全内部控制体系。严格执行董（监）事会、总经理议事规则，确保决策正确。整合资源，减少业务部门2个。制定《员工岗位业绩考核管理办法》《办理企业应急临时周转金业务操作指引》等。三是实现国有资产保值增值。收回县民政局等3个单位房产1300平方米，增加租金月收入4.66万元。公开转让度佳镇资产3处、313.27平方米。处理行政区划调整后国有粮食企业资产遗留问题。全年投入6.6万元，维护维修国有资产10处，消除安全隐患。重新签订合同163份，实现租金收入342万元，增长16%。召开国有房地产资产转让竞价会4次，转让资产9宗，实现交易额427.51万元。四是强化国有资产投融资管理。以资本金注入方式投资入股小井沟水利工程5000万元。国投公司入股市农业担保有限责任公司3000万元，年底市农业担保有限责任公司为县在保余额1.23亿元，带动银行投入“三农”资金4.69亿元。为拓新公司实施二佛村农民集中住房基础设施建设，在县农业发展银行抵押贷款1亿元。以市农业担保有限责任公司的股权质押担保方式，为拓新公司在自贡中成村镇银行贷款2100万元。为县土储中心向县农业发展银行申请项目贷款4

亿元，提供担保3亿元。公司负责5000万元周转金管理，受理18户企业借用应急临时周转金业务。发放贷款59户、340万元；收回小额担保贷款118户、590万元，回收率100%。收回代偿资金1.2万元。年末小额担保贷款在保222户，在保余额1155万元。五是为刘家庙村城乡建设用地增减挂钩项目支付1029万元。

【财政监督】 落实中央八项规定，检查会计信息质量2户、非税收入3户、内部监督3户、绩效监督4户、乡镇预算执行2个。重点对16个单位开展严肃财经纪律和“小金库”专项治理，查出小金库1个，金额14.5万元。对32个使用公款赠送红包礼金问题专项督查，出具处理决定5个，纠正违规金额1.78亿元，追回违纪资金70.86万元。全年，政府采购203件，预算1.33亿元，中标金额1.19亿元，节约1438.38万元。政府性投资工程预算项目214个，评审投资额19.02亿元，审减额1.53亿元，净审减率8%。对农村公路改善等重大工程招标文件进行审核修改，审核施工合同128个。现场对重大隐蔽工程核查取证10处。制定《荣县政府性投资评审管理暂行办法》和《荣县政府性投资评审专家库管理暂行办法》等规定。限定评审时间，考核评审质量，扣留质量保证金等，执行三级复核制度。

【政府债务】 全县年初债务余额21.21亿元，其中：政府性债务年初19.44亿元，政策性挂账年初1.77亿元。截至12月，偿还政府性债务3.49亿元，其中：县级3.48亿元，乡镇级120万元。核销政策性挂账15万元。新增债务14.13亿元，其中：融资公司8.56亿元，地方债券4700万元，县级单位4.43亿元，乡镇6745万元。年末，全县债务余额31.85亿元。债务类型：政府负有偿还责任的债务30.06亿元，政府负有担保责任的债务92万元，政府可能承担一定救助责任的其他相关债务121万元；政策性挂账1.77亿元。债务单位：融资公司17.82亿元，地方债券1.78亿元，县级单位8.03亿元，政策性挂账1.77亿元，乡镇债务余额2.44亿元。县级债务年初19.43亿元，其中：政府负有偿还责任的债务17.63亿元，政府负有担保责任的债务118万元，政府可能承担一定救助责任的其他相关债务121万元，政策性挂账1.77亿元。年内，偿还政府性债务3.48亿元，其中：融资公司1.93亿元，地方债券1650万元，县级单位1.38亿元；核销政策性挂账15万元。新增政府性债务13.46亿元，其中：融资公司8.56亿元，地方债券4700万元，县级单位4.43亿元。年末债务余额29.4亿元，其中：政府负有偿还责任的债务27.61亿元，政府负有担保责任的债务92万元，政府可能承担一定救助责任的其他相关债务121万元，政策性挂账1.77亿元。乡镇级债务年初1.78亿元，全部为政府负有偿还责任的一般债务。年内，偿还债务120万元，新增债务6745万元；年末债务余额2.44亿元。

【民生工程】 全年民生工程资金8.2亿元，其中：县级安排1.46亿元，上级补助6.62亿元，其他资金1249.11万元。分类：就业促进工程1967.5万元，扶贫解困工程8145万元，教育助学工程5832.16万元，社会保障工程3.6亿元，医疗卫生工程2150万元，百姓安居工程1.21亿元，民生基础设施工程

8325.5万元，生态环境工程7150.18万元，文化体育工程314.46万元。

【获奖】 县财政局获省级奖：全省公共机构节能先进主管部门、2013年度重大支农项目资金绩效管理综合评价扩权试点县良好、企业经济效益月度快报通报表扬、乡镇财政管理工作考核通报表扬、2013年度农业综合开发资金决算编报扩权试点县先进单位、预算执行分析工作考核扩权试点县先进单位、全省财政总决算工作考核扩权试点县总决算一等奖、国有资本经营预算通报表扬。县财政局获县级奖：国防后备力量建设先进单位、安全生产工作一等奖、2013年度履行人口计生管理职责先进单位、新农村示范县建设先进单位、"四好"班子先进集体。县财政国库支付中心获市级文明单位。

（王仲权　张军　祁国州）

国税

【税收收入】 2014年，面对宏观经济增长动力不足、下行压力增大、政策减收及县主体税源煤炭行业复苏缓慢的严峻形势，全县国税系统组织税收收入1.5亿元，比2013年（下同）增收1375.63万元，增长10.1%；地方级收入3245.44万元，增收543.49万元，增长20.11%。

【税务登记】 全年办理税务登记972户，其中：个体工商户620户，企业纳税户352户。注销纳税人454户，其中：个体工商户330户，企业纳税户124户。截至12月31日，全县有增值税纳税人5923户，消费税纳税人26户，企业所得税纳税人972户。

【征收管理】 完善税收征管措施，推进"营改增"试点工作。加强农产品收购发票核定扣除管理，截至12月，开具农产品收购发票4.86万份，开票金额5.22亿元，从源头上控制农产品收购发票涉税风险。探索行业专业化管理，规范税源监控管理机制。加强资源综合利用和民政福利企业管理，提高政策性优惠企业管理力度。

【纳税服务】 推进全职能办税服务厅标准化建设，设置填单区、导税台，完善导税服务。推行部分涉税事项"免填单、简填单"制度，落实班子成员到办税服务厅值班。拓展办税服务渠道，完善网上办税服务厅，扩大12366热线、门户网站、纳税服务QQ群、网络短信等的运用。严格按照省局"减、并、立、改"要求，对涉税程序进行优化。实施《全国纳税服务规范》，规范税务人，便利纳税人，加强纳税服务评价考核。

【税收宣传】 利用第23个税收宣传月，联合县地税局举办税收宣传活动。通过电视台、报纸、LED显示屏、手机短信、企业QQ群等途径，不定期进行税收政策宣传。成立自贡市纳税人学校荣县分校，免费培训企业会计、法人等，提升税收政策知晓度。

【税务稽查】 开展打击发票违法犯罪活动，对部分粮食收售加工企业进行税务稽查。全年立案检查纳税人8户，委托协查企业4户，受托协查企业5户，查补税款44.94万元，入库滞纳金6.6万元，罚款5.72万元。

【文明单位创建】 县国税局被县纪委命名为

全县第一批廉政文化示范单位。县国税局办税服务厅为自贡市巾帼文明岗、最佳文明服务示范窗口。

（高宗慧）

地税

【地税收入】　2014年，组织收入5.1亿元，比2013年（下同）增长0.28%，增收144万元，其中：税收收入4.85亿元，增长0.2%，增收99万元。组织地方公共财政预算收入3.39亿元，增长1.93%，增收640万元。

【依法治税】　全面落实税收政策，杜绝“无税空转”、混级混库等严重违反组织收入原则的行为。强化欠税清缴，对5户纳税人采取强制扣款措施。将日常检查与专项检查、专项整治相结合，处理交办案件。全年检查纳税人30户，查补入库税费1259.1万元，选案准确率、入库率、查处案件结案率、协查回复率、协查完整率均达100%，查补占比率2.5%以上。

【税收征管】　网报签约568户，可使用CA户505户，推进电子缴税业务，增设网上纳税人学校。全面推行餐饮娱乐业机打发票，涉及纳税人236户。成立纳税评估专业化所，制定纳税评估工作业务规范，全年完成各类评估108户，评估税款及附加2671.13万元。成立税收风险中心，实行“商品房销售备案数据”等风险推送，为加强重点行业、重点税源监控管理提供第三方数据。

【纳税服务】　实施便民办税春风行动，广泛走访纳税人，多方征集意见建议，开展“六提速”、“三减负”活动。落实首问责任、限时办结、阳光办税等制度，全面推行免填单服务，改造办税大厅，完善服务厅软硬件设施，优化办税环境。落实市局《“两化”操作指南》和总局《全国县级税务机关纳税服务规范》，实现服务靠前、审批靠前、管理前移。增设导税咨询岗，补充骨干力量，强化培训培养，提升办税人员业务能力。

【税收优惠】　坚持依法治税、依规减免，落实各项税收优惠政策，为全县纳税人减负7500万元，其中：西部大开发、民政福利和小微企业、下岗再就业、退役士兵自谋职业、残疾人就业等税收减免2233万元；办理商品房、二手房交易6025户，减免营业税1159万元、契税2538万元；个体户起征点调高至3万元，惠及个体户800户，减负1570万元。

【获奖】　县地税局办税窗口获省级巾帼文明岗。

（代　立）

金融·保险

JIN RONG · BAO XIAN

荣县银监办

【服务实体经济】 2014 年，贯彻落实国家宏观调控政策，督促辖内银行业机构树立审慎经营理念，为县域经济发展提供有力的金融支持。通过风险提示、监管谈话等形式，引导和督促银行业金融机构贯彻落实国家宏观调控政策、产业结构调整政策和信贷政策，强化资本约束和风险管控，督促机构认真落实稳增长调结构的措施，在经济下行期积极开展辖内银、政、企合作，推进项目金融对接，增强信贷投入的有效性，促进县域银行业机构信贷结构持续优化。按季组织召开辖内银行业机构监管例会，传导监管要求，引导信贷投向，规范贷款资金使用，确保信贷资金投入到实体经济。督促银行业机构进一步改进小微企业和“涉农”金融服务。年末，辖内银行业机构小微企业和“涉农”贷款实现“两个不低于”目标。

【防化风险】 做好对县联社月、季、年度监管报表及平台贷款报表的审核上报工作。按季草拟上报县联社监管报告。开展对县联社 2013 年度监管评级和审慎监管会谈，重点加强对审慎经营规则执行情况的监管。督促县联社按资本监管和效益约束，准确资产分类，及时提取拨备，各项监管指标稳中有升。督促县联社做好的工作有：2013 年度信息披露及流动资金贷款清理并上报排查报告；大额贷款集中度风险、不良贷款率压降和流动性风险监测；规范授信，严控授信风险，对单一客户和集团客户授信情况进行全面清理，做到规范授信、适度授信、审慎授信；流动资金贷款清理并上报排查报告。开展对县联社“三项治理、两项排查”和股权质押管理等重点工作的督查和检查。开展对县联社资金业务合规性进行检查和分析并上报分析报告。按照省局要求，对县联社及所辖部分网点理财产品销售、代保险业务和价格新政情况进行明查暗访，对存在的问题提出整改建议。督促县联社做好节假日期间案防安保工作，确保全年零发案。

【实施现场检查】 参加并开展对荣县、沿滩、村镇银行监管评级、案防评估工作。对自贡中成村镇银行市场定位及支农服务进行现场检查。对自贡市沿滩区农村信用合作联社内控有效性及资产质量情况实施检查。参加由监管二科牵头组织的对自贡商业银行的全面检查。经强化检查纠偏，提出整改意见，责成各银行业机构实施内部经济处罚。

【案防工作】 督促辖区内银行业机构加强案防长效机制建设，完善案防工作考核办法，层层签订案防工作责任书，加强分类指导，督促机构强化对案件易发业务、岗位、环节和重点人员的风险防范，全年辖区内银行业机构实现零发案。督促银行业机构加强案防“十项”机制建设，落实省局新“五十个严禁”等。加大支付密码器在辖区内银行业机构的推广力度。会同公安部门，按季召开银行业机构案防安保例会；开展辖区内银行业机构安全评估。加强对全县银行业安全保卫工作督察力度，全年检查 4 次。

【发挥监管职能】 配合县财政局等有关部门制定《荣县工业企业应急临时周转资金暂行办法》，并下发执行。配合县政府，开展对县内 2 家小贷公司、2 家担保公司和部分融资咨询公司、典当行内部控制及业务合规性检查。配合相关监管科室，做好县域银行业机构市场准入工作。督促辖内邮储银行机构建立良好的内控机制和风险管理体系，探索开办与自身风险管理水平相适应的小额贷款业务和其他金融业务，引导辖内大型银行密切关注集团客户、房地产市场变化而引发的房地产信贷风险、表外业务风险等。配合县政府，开展对辖内银行业机构和部分企业的调研，全面准确了解机构经营情况和部分企业信用风险的成因。

（陈新华）

人民银行荣县支行

【简况】 2014年，中国人民银行荣县支行内设办公室、监察室、综合业务科、基础业务科。年末，有在职职工16人。全县银行业金融机构营业网点112个，其中乡镇网点78个。金融知识集中宣传8次，接受咨询2万人次。

【存贷款】 截至年末，全县金融机构各项存款余额172.94亿元，比2013年（下同）增加19.14亿元，增长12.44%；各项贷款余额83.34亿元，增加3.71亿元，增长4.66%。

【货币政策】 传导国家稳健的货币政策，强化窗口指导和风险提示。全年召开货币信贷形势分析会4次、行长联席会3次、专题讨论会5次。编发各类载体26期，按月编发《荣县金融数据专报》《荣县重大项目贷款情况专报》，适时编发《货币信贷政策参阅》。组织辖区银行机构有机整合自身产品和服务，实施中小微企业金融服务提升工程，将各银行机构信贷产品的发放对象、准入条件、授权授信额度、期限、审批流程、联系方式等情况汇编成《荣县信贷产品服务指南》，在县政府网站首页开辟“荣州金融超市”进行公布，惠及中小微企业，为企业、居民办理相关业务提供便利。优化信贷结构和产品结构，全县涉农贷款余额65.7亿元，占全部贷款的78.83%，净增1800万元；127个重大项目贷款余额10.32亿元，增加1.67亿元，增长19.38%；单位贷款41.89亿元，增加2.68亿元，增长6.84%；个人贷款39.96亿元，增加5.03亿元，增长14.4%。“夕阳红”、移民新居贷款、林权抵押贷款等创新信贷产品余额2700万元。强化法人机构合意贷款管控，推动搭建政银企对接平台，缓解企业融资难，全年推动召开市县银政座谈会5次，指导召开银企对接会18次、银企座谈会30余次，达成贷款意向92笔、13.32亿元，实际投放68笔、3.26亿元。推动县政府建立工业企业应急周转金5000万元，防止企业资金链断裂，帮助企业及时获得银行续贷支持，为13户企业提供应急周转资金18笔、1.75亿元。

【金融稳定】 健全重点风险企业监测制度，针对县域经济下行风险加大和信贷违约事件频发等情况，专题召开银行机构行长联席暨金融稳定工作会，排查、监测重点风险企业，掌握20户四类重点风险企业信息，促进风险化解和债权保护。高度关注银行理财产品、民间借贷等领域潜在的风险隐患，协助县政府处置“鹏润事件”。启动金融风险应急处置预案，确保《存款保险条例》意见征求期间金融稳定。

【征信管理】 举办县高级中学征信教育与宣传工作启动仪式暨征信演讲比赛，在全县高级中学推广以“结合中学德育教育，建立宣教长效机制”“深入关注校园诚信，建立征信辅导员机制”“整合银校资源优势，建立协作联动机制”的工作模式，形成征信宣教高级中学全覆盖及常态化，得到总行《征信管理工作半月报》2014 第 19 期摘编。推进农村信用体系建设，评定信用户 2.79 万户、信用村 149 个、信用镇 12 个。截至 12 月，办理企业和个人信用信息查询 4977 人次，增长 150.36%；机构信用代码 718 户，增长 2%；贷款卡 63 户，年审 348 户。

【金融业管理】 审核市商业银行河东新区支行开业，收到各银行机构高管变动、机构变更、重大客户突发情况等重大事项报告 10 项。开展综合评价工作，将评价结果通报辖内及其上级行，拓展评价结果运用。成立行政执法小组，整合人力资源、统筹对外执法、规范依法行政、增强对外履职。组织代理国库业务专项执法检查 1 次。

【人民币管理】 深化农村三级反假宣传教育与防范体系建设。全年组织各种形式的反假宣传 26 次、专题讲座 2 次，收缴假人民币 24.85 万元，其中公安机关收缴 1100 元。

【反洗钱管理】 召开全县金融系统反洗钱工作会议，约见县联社班子，指出该社在反洗钱工作中存在的问题并责令整改。组织开展对县联社和县太保产险支公司的反洗钱走访。

【金融消费权益保护】 规范金融消费者权益保护工作，建立投诉统计制度和重大事项登记台账，督促金融机构如实报送相关数据，加强日常监测。全年受理投诉 5 件，比上年减少 2 件，办结 5 件。对 2 家银行机构金融消费权益保护工作开展现场评估，在辖区内通报评估结果。

【经理国库】 规范办理国库会计核算，办理各级预算收入 11.27 亿元、地方一般预算支出 28.36 亿元、预算收入退库 2900 万元。推进财税库银横向联网电子缴税业务，地税系统电子缴税率 97.05%。将仅有 1 家代理银行机构扩大为 7 家，解决代理国库业务过于集中给服务对象带来不便的问题。

【支付结算】 开展助农取款点清理规范工作，取消重复建设、低值低效服务点 384 个，变更 168 个，新增 35 个。至年末，全县助农取款服务点 872 个，其中农村金融综合服务点 16 个；ATM 自动取款机 180 台，新增 54 台；POS 机 4119 台，新增 311 台。核准、撤销、变更各类单位账户 1155 户；个人银行结算账户 203.67 万户，人均 2.9 户；银行卡 115.61 万张，新增 1.39 万张，人均 1.66 张。推进市级和省级银行卡刷卡无障碍示范区建设，特约商户 101 户，新增 31 户。

（卢小伟）

农发行荣县支行

【简况】 2014 年，中国农业发展银行荣县支行内设办公室、客户业务部、会计结算部，在职职工 21 人。截至 12 月，发放贷款 3.41 亿元，收回贷款 3.1 亿元，贷款余额 8.23 亿元，比 2013 年（下同）增加 2156 万元，增幅 2.69%；各项存款余额 2.99 亿元，增加 1.24 亿元；日均存款 2.1 亿元，增加 1.53 亿元；实现利润 1913 万元，人均利润 91.08 万元，增加 12.44 万元，增幅 18.43%。保持不良贷款为零。

【主体业务】 坚持把支持粮油收购作为业务工作重点，执行省政府启动的中籼稻最低收购价政策。全年发放贷款3120万元，支持企业收购稻谷4881万公斤。严格落实总行“五项关口”、“八个环节”工作要求，加强收购信贷资金供应和管理，及时足额供应粮油收储信贷资金，确保地方粮食安全和粮油工作有序发展，没有出现区域性卖粮难和“打白条”问题。

【支持城乡发展】 以新农村建设为重点，落实国家加强政府平台管理政策，完善信贷政策和管理措施，提高办贷质量和效率。年内，向上级推荐县土储中心土地整治贷款4亿元和城乡建设用地增减挂钩试点项目贷款3亿元，推进城乡发展一体化。

（胡　波）

建行荣县支行

【简况】 2014年，中国建设银行股份有限公司荣县支行全面夯实队伍基础、客户基础和管理基础，强化内控管理，各项业务快速发展。存款余额13.39亿元，比年初新增5882万元；贷款余额4.38亿元，其中：个人住房贷款3.27亿元；中间业务收入551万元，利润2517万元，发行信用卡1800张。支行专柜被总行授于级青年文明号。

【存款】 截至年底，各项存款余额13.39亿元。其中：个人存款余额8.61亿元，公司类存款余额4.78亿元。随着建设银行优化产品服务，调整经营模式，县支行存款规模比2013年增长4.61%。

【贷款】 支行办理个人消费贷款、个人住房按揭贷款和二手房交易贷款。全年向鼎创中央花园、荣州上城、水湾半岛、财富中央，远达花园等开发楼盘发放个人按揭贷款，个人住房贷款余额1.5亿元，新增1.12亿元。向县人民医院、自贡四川绿茗春茶业有限公司、自贡俊鸿鞋业有限公司、自贡东方气体设备有限公司、县文锋机械有限公司、明峰陶业有限公司等发放流动资金贷款8500多万元，各项贷款余额4.38亿元，新增6991万元。

【电子银行产品】 建行卡开卡9491张，理财卡开卡237张，信用卡进件833张，代发工资2户，涉及1500人。拓展客户结算业务，解决客户短期资金需求，方便缴纳住房公积金客户查询、取款、还款。截至12月，代发工资、代客户理财、代理保险业务、代理黄金、基金等成为重要业务收入来源。中间业务收入551万元，利润2517万元。

（刘学荣）

工行荣县支行

【简况】 2014年，中国工商银行自贡荣县支行有员工15人，开设营业网点1个、智能自助银行1处、ATM自助银行4处。支行围绕建设县域精品网点工作目标，落实基础管理，强化风险控制，促进县域经济发展。截至年末，各项存款余额1.44亿元，各项贷款余额2.49亿元。

【业务拓展】 支行保证对地方经济发展的信贷投放，在存贷比严重不合理的情况下，仍然支持地方建设。促进个人住房贷款，全年投放

6000多万元。不断提高服务水平和服务质量，增设ATM自助银行3处，优化服务渠道。率先在各大医院、药店免费安装工行市民卡e－POS，推进全县市民卡工程建设，方便客户。举办金融下乡及金融进社区等系列活动，牢固树立以客户为中心经营理念与“高效、便捷、温馨”的服务理念。

（喻思元）

农行荣县支行

【简况】 2014年，中国农业银行股份有限公司荣县支行内设综合管理部、公司业务部、个人金融部、财会运营部、风险管理部，辖营业网点9个，其中城区5个，乡镇4个；在职职工175人。

【存款业务】 支行存款总额实现稳定增长，其中储蓄存款稳步增长，受县域经济下行影响，对公存款负增长。截至年末，各项存款余额32.17亿元，比年初净增1.58亿元，金融同业占比18.78%，其中：储蓄存款余额27.7亿元，比年初净增2.35亿元，金融同业占比19.82%；对公存款余额4.47亿元，比年初下降7660万元，金融同业占比14.19%。

【贷款业务】 各项贷款稳定增长，受县域经济下行影响，同比下降，贷款增速放缓。截至年末，各项贷款余额13.13亿元，比年初增加8433万元，金融同业占比16.26%，其中：法人客户贷款余额8.57亿元，比年初净增5042万元。个人贷款余额4.37亿元，比年初增加1580万元。

【中间业务】 优化产品结构，突出价值创造，实现中间业务收入2415万元。

【网点转型】 双石分理处整体装修，附城分理处简单装修，对全行9个网点进行6S管理的导入和固化。支行首个乡镇离行式自助银行——长山离行式自助银行建成，新增美丽星城离行式自助银行。对旭阳支行在行式自助银行区进行改造，增设自助存取款机，扩大金融服务覆盖面，提升市场竞争力。推进营业网点软转型，强化网点文明标准化服务培训和考核，提升服务质量。

【服务城乡】 年内，向农业产业化龙头企业发放贷款2.82亿元。发放流动资金贷款7.42亿元，支持巴尔集团、天宇实业公司、旭阳药业、龙都茶业、东方气体等公司发展。发放农村生产经营贷款2433万元，支持农户生产经营发展。项目贷款，主要支持郝家坝工业园企业厂房建设和中阳公司大佛景区基础设施建设；个人贷款，主要支持城乡个体工商户生产经营、个人购房按揭、购买汽车分期付款等，通过农户小额贷款和农村生产经营贷款，支持农民增收致富。在全县乡镇和贡井区成佳、龙潭镇350个行政村布放自助终端780台，配备验钞仪780台，覆盖率100%，改善农村支付结算环境。开展金融知识万里行、送教下基层、反洗钱、反假币、打击非法集资、预防金融诈骗、金融消费者权益保护、小微金融服务等各种宣传活动，向社会公众普及金融知识，推广金融服务，提升公众金融安全意识，推进普惠金融进程。

（邓文彬）

中行荣县支行

【简况】 2014年，中国银行荣县支行辖营业部、桂林街支行、荣州大道支行、望景路支行，内设综合管理部、业务发展部，在岗员工50人。

【存款与贷款】 年底，人民币各项存款余额10.33亿元，较年初新增1.13亿元，其中：个人存款新增1.07亿元，公司类存款新增544万元。人民币各项贷款余额4.23亿元，较年初增加1.33亿元。各项贷款保持零不良。

【网点转型】 转变“重个金、轻公司”及“重负债、轻资产”的老观念，将业务发展部公司、个金客户经理全部下到网点，并将年内存量和新增贷款业务全部移交网点管理。鼓励员工取得产品、岗位资格证书，尤其是对持有账户、票据、贷款等办理资格的员工在年度先进评选、培训、选送分行工作、职位竞聘等方面进行倾斜。运用EPS系统上线成果，引导员工多劳多得多奉献。

【渠道建设】 推广三项借记卡重点产品、公积金联名卡、E社区卡、市民卡、社保卡等IC借记卡新产品，满足不同层次、类别客户用卡需求。推出长城环球通日韩旅游卡金卡、长城环球通日韩旅游卡白金卡、长城环球通汽车白金卡等银联品牌跨境新产品。免费办理ETC业务，客户免去排队等待缴费时间。加强低效网点整改，实施荣州大道支行搬迁，启动桂林街支行扩建。

【优质服务】 加强优质高效服务管理，建立健全服务监督和管理办法，提升服务水平。强化员工技能培训，提高业务熟练程度。9月，朱凌宵、唐志博、肖静、童斌在省分行技能测评中获一级能手。

（林　梅）

商业银行荣县支行

【简况】 2014年，自贡市商业银行荣县支行网点增至3个，分别为金碧城县支行、桂林街支行、河东新区支行及营业网点1个，有员工24人。支行秉承“理念国际化、经营本土化”经营理念，围绕发展目标，审慎经营、创新产品、深化特色、推进改革，为中小微企业提供高效、优质金融服务，支持地方经济发展和社会事业进步。强化管理，防范操作风险，提高服务质量。

【资产负债业务】 截至12月31日，各项存款总额13.37亿元，比2013年增加2.74亿元，增长25.78%，其中：储蓄存款余额2.9亿元，对公存款余额10.47亿元；各项贷款余额15.64亿元，较年初增加1.57亿元，增长11.15%，其中：小微企业68户，贷款投放9.46亿元，较2013年增加1.4亿元，增长27.8%。全年贷款客户134户，其中：企业贷款83户，新增企业贷款13户。支持县政府重点项目13个：四川巴尔农牧集团有限公司7000万元、县中阳实业有限公司6900万元、县星河商贸有限公司5400万元、自贡市天宇实业有限公司4000万元、市俊鸿鞋业有限公司3000万元、四川弛宇盐化有限责任公司2500万元、四川荣州福弟食品有限公司1300

万元、四川旭阳药业有限责任公司1150万元、自贡宏益建筑安装有限公司700万元、县中医医院700万元、四川绿食佳农业有限公司500万元、市明峰陶业有限公司500万元、自贡川瑞锅炉制造有限公司300万元。

（周俊杰）

邮政储蓄银行荣县支行

【简况】 2014年，中国邮政储蓄银行荣县支行内设综合管理部、个人三农金融部、公司业务部，辖区内金融网点48个，覆盖全县乡镇，在岗职工95人。

【存款业务】 年末，存款余额49.03亿元，市场占有率28.35%，居全县第一，其中：个人储蓄存款增长4.76亿元，增幅11.6%。

【贷款业务】 全年发放贷款3304笔、6.89亿元。年末贷款结存4273户，余额7.27亿元，较年初增加8300万元，增幅12.86%。

【服务能力】 传承邮政百年品牌，重点服务“三农”。开展代发农保、低保、养老金、失业金等民生业务。支持地方经济建设，加快信贷产品和服务方式创新，丰富信贷产品，推出个人消费贷款、小额贷款、个人商务贷款、二手房按揭贷款、小企业贷款、公司信贷、票据贴现等金融产品。

【渠道建设】 实现电子银行业务迅速普及，客户可通过网上银行、手机银行、电话银行等方式进行自助交易，完成网点装修10个，新增自助ATM存取款机5台。截至12月，有POS机具65台、商易通92台、ATM存取款机42台。

（杨　梅）

荣县农村信用合作联社

【简况】 2014年，县农村信用合作联社有营业部等营业网点41个、职能部门7个、专业化贷款服务部门4个，在职员工398人。年末，各项存款余额48亿元，较年初净增9.3亿元，增长24.05%；各项贷款余额25亿元，增长16.44%。实现营业收入3.98亿元，比上年（下同）增加8491.52万元；股本金总额1.29亿元，资本充足率9.08%，拨备覆盖率163.52%。

【网点建设】 对全县营业网点进行装修改造，实施转型升级，打造精品化、标准化、模范化网点。配置自主取款业务机具，先后在过水、望佳、旭阳镇西街等处投放在行式自助设备20余台，在新城医院、县医院等人流集中区安装离行式自助设备9台。

【资金组织】 开展春节送金融知识下乡系列活动，各分社召开院坝会，举办营销系列活动和有奖知识问答，分发各类金融服务宣传资料。结合人民银行、银监金融知识宣传普及，借助农信人“扫街扫楼扫社区”“进村入组下农户”的各类客户拜访及业务营销活动，向群众讲解各类金融产品。制作县联社宣传片，在重要活动中播放，提高农村信用社的社会认知度。6月末，参加在江苏常州开展的金融服务宣传交流活动，为自贡农村信用合作社首次跨省宣传。完成2014“四川农信杯”金融知识大赛荣县赛区各项赛事，参与“最美中国·四川荣县篇”文化活动，企业形象得到大幅度提升。在全县推行以“五步法”顺势营销、晨会制度、开门迎宾为主的高水平服务，服务质量做到规范化、常态化、制度化。实施全员营销，深入挖掘市场潜力。

【信贷投放】 全县农村信用社坚持“城乡并重，深耕三农、聚焦三城、专注小微”的市场定位，推进“惠农兴村、扶微助小”两大工程、做到信贷产品创新、信贷流程优化、信贷权限放宽。推广“惠农贷”、“富农贷”、“幸福贷”三大系列产品，采取农户小额信用贷款、综合授信循环贷款，房地产抵押贷款、融资性担保公司担保贷款、经营权质押贷款、公职人员保证担保商户贷款、一般自然人保证担保商户贷款、商户信用贷款、城镇农户信用贷款等方式，将信贷资源投向“三农”。截至12月，涉农贷款22.99亿元，支持农村种养殖业和农村经济的发展。支持实体经济发展，推广“助小贷”“扶微贷”“富商贷”“循环流动资金贷款”“通用流动资金贷款”等系列产品，采取综合授信循环贷款、房地产抵押贷款、动产质押第三方监管贷款、收费权质押贷款、融资性担保公司担保贷款等方式，加大对个体工商户、中小型微企业的支持。年发放：个体工商户贷款3810户，7.53亿元；中小型微企业83户，7.17亿元。县联社新增贷款额度占全县的95.11%。加强与其他联社合作，进行项目科学论证和风险评估，拓展社团贷款业务，发放1.35亿元。

【业务发展】 利用省联社融资平台，参与资金运营中心资金、银行间市场、债券市场、票据市场等，做好闲置资金的运用。截至12月，运用资金137亿元，实现往来收入9574万元。全县发展特惠商户86户，实现客户、商户和联社三方共赢。参与全省推进“惠农兴村”工程建设，加快柜面、商户终端、自助银行等IC卡受理环境改造。投放各类自助银行设备64台，布放便民服务终端712台，购置流动汽车银行车1辆。推出网上银行、短信银行、手机银行等新型电子银行业务，制订各类营销推广方案，举办业务培训，选择合作商户。全年网银交易2.58万笔，11.67亿元；手机银行交易4.76万笔，1.18亿元。

（县联社）

荣县中成村镇银行

【简况】 自贡中成村镇银行荣县支行成立于2011年11月23日。2014年，有营业网点2个，员工23人，下设长山支行。

【支农支“小”】 树立“立足县域、服务社区、支农支小”的市场定位，制定“支农支小”发展战略，创新探索“支农支小”商业模式。针对涉及“三农”的个人和农业专合组织、农产品加工企业等单位研发出“农商通”系列产品，实行“一次授信，按需贷款，循环使用”原则，具有灵活、手续简便、服务快速、随借随还的特点。对政府重点企业和特色农产品加工企业尤为支持。自开业以来，向县域投放贷款涉及旭阳、鼎新、来牟、雷音、双石、新桥等14个乡镇，支持地方经济和农村经济发展。

【业务拓展】 推行妇女贴息贷款项目。为落实省扶持妇女创业小额担保财政贴息贷款项目，结合村镇银行信贷政策，与县妇联洽谈合作意向，对满足条件的妇女予以授信。该项目主要为创业受资金制约的农村妇女，充分体现村镇银行“支农”、“支小”的服务宗旨和市场定位。按照上级要求，重点关注网点布局，加强机构建设和管理。截至12月，营业二级支行为长山支行，新城二级支行完成装修和验收。二级支行的陆续开业，使村镇银行在县内由单一机构向多网点、全方位发展，为老百姓提供更优质、高效、方便的金融服务。

（龚　惠）

人保财险荣县支公司

【简况】　2014年，公司保费收入4103.86万元，其中：商业险2101.58万元，政策性农业保险2002.28万元。内设总经理室、综合部、理赔分部、出单分中心及4个销售团队，在镇乡设置营业网点3个，在职员工14人。

【服务地方经济】　作为国有保险骨干企业，践行“人民保险，造福于民”的企业宗旨，发挥保险保障功能，勇担社会责任，支持地方经济建设。全年赔款支出2521.89万元，赔付率61.45%。推出“农村小额意外保险”和“银保”等服务举措，推进农民基本生活保障体系。发展“三农”保险，助力新农村建设，其中：政策性种植险承保面积4.63万公顷，签单保费1165.86万元；政策性养殖险承保能繁母猪、育肥猪、肉牛等25.68万头，保费收入821.16万元；政策性森林保险承保面积1.35万公顷，保费收入15.26万元，县内政策性农业保险业务均由支公司承保。截至12月，农业保险赔款支出961.37万元。

【加强内控管理】　坚持合规经营，最大限度降低人为的经营风险，确保公司持续健康运作。组织员工学习保险法、保监法规、合规经营制度以及业务知识，增强员工合规经营意识，提高保险业务水平和技能。贯彻“以客户为中心”经营理念，创新服务。通过微信查勘、客户增值服务，引导业务人员拓展服务，为客户提供全方位服务。

【优化资源配置】　深化人力资源和销售管理改革，优化资源配置。通过竞争上岗、双向选择的晋升机制与资源分配机制，加强班子建设，增强中层干部力量，大胆起用新人。加快车险、非车险专业队伍建设，提升管理效能。完善业务渠道、销售架构，建立车商业务团队、直销业务团队、个代营销团队、三农保险业务团队等专业化销售部门，走专业化经营道路。

（人保财险荣县支公司）

人保寿险荣县支公司

【简况】　2014年，公司保费收入5412.29万元。企业践行“人民保险，服务人民”的宗旨，发挥保险保障功能，履行社会责任，支持地方经济建设。承担保险风险责任，赔付72.06万元。推进农村小额贷款保险项目，创新金融服务。

【经营管理】　坚持合规经营，最大限度降低人为经营风险，确保公司高效运营。组织员工学习保险法、保监法规、合规经营制度及业务知识，增强员工合规经营意识，提高保险业务水平和技能。实施改革重组，提升多元盈利能力与金融综合服务能力。举办职业道德教育，提高业务人员自身约束能力，防范经营风险。

（人保寿险荣县支公司）

中国人寿荣县支公司

【简况】 2014年，公司内设经理室、综合管理部、团体保险业务部、个人保险业务部、银行保险业务部、客户服务部，在15个乡镇设农村营销服务部。有合同制员工20人，代理制营销员270人。截至12月，实现保费收入8622.6万元，支付各类赔款、满期及生存、养老金9011万元。

【农村小额保险业务】 公司在全县整体推进农村小额人身保险工作，业务覆盖河西新区及27个乡镇。参保15.44万人，以适龄人口统计覆盖率31.27%，比2013年提高0.32个百分点，业务发展居全市前列。有3025人次获得保险赔款397.65万元。

【新型农村合作医疗补充保险业务】 全县参加新合补充保险覆盖率80%，为全县39.7万余人提供医疗保障，赔付360万余元。

（何昌树）

太保产险荣县支公司

【简况】 2014年，中国太平洋财产保险股份有限公司荣县支公司内设综合管理部、客户服务部和业务发展部，有员工11人。公司践行“守信用、担风险、重服务、合规范”的核心价值理念，坚持稳健经营，改革创新，以客户需求为导向，提升客户体验度与满意度。

【业务经营】 充分发挥品牌和资源优势，深化服务，拓宽业务领域。全年保费收入2810万元，比2013年增长11.6%，保持财产险市场份额领先。

【理赔服务】 规范理赔服务标准和理赔流程，为客户提供优质、快捷方便服务。截至12月，处理各种赔案3550件，支付赔款2149.65万元。

（丁　强）

平安财险荣县营业部

【简 况】 2014年，县营业部保费收入1669万元，比2013年增长11.6%，占荣县保险市场12.9%的份额。截至12月，有员工14人。

【服务方式】 利用95512全国服务热线，陆续开展车险产品、意外健康险产品电话销售业务等服务。借助业内领先的IT平台，率先实现车险全国通赔服务、车险赔案E化处理等创新举措，以完善的管理机制和良好的服务水平为客户提供各种附加价值服务。推出客服服务中心7＊24小时查勘理赔服务、事故处理及人伤救治咨询服务、电话回访、VIP客户增值服务（含非道路事故救援、导医导诊、国内急难援助、代收索赔资料、代缴养路费等25项增值服务）等服务措施。

【经营管理】 全年业务不断拓展，在政府采购、化工、旅游、交通、基建、工业制造等领域发挥保险保障功能，支持地方经济建设。提升客户服务品质，严格内部管理和依法合规经营，提高综合竞争力，建立长期经营优势。营业部坚持“诚信第一、效率第一、客户至上、服务至上”的宗旨，增强员工合规经营意识，完善服务品质，提升业务技能，为客户提供全方位服务。

（吴杭昱）

中华联合财险荣县支公司

【简况】 2014年，公司内设综合部、客户服务部、农险部和业务发展部，有员工20人，其中：管理人员7人，业务人员13人。支公司保费收入2900余万元，同期增额200余万元，比2013年增长7.5%。

【服务地方经济】 年内，公司搬迁到新职场，创新金融服务，造福于民。在县政府公务车招标中一举中标，公司的综合实力水平得到提高。同县食品药品监督管理局合作，开办农村厨师责任险和餐饮责任险启动工作。截至12月，签单20余笔，保费2万余元。

（廖　民）

综合管理

ZONG HE GUAN LI

发展与改革

【简况】 2014年，全县生产总值实现173.43亿元，比2013年（下同）增长8.1%，其中：第一产业增加值实现39.11亿元，增长4.0%；第二产业增加值实现89.87亿元，增长9.6%；第三产业增加值实现44.45亿元，增长8%。社会消费品零售总额60.89亿元，增长12.4%。全年全县固定资产投资实现71.59亿元，增长9.9%，其中：工业性投资14.4亿元，下降16.7%；房地产开发投资12.93亿元，增长53.8%。地方公共财政预算收入完成4.87亿元，增长7.3%。城镇居民人均可支配收入2.24万元，增长9.6%。农民人均现金收入1万元，增长11.3%。

【投资和项目储备】 编制完成2015年重大项目计划草案，初步确定127个项目总投资288.7亿元，年度计划投资69.3亿元，增长15%。筛选上报市重大项目34个，总投资132.9亿元，年度计划投资34.3亿元，增长26%。继续充实和完善县“十二五”规划项目库，并开始预备“十三五”规划项目库，共筛选出储备重大项目408个，总投资898亿元，其中上亿元项目150个。

【争取资金】 加强与上级部门的汇报对接，强化指导和部门配合，已争取到项目资金1.43亿元。其中获得发改系统下达农村危房改造、政法系统业务用房、村镇卫生院建设、农村饮水安全、县城垃圾处理、生猪规模化养殖等项目19个，补助资金8444万元（中央预算内补助资金8123万元）；与其他部门合作争取到保障性住房建设等项目上级补助资金5880万元。

【重大项目建设】 落实重大项目推进中问题的协调解决工作常态化管理办法，健全重大项目考核机制，实行特别重大项目进度公示制，定期召开专题协调会，解决项目推进中问题55个。全县122个重大项目完成投资60.4亿元，占年度计划的100.4%。从项目类别看：产业项目60个，完成投资33.9亿元；基础设施项目35个，完成投资20.9亿元；社会事业及民生项目27个，完成投资5.6亿元。2013年新村基础设施建设、2013年农业综合开发高标准农田建设、天宇龙都国际房地产开发等47个项目建成；美吉特、旭阳药业、长山镇基础设施改造工程等55个项目加快建设；荣县S305绕城线建设、县城两河四岸建设等20个项目前期工作顺利推进。

【强化项目服务机制】 落实承接国家、省取消下放的审批、核准项目，深入开展行政审批“一清理三减少”，深化行政审批制度改革，整合重组投资项目类行政审批流程，全县取消行政审批项目9项、暂停行政审批项目1项、承接上级下放审批项目4项、下放行政管理项目2项。对32个重大项目实行“代办制”，营造宽松、便捷的项目建设环境。加强工程建设招投标制度建设，执行招标文件的备案联审制度，加强招标过程全程监管，全年政府投资工程项目共开展招投标（比选）等活动143个，招标控制价3.46亿元，中标价2.99亿元，节约资金4700万元，节约资金率13.45%。控制工程增量，出台《荣县政府性投资项目工程设计变更和工程量变更管理暂行办法》。全年审批各类工程增量27个，概算总投资1.23亿元，招标控制价为1.16亿元，中标价9400万元，工程增量总额为798.65万元，占中标价金额的8.48%。

【农村经济】 发展“两再四秋”（再生稻、再生高粱，秋玉米、秋大豆、秋马铃薯、秋蔬菜）产业基地，建成2.8万亩高标准农田，2个万亩高粱+再生高粱示范区，百公里“中稻+再生稻”产业化发展长廊已具雏形；持续推进“二十万亩果畜、二十万亩菜畜”“三十万亩油茶（茶叶）”产业带建设，建成21个万亩特色产业园区，新改造油茶林2.06万亩；推进“五十万只牛羊、百万头生猪、三千万只小家禽畜”等特色农业产业集群发展，建成22个万头（只）规模养殖基地（场）；改善农业基础设施，整治病险水库10个，解决8.62万人饮水安全问题。加快建设省级新农村建设成片推进示范县，目前品山、金台等10个幸福美丽新村建设已完成县级验收，长冲、凉风等9个新村聚居点建设已基本完工。连片发展种植业1.7万亩，培育规模养殖户140户。粮食总产量41.1万吨，生猪出栏64万头。

【工业经济】 推进工业园区基础设施建设，促使企业向园区聚集，新增承载能力1000亩，建成核心区面积3平方公里，入驻投产企业50户。针对严峻的经济形势，县政府出台《加强服务稳定工业发展的八条措施》、设立5000万元企业应急临时周转金，帮助企业解决生产过程中遇到的困难和问题，化解新星源债务危机，为星河商贸、东气公司等工业园区9户企业注入应急周转资金1.23亿元。促进企业转型升级，加大技改项目推进力度，支持企业自主创新，明峰陶厂陶瓷生产线改造工程等6个项目竣工投产。全县92户规模以上工业企业实现总产值184.69亿元，同比增长9.7%；增加值59.06亿元，增长9.1%。

【服务业经济】 举办旅游卫视《最美中国》荣县篇暨2014年中国荣县大佛文化旅游节和“迎春购物月”活动。梧桐水街、双石镇国家级乡村旅游示范区观光园接待中心、绿食佳蔬菜冷链物流项目建设基本完工；加快建设美吉特·荣县家居建材科技博览城等项目；推进岚湖温泉度假酒店、翠湖大酒店等项目前期工作；加快金融保险、中介咨询等现代服务业发展，扶持家政服务、物业管理、社会养老等新兴服务业，推进服务业市场化、规范化、产业化和社会化。社会消费品零售总额60.89亿元，增长12.4%；接待旅游人数283.8万人次，增长11.3%，实现旅游综合收入41.2亿元，增长18%。

【新型城镇化建设】 围绕建设生态宜居中等城市目标，推进产城融合，构建“一城、两极、两区”的城乡空间发展格局。建成乐自高速公路城区连接线、内环路B标段，基本完成“打通内环路主干道，连通望景路、望江路和HL线三条命脉线”任务。加快乐自高速公路城区连接线绿化、内环路及相连支道绿化和内环路A标段及外环路施工。远达荣州上城（一期）、鼎创中央公园等商住小区基本完工；星河大道锦绣苑、学府苑，水湾半岛，财富中央，星河公园等房地产项目进展顺利。城市生活垃圾处理工程竣工投入使用，县城污水处理厂二期主体工程完工，长山污水处理厂及度佳等16个乡镇污水处理设施开工建设。完成南华宫市场改建，老城区人行道破损道路、下水道改造一期工程；推进城南综合市场、白塔山公园改造，启动植博园建设和双溪水库农村环境连片改造工程。推动长山、双石“百镇试点镇”市政基础设施建设。全县城镇化率达37.4%。

【财政金融】 推行“零基预算”，清理县级预算单位历年结余结转指标和资金，追减预算单位结余指标869.4万元，收回单位结余资金2775万元。全县公共财政预算收入实现4.87亿元，同口径增长7.3%。公共财政支出实现24.7亿元。金融机构各项存款余额172.94亿元，增长12.4%，金融机构各项贷款余额83.34亿元（包括城商行及小贷公司），增长4.7%，存贷差扩大到89.6亿元。

【招商引资】 开通荣县投资促进网站，形成网络招商与招商推介会有机结合新模式。与四川省服务业促进会建立合作关系，增设荣县投促中心昆明联络处，拓展载体进行招商宣传、密切行业交流、促进项目引进。组团参加“携手灯城·龙聚盐都”招商推介会、“中外知名企业四川行活动”、第十五届“西博会”，共接待葵花药业、德国中小企业代表团等客商300余人次，签约沃尔玛、百邦盛陶瓷等上亿元项目，全年到位市外资金75.2亿元，同比增长8.9%，其中到位省外资金42.3亿元；新签约1亿元以上项目15个，涉及项目总投资约66.9亿元；包装重大项目20个；省、市督办项目履约率100%、开工率100%、资金到位100%。

【社会事业】 荣县一中、河西幼儿园、精神病院、卫生监督执法大队、部分乡镇卫生院建设等项目竣工投入使用；古文镇敬老院完成验收；留佳镇敬老院、县疾控中心、县急救中心、基层就业服务体系等项目加快推进；荣县光荣院改扩建、残疾人康复中心和托养中心、档案馆建设等项目前期工作有序开展。加大教育教学改革力度，实施“学前教育”、校舍维修改造等工程，高考本科一次性上线1511人（含艺术、体育），其中重点本科上线168人，比去年增加48人，占全市增加人数的81.36%；医改工作纵深推进，执行国家基本药物制度，推进县级公立医院取消药品加成工作，减轻患者负担1000余万元，新农合参合率达99.8%，同步实现省内异地就医即时结算，医疗费用即时结算率达100%。坚持计划生育基本国策，全县出生5962人，人口出生率为8.8‰，符合政策生育率达85.8%，人口自然增长率为1.05‰。

【招标投标监督管理】 出台《荣县政府性投资项目工程设计变更和工程量变更管理暂行办法》，印发《荣县政府性投资项目工程量增（减）技术论证专家库专家管理细则》以及《荣县招标投标监督委员会议事规则》，按照相关规定组建荣县政府性投资项目工程量增（减）技术论证专家库，加强和规范荣县建设工程增量管理和监督管理。全年监督实施招标、比选项目共143个，预算总投资3.46亿元，中标价2.99亿元，节约资金4654.64万元，节资率为13.45%。全年工程增量项目共27个，概算投资总额为1.23亿元，招标控制价为1.16亿元，中标价为9418.21万元，通过招投标程序节约资金2138.58万元，工程增量总额为798.65万元，占中标金额的8.48%，工程增量总额与去年同期相比减少70.08%。

价格管理

【保持物价基本稳定】 开展“3·15”、“法制宣传月”、“12358”价格举报电话等宣传活动，发放各类宣传资料1500余份，接待咨询群众68余人。利用有线电视标语滚动宣传，全县共挂各类大小标语10余幅。开展价格诚信活动和市场专项整治，共受理价格违法举报案件11件，查处违法金额2114.2元，配合市价格监督检查局对违规单位罚款1000元。拓展价格公共服务领域；开展重要商品市场价格监管，保持市场物价的基本稳定，全年CPI指数控制在1.9%以内。

【加强价格监测】 按照国家和省的价格监测报告制度，以及《四川省价格监测工作年度考核评比办法》的要求，荣县共承担国家监测任务两大类9个品种。全年完成全国经济作物油菜籽上报任务9次，上报率、准确率和及时率都是100%，按照国家和省的要求，实行油菜籽台账制度。完成全国主要畜禽产品及饲料价格监测任务52余次，上报率、准确率和及时率100%；完成自贡市常规品种监测36次、特色农产品报价12次、农资周报14次；动态分析12次；元旦、春节、五一节、国庆节节日价格监测7次。

【价调基金征收放缓】 组织征收主副食品价格调控基金318万元，比上年下降1.9个百分点，利用主副食品价格调控基金对生猪、种兔养殖户补贴86.02万元，扶持专业合作社10万元。

【价格认证】 配合司法部门受理各类刑事案件价格鉴定60余件，鉴定金额230余万元。未出现申请重新鉴定或复核裁定案列。

（胡嘉靖）

安全生产监管

【简况】 2014年，全县发生各类安全事故147起，比2013年（下同）上升45.5%，死亡25人，下降10.7%；受伤151人，上升30.1%；直接经济损失283.16万元，下降20%。其中：道路交通事故83起，死亡23人，受伤144人，直接经济损失9.79万元；火灾事故63起，受伤7人，直接经济损失73.38万元；建筑事故1起，死亡2人，直接经济损失200万元。

【死亡控制指标与执行】 市政府下达给全县各类生产经营性安全事故考核指标死亡总人数为15人，其中：煤矿4人，非煤矿山2人，建筑1人。实际执行结果：全县生产经营性安全事故总死亡人数为9人，占市下总控死亡人数的60%。煤矿、非煤矿山等行业均保持零死亡事故。

【监管监察执法】 加强对重点行业、关键企业、关键岗位监管，减少违章事故发生。对全县1253个生产经营单位开展安全生产执法检查1488次，发现隐患4479项，下达执法文书637份，责令限期整改511处，责令停产停工32矿次。全年事故处罚、事故倒查处罚、安全隐患处罚20万元。其中：检查煤矿矿井214处，查处隐患2415项，下达执法文书171份，责令限期整改162处，罚款4.1万元；检查非煤矿山企业39处，查处隐患328项，下达执法文书114份，责令限期整改8处，罚款1万元；检查危化、烟花爆竹企业115处，查处隐患127项，下达执法文书10份，责令限期整改6

处，收缴违规存储的烟花爆竹150余件，受理新办、换发证400余件。其他行业查处隐患1609项，下达执法文书342份，责令限期整改335处，罚款14.9万元。

【标准化建设】 煤矿生产矿井、危险化学品（应达标生产企业）安全生产标准化三级达标达到100%。其他工商贸行业规模以上企业达到安全生产标准化三级以上标准12个，超额完成市政府下达的8个指标任务。煤矿建成二级以上质量标准化示范矿井1对，安全高效示范矿井1对。

【安全社区建设】 安全社区建设启动，申报省级安全社区8个、市级安全社区3个。

【基层基础工作】 派驻矿安监员15人，分驻27个煤矿，年投入各项费用80万元。评选安全镇（局）长10人，对安全生产工作进行“网格化”管理，加强社区、工业园区安全基础建设。

【宣传培训】 组织培训120次，培训人数达3.2万人次，印发安全知识手册12.6万份、安全知识宣传单6.2万份，悬挂安全宣传标语426幅，开设专栏395期，发送手机安全提示短信2.2万条，电话安全提示8000多次。督促煤矿、高岭土矿、危化品、烟花爆竹、非煤矿山企业送培矿长、企业负责人、安全管理人员620人次，各类特种作业人员820人次，从业人员培训7620人次。先后在荣县电视台报道45次，宣传杂志社报道46次，政府网站宣传4次，安监局网站宣传62次，受教育群众达42万人次。上报各类安全信息70余条，被省安监局网站采用10条以上。

【重大危险源登记与监控】 对全县煤矿、非煤矿山、危险化学品等重点行业、领域进行重大危险源登记与监控，落实行业主管分级负责及属地管理的重大危险源监管体系，提高政府处置突发事件和抗风险能力。

【事故灾难应急救援】 全县各部门、各乡镇及生产经营单位建立和完善安全生产的应急救援体系，修订完善《荣县安全生产事故灾难应急预案》《荣县煤矿生产安全事故灾难应急预案》《危险化学品重特大事故灾难应急救援预案》等综合应急救援预案和22个专业预案。加强应急救援队伍建设，充实煤矿应急救援中队力量，改善应急救援各类装备26台（件）。各煤矿企业建立9－18人的辅助救援队伍，配备应急救援所需设备设施。开展安全事故警示教育周活动，先后10次组织观看警示和应急处置教育片，参加人员达400多人次，提高处置突发事故和安全生产抗风险能力。

【职业健康危害防治】 宣传《职业病防治法》，组织各乡镇职业健康管理人员、企业负责人及经办人参加职业安全健康培训。开展职业卫生基本情况摸底调查工作，对300多家企业、1.5万人次进行调查，推进职业卫生基础建设，建成15户职业卫生基础建设示范企业，完成职业危害申报企业180家，职业危害因素检测50多家。督促煤矿企业组织职工参加职业卫生健康体检2300人次。指导4个关闭煤矿对179名矿工参加离岗前的职业健康检查，建立健康档案。对46家企业进行职业卫生工作专项检查，下发限期整改指令10份。

【建立安全生产长效机制】 落实安全生产“一岗双责”和企业安全生产主体责任。层层签订安全生产目标责任书，实行安全生产风险抵押、各级联系、安全隐患排查制度。坚持一票否决制。提取安全技术经费，加大事故隐患整改投入，建立和完善重大安全隐患公告公示、挂牌督办、跟踪治理和整改销号制度。推行煤矿采煤方式和支护方式改革，完善六大救援系统建设。在重点矿山企业建立矿长、安全管理、特种作业人员备案制与违章人员业内通报制、业主承诺制、不良记录登记制。按照“四不放过”和“科学严谨、依法依规、实事求是、注重实效”的原则，严肃追究事故责任单位和有关责任人的责任。

【煤矿专项整治】 加强煤矿日常监管工作，严格煤矿瓦斯、火灾、水患、顶板、放炮、用电、火工产品等现场管理。抓好煤矿整顿关闭和兼并重组工作。按照省、市政府的要求，县政府高度重视，成立关闭煤矿领导小组，先后关闭余家沟、善卷洞、源泉、旭湾4个煤矿，10月底前全部关闭，经省、市相关部门验收达到关闭条件和要求。按照省、市政府小煤矿关闭工作紧急会议精神，永德、观音洞、权兴、古佛寺4个煤矿主动自愿申请关闭。目前，4个关闭矿井名单已上报省、市相关部门核准。

【交通专项整治】 加强道路交通安全知识的宣传，印发各类宣传资料32万余份，悬挂、张贴宣传横幅、标语320余幅，城区智能红绿灯LED宣传显示屏滚动播放宣传标语720余条，深入27个乡镇、36所学校、15个社区开展宣传咨询活动156场/次，受教育群众达32万余人/次。加大对道路临崖、临水、临坎、下坡、弯道等严重危及道路安全的隐患排查，排查出各类交通安全隐患163处，投入隐患整改资金760万元。

【非煤矿山专项整治】 建立健全非煤矿山安全隐患整治领导小组，制订专项整治方案。加强非煤矿山露天开采安全隐患排查。对各非煤矿山企业进行检查84次，共查出隐患328条，投入隐患整改资金约1000万元，隐患整改率98%以上。共出具行政执法文书3类114份，其中包括：现场检查记录79份，责令整改指令书13份，整改复查意见书13份。

【危险化学品专项整治】 联合市安监部门深化危险化学品和烟花爆竹监管措施。共排查安全隐患120处，整改率达100%，投入隐患整改资金620万元。组织培训危险化学品、烟花爆竹从业人员482人次，印发各类安全宣传资料1.5万余份。新办、换发危险化学品经营许可证、烟花爆竹经营许可证共462个。责令2家危险化学品企业停产整顿，吊销烟花爆竹经营许可（零售）证2家，查处2起违法储存烟花爆竹案件，收缴违规存储的烟花爆竹150件。

【隐患整改】 全县进行隐患排查治理，投入整改资金5660万元。在建筑、民爆、危房、旅游景区景点、森林防火、病险水库、其他地面企业等领域实行专项治理，共排查出隐患3.92万条，整治率达98.2%。其中：对县中医院液氧储罐隐患整改落实情况进行检查验收。4月11日市质监部门对重新安装的液氧储罐进行检测验收合格。

（县安监局）

食品药品监管

【简况】 2014年，全县有药品生产企业2家、药品批发企业2家、零售药店220个，餐饮服务单位1200余家，食品生产企业329家，食品流通经营单位1800户，保健食品化妆品单位366家。县食品药品监督管理局设立7个片区食品药品监督管理所（河西、旭阳、长山、新桥、乐德、双古、双石并且所长全部高配为副科），内设6个股（综合协调股、行政审批办、食品生产监管股、食品流通监管股、餐饮食品监管股、药品医疗器械化妆品监管股）、1室（局办公室）、1队（食品药品稽查大队）。

【餐饮服务食品安全监管】 落实食品药品安全监管责任制，探索餐饮服务食品安全科学监管模式，发挥餐饮服务食品安全示范街、示范单位带头作用，在全县餐饮服务环节开展“透明厨房”视频监控工程建设，完成54家单位视频监控系统的安装和调试，正式投入使用。按照“网格化、格式化、痕迹化”监管模式强化日常监管，推进餐饮服务单位食品安全量化分级管理工作，对学校食堂量化分级动态评定达100%、对其他餐饮服务单位进行量化分级动态评定650家，对1600多从业人员进行培训。办理餐饮服务许可证220家。开展重要节日、学校开校前、地沟油、食品非法添加和滥用食品添加剂等专项整治，完成县人代会及政协会、“中国荣县大佛旅游节”“两考”“荣中百年校庆”等重大活动饮食安全保障任务。全年检查各类餐馆、农家乐、休闲庄等5200户次；学校食堂460户次；企业、机关食堂48户次；旅游景点56户次，出具监督意见书528份。立案64件、结案55件，案件办结率达85.9%。

【药品、保健化妆品安全监管】 按照“三位一体”的监管模式，抓好药品、保健食品安全责任体系的落实。对药品生产企业实行定人定厂挂点联系制度，加大对GSP规范经营监管和跟踪检查及处方药销售监管。开展药品生产流通领域集中整治行动、医疗器械经营使用单位专项检查、基本药品生产质量、广告药品质量、特殊药品、处方药分类管理、疫苗、医用氧、药包材、含麻黄碱类复方制剂等专项整治。上报药品不良反应353例、器械不良反应105例。整治虚假违法药品、医疗器械和保健食品广告行为，全部移交工商管理部门处理。开展保健食品化妆品示范店创建工作，保健食品示范店创建4家，化妆品示范店创建4家，医疗器械立案21起，结案18起，撤销3起，药品立案21起，结案21起。化妆品立案8起。结案6起，撤销2起。

【农村群体宴席监管】 对各乡镇的分管领导及经办人员就农村群体宴席食品安全监管进行以会代训的培训，加强对农村厨师队伍的规范管理和培训。全县5桌以上农村群体宴席的报告率和检查率达到100%。

【食品药品安全宣传】 开展“3·15”维权宣传、食品药品科普宣传、食品安全宣传周、禁毒防艾宣传月等一系列大型宣传活动。印发资料2万余份，悬挂横幅标语30幅，张贴宣传标语40余条，健全完善县食品药品监督管理局网站。全年完成各类宣传报道181次，被中国食品安全网采用11条、省局网站10条、自贡市政府网采用17条、市局网站采用70条（其中调研2篇），《自贡日报》及自贡新闻网采用19条、《华西都市报》采用4条，荣县政府网采用19条，自贡电视台报道5次，荣县电视台报道26次。

（但唐军）

质量技术监管

【名牌发展】 深入品牌发展战略，推进名牌创建和培育工作，以名牌带动、标准化拉动、质量监督驱动、服务措施推动企业第一责任人的责任，促进产品质量总体水平的提升。实施“三个一批”（争创一批、储备一批、培育一批）名牌发展战略，抓好中国名牌、四川名牌培育工作。星河巴尔集团公司、自贡市俊鸿鞋业有限公司、四川天护线缆有限责任公司3家企业申报四川省名牌产品，正式批准通过。

开展农村公共服务运行维护标准化试点的前期工作，确立领导小组，召开动员会，申报确立4个乡镇8个村为标准化试点项目的试点村。启动荣县蔬菜示范区建设工作，为全县农户的蔬菜产销提供技术支撑。

【特种设备安全】 加强特种设备日常监督安全监察，完善辖区内特种设备动态监管体系，建立荣县人民医院、荣县菲美斯酒店等20家特种设备使用单位台账档案。对压力容器、起重机械、电梯、锅炉以及液化气、氧气等180余家特种设备生产、使用、充装单位开展专项安全检查，共出动执法人员190余人次，出动车辆60余台次，发出安全监察指令书19份。与荣县青松液化石油气有限公司联合举行特种设备消防演练，并对学校、宾馆、游乐场所、旅游景点的特种设备进行安全检查，全年未发生特种设备安全事故。

【执法监管】 以打击制假售假，保护消费者合法权益为宗旨，依照法律程序办理行政案件，共组织农资、建材产品、强制认证等多次专项打假活动，出动行政执法人员320人次，车辆97台次，检查生产经营单位90家。辖区内未形成一种或几种假冒伪劣产品的集散地；未出现有严重质量问题和严重后果和制售假冒伪劣产品大要案件。全年，受理申诉10起，无一起行政复议和行政诉讼案件。

加强建材生产企业监管，以新农村建设农民集居点建材、涉及人体健康、节约能源和保护环境的建材为监管重点，对水泥、商品混泥土、水泥制品、机砖、电线电缆等产品进行专项整治，对辖区内的生产企业进行不定期巡查。执法人员对问题企业进行相应的宣传教育，并立即进行整改，整顿建材市场环境。

对县城内加油站进行专项检查，共出动执法人员15人次，车辆5台次，检查中石油等单位5家，执法人员查阅柴油汽油的进货发票、质检报告、销售记录、加油机检定报告和铅封等，对部分加油站存在油品标识不符合规定情况当场进行整改。

重点对农用机械厂家、水泵生产厂家和农药化肥经销商进行专项检查。共出动行政执法人员36人次、车辆11台次，共检查全县范围内农用机械、水泵生产企业和经销商11家，未发现无证生产、以假充真以次充好的现象。

根据《荣县整治三轮车非法行为工作方案》的工作安排，联合县工商局等有关部门对辖区范围内非法销售电动三轮车的经营户进行整治。通过摸底调查和每日巡查，向当事人讲解宣传相关国家法律法规和相关规定、非法电动三轮车存在的问题和安全隐患，督促当事人主动整改。共出动行政执法人员385人次，执法车辆126台次。

【计量管理】 对境内高速公路的9台计量器具开展专项检查，规范计量器具管理。对荣县华康医院、新城医院等6家医院强制检定计量器具检查工作，要求对未经检定或检定不合格计量器具不得继续使用，并要求医院对强制计量器具进行登记造册，建立相应档案，落实各项计量器具管理制度。对长山、高山、墨林等7个乡镇开展水表、气表、电表检查，向个别未对水表、气表进行首检的管理单位宣传相关法律法规，督促重视“三表”的首检工作。

【标准及代码管理】 全年完成标准备案5个，审查合格率为100%。组织机构代码新办390户，换证960户，变更22户，注销33户，迁出3户，迁入9户，年检1490户。对全年所办件的数据质量进行清理和修正，代码数据更新率达75%以上，有效数据质量合格率达95%以上，电子档案数据质量合格率达97%以上。

组织机构代码证年检时间延长6个月，由原来的3—6月办理，调整为3—12月办理。精简年检材料，不需再提供法人的身份证。对超期时间较短、非故意拖延时间年检等情况，均不再进行经济处罚。从7月1日起，组织机构代码证书收费标准由原108元/套降低到30元/套，地方财政收入部分暂停收取，全年将有800多个单位节约办证费用6万余元。

【法制宣传】 组织开展“3·15”国际消费者权益日宣传活动，发放宣传资料4996余份，接受群众咨询56余人次。

2014年是《特种设备安全法》正式实施的第一年，对全县特种设备制造使用单位专门开展《特种设备安全法》宣贯活动，1月底召开《特种设备安全法》宣传贯彻会。通过宣传贯彻《特种设备安全法》，提高各特种设备使用单位有关人员的安全责任意识，落实安全主体责任制。通过“安全生产月活动”“特种设备三进活动”，以发放资料、宣传讲解的方式向社会群众宣传特种设备的相关知识和法律法规。

（袁艳凤）

住房公积金管理

【简况】 2014年，对各单位公积金缴存进行清理指导，缴交基数更加规范，做到应缴尽缴。截至年底，累计归集公积金6.86亿元。当年新增归集住房公积金4.54亿元，比2013年同期（下同）增长22%，归集余额达4.57亿元。

【贷款发放】 全年，累计为2950户职工发放住房公积金贷款4.4亿元，当年新增贷款279户、5788.2万元，同比增长18%，现有住房公积金放贷余额2.98亿元，同比增长10%。贷款回收率100%，没有出现1分钱的呆坏账风险。

【规范支取】 加强服务，保障职工的应提尽提，严格审批程序，杜绝违规提取公积金行为。为3196户职工办理各类公积金提取7032.16万元，同比增长34%。累计为1.37万人次办理各类提取2.29亿元。

【运营增值促保障】 科学确定存贷比，在保证资金正常运营的情况下将沉淀资金转存为各期限的定期存款，保证资金收益最大化，完成增值收益965万元，同比增长25.8%。其中提取城市廉租房建设补充资金911.94万元，累计上缴城市廉租房建设补充资金2461.39万元。按规定提取贷款风险准备金27.36万元，截至目前，累计提取风险准备金1049.36万元，提高抗击资金风险能力。

【提高办理效率】 提高内部员工办事效能，加强与相关单位的协调，助推公积金相关业务办理效率，利用单位住房公积金QQ群开展网上答疑、网上培训等工作，提高住房公积金相关知识知晓率。

【提升技术手段】 开展公积金贷款人按年提取自动支取工作，市中心优化住房公积金管理应用程序，12月启动按年提取公积金还贷自动审核工作。公积金贷款职工与公积金管理部签订《委托自动按年支取协议》后，每隔12个月系统自动向还贷职工的银行账户内划入支取额度，改变原来每年申报支取的方式。

（县住房公积金管理中心）

国土资源管理

【耕地保护与利用管理】 履行耕地保护职能，对耕地实行用途管制基本制度和耕地占用补偿、耕地总量动态平衡制度。一是实行土地管理行政首长负责制，县政府与各乡镇政府签订《荣县耕地保护暨土地管理目标责任书》，将耕地保有量和基本农田保护面积纳入综合目标考核内容；二是根据土地利用总体规划和年度用地计划，严格用途管制和控制建设用地总量；三是通过实施“金土地”工程和城乡建设用地增减挂钩项目，实现耕地占补平衡；四是对农房建设用地审批，实行宅基地复耕验收制度。年末耕地保有量为6.45万公顷，基本农田保护面积为5.54万公顷。全年共计审查上报农用地转用土地征收7个批次，总面积71.69公顷（其中新增建设用地63.83公顷），完成征地补偿面积63.32公顷，发布征收土地公告8个，征地补偿安置方案公告47个。为旭阳药业配套项目、县河西新区基础设施建设、长山移民安置房建设（小井沟水库移民）、社会救助福利服务中心和双古、墨林、新桥变电站等重大项目、民生项目工程提供用地保障。依法办理被征地农民的补偿安置工作，共办理支付被征地农民的土地补偿费和安置补助费2037.83万元；办理征地农转非1369人的养老保险、医疗保险和失业保险，依法保护被征地农民的合法权益。

供地：实行土地资源市场化配置，经营性、工业生产性、商品住宅用地实行招拍挂出让100%。全年供应国有土地93宗，面积20.12公顷，土地成交价款2.87亿元，出让金入库1.37亿元；办理协议出让75宗（改扩建和调整容积率），面积3.19公顷，补缴土地出让金入库694.43万元。办理100平方米以下国有土地使用权登记8624宗，补缴土地出让金458.37万元。追缴历年4宗土地出让金剩余款入库1.55亿元，土地出让违约金入库45.68万元。全年实现土地出让金总收入2.99亿元。加大土地收（购）储力度，搭建政府融资平台。县土地储备中心完成5宗土地无偿收回工作，面积1.55公顷，已纳入县土地储备库；完成4宗土地整体收回（购）工作，面积6.2公顷，整体收购价款1735.56万元，4宗土地已进入拍卖程序。作为县级融资主体，完成向农发行荣县支行贷款4亿元用于土地收储项目及融资工作；正在启动3亿元的融资贷款工作，用于城乡建设用地增减挂钩项目建设。发挥土地融资平台作用，为缓解土地储备资金压力、城市建设提供资金保障。

【实施“金土地”工程】 工程实行各级管理目标责任制，执行工程项目全程管理的项目招标、工程监理、财务管理、合同管理、项目公示、廉政建设、竣工审计验收等十项制度。完成省投资鼎新镇西堰村等3个村土地整理项目省级终验工作，建设规模872.29公顷，投资1500万元，新增耕地91.65公顷。省投资乐德镇桥凼村等4个村土地整理项目已竣工（待验收），建设规模895.12公顷，投资1500万元，新增耕地98.09公顷。双石镇铁匠村等5个村、双石镇蔡家堰村等5个村、正紫镇窝棚湾村等3个村的改造完善高标准基本农田建设项目已竣工，3个项目建设高标准农田1659.20公顷，完成投资1542.16万元。鼎新镇鼎新村等4个村、度佳镇砖房村等3个村、旭阳镇李农村等4个村、望佳镇品山村等4个村、河口镇双堰塘村、东兴镇老君坝村、雷音乡华藏寺村的改造完善高标准基本农田建设项目年底竣工，7个项目高标准基本农田建设规划2226.07公顷，预算总投资2337.38元。全年完成耕地占补平衡目标任务。

【地籍规划管理】 完成全县2013年度土地遥感监测与变更调查工作。全县土地遥感监测图斑按照土地资源管理相关规定及程序变更，报经省国土资源厅审验认可。依法进行土地确权登记发证工作。全年确权登记发放国有土地使用权证书8624本；国有土地他项权抵押登记94宗，面积359.03公顷，融资金额17.63亿元。农村宅基地使用权发证工作基本完成，农村集体建设用地的使用和所有权确权登记发证工作因权利人积极性不高推进工作缓慢。完成荣县新一轮基准地价的调修工作，于2014年9月1日经县政府批准发布执行。编制完成《荣县深化城乡建设用地增减挂钩试点规划（2013－2017年）》。规划安排24个乡镇有挂钩试点项目，142个安置区涉及农户1.6万户、5.05万人；待项目全面实施完成后，整理复垦新增耕地7.27公顷，提供新增建设用地周转指标1256.83公顷。双石镇金台村试点项目竣工后已通过市国土资源局初验（已申报省国土资源厅终验），拆旧地块122处，涉及286户、1030人，拆旧复耕面积22.70公顷。

【地质矿产管理】 强化矿业权出让管理和矿山安全管理。煤炭矿山和非煤矿山的采矿权全部实行拍卖出让。完成9宗非煤矿山采矿权拍卖工作，出让总价款1000万元，入库价款948.86万元；征收矿山资源补偿费7.67万元。配合县安监局等相关部门，完成全县20个煤炭和7个高岭土矿山复产检查验收工作。加强地质灾害防治工作。印发《荣县2014年地质灾害防御方案的通知》，将防御责任落实到各乡镇、相关单位和责任人。开展汛期巡查、排查和应急调查，落实值班人员，坚持24小时值班制度。全县核实地质灾害隐患点168个，其中县监测点14个，并报省国土资源厅备案。旭阳镇黑林沟村八组滑坡群治理工程已完工，报请市国土资源局通过初验。完成地质灾害避险拆迁46户。组织地质灾害业务培训4次，培训人次870余人。全年未发生因地质灾害引发的人员伤亡及重大财产损失事故。根据《国土资源部关于进一步完善矿业权管理促进整装勘查的通知》和《关于编制矿业权设置方案有关事项的通知》精神，结合荣县实际，制定《荣县国土资源局关于荣县双溪小井沟饮用水源地生态功能区保护建设控制规划工作方案》，禁止以双溪湖水源保护区所辐射的旭阳镇、高石梯森林公园、东兴镇、墨林乡、双石镇等11个矿山开采区的勘查开采活动，组织实施矿山恢复治理工作，严厉打击私挖乱采行为，依法追缴恢复治理保证金。

【执法监察】 根据省国土资源厅《关于在全系统开展国土资源管理工作自查的通知》（川国土资发〔2014〕34号）的要求，县局组织人员协调县级相关部门和各乡镇，对全县2008－2013年期间土地利用总体规划及土地年度计划管理、耕地保护、土地开发整理项目资金管理使用、土地出让金征收管理等情况全面开展清理自查，对自查出来的问题逐件进行整改，清理自查结果报请省、市国土资源主管部门评审通过。依法查处违法占地、采矿行为，全年发现违法占地行为147件，经现场教育后停止违法行为的127件，立案20件，其中：16件涉及非法占地；4件涉及非法批地。退还土地2.46公顷，罚没款97.42万元。发现违法采矿行为44件，现场制止未造成大量破坏的41件，立案3件，结案2件，没收非法所得罚款11.62万元，1件正在处理中。

（伍毅斌）

工商行政管理

【市场监督管理】 开展"红盾春雷行动"，检查经营企业和个体户1548户，结案26件，即时处罚82件，受理和处理消费者申诉和案件28件，挽回经济损失8.5万元。开展打击侵犯知识产权和制售假冒伪劣商品专项行动，捣毁一售假窝点，涉案金额10万余元，案件移送公安机关。加强以种子、化肥、农药等农资为重点的质量监管，打击制售假冒伪劣农资等坑农害农违法行为，开展"红盾护农"工作和农资市场专项整治。开展流通领域农资市场化肥抽检工作，全年共抽查15个批次，对不合格5个批次进行立案查处。

【维护城乡市场秩序】 开展维护市场专项整治。开展非法销售电动三轮车、非法拼改装汽车专项治理，清理整顿燃气市场、烟花爆竹市场、洗涤用品、广告市场、农资市场，加强对"2014年迎春购物月"活动监督管理，清理规范民间融资中介机构专项行动。配合相关部门开展"扫黄打非"和禁毒工作。整治校园周边环境，整顿和规范旅游市场秩序，对校园周边违法违规的网吧、文化娱乐场所、饮食摊点进行重点检查。

【企业与个体登记管理】 全县有各类企业4002户，个体工商户1.16万户，农民专业合作社324户，家庭农场55户。共办理企业开业登记333户（含分支机构），农村专业合作社44户，个体工商户1579户，新培育家庭农场52户。

解决企业特别是中小企业融资难题，共办理股权出质登记105户，出质股权数额7.16亿元，被担保债权数额42.8亿元。办理动产抵押登记37件，为各类经营者实现融资2.61亿元。

【城乡环境综合整治】 开展城乡环境综合治理，对城区农贸市场的状况进行调查，配合县人大常委会、政协开展调研并提出建议，特别是对荣新综合市场存在的问题多次与规建、城管、河西管委会等部门现场办公解决。配合相关部门开展集贸市场、户外广告、店招店牌、夜市摊点等专项治理行动，整治各类无照经营行为。

【商标与广告管理】 自贡市首例地理商标"荣县油茶"2件于2月注册成功。"金岁方"评为四川省著名商标。免费送商标下乡2件，设立商标指导服务站1个。全年共引导企业和个人注册商标15件。查处商标侵权案7件，罚款5.41万元。截至年底，全县有效商标908件，其中省著名商标8件，市知名商标25件，中国驰名商标3件。开展广告市场专项整治，建立广告监管长效机制，立案查处广告案件6件，罚款8.15万元。

【经济监督管理】 加强执法监督，规范立案审查、核审、听证、行政复议、行政诉讼工作，立案查处案件核审率、结案率100%，行政执法过错责任为零。利用“3·15”消费者权益日、“群众工作月”以及送法下乡活动，宣传工商法规，共发送各类宣传资料2500余份。到企业、社区宣讲新《消费者权益保护法》、新《商标法》和《企业信息公示暂行条例》。年底对2013年11月以来查办的案件质量进行评查，参加全市工商系统案件评查获得总分第一名。全年查处违法违章案件1707件，其中：简易程序案件1647件，一般程序案件60件。

【经济合同管理】 依法深入开展格式条款监督，提高企业或个人的守法经营意识和诚信经营意识，办理格式合同备案15件，查处合同违法案件2件，罚款1.7万元。引导和培育县、市级“守合同，重信用”企业40户。

【消费维权】 加强宣传和培训，通过进企业、进社区、进学校培训，利用媒体宣传等相关活动贯彻实施新《消费者权益保护法》。与县教育局联合开展培养“青少年消费明白人”活动，内容为“六个一”，即召开一次主题班会，进行一次主题早课，创建一次主题板报，举办一次主题演讲，举行一次主题竞赛，召开一次主题家长会。向各中小学校免费赠送培训资料和光盘。荣县工商局分别到旭阳镇东街小学、西街小学、乐德职业中学校、双石玉章中学、长山中学等学校开展主题宣讲、有奖知识竞赛和消费体验活动。

开展行政约谈，探索维权新途径，促进消费升级、扩大内需。消费投诉量成倍增长，消费者维权意识得到增强。全年12315共受理消费者投诉208件，调解成功205件，为消费者挽回经济损失32.5万元。

【基层工商所建设】 加强基层工商所建设，加强基层工商所硬件设施日常维护、监督和管理，加强基层班子建设、队伍建设，巩固基层建设成果。旭阳工商所完成标识标志示范工程，双石工商所新购业务用房按照进度顺利进行。

【工商体制下划】 11月20日，自贡市召开工商质监行政管理体制调整移交会议，荣县工商行政管理局正式划归地方管理。

【获奖】 荣县工商局被省工商局评为四川省“红盾春雷行动2014”先进（优秀）集体。荣县工商局旭阳工商所和长山工商所被市局评为依法示范工商所。荣县个体劳动者、私营企业协会被中国个体劳动者协会表彰为《光彩》杂志宣传发行先进单位，被省个体劳动者、私营企业协会表彰为宣传思想工作先进单位。工商局获县委、县政府绩效管理考核一等奖、安全生产工作考核一等奖、落实党风廉政建设责任制优秀部门、环境保护工作先进集体、网宣工作先进集体、2015年荣县春晚综合曲艺比赛三等奖。

某公司利用合同格式条款损害消费者权益

案、某人制售假冒“立邦”产品案被市局评为“优秀案件”。某公司销售不合格产品案被市局评为“五佳案件”。某医院侵害患者权益案被评为四川省2013年度十大优秀案件并参评全国工商系统“百佳案件”。

（工商局）

审　计

【审计项目实施】　截至11月30日，完成项目128个，其中：财政审计117个（部门预算执行审计19个，乡镇财政决算审计8个，行政事业及专项资金审计18个，政府投资项目审计72个），领导干部经济责任审计9个，国有企业审计1个，社保基金审计1个。

【审计处理处罚】　审计（调查）查出主要问题金额10.7亿元，其中：违规金额450万元，管理不规范金额10.66亿元。审计处理处罚金额1.23亿元。其中：应上缴财政资金48万元，应减少财政拨款或补贴1107万元，应归还原渠道272万元，应调账处理金额1.09亿元。

【交办事项完成情况】　抽调人员参加小井沟项目建设审计监督；会同县财政局开展“小金库”专项检查工作；先后抽调4名人员配合县纪委、监察局参加党风廉政建设社会评价暨“四个公开”专项检查；完成68个投资额50万元以下的政府性投资项目审计核实，核减工程投资117万元。

【全国土地出让金审计】　8月至11月，按照审计署、省审计厅统一部署，抽调9名人员参加全国土地出让收支和耕地保护审计。

【升级审计系统】　10月，乡镇联网审计系统成功升级，解决了数据获取等问题，实现多年度追踪审计分析。

【优秀审计项目】　报送的审计项目《荣县留佳镇人民政府2012年度财政决算审计》获四川省审计厅优秀审计项目。

（审计局）

统　计

【统计年定报】　贯彻统计报表制度，加强对核算、农业、工业、能源、投资、建筑、房地产、科技、贸易、服务业、劳动工资、人口等方面统计数据质量的审核和评估，各项统计年定报数据按时上报、如期公布，客观真实地反映全县经济社会发展情况。加强网上直报工作的督导检查，网上直报率达100%。

【城乡一体化调查改革】　城镇住户、农村住户调查从2014年开始合并为城乡一体化住户调查。在全县15个调查小区2064户居民中进行基本情况摸底，在此基础上抽取其中的154个住宅并落实其住户作为日常收支调查户。抽取旭阳镇、留佳镇、长山镇、乐德镇、望佳镇、高山镇、鼎新镇、来牟镇、复兴镇9个乡镇，调查点15个，调查户154户，其中城镇住户62户，农村住户92户。组织召开一体化住户调查方案布置暨培训会议，抓好开户访问、数据采集、调查表审核录入上报以及新一轮常规记账户的开户率、业务培训等各个环节，确保城乡住户一体化调查顺利开展。

【生猪监测调查】　生猪调出大县监测调查在

16个乡镇中抽20个调查小区（自然组）开展。由调查员按月逐户上门对生猪存栏、出栏、补栏和出售价格等内容进行调查，统计局审核录入计算机处理后上报。调查户建立生猪监测调查基础台账，县统计局建立规范的调查对象名录库。

【粮食产量抽样调查】 按照国家统计局、国家发展和改革委员会、农业部《关于开展县级粮食产量抽样调查工作的通知》，国家对享受国家财政奖励的粮食生产大县和《全国新增1000亿斤粮食生产能力规划（2009－2020年）确定的产粮大县》，在旭阳镇等18个乡镇的20个粮食产量抽样调查小区开展县级粮食产量抽样调查工作。

【服务业统计】 针对全县第三产业比重逐年加大现状，研究制定服务业统计数据相关办法和《服务业统计台帐建设》，召开服务业统计工作推进会议，落实服务业统计工作考核办法，进行统计业务培训。

【统计服务】 开展月度、季度经济形势监测分析，关注农业、工业、投资、消费等敏感指标动向，判断经济走势，提出对策建议。特别是一季度，分别在GDP、固定资产、工业经济、服务业发展方面撰写预警预测分析报告，全年共印发统计分析11篇。编发《统计信息》65条，编印《荣县统计月报》，印发《2013年全县国民经济和社会发展统计公报》。

【第三次全国经济普查】 1月至3月，指导普查员使用手持电子终端设备对所有普查对象进行入户登记，确定坐标，核实普查对象基本信息、拍摄相关证照。县经普办人员在数据处理平台上，每天对普查员上传的普查表数据按专业审核，发现问题及时退回，由普查对象核实修改，并保留修改痕迹。3月底，完成对所有对象的普查，4月至6月，根据普查基层表逐级完成数据的快速汇总，全面汇总，专题汇总和推算汇总；6月开展事后质量抽查和数据评估。

【基本单位名录库建设】 抓好“四上”企业的名录库建设，定期进行名录库调查，提供给相关专业，按照专业审核认定的结果和企业增减以及属性指标变化情况及时更新“四上”名录库，确保专业库与名录库一一对应。加强与各部门协调配合，定期收集编办、民政、税务、工商、质监等部门单位新增、变更及注销相关资料，同时名录库维护工作实行专人负责，及时登陆基本单位名录库进行审核维护。

【统计信息化建设】 推进“一套表”统计数据采集处理平台建设与应用，强化网报用户、专业用户管理，确保数据采集通道、数据处理网络畅通、安全，数据真实、可靠。在旭阳镇开展乡镇街道信息系统试点工作，以乡镇街道党委政府管理需要为主，完成乡镇街道信息系统指标体系的设计。

【统计教育与培训】 动员组织统计从业资格认定报名30人，继续教育报名87人参加市统计局组织的集中培训和认定考试。结合统计调查、统计年定报等工作，通过以会代训、专题培训等形式开展统计业务和统计法律知识培训。

（毕丽萍）

教育 · 科技

JIAO YU · KE JI

教 育

【简况】 2014年，全县共有公办学校60所，其中普高5所，职高2所，单设初中4所，九年制19所，纯小学25所，幼儿园3所，电大进修校和特殊教育学校各1所；学校占地117公顷，校舍面积47公顷；共有学生6.64万人，其中高中1.23万人，初中1.29万人，小学2.81万人，幼儿1.31万人；有在职教职工3891人，其中研究生18人，本科2045人，专科1416人；从职称来看，高级683人，中级1919人，初级881人。另外，全县还有各类民办教育机构64个，其中民办职业技术学校1所，民办幼儿园62所，其他培训机构1个。

【幼儿教育】 推进幼儿学前教育三年行动计划，投入3000余万元按照省、市示范性幼儿园建设标准新建河西幼儿园和长山镇幼儿园于8月竣工交付使用；投入288万元改、扩建的望佳等4所幼儿园全部验收合格。通过新建和改、扩建，增加1500余个学位。截至年底，全县共有公办幼儿园3所，学校附属幼儿园62所，民办幼儿园62所，在园幼儿1.31万人；学前教育毛入园率达92.52%。

【义务教育】 小学一年级新招学生5514人，初中一年级新招学生3656人，小学、初中入学率分别达到100%和98.63%。全县中考上重点高中线1064人，占28.59%；上普高线2982人，占80.14%。

【普高教育】 高一新招学生2778人。高考本科一次性上线1398人（含艺体生上线的330人）。其中，重点本科上线168人，龙施羊同学以644分摘得自贡市理科状元，被中国科学技术大学计算机科学与技术专业录取。

【成人教育】 全年共有221人报名参加成人高校考试，其中专升本83人，高起专科138人；有910人参加高等教育自学考试，有4人取得高等教育自学考试本科毕业证书，5人取得专科毕业证书。

【特殊教育】 有全日制在校“三残”儿童373人，“三残”儿童入学率达95.6%，其中，荣县特殊教育学校在校学生130人，乡镇学校随班就读243人。6月，荣县特殊教育学校初2014级毕业的4名学生参加成都特殊教育学校招生考试100%上线被录取。

【职业教育】 现有职业教育用地6.9公顷，学生2397人，教师135人。开设有计算机、电子电工、机械加工、幼儿教育、缝纫、汽车驾驶与维修等15个专业。毕业学生推荐就业安置率达100%。职业教育中心为返乡农民工、下岗职工提供短期服务技能培训1328人次；接收藏区“9+3”学生21人，是四川省唯一一所未派“9+3”驻点教师的学校，被表彰为“四川省中等职业教育内务管理示范学校”和“四川省民族教育工作先进集体”。

【素质教育】 把社会主义核心价值观分梯次、有计划、有目的、有针对性地渗透进课堂、渗透到班团队主题活动之中，抓好思想政治教育、法制宣传教育，通过运动会、艺术节、跑操、球赛、写家信等活动，培养学生集体主义精神和积极、阳光、团队协作的态度。全年共有12名学生获得国家级、省级以上表彰奖励，有600余名学生获得市、县级表彰奖励。荣县一中、明君学校、古佳学校创建为“自贡市阳光体育示范学校”，东街小学、富南学校、特校创建为“自贡市校园文化建设示范学校”和“自贡市廉政文化建设示范学校”，荣新小学创建为“自贡市艺术教育特色学校”。荣中女排代表自贡参加省运会比赛获得全省第三名、皮划艇、赛艇获得3金6银7铜的优异成绩。

【新城中学建设】 新城中学计划总投资3.2亿元，占地14.53公顷，建筑面积11公顷，规划设计108个教学班，6000人规模。于2012年正式动工，教学楼、实训楼、办公楼、学生公寓、食堂、体育场馆、运动场等建设验收合格投入使用，绿化、硬化等附属工程基本竣工。9月1日，原荣县一中和城关中学的247名教职工和3456名学生全部整体搬迁至新校区教学。新城中学正式定名为四川省荣县第一中学校。

【教育信息化建设】 推进教育技术装备标准化、信息化建设。按照《四川省教育信息十年行动计划》和农村义务教育薄弱学校改革计划要求，全县升级改造校园宽带网络，添置价值1500万元的信息化设施设备，实现宽带网络校校通，有10余所学校实现班班通。按照规定上好实验课、信息技术教育课，定期开放图书室、计算机室、音乐室、舞蹈室。今年城东小学、长山小学创建成为自贡市信息技术示范学校。

【教师周转房建设】 投入6172.62万元的教师公共廉租住房已经竣工交付使用的有552套，在建的有400余套，即将开工建设的还有300余套，涉及城区和农村共30余所学校。

【队伍建设】 全年共补充校级干部16人，选派5名学校领导干部到县级相关部门进行挂职锻炼，选派104名领导干部参加提高培训，集中开展干部培训学习10余次，要求每位领导干部开展随堂听课不少于80节。加大空岗教师补充力度，全年共引进或公招教师140人，加大教师培训培养力度，制定《教师专业化成长发展规划》，对年青教师按照“一年入门、两年站稳、三年成才”的培训规划，坚持上岗前培训和阶段性定期培训；对中老年教师转变培训方式，除按规定参加国培、省培、全员培训外，给教师们搭建相互交流学习讨论平台，采取分学科、分小组、分片区、对问题有针对性地精准化培训，全年共培训教师8838人次，被四川省国培中心表彰为“国培管理优秀单位”。

【教育教学改革】 在学习课改名校精神精髓的基础上，把调动学生自主学习的积极性、主动性和内在潜能作为课堂改革的出发点和落脚点，特别加强集体备课、学习小组建设、撰写教学反思等方面的实践探索和分析研判，防止机械重复训练、增加学生过重课业负担现象发生。目前，荣县中学的“三三六”教学模式和荣县一中的“先学后教”模式已基本形成校本特色，并在全市教育改革工作会上作交流发言。

【教育民生工程】 全年，共免除义务教育段4.15万名学生学费、书费和作业本费4087.9万元，补助7279名寄宿生生活费448.4万元；减免1619名幼儿保教费131万元；减免普通高中3840名贫困学生学费219万元，资助普通高中3178名贫困生生活费388万元；减免2255名中职学生学费315万元，资助564名中职学生生活费82万元；金秋助学为615名贫困大学新生资助130.9万元；为376名贫困大学生办理生源地助学贷款207.79万元。

【县招办】 2014年，组织910名考生参加高等教育自学考试，221名考生参加全国成人高考，3856名考生参加普通高校招生考试，4608名考生参加初中“二合一”考试；组织初2015级4293名学生参加生物、地理结业考试。有3042名普通高中学生被高校录取，录取率为78.89%；有199名考生被成人高校录取，9人取得高等教育自学考试毕业证书。

【教研室】 以“研究、指导、服务、管理”为职能职责，全年编写《教育科研简报》2期、《公开课简报》2期、《优质课简报》1期；指导研究各级科研课题52个；指导教师参加各级各类公开课、优质课竞赛280节次，127人次获得各级各类奖项；指导学生参加各级各类竞赛获奖46人次；指导教师论文获奖209篇。

【电教教仪站】 全年投入1500余万元添置教育信息化技术装备，实现宽带网络校校通和教学点数字资源全覆盖。荣县中学经过改造通过“四川省一级示范性普通高中”复查验收；长山小学、城东小学成功创建为“自贡市现代技术教育示范学校”；双古中学创建为“自贡市实验教学示范学校”。

（何　旭）

科　技

【科技计划项目工作】 组织相关企事业单位开展项目申报工作。一是以科技计划项目实施为载体，引导企业集聚创新要素。组织四川旭阳药业有限公司、四川大农和农业开发有限公司、荣县洁力环保设备有限公司等企业申报重点新产品计划、重大科技成果转化、富民强县和创新基金等科技计划项目11项，立项经费280万元。二是以创新型企业和高新技术企业申报为导向，加快企业创新能力培育。荣县自贡瑞安机械制造有限公司被认定为四川省第七批创新型企业建设名单，全县累计被认定创新型企业达10家。三是构建企业研发平台，推进企业工程技术中心、重点实验室建设。已基本建成四川旭阳药业有限责任公司企业技术研发中心。

共组织申报实施“新型玉米剥皮机”“无药残止痢中兽医产业化”“蜀宣花牛在自贡地区的推广及产业化开发”“德香4103中稻、再生稻双高产关键技术集成及产业化示范”“省级基层科普行动科普带头人项目”“省级基层科普行动留佳柑桔基地项目”等科技项目11项，其中：科技成果转化2项。新培育高新技术企业1户，全县高新技术产业产值占规模以上工业总产值的比重达16%。

【市县科技进步奖申报、评审工作】 组织开展2013年度科技进步奖评审工作。为推进全县工业、农业、社会事业的发展，奖励在科技进步中有突出贡献的单位和个人。根据《荣县科学技术进步奖励办法》规定，荣县2013年度科技进步奖经过专家评分、评委会票决、公示等程序，评出特等奖1项，一等奖1项，二等奖4项，三等奖6项。

【科技人员下乡帮扶工作】 一是继续推进科技特派员试点制度，完善科技特派员试点管理制度，坚持科技特派员总结报告制度，及时了解其工作动向，帮助解决在生产中的难题。二是邀请省、市各类专家开展企业技术难题挖掘工作，帮助企业理清产业发展关键点，提升产业竞争力。开展科技帮扶培训工作，宣传科技政策和法律法规。

【农业科技创新工作】 围绕农业主导产业，加快部署农业新品种、新技术、新机制和新模式的引进试验示范和推广工作。今年实施“科技兴农”项目12项，投入项目资金20余万元。围绕油茶、茶叶、生猪养殖、水产等主导产业开展新品种、新技术引进试验示范和推广；围绕四川麻鸭品种开展地方特色品种的保种选育工作；围绕蔬菜产业开展农副产品深加工。

【知识产权工作】 全年专利申报量59件，授权41件，其中发明专利16件、实用新型14件、外观设计11件。

开展“4·26”知识产权日宣传活动周，聘请专家对荣县27个乡镇和35家企业开展知识产权培训活动，发放各种知识产权有关资料4.6万余份，发放《企业技术创新政策汇编》600多本；分别到金岁方药业、洁力环保、东方机械、南方锅炉、裕民农机、荣成等四十余家企业通过调研、指导和企业座谈会等方式开展知识产权宣传和服务工作；聘请市知识产权局的领导和专家开展专题讲座，对相关领导、机关工作人员和企事业人员进行集中培训，建立知识产权局－专家－企业的联系，帮助企业开发、申请和运用专利，培养企业知识产权管理人员；利用县科技局门户网站，设立知识产权工作栏目，发布专利政策和信息，提供专利技术查询。

2014年奖励论文14篇，奖励金额7000元；奖励专著2部，奖励金额4000元：资助专利28件，资助金额6.1万元。四川旭阳药业有限责任公司（含金岁方公司）目前该企业已获得发明专利授权共18项。

全年到超市、场镇、药店开展12次专利执法检查，加大知识产权违法案件的打击力度，保护专利权人利益。每年安排知识产权相关工作人员到省知识产权局参加专利行政执法的相关培训，提高专利执法业务水平。

【推进关键技术攻关】 四川绿食佳农业有限公司完成的“工厂化桑枝栽培杏鲍菇及菌糠利用研究”和自贡市新隆牧业有限公司完成的“川南黑山羊高效养殖综合技术研究与推广应用项目”获得市科技进步二等奖；荣县洁力环保设备有限公司主持研究的“烟气脱硫除尘净化塔”获得国家科技部创新基金100万元的支持，荣县双丰机械制造有限公司主持的“多功能小型农用机械系列产品”获得省创新资金20万元的支持。

【构建产学研合作联盟】 按照“政府主导、企业主体、院校支撑、市场动作、社会化服务”的要求，继续探索产学研合作模式，在项目合作的基础上，鼓励企业与高校科研院所建立协议合作模式，四川元森农业有限公司与四川畜科院合作建立专家服务站，开展“四川麻鸭保种选育研究”获市科技计划项目4万元的支持。四川大农合农业开发有限公司、四川清淞湖养殖有限公司等多家企业以项目合作模式与科研院所签订产学研合作协议。

（王　洪）

文化·广电·体育

WEN HUA · GUANG DIAN · TI YU

文 化

【文化规划】 按照“产业发展年”要求，开展文化产业发展调研，启动荣县文化产业发展规划编制工作。完成县城文态概念性规划。完成荣县大佛本体保护方案编制和荣县军政府旧址、吕仙崖摩崖造像保护规划编制的招标工作，确定勘察设计单位。荣县镇南塔保护规划立项报告已上报国家文物局审批。

【文化改革】 深化文化体制改革，理顺政府部门与文化体育事业单位、社团之间的关系。6月，进行广电改革工作，完成借用到四川广电网络荣县分公司工作的2名机关公务员、23名事业人员分流。县电视台、文化馆制定完善内部管理激励机制。建立完善文艺作品精品创作激励机制，共创作出文艺作品100余件。建立完善重大文化活动策划及组织协调机制、公共文化服务体系建设协调机制、公共文化服务设施管理运行机制、群众对公共文化服务的评价和绩效考核机制、文化志愿者工作机制、“非遗”保护传承机制、文化产业发展协调推进机制、文化产业统计和政策扶持等机制。

【文化基础设施建设】 按照公共文化服务标准化、均等化要求，推进基层公共文化服务规范化建设。图书馆维修改造工程12月底完工。17个社区书屋、农村数字化工程建设、基层综合文化服务中心、乡村文化院坝、农民工文化驿站和留守儿童文化之家等工程的建设方案已获批。推进农村数字化工程建设、推进城乡公共阅报栏建设，扩大覆盖面。

【重要文化活动】 邀请严西秀、杨焕明、胡林等艺术家在4月举办五期“玉章文化论（讲）坛”，提升全县乡镇文化专干及文艺创作、摄影爱好者业务能力和水平。提升“四馆一站”免费开放服务质量，丰富公共文化服务内容。县图书馆、县文化馆、县美术馆以及全县27个乡镇综合文化站对公众提供免费开放时间累计达6万小时，免费接待15万人次。吴玉章故居陈列馆、军政府旧址等爱国主义教育基地免费接待参观者5.5万人次。全县296个行政村开展文体活动2700余场。结合“三下乡”活动，开展“2014年‘党的十八届三中全会精神进万家’文艺巡演活动”等一系列的文化活动。发挥农家书屋阵地作用，组织开展“2014年‘文化自贡·书屋飘香’全民阅读活动”。加大文艺精品创作和宣传力度，利用节假日组织优秀作品到广场、社区、农村进行巡演。举办“最美中国·荣县大佛篇”系列活动。活动期间，旅游卫视－最美中国栏目对荣县人文风情、特色农副产品、美食等进行专题拍摄，通过大型综艺节目和明星效应向广大电视观众展示荣县之美，对荣县文化旅游产业发展起到良好的促进作用。2015年春晚系列活动于9月启动，截至12月底举办选拔赛20余场。

群众文化活动获奖情况

序号	获奖个人（单位）	获奖作品	授奖单位	获奖名称
戏剧、小品文学类	荣县文化馆	相声《我要恋爱》	四川省宣传部、四川省农工委、四川省文化厅	四川省首届农民艺术节“群星奖”三等奖
		小品《搬家》	四川省宣传部、四川省农工委、四川省文化厅	四川省首届农民艺术节“群星奖”优秀奖
	张玉兰	小小说《陪着母亲坐火车》	《小说选刊》、《小小说选刊》、《微型小说选刊》、小小说作家网、中共常德市武陵区纪委、武陵区委宣传部、武陵区文联	中国武陵“德孝廉”小小说全国征文大奖赛一等奖
		小小说《格桑梅朵》	四川省作协、四川省小小说协会、安岳县作协	“安岳柠檬杯”小小说优秀奖
		小小说《活得像个人》	中国闪小说协会、当代闪小说、四川小小说协会等	“红茅液杯”小小说优秀奖
	李焕军	《骑牦牛回安岳》	中国闪小说协会、当代闪小说、四川小小说协会等	“红茅液杯”小小说优秀奖
	舒仕明	《浴火重生》	资阳市禁毒委员会	“蓝莲花杯”三等奖
		《在画书中飞扬梦想》	唐山市文联《唐山文学》等	“大爱兆雪杯”三等奖
		《春耕生产》	四川农村信用社	“农信情深·回望历史”三等奖
		《种出爱情》	成都市群众文化学会、成都市文化馆	“成都故事　身边事儿”三等奖
		《当食药安全的守护者，做健康快乐的四川人》	四川食药监督局	“食美药安　诚信四川”优秀奖
		《三商之源五千年，四海华商一条心》	商丘国际华商节组委会	“2014 中国商丘国际华商节主题词征集活动”三等奖
		《好酒千年香，一品汾阳王》	新食品杂志、山西汾阳王酒业公司	“最佳作品奖”
		《舒大刀传奇》	沿滩区文体广新局	“沿滩首届故事征文大赛”优秀奖
		短信	宝鸡市金台区精神文明建设委员会	宝鸡市“厉行节约 反对浪费”短信征集二等奖
		广告语	合阳县文物旅游局	“中国情诗之源 黄河湿地之冠”旅游宣传广告优秀奖
音乐舞蹈类	南街社区	广场舞《婆婆扭街舞》	自贡市文广影视新闻局	自贡市 2014 年社区文化艺术节展演一等奖
		赖荣誉	自贡市文广影视新闻局	自贡市 2014 年社区文化艺术节农民歌手赛二等奖
		广场舞《大妈爱跳舞》	自贡市委宣传部、自贡市文广影视新闻局等	“金曲迎春 舞动天府”恒大杯四川省群众广场舞大赛自贡赛区总决赛优秀奖
	赵家坝社区	广场舞《家乡变了样》	自贡市文广影视新闻局	自贡市 2014 年社区文化艺术节二等奖
	双石镇社区	周　雨	自贡市文广影视新闻局	自贡市 2014 年社区文化艺术节农民歌手赛三等奖

续表

序号	获奖个人（单位）	获奖作品	授奖单位	获奖名称
音乐舞蹈类	长山镇团结社区	黄朝军	自贡市文广影视新闻局	自贡市 2014 年社区文化艺术节农民歌手参赛奖
	高山镇五显街社区	丁开芳	自贡市文广影视新闻局	自贡市 2014 年社区文化艺术节农民歌手参赛奖
	双石镇双石社区	瑜伽与书画	自贡市文广影视新闻局	自贡市 2014 年社区文化艺术节才艺展演优秀表演奖
	乐德镇乐德场社区	笛子独奏	自贡市文广影视新闻局	自贡市 2014 年社区文化艺术节才艺展演优秀表演奖
	度佳镇度佳社区	龙舞	自贡市文广影视新闻局	自贡市 2014 年社区文化艺术节才艺展演表演奖
	东街社区	广场舞《喜从心中来》	自贡市委宣传部、自贡市文广影视新闻局等	“金曲迎春 舞动天府”恒大杯四川省群众广场舞大赛自贡赛区总决赛最佳编排奖
	代国雄	声乐	自贡市委宣传部 自贡军分区、自贡市文广影视新闻局	“军民一家亲 军歌亮灯城”三等奖
美术书法摄影类	辜海燕	国画《走进大西北》	四川省文化厅	“畅想中国梦 展示新四川”全省群星璀璨美术书法摄影作品优秀奖
	曹志辉	油画《秦时明月汉时关》	四川省文化厅	“畅想中国梦 展示新四川”全省群星璀璨美术书法摄影作品优秀奖
	乐德镇	舞蹈《乐德红》	自贡市委宣传部、自贡市文广影视新闻局	2015. 自贡春晚节目总决赛“十佳节目”奖
	荣县文化馆	小品《搬家》	自贡市电视台	荣获 2014 年自贡春晚节目选拔大赛“乐山商业银行杯”总决赛铜奖
	赖荣誉	独唱《1314》	自贡市委宣传部、自贡市文广影视新闻局	2015. 自贡春晚节目总决赛优秀奖

【文化保护】 推进文物保护单位“四有”等基础性工作。完成全县范围内 47 处各级文物保护单位保护标志安装工作。完成第七批“国保”、第八批“省保”保护范围和建设控制地带初步划定和上报工作。加快“三普”成果转化与应用，建立和完善各级文物保护单位和文物点记录档案，开展荣县大佛石窟、吴玉章故居、荣县镇南塔《全国重点文物保护单位记录档案》编制工作。推进全国第一次可移动文物普查工作。完成文博系统内馆藏文物清库工作，完善馆藏文物相关档案，按照上级普查机构安排部署并结合荣县普查实施方案，在全国可移动文物信息登录平台填报文物信息 400 件/套，上报 300 件/套。按照文物补助项目资金申报时间节点分类分批次做好各级文物保护单位和博物馆等项目储备和资金申报工作。2014 年，向省文物局申请 2015 年度省级文物保护专项补助经费 100 万元，用于文物修复和文物征集工作。向市文物局申请吕家寺摩崖石刻环境整治及荣县钟楼维修资金 7 万元。加强文物安全管理工作，落实文物安全责任，完善文物安全保护网络，打击文物违法犯罪活动。落实文物保护责任和文物看护责任，开展防汛、防火、地灾防范、危岩防控及人员密集场所安全

专项整治等工作，未发生重大或较大安全事故。开展非物质文化遗产挖掘保护工作，荣县文化馆组织相关人员对铁厂镇土陶、古佳乡的民俗节、万钟工笔画、荣县布衣龙等非物质文化遗产进行挖掘和打造，为申报市级非物质文化遗产做充分的准备。搞好古籍普查工作，县图书馆安排专门人员对打包存放的馆藏古籍全部拆包，严格按照古籍分类办法进行清理、归类、登记工作，做好古籍普查的基础工作。已完成2602种1.11万册馆藏古籍的初步清理工作。

【行政审批】 开展审批项目清理工作，开设“绿色通道”，压缩审批项目的承诺时限。开展“全国文化市场基础信息采集系统信息录入”工作，全县106家文化经营单位全部录入该系统，并实现证照由县局自己打印直接发放给业主。全年，审批受理审批件212件（网吧年审、新办和变更84件，娱乐场所变更和年检43件，印刷企业新办和年审54件，出版物经营25件，演出5件，艺术品经营单位年检1家）。

【文化治理】 县文化市场综合执法大队除开展日常巡查外，先后开展春节前出版物市场专项整治、少儿出版物市场专项整治、打击侵犯假冒工作、文化市场安全大检查、查堵反制港台反动出版活动、涉藏非法出版物及反宣品整治行动、“两考”禁噪、网吧联合专项整治行动、歌舞娱乐场所专项整治行动、出版物市场专项检查、校园周边环境整治专项行动、国庆节前文化市场安全大检查、印刷复制专项检查等。截至年底，出动执法人员700余人/次，检查经营场所1000余家次，办结34个案件，处罚款6.47万元。加大印刷企业监管、版权保护宣传力度，深入开展“扫黄打非”，营造良好的社会文化环境。

【打造文化品牌】 打造“佛文化、红色文化、诗书文化和生态休闲文化”四大品牌，重点加强对大佛文化旅游系列活动、全民春晚、元宵节民俗文化展演、荣县农民漫画等文化品牌的打造和宣传，扩大知名度和影响力。推进荣县大佛文化产业园二期工程梧桐水街和龙湫月夜景区土地征地工程。

【文化开放】 鼓励文化单位、社团办好内部报刊和信息简报，发挥电视和网络等媒体优势，加强文化活动和文化工作的对外宣传。抓住大佛文化旅游系列活动契机，搭建平台，邀请费翔、蔡依林、甘萍、游子组合等知名艺术家到荣县表演。打造双石镇农民漫画创作组和申报全国文化先进县、四川省民间艺术之乡，提升“诗书之乡”文化知名度。选送小品《搬家》和广场舞《婆婆扭街舞》、《家乡变了样》参加自贡市2014年社区文化艺术展演获得较好成绩；4名农民歌手参加“农民歌手大赛”分别获得二等奖1名、三等奖1名、参赛奖2名；“瑜伽与书法”“笛子独奏”获得优秀表演奖，“龙舞”获得表演奖。优秀美术书法摄影作品36件入选“自贡市美术书法摄影精品展”，推动文化产品“走出去”。选送相声《我要恋爱》参加在达州市举办的四川省首届农民艺术节暨民间艺术节“群星奖”获得曲艺类三等奖。

【文化人才】 加强对文化管理员和文艺骨干的业务培训，多次组织业务干部和业余文艺骨干参加省、市培训班的学习，提升干部业务能力。开设多种类型的培训班，邀请省、市著名的老师前来授课，加大到基层开展文艺辅导力度。成立荣县文化志愿者服务队，由专业舞蹈教师对志愿者们进行基本技能的培训和编排节目。鼓励广大文化志愿者参与基层文化建设和群众文化活动，形成专兼结合的基层文化工作队伍。

广　电

【宣传工作】　开辟《党的群众路线教育实践活动——特别报道》《廉政之窗》《问政面对面追踪报道》《全面深化改革 加快底部崛起》《聚焦产业发展年、城市管理年、作风建设年、项目推进年》《关注民生工程》《走基层 乡村行》《整治非法占地和违法建设》《社会主义核心价值观》《道德模范》《美德少年》等专栏，进行全面、重点、深入的报道。

对县委、县政府重大会议、重大活动、重要工作进行现场直播、录播、全程摄像达11场，制作播出《荣县新闻》250档，播发新闻2560条，制作播出《每周话题》51期，制作播出《问政面对面》4期，拍摄制作专题片12部。加强对外宣传，上送省电视台、电台新闻稿件40余条，上送市电视台、电台新闻稿件400余条，被采用200余条。特色栏目《荣山旭水》，得到社会各界及观众的好评。

加强广播电视播出机构管理，以第三届绿色频率频道创建活动为抓手，净化荧屏声屏。加强接收境外卫星电视节目单位的监管。推进安全播出保障和技术监管体系建设，提高广播电视安全播出水平和应急保障能力。加强“三电”保护工作，强化安全播出管理。全年未发生一起网络被盗破坏案件，在电台、电视台播放“三电”宣传新闻72条，专题35条，公益广告40条。坚持安全播出例会制度，重大播出期领导带班和多人值班，确保元旦、春节、全国“两会”、节假日以及其他重要播出期间，全县广播电视安全播出不出问题。

【事业发展】　培育壮大新型传媒产业，推动地面数字电视、手机电视、网络电视发展。广播电视村村通工程完成40个20户以下自然村“盲村”建设任务。100个村村响建设已进行技术方案编制工作。实施农村电影放映工程，实现城乡100%数字电影放映，全年放映电影3552场，观看人数达12.59万人次。以推动数字电视整转为主线，加快全县双向网改造，推广新业务。截至12月底，全县新发展用户990户，整转数字电视6054户，安装机顶盒9090台，双向网改造7.35万户，新发展宽带用户980户。

体　育

【体育活动】　开展丰富多彩的体育活动，组织开展元旦万人长跑、全民健身主题活动、球类、棋类、游泳、太极、健身舞等体育活动和比赛50余场，承接自贡市组织部职工运动会等单位、社团的趣味活动及体育赛事20余场，承办川西南片区军休干部门球邀请赛、四川老全兴队与荣县国申足球队足球赛、荣县第六届老年人运动会、四川省老年人健身腰鼓和排舞等重大赛事4场。

【体育设施建设】　实施农民体育健身工程，全年投入9.6万元购置健身器材50件，在城区实现健身设施全覆盖。完成20条农民体育健身工程场地硬化及器材配送工作。

（曾小东　吕远红　虞文玉　钟幸　刘惠莲）

档　案

【馆库建设】　荣县档案馆建筑面积1818平方米，其中库房使用面积960平方米。馆藏档案284个全宗、馆藏档案22.58万卷、2.14万件。

【新馆建设前期工作】　7月，中央专项资金600万元下拨到荣县；对原无法实施的地块进行调整，调整地块后的地勘、环评、设计等已完成，初设方案于8月获得县发改局受省发改委委托的批复；配合河西新区开展拆迁工作，铲除青苗和地上附着物，项目进入“三通一平”阶段。

【新农村建设档案工作】　根据荣县新农村建设成片推进示范县工作要求，通过电话通知、上门指导和检查、电话咨询等多种方式对乡镇存在的问题、整改的方向、资料的编写、人员职责和分工、各项制度的落实等情况进行沟通和解决，强化业务指导和培训。荣县旭阳镇、高山镇、东兴镇被四川省档案局评为社会主义新农村建设档案工作示范乡镇。

【档案业务培训】　5月至6月，分别对全县机关档案人员、会计、社区文书等工作人员进行3期、450余人参加的档案业务培训。

【规范化管理工作】　四川省档案工作规范化建设考评领导小组对荣县档案规范化管理工作创建单位和复查单位开展验收，经评审，法院达省一级标准，卫生局、信访局、司法局、东佳卫生院、度佳卫生院达省三级标准；地方税务、人口和计划生育局通过省一级复查验收，党校、保华镇、新桥镇、古文镇、正紫镇、复兴乡、墨林乡通过省三级复查验收。

【重大建设项目档案管理】　做好市、县重大建设项目登记和培训工作。结合市下发重大建设项目，对项目档案工作进行业务指导，完成110个重大建设项目登记和5个市项目督导工作，组织各重大建设项目单位参加市重大建设项目的培训，完成全县已完工重大建设项目的档案验收任务。

【档案法制建设】　在2014年的档案业务培训上，重点强化《档案法》、实施办法等法律法规学习；在日常的档案执法检查过程中，贯彻落实法律法规，规范行政执法行为；开展行政权力依法规范公开运行平台建设工作，制作荣县档案局行政权力内部运行流程图，在每个环节设置廉政风险防控点。

【档案信息化建设】　推进档案信息化建设，根据《四川省档案抢救和保护专项资金管理办法》要求，向上争取数字化档案馆建设专项资金。2月底，四川大学法学院一行9人到荣县档案馆，启动民国档案数字化工作。

【档案数字化建设】　采取外包形式，投入65万元资金实施档案信息化管理项目，先期开展婚姻档案等民生档案的数字化工作，完成5300余卷婚姻档案的数字化扫描任务。

【档案接收征集】　接收各种门类档案5459卷，其中：会计档案2011年3524卷、2012年1935卷；征集珍贵档案资料55册，其中：《自贡年鉴》4本，2013年《内参选编》50册，

《蝶痴万钟书画集》1本。

【档案开放利用】 以档案资源数字化为重点，启动数字化档案馆建设，推进档案信息的“高利用”，提升档案利用服务水平，全年共接待群众2.34万人次，查档2.77万卷次。

（县档案局）

地方志

【简况】 2014年，加大对国务院《地方志工作条例》《四川省地方志工作条例》、中国地方志指导小组《地方志书质量规定》宣传力度，严格志书审查验收程序，确保地方志书编纂出版质量，9月《荣县年鉴（2014）》实现公开出版。

【编辑出版《荣县年鉴（2014）》】 突出年鉴编纂创新工作，年度特色工作和重点工作得到强化，年度亮点、要点和地方特色得以体现。2月底启动资料收集、编辑核校工作，3月初全面启动年鉴稿件编辑工作，5月底基本完成年鉴稿件收集初纂任务，6月底定稿，9月底完成印刷出版公开发行工作。全书设22个类目、358页，图片15幅，共45万余字。

【强化业务培训】 4月，召开荣县2014年档案暨地方志工作会，对2014年荣县地方志工作进行安排部署，11月，选派1名业务骨干参加省志编委会举办的地方综合年鉴培训，12月建立荣县地方志工作交流QQ群。

【大事记工作制度】 在全市各区县中率先建立大事记工作制度，按季度进行大事记编纂，10月出版《荣县大事记（1—9月）》。

【志书交流】 通过采取多种方式与县内外开展志书交换，推进地情资料搜集工作，以购买、对换、备案等形式收集县内外县志、部门志、年鉴等各类地情书籍20余部。

【《荣县史话》编写】 按照县委、县政府在中国社会科学文献出版《关于编撰出版“十二五”国家重点图书出版规划项目〈中国史话〉系列〈荣县史话〉的函》上的批示，于10月初开展《荣县史话》的筹备工作，10月中旬至12月底开展编撰工作。

（县地方志办）

社会生活

SHE HUI SHENG HUO

社会保障和人力资源

【社会保险参保面】 2014年，机关事业单位养老保险参保1.47万人，其中：离退休5623人，在职9084人；企业职工基本养老保险参保10.07万人，其中：离退休5.5万人，在职4.57万人；城乡居民养老保险覆盖人数26.17万人，续缴、新增缴费7.75万人；城镇职工基本医疗保险参保2.97万人，城镇居民基本医疗保险参保10.32万人；工伤保险参保2.92万人；失业保险参保1.19万人；生育保险参保9293人。

【社会保险基金征收】 征收：机关事业单位养老保险费1102万元；企业职工养老保险费3.6亿元，其中清欠543.04万元；城乡居民养老保险费1098万元；城镇职工基本医疗保险费7185万元，城镇居民基本医疗保险费5799万元；工伤保险费1589.59万元；失业保险费（含被征地农民）1915.92万元；生育保险费190.83万元。

【社会保险费支出】 全年支付：机关事业单位离退休人员养老金1235万元；企业离退休人员养老金8.22亿元、丧葬抚恤费1781.14万元；城乡居民养老保险金7235万元；城镇职工基本医疗保险基金7044万元，政策范围内报销81.2%；城镇居民基本医疗保险基金6622万元，政策范围内报销73.1%；失业保险金（含被征地农民）2444.24万元；工伤保险待遇2649.11万元；生育保险待遇95.96万元。

【社会保险扩面】 通过“强化社会保险法规政策宣传、建立社会保险扩面征缴联席会议制度和督查督办制度、建立健全社会保险扩面征缴部门联动机制、跟进服务”等措施，全年，各项社会保险新增扩面2.58万人。

【社会保险基金监管】 开展2013年社会保险财政补助资金专项检查工作，无虚报冒领、挤占挪用、改变资金用途等现象。推进社保基金监管软件联网应用项目实施计划，实现监管节点覆盖，完善基金财务、业务交换库等基础数据，达到全面实施网络监管的要求。加强对定点医院和药店的监管，查实违规现象59起，拒付各种违规金额215万元。开展企业离退休人员和城乡居民养老保险待遇领取人员的生存调查和防冒领工伤保险基金工作，发现9起骗领工伤保险基金行为，挽回工伤保险基金146.76万元。

【企业离退休人员待遇调整】 1月起，为5.28万名企业离退休人员调整养老金待遇，调整标准基数为每人每月增加120元，对缴费年限超过15年（不含15年）的人员再按每超过1年（不满1年按1年计算）增加5元，人均调整水平148.96元，调整后人均养老金水平达到1277.88元/月。

【工伤人员相关待遇调整】 1月起，为154名1－4级伤残人员调整伤残津贴，人均月增加281.94元；为52名5－6级的伤残人员调整伤残津贴，人均月增加220元；为10名完全护理伤残人员增加护理费，人均月增加183.33元；为15名大部分护理伤残人员增加护理费，人均月增加146.66元；为18名部分护理伤残人员增加护理费，人均月增加109.99元；为128名工亡人员配偶调整供养亲属抚恤金，人均月增加120元；为35名工亡人员其他供养亲属调整抚恤金，人均月增加120元。

【落实惠民政策】 城乡居民基础养老金标准月人均提高5元，达到60元，参保缴费财政补助标准每档次提高10元；城镇居民基本医疗保险补助标准年人均提高40元，达到320元；落实企业职工养老保险费增设40%、50%缴费档次政策，减轻参保企业及人员负担。落实城乡养老保险制度衔接政策，办理城乡居民养老保险转移企业职工养老保险530人。为1449名被征地人员办理养老保险参保缴费手续，其中：在职人员1113人，超龄人员336人，征收养老保险费6924.12万元，财政补助2549.11万元。城镇职工基本医疗保险支付限额由20万元提高到26万元；城镇居民基本医疗保险支付限额由12万元提高到15万元。落实就业扶持政策，全年公益性岗位、社会保险、职业培训、职业技能鉴定、就业见习补贴、特定就业政策补助扶持、公共就业服务支出、其他就业补助支出1824万元，享受人数3992人。办理建筑施工工地农民工参加工伤保险71项，建筑农民工参保4536人，征收工伤保险费144.56万元。推进城镇居民门诊统筹工作，共有6.01万人次享受176万元门诊统筹基金；开展儿童先天性心脏病和白血病的医疗救助工作，共为5名患儿报销医疗费用6.87万元。公务员医疗补助149人次，支付医疗补助47万元。为3998名门诊特殊病种人员报销门诊费用450万元，新增门诊特殊病种人员425人。启动居民医保大病保险，减轻参保居民的负担。

【解决历史遗留问题】 将365名原海威机器厂和县盐矿临时人员纳入企业职工基本养老保险。

【提升服务水平】 7月1日起，将城乡居民养老保险参保缴费季度扣款改为每月一次，避免到龄次月不能按时领取养老金的问题。建立领取养老金资格异地认证系统。新增11家乡镇卫生院联网，实现全县所有乡镇卫生院医保联网结算；改进医保参保缴费方式和转院备案管理，简化居民参保和转诊办理程序。1月1日起，个体参保人员续保缴费可以凭医保证直接到指定银行缴纳。10月1日起，县城区12个社区及26个乡镇便民服务中心安装POS机，全县参加城镇居民基本医疗保险的居民直接在社区POS机上刷卡缴费。4月起，病人只需在医院直接办理《转院备案表》后，就可转外就医。5月1日起，凡荣县职工医保的参保人员在市内各区县所有定点医疗机构发生的普通门诊、住院医疗费用和居民医保的参保人员发生的住院医疗费用，持医保证、医保卡或市民卡就可实行即时联网结算，实现自贡市范围内参保人员的医疗费用结算“一卡通”；建成省内异地就医即时结算平台。10月1日起，持社会保障卡的参保人员到成都等地住院后可即时办理住院费结算。

【就业促进】 城镇新增就业6995人，其中：城镇失业人员实现再就业1880人，就业困难人员再就业665人；城镇登记失业率4.15%，低于4.4%的控制目标。对“4050”人员、残疾人等就业困难人员继续实行优先扶持和重点帮助，与县交管所合作开发人力三轮车200辆，400名城镇失业人员实现再就业。加大小额担保贷款扶持力度，促进创业促就业，全年发放小额担保贷款1040万元，其中：个体贷款55人310万元，企业贷款4户730万元。帮助高校毕业生就业，择优选聘54名高校毕业生到社会公共管理公益性岗位工作；认定高校毕业生见习基地14个，提供见习岗位56个，74名高校毕业生到岗见习，为57名高校毕业见习生发放见习补贴30.4万元。为42名大学生发放创业补贴42万元，为9名自主创业的高校毕业生发放小额担保贷款80万元。申报创建省级充分就业社区1个，复查充分就业社区25个。

【职业介绍】 为各类求职者提供免费职业介绍6850人次，其中：介绍成功2195人（含23名残疾人）。

【就业与创业培训】 开展创业培训521人，青年劳动者技能培训1280人，品牌培训300人，结业率100%。

【劳务开发】 全县共转移农村劳动力23.77万人；其中：省内转移11.98万人，省外转移11.79万人；实现劳务收入34.23亿元。

【推进公共就业服务活动】 组织开展“荣县2014年就业援助月活动”“春风行动”“就业在家乡”“高校毕业生专场招聘会”等专项行动，为“零就业”家庭、“4050”人员、残疾人、失地农民等就业困难人员、外出务工人员、返乡农民工、高校毕业生和其他各类城乡劳动力提供就业信息和岗位援助。公共就业服务系列活动期间，举办招聘会30场，县内外入场招聘单位136个，提供就业岗位5100个，进场人数6520人次，求职人数3205人次，提供职业指导和政策咨询6850人次，印发各类就业政策，用工信息等宣传资料2万余份，达成意向性用工2195人。

【农村劳动力实名制登记入库】 5月至9月，在全县开展农村劳动力实名制登记入库及动态管理工作。截至9月28日，系统统计相关数据是：农村劳动力35.64万人，其中：男性19.04万人，女性16.6万人；在家务农11.87万人；农村转移就业劳动力23.77万人（男性13.48万人，女性10.29万人），其中：外出务工23.13万人，自主创业0.64万人；省内转移11.98万人，省外转移11.79万人；主要行业分布：建筑业4.42万人；制造业8.82万人；住宿和餐饮业1.84万人；居民服务和其它服务业2.88万人；其他等行业5.81万人。

【公务员队伍建设】 实施公务员能力提升计划，加强公务员四类培训，完成公务员初任培训79人和县、乡镇行政机关及参照公务员法管理事业单位工作人员《公文写作与处理》骨干培训98人。全县机关（参公管理）单位工作人员2013年度考核1635人，报请县委、县政府授予嘉奖315人，记三等功68人。开展全省第五届“人民满意公务员”推荐工作，有1名公务员被省委、省政府表彰为“人民满意公务员”。完成79名公务员（参公人员）录用手续。办理公务员登记141人。代县政府办理人事任免事项18件，职务任免48人，开除公职2人。办理人员流动手续75人，其中：调出县外16人，县外调入8人，县内调动54人；办理非领导职务晋升28人，其中：主任科员7人，副主任科员20人，晋升科员1人；提高职级待遇7人；受处分人员重新确定非领导职务3人。在全县开展机关事业单位在编不在岗和“吃空饷”专项清理整治行动。“吃空饷”专项活动。支持重大项目建设，抽调141人到工业园区、小井沟办工作。

【**事业单位岗位设置管理**】　事业单位工作人员和机关工勤人员参加2013年度考核共7150人，考核结果为优秀987人，合格6094人，基本合格11人，不确定等次49人，不合格9人。开展全县事业单位公开招聘专项整治工作。完成事业单位岗位补缺工作，对岗位发生变动的人员，及时调整、兑现岗位工资。

【**专业技术人才队伍建设**】　面向社会公开招聘卫生、教育等事业单位工作人员348名。引进紧缺专业技术人才4名，签约引进全日制普通高校应届毕业生56名，办理工作人员流动手续217名，其中：县外调入10名，调出县外37名，县内流动170名。开展职称社会化评审，申报评审初级专业技术职称131人，受市上委托评审中级（小学高级教师）专业技术职称57人，审核后向省市推荐高、中级专业技术职称评定材料106个；评审28名初级、中级农民技术职称，推荐市上评审18名高级农民技术职称。办理初级、中级、高级专业技术资格证书600余个。对旭阳镇等10个乡镇的事业单位职称评聘和日常管理工作进行调研，规范乡镇事业单位职称评审和岗位设置及聘任。会同县委组织部，选聘4名普通高校毕业生到村任职，办理大学生村官辞聘31人。

【**工资福利管理**】　调整机关公务员津贴补贴标准，提高事业单位绩效工资水平，机关（参公）在职2191人，月增加规范性津补贴65.91万元，人均增资300元，机关（参公）离退休1296人，月增加生活补贴31.13万元，人均增资240元；事业单位在职7028人，月增加基础性绩效工资196.53万元，人均增资300元，事业单位离退休（职）4810人，月增加生活补贴101.26万元，人均增资210元。机关事业单位工作人员正常晋升工资，按年度考核结果正常晋升级别：县级机关（含参公）正常晋升252人，平均增加级别工资21.65元/月·人；乡镇机关正常晋升80人，平均增加级别工资18.79元/月·人。按年度考核结果正常晋升级别工资档次：县级机关（含参公）正常晋升级别工资档次1374人（其中工勤106人），平均增加级别档次工资42.26元/月·人；乡镇机关正常晋升级别工资档次554人（其中工勤47人），平均增加级别工资34.18元/月·人。按年度考核结果正常增加薪级工资6891人（其中教育系统3934人、卫生系统1265人、县级事业单位1361人、乡镇事业单位331人），平均增加薪级工资27.48元/月·人。对2013年退休的360名机关事业单位人员增发退休费52.85元/月·人。批准机关到龄退休105人、事业单位到龄退休260人。认定连续工龄181人，批准享受遗属生活困难补助18人。清理享受定期遗属生活困难补助人员，停发补助94人。

【**企业军转干部解困**】　落实企业军转干部解困政策，发放企业军转干部生活解困补助248.13万元。为198名军转干部办理城镇职工基本医疗保险和补充医疗保险，缴纳保费22.38万元。为24名企业军转干部下岗失业人员办理养老保险，缴纳保费20.57万元。在春节和“八一”建军节期间，慰问企业军转干部202人，享受特困救助27人，发放慰问金和救助金8.96万元。

【**维护劳动者合法权益**】　重点开展农民工工资支付情况专项检查、清理整顿人力资源市场秩序专项检查、企业劳动用工年检和受理举报（投诉）案件立案与结案等执法行动。共检查用人单位1089户，涉及劳动者2.8万人，责令相关用人单位补签劳动合同1860份，督促2户企业参加社会保险登记、4户企业缴纳社会保险费。纠正个别不规范中介机构，责令整改违规中介机构2个。全年共受理劳动者维权举报投诉案件105件，涉及劳动者人数6784人次，法定时效内结案率达100%，兑现拖欠劳动者工资3513万元，其中：向交通局、规划建设项目主管部门移送工程挂靠承包、层层转包等情况拖欠农民工工资案件3件；向司法机关移送涉嫌拒不支付劳动报酬罪案件4件。处理劳动争议案件218件，其中调解结案130件，涉及案值989余万元；仲裁结案88件，为劳动者赢取经济赔偿676万元，法定时效内结案率95%以上。审批企业职工正常退休1515人、特殊工种退休272人，纯个体参保人员享受养老金待遇430人；受理并转报工伤认定申请577人；受理并转报市局病退申请14人；认定超龄参保人员具有视同缴费年限17人；受理并转报市局城镇定点药店申请9家。

【高校毕业生人才队伍建设】 对应届毕业生进行针对性就业指导和推荐服务，通过电话、短信、飞信、微信、个人QQ、人才交流服务宣传栏及“荣县人事干部群”、“荣县流动党员群”、“荣县人力资源共享”QQ群、自贡人才网站等多种现代化信息手段，定期发布招聘动态、最新政策等信息，为全县机关、企事业单位免费搭建常态化沟通交流平台，为毕业生搭建了解最新就业信息的窗口，全方位构建人才资源服务的信息网络，帮助毕业生通过企业招聘、推荐西部志愿者、参加见习、公招录用、招聘会等多种方式实现就业。以自贡人才网为平台，创建“荣县高校毕业生实名制信息管理软件系统”，提升录入、推荐、统计毕业生就业信息等方面的服务效率。发布各类就业岗位招聘信息1300余条，发送短信1.2万余条，帮助150余人次实现就业。办理登记报到大中专毕业生454人，新接收入库档案482册，转出档案547册，办理人事档案代理325人，档案查阅2910余人次，分装零星人事档案材料2754份，办理转正定级39人，办理学历认定123人。现存各类人事档案共计6997册。开展荣县机关事业单位临时人员人事派遣业务，为13个单位派遣人才57人次。

【基础设施建设】 全县各乡镇均建立劳动就业和社会保障服务中心，各社区和行政村均建立劳动就业和社会保障服务站，各乡镇和旭阳镇的12个社区开通就业e通平台。继续推进基层就业和社会保障事业城乡统筹协调发展，乐德镇、长山镇、新桥镇3个乡镇基层就业和社会保障服务设施建设项目，已完成国有土地选址、工程施工设计、概算、图审，已办理建设用地和工程规划许可证。在建项目县基层就业和社会保障服务中心，估算总投资1154万元，主体工程已全面完工，正在进行内部设施建设。在保华镇青杆坪村投入1万元资金，建立保华镇青杆坪村劳动就业和社会保障服务站。

（周小文）

民　政

【简况】 2014年，向上级争取项目资金1.78亿元，比2013年（下同）增长13.37%；完成一般预算收入661.4万元，增长4.98%。各项民政事业保障资金支出1.98亿元，其中：基层政权和社区建设46万元，城乡低保1.06亿元，城乡医疗救助1952.08万元，优待抚恤2945.65万元，退役安置909.34万元，社会福利401.47万元，其他社会救助543.6万元，防灾救灾553万元，福利彩票公益事业304.5万元，慈善救助145.5万元。

【重大项目建设】 改扩建长山镇、东兴镇、古文镇、过水镇、留佳镇及雷音乡敬老院，项目总投资5113万元。

【居民最低生活保障】 11月起，城市低保人均月执行标准由314元提高到330元，农村低保人均年执行标准由1800元提高到1980元。1777名城市“三无”人员生活补助金自11月起从月人均314元调整为330元。自4月起开展城乡低保专项整治，查处“关系保、人情保”、遏制“错保”，建立基层干部亲属、近亲属享受低保备案台账1049人。年底，城市低保对象1.37万户2.36万人，累计保障26.52万人次，发放低保金6127万元，人均月补差231.03元；农村低保对象2.25万户2.76万人，累计保障30.7万人次，发放低保金4432万元，人均月补差144.34元。全年新增城乡低保对象5308人，清退城乡低保对象4158人。

【医疗救助】 建立完善城乡医疗救助制度，严格救助对象、比例和救助程序。全年救助城市特困群众3400人次，发放救助金598.34万元。救助农村特困群众8672人次，发放救助金575.13万元；重特大疾病医疗救助180人次156万元；重型精神病人医疗救助978人次172.96万元；先天性心脏病儿童救助5人次3万元；资助参保2.3万人225.61万元、参合3.16万人220.96万元，参保参合率100%。

【临时生活困难救助】 城乡困难群众临时生活困难救助1.37万人次，支出519万元。

【受灾人员救助】 县境先后遭受7次自然灾害，8.38万人次不同程度受灾，紧急转移安置148人次，房屋倒塌682间、严重损坏360间，农作物受灾面积5213.7公顷，直接经济损失4192.3万元。冬春救助资金553万元；完成2013年严重损毁的37户特困农户灾后重建工作，下拨补助资金71.65万元。

【农村五保供养】 年底，有供养对象5295人，集中供养3442人，供养金月标准为370元；分散供养人员1853人，供养金月标准为260元。全年发放五保供养金1403.67万元。改扩建留佳镇等乡镇敬老院6所，新增床位815张。全县乡镇敬老院床位3500张。

【儿童福利】 年底登记在册孤儿89人，机构养育金1130元/人·月，散居孤儿养育金678元/人·月，累计发放养育金72.84万元。

【优抚安置】 全年发放优抚对象抚恤补助金2429.92万元。优抚医疗救助支出123.15万元，实施优抚对象临时困难救助197人次19.85万元。开展第十届双拥模范（县）城创建工作，慰问驻荣部队和优抚对象支出9.2万元；各乡镇走访慰问优抚对象1631户次，折合现金23.73万元。接收退役士兵、转业士官322人，安置退役士官12人，发放地方经济补助808.69万元，开展职业教育和技能培训知晓率和培训率达100%。发放义务兵家属优待金351.95万元。加强烈士褒扬工作，投资25万元，扩建烈士墓穴52个；做好清明期间和全国首个公祭日祭扫服务，烈士陵园接待祭扫群众6000余人次。落实军队离休干部政治、生活待遇，做好涉军稳定工作，处理涉军信访7件，接待优抚对象来访172人次，接待涉军来访人员200人次，妥善处理涉军各类矛盾纠纷，重点调解、基本化解“参试”人员不稳定动向，化解部分退役人员群访问题。

【殡葬管理】 积极宣传《党员干部带头推动殡葬改革的意见》，加强殡葬管理和殡葬执法工作，被民政部评为全国殡葬工作先进集体。全年火化遗体5173具，火化率100%，牵头做好城区不文明丧事活动治理和对殡仪服务单位指导和监督；做好惠民殡葬救助保障工作，全年免除城乡救助对象基本丧葬费1165人51.6万元；做好清明节期间群众祭祀安全，加强公墓规范化管理，联合调查违规建公墓行为。

【社会事务管理】 全县有社会组织280个，其中社会团体198个，民办非企业单位82个。年内，登记社会团体15个、变更社会团体5个，登记合格率100%；依法年检社会组织127个。

【婚姻与收养登记】 实施婚姻与收养登记信息化管理，2月17日，启动全县1990年1月1日至2009年10月9日的婚姻登记历史数据系统录入工作，补录数据12.35万对；4月1日起，荣县开通婚姻登记网络预约登记服务工作。婚姻登记处完成创建全国3A级婚姻登记机关的基础工作；婚前健康检查实行“一站式”服务，自愿参加婚检的夫妇2068对；办理婚姻登记9928对，出具无婚姻登记记录证明4785件。办理收养登记1个。

【流浪乞讨人员救助】 落实值班备勤措施，依法救助流浪乞讨人员409人，临时安置生活无着的流浪乞讨人员11人，正式安置1人，支出89.71万元。

【基层民主建设】 全面完成第九届村（居）民委员会换届选举及后续工作。依法选举村（居）民委员会346个，296个村民委员会选举一次成功率99.66%，50个居民委员会一次成功率100%；办结换届选举信访13件；全年开展4次乡镇、村（社区）干部培训，对村（社区）和居民小组建设实施调研和民主管理检查，启动组务规范公开工作；差别化核定村（社区）办公经费和城镇社区组长补助；全县村（居）公开面100%，规范率90%以上。

【区划地名工作】 完成69条街路、1个广场、7个商住小区更名和命名，配合“一标三实”信息采集工作；成立荣县第二次全国地名普查领导小组，启动地名普查；对荣县—威远县、荣县—贡井区两条县际边界线进行联合检查；做好依法治县暨法律进乡村工作。

【社会福利与慈善事业】 “慈善一日捐”活动共募集善款21.76万元，资助79名贫困大学新生入学，定向捐款7.87万元（其中向云南鲁甸灾区捐款1.4万元），大病及临时救助31人次、12.63万元。完成“中福在线”福利彩票销售荣县营业厅建设。销售电脑彩票1560万元、刮刮乐彩票300万元。

【养老服务体系建设】 搞好第四轮敬老模范县创建工作，落实各项老年人优待政策，全年发放百岁老人长寿金600人次、12万元，发放90－99岁老人长寿金2.33万人次、233.38万元；完成新增公办养老机构床位100张、民办养老机构床位400张；改造公办养老机构床位315张，建设26个日间照料中心；完成为8500名困难家庭的失能老人和80周岁以上高龄老人提供助餐、助浴、助洁、助急、助医等居家服务工作任务；完成18个农村幸福院建设；通过实地调查、数据论证和征求意见，形成全县养老体系建设规划；指导福利机构探索工作新思路、新办法，目前全县2所福利机构供养代养老人435人。

4月8日，荣县首个由民营企业家捐资修建的敬老院（荣新敬老院）举行捐赠仪式，正式投入使用。9月起，在全市率先与太平洋保险公司合作开展老年人意外伤害保险试点，政府为80岁以上老人参保给予50%保费补贴计19.36万元，全县2.49万人参保。

【搭建数字民政综合平台】 投资330万元开展数字民政信息化建设，已完成硬件部署、软件平台建设进入试运行阶段。

【其他工作】 办公地址搬迁至旭阳镇波罗村4组，启动机关食堂。落实精减退职和代管离退休人员生活救助政策，全县精减对象445人，全年发放生活补助资金162.5万元；全县代管离退休对象87人（含遗属56人），全年发放退休金及生活补助金138.16万元。

（刘昱磊）

卫　生

【机构】 全县现有医疗卫生机构562个，其中：政府举办县级医疗卫生单位5个、乡镇（中心）卫生院（所）28个、社区卫生服务中心1个、非政府举办社区卫生服务站1个、村卫生室432个、民营医院9个、个体诊所84个，还有新型农村合作医疗服务中心，卫生执法监督大队。

【基础设施】 全县医疗卫生机构有业务用房19余万平方米；共开放病床2049张，平均每千人口病床数3余张，达到全省配置标准。荣县精神病院综合大楼、荣县卫生执法监督体系建设6月已投入使用，保华镇红豆树村等12个村卫生室全面完成，荣县急救中心、荣县疾控中心、双石和金花卫生院新建业务用房已主体完工正装饰装修，东兴镇卫生院改扩建、度佳镇撞钟坝村等21个村卫生室建设项目已开始实施。

【医疗设备】 2014年，卫生系统投入1364余万元新增各种医疗设备65台。人民医院投资280余万元购置欧林巴斯电子腹腔镜、西门子彩色超声诊断仪、激光碎石治疗仪、超声切割止血刀等医疗设备。中医医院投资160万余元新增医疗设备11台（件）。精神病院投入32万元购置数字化X光摄像系统。荣县新城医院新增全自动生化仪、五分类血球、除颤仪等30台医疗设备，价值500万元。新桥中心卫生院新增全自动血球分析仪、全自动生化分析仪、经颅多普勒、心电工作站各1台，价值62万元。双石中心卫生院新增BC－5000全自动五分类血球分析仪2台，价值20万元。乐德中心卫生院新增全自动生化分析仪、全自动五分类血球分析仪、全自动血凝仪各1台，价值65万元。双古中心卫生院新增数字化医用X射线摄影系统、糖化血红蛋白分析仪等医疗设备8台，价值120万元。度佳卫生院新增数字化X光摄影系统1台，价值80万元。观山卫生院新增超声多普勒血流分析仪等医疗设备5台，价值44万元。仁康医院新增日立阿洛卡彩超机、DR、德国高频电刀各1台，价值79万元。

【队伍建设】 荣县政府举办医疗卫生机构编制1951人，在编职工1393人（2014年通过面向社会公开招聘84人、双选2014年医学紧缺专业高校应届本科毕业生22人，引进口腔医学专业人才1人；签订农村订单定向培养医学生2人，接收普通高校毕业生到公益性岗位5人，共114人），其中，县级医疗卫生单位编制1164人、在职817人，乡镇卫生院编制787人、在职576人，临时聘用人员466人；非政府举办医疗机构卫生专业技术人员564人；全县有乡村医生463人。全县各级各类医疗卫生机构共有执业（助理）医师数1225人，平均每千人口执业（助理）医师数2.01人；有护士943人，每千人口注册护士数1.2人；有中级职称328人，高级职称107人，其中2014年晋升中级职称26人，高级职称25人。卫生系统共有离退休人员803人，其中县级医疗卫生单位离退休451人、乡镇卫生院离退休352人，2014年离退休31人。加强领导班子建设，开展部分乡镇卫生院领导班子调整工作，组织全县乡镇卫生院长参加全市基层卫生院长专题培训。加强在职人员继续医学教育工作，订购《自贡医药》刊物1533人，远程教学1000人次，继续教育和多媒体教学培训3520人次，覆盖率100%，达标率100%。

【新型农村合作医疗】 2014年参合率99.8%，基本实现全覆盖。提高保障水平，筹资标准提高到390元，全年筹集资金1.95亿元，到位率100%；开展终末期肾病、肺癌等21个重大疾病的医疗保障工作，补偿率71.5%，明确县人民医院、中医院、精神病院、新城医院4个定点救治单位及承担的救治病种。加强新农合基金监管，加大定点医疗机构查处力度，全年共抽审病历4000余份，现场检查定点医疗机构80家，受理群众举报8次，开展入户、电话核实调查等870余次，查处群众虚假外伤信息骗取补偿医疗费用2.27万元、虚假住院补偿6400元，扣回不合理补偿166.75万元，约谈或暂停补偿违规定点医疗机构6家，基金使用率99.23%。推进支付方式改革，探索实行“以总额预付为主、按床日付费和指标控制相结合、总额预算、总量控制”的支付方式改革。全县累计补偿参合农民159.92万人次，金额1.93亿元，住院实际补偿比65.49%，政策补偿比76.9%。

【基本药物制度】 全县村卫生室全面实施基本药物制度，推进乡村卫生服务一体化管理，加强全县村卫生室规划设置、机构建设、人员、业务、药械、信息、财务、绩效考核“八统一”管理；继续巩固乡镇卫生院基本药物成果；加强对全县乡镇卫生院及村卫生室基本药物制度执行情况的专项监督检查，均落实到位。全县检查医疗机构459户次，当场处罚1家，批评教育6家；加强采购环节监管，共采购基药品规1909个，平均阳光采购积分99.1分，上网采购率、上报率、合格率均达100%。

【公立医院改革】 县级公立医院改革全面启动，正式推行基层首诊暨双向转诊工作，“基层首诊、双向转诊、急慢分治、上下联动、分工协作”的分级诊疗制度初步建立，“小病在基层，大病到医院，康复回社区”的就医格局逐步形成。继续执行县级公立医院取消药品加成政策，医疗服务价格逐步理顺，多元化投入补偿机制日臻完善。完善分配激励机制，收入差距合理拉开，医务人员积极性得到一定提高。加强卫生信息化建设，全县基层医疗机构安装由省卫生厅开发的集卫生行政、公共卫生、医疗服务和卫生应用等为一体的信息平台软件。

【基本公共卫生服务】 11大类43小类基本公共卫生服务工作取得实效，全县规范化电子建档率为95.1%，孕产妇系统管理率95.26%，0－6岁儿童系统管理率95.08%，0－36个月儿童中医药服务管理率36.12%，0－6岁儿童基础免疫接种率96.50%，高血压管理率61.02%，糖尿病管理率50.10%，65岁以上老年人管理率84.78%。

【传染病防治】 全县法定传染病发病14种1406例，发病率228.35/10万，报告发病数居前五位的病种依次为，肺结核、乙肝、手足口病、梅毒、其他感染性腹泻，无甲类传染病报告。推进重大疾病防治工作，加大艾滋病防治力度，现有艾滋病感染者/病人210例，接受免费抗病毒治疗159例。实施现代结核病控制策略，发现活动性肺结核病人352例，新发涂阳病人104例，新发涂阳病人治愈率为95.31%，转诊总体到位率96.17%。在自贡市成为首个“四川省免疫规划示范县”，荣县疾病预防控制中心创建“二级甲等”区县级疾控机构通过省专家组验收；全县建成数字化门诊1个、AAA级门诊4个、AA级门诊17个、A级门诊5个；在自贡市率先实现辖区儿童预防接种信息的省级共享，打造自贡市首家数字化预防接种门诊；全县基础免疫接种率：乙肝疫苗99.92%、卡介苗99.89%、脊灰疫苗99.74%、百白破疫苗99.59%、麻风疫苗99.74%、A群流脑疫苗99.64%、乙脑疫苗99.76%、甲肝疫苗99.78%；全县加强免疫接种率：脊灰疫苗99.78%、百白破疫苗99.68%、麻风腮疫苗99.70%、乙脑疫苗99.68%、白破疫苗99.77%、流脑A+C群疫苗99.63%。

【精神卫生】 被命名为“四川省重性精神疾病综合防控示范县”。继续开展重性精神疾病管理治疗项目（686项目）工作，摸底排查全县精神疾病患者并录入国家数据库3027人，检出率5.1‰，检出患者管理率达到85%，在管患者病情稳定率达80%以上。对244名贫困患者提供免费服药，对55名贫困患者进行每人2000元住院医疗补贴，对随访中有肇事肇祸或有严重药物不良反应的169名患者进行应急医疗处置，应急处置率100%。

【卫生应急】 强化鼠疫、非典、人感染H7N9禽流感、群体性不明原因疾病和新发传染病的检测防控工作。做好全县生活饮用水安全隐患的全面排查及受影响水厂出厂水、末梢水的监测；派出7人对口帮扶凉山州会理县，3名医疗骨干赴阿坝州松潘县参与医疗救助工作。组织开展各类重大突发公共事件的卫生应急工作，做好全县性重大政治、经济、文化活动卫生保障工作。

【食品安全】 做好全县食品安全风险评估、贯彻落实食品安全地方标准，配合县食品药品监管局等部门做好县管医疗机构食堂食品安全工作，开展食品安全知识宣传。对县食品药品监督管理局委托的13件食品依据国家标准进行检测。对10种巴氏杀菌乳、20件学生餐和外卖午餐、20件鲜冻猪肉等进行食品安全风险监测，保障群众生命健康。

【妇幼保健】 推进预防艾滋病、梅毒、乙肝母婴传播项目，艾滋病咨询1.22万人，检测1.22万人，发现3例艾滋病阳性产妇，提供转介及终止妊娠服务；梅毒检测1.22万人，梅毒感染孕妇19人、产妇12人，对孕产妇及所生儿进行随访管理；乙肝表面抗原检测1.22万人，检测出表面抗原阳性孕妇162人、产妇316人，所娩活产318名婴儿（有2例双胞胎），全部注射免疫球蛋白，接种率100%。加强农村妇女增补叶酸项目工作，叶酸服用率93.77%，知晓率92.01%。推进农村孕产妇住院分娩补助工作，补助人数3329人，补助总经费166.74万元，补助率99.85%。继续开展“降消”项目，全县活产数4119人，住院分娩率99.9%，高危孕产妇住院分娩率100%，剖宫产率51.08%，无新生儿破伤风。推进妇幼卫生监测项目工作，全县无孕产妇死亡，5岁以下儿童死亡率10.92‰，婴儿死亡率6.80‰，新生儿死亡率3.88‰，出生缺陷率9.25‰。加大儿童入托入园体检工作，2014年全县托幼园所职工健康体检725人，新生入园体检1746人。

【爱国卫生】 创建省级卫生镇1个、省级卫生村8个、市级卫生镇1个、市级卫生村9个。长山镇1000户农村无害化卫生厕所改造任务完成。开展健康教育和健康促进活动，创建无烟卫生计生系统，开展烟草控制、艾滋病防治等知识巡讲10余场次，发送手机短信1万余条，发放健康知识宣传画册7万余份。

【卫生执法监督】 加大医疗卫生、公共场所卫生、生活饮用水、学校卫生、职业放射卫生执法监督力度，覆盖率100%。检查各类医疗机构卫生安全459户次，出动卫生监督人员、协管人员共1237人次，出具书面《监督意见书》315份，立案处罚8家，当场处罚25家。打击非法行医，出动卫生监督人员935人次，监督590户/次，出具书面《监督意见书》63份，当场处罚5家，立案处罚3家，取缔非法行医摊点29个，没收联体式牙科综合治疗机1台、医疗器械150余件、药品35公斤；加强抗菌药物监管，对各医疗机构抗菌药物进行拉网式检查，出具监督意见书196份，立案查处4家，当场处罚16家；开展荣县医疗卫生机构医疗废水废物的收集、运输和处理情况集中整治活动，共出动卫生监督人员193人次，出具监督意见书69份，当场处罚2家，立案处罚1家。开展创建省级卫生县城公共场所专项整治行动，监督检查宾馆80户次，沐浴场所16户次，美容美发117户/次，当场处罚5家，其中警告1家，罚款4家；开展集中空调通风系统公共场所专项检查，监督检查10家单位，当场处罚1家；抽样监测集中式供水单位出厂水、末梢水40家，枯水期、丰水期合格率分别为45%、57.9%。全年共处罚各类违法案件38起，其中医疗卫生违法案件33起，公共场所违法案件5起，共计罚款人民币4.43万元。受理投诉举报13起，受理公共卫生、生活饮用水许可，医师、护士注册和变更等1318件，办结率100%，评议率100%，满意度100%。

【医疗业务】 开展全县医务人员急诊急救、基药临床处方集、法律法规、抗菌药物分级管理、护理管理和医院感染管理培训等对应专业培训3426人次；开展家庭医生进社区、健康团队进农户活动，提高家庭医生和乡村医生签约服务覆盖面，荣州路、二佛路等社区与居民签订服务协议共1.89万户，达总户数的54.84%，各乡镇卫生院和村卫生室组建的健康团队与农村居民签订服务协议10.8万户，达总户数的52.13%。构建和谐医患关系，健全科学的医院绩效评价机制，拟定荣县医疗纠纷预防与处理办法（试行）、医患纠纷第三方调解机制和创新重点医患纠纷“事中四方会商、事后法院确认”调解模式，全年成功化解医疗纠纷34起，处置医患矛盾突发事件3起。全县门急诊218.9万人/次，其中，人民医院50.88万人/次，中医医院10.14万人/次，精神病院1.47万人/次，妇幼保健院5.31万人/次，乡镇卫生院56.55万人/次，村卫生室23.81万人/次，民营医院32.53万人/次；住院9.84万人/次，其中，人民医院3.39万人/次，中医医院6552人/次，精神病院1861人/次，妇幼保健院1104人/次，乡镇卫生院2.84万人/次，民营医院2.66万人/次。

【中医建设】 加强中医药服务能力建设，县中医院省级重点中医专科骨伤科创建成为“市级巾帼文明岗”。实施基层中医药服务能力提升工程，100%完成了基层中医药提升工程年度计划目标，中医药健康管理目标人群覆盖率达30%以上，试点中医医师多点执业，支持黄福忠等著名老中医做强同安中医特色诊所。组织开展基层医疗机构中医药人员、公卫人员、乡村医生中医药“治未病”及全县中医人员及乡村医生中医适宜技术和中医药服务能力提升培训280人次，派送中医骨干到省上参加为期半年的中医骨干培训班4人次。推进名中医打造，获“首届自贡市十大名中医”2人、“首届荣县优秀专家”4人。中医药服务能力提升工程督导获省市肯定。荣县国家第三批中药资源普查试点工作正式启动。

【卫生文化建设】 加强系统医院制度文化、服务文化、科技文化、安全文化、行为文化、环境文化、和谐文化、廉政文化、形象文化建设，开展“服务好、质量好、医德好、群众满意”的“三好一满意”活动以及“病人至上、廉洁行医”为主题的“廉政文化进医院”活动。关心关注下一代健康成长，为全县各乡镇2万余名小学生进行免费健康体检。开展文化活动，荣县人民医院舞蹈《茉莉花》和荣县中医医院、荣县妇幼保健院歌伴舞《美丽家园》入选荣县2015年春晚节目。

【科技动态】 荣县人民医院在各种省级刊物上发表论文24篇，骨科陈永杰的科研课题《应用解剖型锁定钢板内固定治疗尺骨鹰嘴骨折的病例对照研究》被市卫生局批准为重点科研课题，眼耳鼻咽喉科陈燕的《叶酸受体介导的靶向投递系统在鼻咽喉细胞株中的应用研究》被批准为一般科研课题，新开展卡式幽门螺旋杆菌检测及糖化血红蛋白分析医疗服务项目，泌尿外科、心血管内科被确定为市乙级重点建设专科，急诊科护士研发的“多功能药勺”被中华人民共和国国家知识产权局授予“实用新型专利”。荣县中医医院在省级以上刊物发表论文11篇。荣县疾病预防控制中心邓富亨撰写的《治腐践廉兴国安邦——党风廉政建设关系党和国家兴衰的长期工程》被中央文献出版社出版发行的《领导干部学习践行党的群众教育路线的理论与实践》收录。

【获奖情况】 通过全国基层中医药工作先进单位中期评估，获省卫计委表彰的“四川省首批免疫规划示范县”、“四川省重性精神疾病综合防控示范县”、“四川省结核病综合防治示范县”、市六好基层关工委“先进集体”。荣县人民医院获荣县第一批廉政文化示范单位、首批“工会规范化建设活动示范单位”、“2013 年度县级医院管理优秀奖”、自贡市“巾帼文明岗”、“自贡市第 25 届“康乐杯”桥牌赛（甲级队）第一名、荣县 2014 年庆五一工间操比赛一等奖。荣县中医医院省级重点专科骨伤科创建为“市级巾帼文明岗”、荣县 2014 年庆五一工间操比赛三等奖、“工会规范化组织活动示范单位”。荣县妇幼保健院获廉政文化进医院示范单位。荣县新城医院获四川省五四红旗团支部、自贡市温馨医院、急诊科护理组获市“巾帼文明岗”、内二科获市“青年文明号”、荣县 2014 年庆五一工间操比赛三等奖。

（蔡　林）

人口和计划生育

【简况】　2014 年，全县人口出生 5962 人，出生率为 8.8‰，符合政策生育率 85.81%，死亡人口 5252 人，人口自然增长 710 人，自然增长率为 1.05‰。

【宣传教育】　利用“计生送关怀情暖千万家”“基层大接访”“三下乡”“科技之春”“三八节”“5·29”等活动，在荣州广场、各场镇开展各种宣传咨询，把人口与计划生育法律法规及奖励扶助政策宣传到千家万户。出动宣传车，将新的生育政策制成音响播放，让计生政策家喻户晓。通过电视节目宣传，局长李文俊走进荣县《每周话题》栏目，对群众关心的“单独两孩”生育政策等热点问题加以解答，引导群众依法生育。结合群众自治工作，打造人口文化广场、人口文化长廊、人口文化大院，弘扬婚育新风，促进农村新型生育文化建设。全县共出动流动宣传车 350 次，举办宣传板报 420 期，发放各类宣传资料 15 万余份，开展法律、法规、技术咨询 5 万余人次。一些好的工作方法先后被《中国人口报》《家庭与生活报》《党建参考网》《自贡日报》等各级报刊采编报道。继续推进婚检和孕前优生健康检查，开展生殖健康感染防治。

【信息化建设】　按照国家“金人工程”建设要求，荣县在全省率先建立使用移动终端主动采集全员人口信息新机制，今年新增移动终端 140 台，加上往年的 82 台，以及村、居 vpn 网络直报 100 个，全县共推广移动终端 322 台（含网络直报），占全县总村居的 93%；各乡镇严格执行先信息采集后办事原则；同公安、民政、卫生、教育等相关部门联合人口信息资源共享制度，与相关部门协同配合，建立信息共享机制，整合资源，协同采集。实现全员人口信息由过去人口计生部门独家采集向多部门配合采集转变，由月报告制向适时上报制转变，由单纯依靠村级报告单采集向通过办事、服务窗口共同采集转变。人口数据质量得到提高，全县 PIP 系统数据覆盖率 99.41%、完整率 99.81%、逻辑准确率 99.03%，以此 PIP 系统数据及“六普”人口资料，撰写《构建人口均衡型社会推动人与社会协调发展分析和探索》分析文章。

【行政执法】　巩固全省人口计生依法行政示范县成果，建立健全行政执法责任制和责任追究制，简化行政审批程序，把人口计生“一法三规一条例”等法律法规落到实处。3 月 20 日，四川省开始实施“单独两孩”政策，全县严格按照程序审核办证，实行首接责任制、一次性告知制、限时办结制，县、乡办证人员强化服务意识，确保符合“单独两孩”政策的群众方便快捷地办理再生育服务证。截至 12 月底，全县对符合“单独两孩”条件的夫妇发证1091对。加强同县纪委、县法院密切合作，开展全县人口计生系统行政执法培训，提高行政执法人员依法行政能力和水平。在乐德镇召开以依法征收社会抚养费为主要内容的人口计生工作片区联席会。

【利益导向】 落实国家、省、市现行奖励政策。2014年全县享受国家奖扶对象1.32万人，其中2014年新增2519人；享受四川省奖励扶助对象1548人，其中2014年新增813人；享受特别扶助对象980人（其中子女伤残173人，子女死亡459人，手术并发症扶助对象348人）。独生子女父母奖励对象5.95万人，独生子女“两全”保险共3.46万人参保，达到全覆盖。加强宣传动员，落实长效节育措施奖励，全县领取长效节育措施奖励1138人，占应落实人数35%，高于市下达任务的5个百分点，发放奖励金27.3万元。计生“三结合”新增帮扶户200户。奖励对象资格确认无误差，奖励、扶助金及时足额兑现，档案资料规范，开展对计划生育特殊家庭的特别关爱行动，有针对性地启动计划生育手术并发症和失独家庭工作调研，掌握第一手基础信息及上访对象的相关诉求。

【流动人口管理】 建立健全全县流动人口计划生育管理和服务网络，成立荣县流动人口计划生育管理服务办公室，配备6名工作人员。27个乡镇均建立计划生育行政服务大厅，并在各村和社区配备流动人口协管员，形成“党委政府统一领导，职能部门共同参与”的“县、乡镇、村（居）”的三级管理网络，使信息入库及准确率达96%以上。建立全员人口信息PIP系统，实现与国家PADIS项目流动人口与系统数据交换共享。在全县基本建立和完善《流动人口婚育证明》《流动人口一孩生育服务登记》网上办证体系。截至9月，荣县有流动人口20.21万人，其中流入人口1650人，流出人口20.04万人，女性流入人口727人，女性流出人口9.01万人。流出人口中成年育龄妇女7.04万人，办证2.07万人。流入人口中成年育龄妇女490人，验证490人，流动人口全年信息入库率达100%。流动人口总量比去年有所减少，流入人口2014年相比2013年有所增加。

【技术服务】 全县开展生殖健康普查23.91万例，开展计生手术4572例，无医疗技术事故发生。国家免费孕前优生健康检查工作继续走在全省前列，全县免费孕前优生健康检查参检率达95.75%以上。荣县免费孕前优生项目参加全国第五次临床检验质评成绩优秀，受到国家卫生和计生委通报表扬，荣县已连续三次取得此佳绩。

【计生协会】 全县共有县级协会1个，乡级协会27个，村（居）级协会344个，会员小组3958个，团体会员659个，建有规范的会员之家278个，中心户7704户，骨干会员1.32万名。在乡镇协会中，发挥作用好的18个，占66.7%；较好的9个，占33.3%。在村（居）协会中，发挥作用好的196个，占56.9%；较好的147个，占42.7%；一般的1个，占0.4%。古文镇李子村被中国计划生育协会授予“全国第五批人口和计划生育基层群众自治示范村”称号。为加强全县计生协会队伍建设，县计生协组织各乡镇346名村居计生协会会员开展专门培训，提高会员素质和水平，同时县计生协还组织全县13名教师参加自贡市组织的青春健康教育师资培训。

（朱学英）

人民生活

【城市居民收入】　城市居民家庭人均总收入2.39万元，同比增长8.49%，其中：人均可支配收入为2.24万元，同比增长9.61%。在总收入中，工资性收入1.07万元，同比下降19%；转移性收入6617.49元，同比增长23.02%；经营性收入5447.74元，同比增长134.7%；财产性收入1148.87元，同比增长0.66%。

【城市居民消费】　人均消费性支出1.72万元，同比增长9.27%。其中：食品类支出7205.27元，同比增长6.1%，占消费支出比重33.98%，恩格尔系数下降1.25个百分点；衣着消费1872.82元，同比增长1.26%，占家庭消费总支出的比重为8.83%；居住消费支出1984.19元，同比增长72.86%，占消费支出比重9.36%；家庭设备用品及服务消费1329.19元，同比增长19.26%；医疗保健支出为1121.90元，同比增长8.05%；交通和通讯消费支出为1444.61元，同比下降15.96%；教育文化娱乐服务类人均消费支出为1418.54元，同比增长10.7%；其他商品和服务支出863.44元，同比增长3.33%。

【农村收入】　农民人均纯收入9999.77元，同比增加1011.28元，增长11.25%。其中：人均工资性收入3957.97元，同比增加660.57元，增长20.03%，占纯收入的比重为39.58%；家庭经营纯收入4189.39元，同比增加105.64元，增长2.59%，占纯收入的比重为41.89%；财产性收入304.61元，同比增加65.04元，增长27.15%，占纯收入的比重为3.05%；转移性收入1547.8元，同比增加180.03元，增长13.16%，占纯收入的比重为15.48%。

【农村居民消费】　人均生活消费现金支出5061.22元，同比增长14.87%。其中：食品消费支出1798.01元，增长7.31%；衣着消费支出323.48元，增长3.12%；居住消费支出665.92元，增长34.57%；家庭设备用品及服务消费支出353.56元，下降41.03%；交通和通讯消费支出734.32元，增长40.25%；医疗保健支出704.06元，增长60.22%；文化教育、娱乐消费支出394.55元，增长26.98%。

（统计局）

民族宗教

【少数民族分布】　全县有少数民族28个，680户1063人，居住在26个乡镇和河西新区。回族126户242人，维吾尔族2户2人，其中：城镇59户103人，农村69户139人，居住在8个乡镇和河西新区。

【少数民族扶持】　对具有清真饮食习惯的242人给予每人牛羊肉补贴100元。春节期间走访慰问困难少数民族6户，送慰问金2400元。争取省散杂居少数民族资金10万元，解决留佳镇来龙村少数民族出行难问题，帮助留佳镇困难少数民族同胞蔡正清维修危房。开展民族团结创建活动，发放民族团结宣传画1000份。县职教中心陈琪同志获省民族团结活动创建先进个人。

【协调处理矛盾纠纷】 健全涉及民族领域群体性事件应急预案，定期分析排查不稳定因素，与相关部门建立协调机制，确保社会和谐稳定。协调处理一起旭阳镇居民杨某与黑水县流动到荣县做药材买卖的藏族同胞二某因小事引发的纠纷。

【宗教事务管理】 开展创建“和谐寺观教堂”活动，被评为全市达标单位8个。在天主教会议室举办一场法律进宗教场所宣讲会，各宗教场所按照《关于开展宗教活动场所财务规范管理试点工作的实施方案》要求，对财务管理工作责任落实，机构健全程序严格，运行规范。依照标准、条件及程序，为宗教团体办好事、办实事，切实帮助宗教界解决实际困难和问题，全年，规划48宗土地纳入新城城东片区总体规划。引导宗教教职人员对公益事业作贡献。

（县民宗办）

乡　镇

ZHEN XIANG

旭阳镇

【简况】 辖区面积143.63平方公里，其中城区面积14.5平方公里。辖12个社区居民委员会，197个居民小组；26个村，329个村民小组。2014年年末总人口15.86万人。其中非农业人口9.99万人；符合政策生育率87%，人口自然增长率1.7‰。地区生产总值68.83亿元，比2013年（下同）增长9.2%；工业总产值61.11亿元，同比增长15.1%，农业增加值3.55亿元，同比增长3.9%；地方公共财政收入2.38亿元，农民人均纯收入1.23万元。

【农业】 耕地面积3688公顷，林地面积4741.2公顷，农业总产值7.14亿元。粮食总产4.22万吨，经济作物种植面积533公顷，产量1224吨，蔬菜种植面积2674公顷，产量8.68万吨，种植双季菜豆666.7公顷，种植叶片菜2333公顷。生猪出栏6.39万头，存栏4.04万头；羊出栏3.12万只，存栏2.04万只；牛出栏7250头，存栏1651头；家禽出栏46.7万只，存栏17.12万只。全年累计造用材林60公顷，其中农民住宅四旁树木62.2万株，林木覆盖率33.26%，活立木蓄积量35.8万立方米。淡水水面2895平方公里。水产品总产量1320吨，渔业总产值1580万元。

【工业】 培育4家企业申报规模以上企业，4家公司被四川省经济和信息化委员会确定为“小巨人”企业，旭阳药业“金岁方”商标被认定为四川省著名商标。全年，完成工业经济总产值61.11亿元，其中规模以上企业总产值49.9亿元；招商引资1.6亿元；固定资产投入完成3.33亿元。

【商贸】 限额以上商贸企业57个，社会消费品零售总额43.58亿元，限额以上社会消费品零售总额22.5亿元，市场6个，50平方米以上超市22个，新增商贸企业4户。

【新农村建设】 打击非法占地违法建设，拆除非法占地违法建筑7825平方米，发放停工通知225份，整改通知19份，拆除通知53份，立案6起，调查通知6份，查处非法占地修建812处，非法加层不按规划修建260处。受理村民建房申请事项480户，核发符合建房条件规划区外的原拆原建乡村规划许可证75户，完成46户农村D级危房改造工作。启动双溪水库周边农村环境连片整治项目，配合黑林沟村地质灾害搬迁户选址建房安置，调查处理子同桥村造纸厂、碎纸厂、泛雅油脂厂、金鱼村碎石厂污染问题，协调处理一碗水村煤厂污染水质问题，落实禁止秸秆焚烧工作。

【财政金融】 地方公共财政收入实现2.38亿元，同比增长12.7%；镇本级一般财政公共预算支出实现3426.63万元，兑付退耕还林补助资金76万元，粮食及综合直补款626万元，农机补贴资金2.28万元。

【基础设施建设】 投入水利项目资金144万元，渠道维修整治8.03公里、山平塘维修整治8口，新建蓄水池2口、电灌站2处，维修电灌站1处。观音铺村粮经复合型产业基地建设投入资金128万元，整治山平塘2口、地埂硬化1.75公里、网格化项目4100平方米。硬化荣同路5.24公里；投入205万元规划实施王序塘村龚家坝至子同桥村10组1.75公里公路改建工程；全镇通村公路114.57公里，实现100%覆盖。

【重点工程建设】 柏林移民新村综合体建设完成5.73公顷青苗及附着物铲除工作，245棺坟墓的搬迁工作，房屋搬迁工作一期工程完成房屋拆除37户。小井沟输水干渠旭阳段完成干渠征占地面积核实，签订施工放炮损毁户补偿协议442户，补偿资金通过“一卡通”足额兑付到户，协调解决2户搬迁户建房事宜，督促业主对损毁的村组道路修补和引水渠及导流沟等恢复工作，完善搬迁房屋、零星经济作物、果、木及附着物的调标补偿工作。农村公共服务运行维护机制试点工作全年拟定项目427个全部完成。第三次全国经济普查工作，召开宣传工作会议10余次，悬挂横幅50余条，发放《致被调查户的一封信》6000余张，登记单位942个，个体户5995个。

【城乡环境】 投入80余万元安装背街背巷路灯659盏、硬化通道路面4253余平方米，整治阴阳沟97条，投资39.8万元，其中政府投资8.02万元。集中整治城区背街小巷占道经营1000余家次，游买游卖摊点2000余个，车辆规范1500余处，拆除乱搭棚架50处，规范夜市摊点400余处。拆除不规范户外广告56处、店招店牌60余处、标志牌2处。建立生活垃圾处理长效机制，对城乡结合部设置的94个垃圾库、24个垃圾桶的垃圾定时清运，农村生活垃圾采取“户集、村收、镇转运、县处理”的模式。抓好扬尘治理工作，加大对背街小巷的清扫力度，清扫保洁率达100%，每周坚持对责任范围内的绿化带特别是S305道中央绿化带、临街商铺广告店招牌匾及广告栏等设施进行除尘工作，处理公路沿线建筑垃圾乱倾乱倒20余处。治理、规范荣中巷、古城街乱停乱放、占道经营、小喇叭叫卖等问题，协助县级相关部门集中治理首义广场噪声扰民问题，集中抓学校周边环境治理和中、高考期间禁噪工作，突出治理公路沿线的白色垃圾和建筑垃圾乱堆放、堆码占道、卫生死角问题。

【社会事业】 有幼儿园40所，在园幼儿5335人，教师300人；小学10所，在校生9975人，教师413人，小学适龄儿童入学率达100%；初中4所，在校生4886人，教师300人，初中适龄人口入学率达100%；九年义务教育覆盖率达100%；普通高中2所，在校生6065人，教师556人。北街幼儿园创建为四川省体操特色幼儿园；东街小学、富南学校、特殊教育学校创建为自贡市校园文化建设示范学校和自贡市廉政文化建设示范学校。义务教育阶段学生实行“双免”。全年，星河助学基金筹资30万元，资助122名贫困大学新生。

各级各类医疗卫生机构2个，其中：镇级卫生院1所；村级卫生室63个，个体诊所53个，病床60张。专业卫生人员45人，其中：执业主治医师3人，执业医师及助理医师10人，注册护士13人。城镇最低生活保障户5786户1.1万人，月保障金226.91万元。农村低保2259户2601人，月保障金24.93万元。城市医疗救助712人次，申报医疗救助金250.52万元，民政资助参加合作医疗388人次，申报医疗救助金154.32万元。全镇享受五保供养485人，其中：农村分散供养378人。年末，录入农村劳动力实名登记信息3.95万条，城镇登记失业人员3570人，城镇登记失业率4.1%，城镇居民基本医疗保险3.12万人。新农合参保5.67万人，参合率99.84%；殡葬火化率100%。计划生育符合政策率87%，各类奖扶资金330万元，开展“五关怀”帮扶慰问250余户，帮扶慰问金6万余元，征收社抚费653万元。

【领导名录】 书记：汪洪敏。

（丁利波）

留佳镇

【简况】 辖区面积82.68平方公里，辖13个行政村，234个村民小组，2个社区居委会，9个居民小组。2014年年末总人口4.09万人，其中：非农业人口4500人。实有耕地面积2457公顷。农业总产值实现2.22亿元，比2013年（下同）增加4%，农民纯收入1.03万元，粮食总产量2.48万吨，工业总产值2.07亿元，共出生343人，死亡283人，自然增长60人，计生率95%。新型农村合作医疗保险参保率99.2%。

【小井沟移民搬迁安置】 截至年底，留佳片区累计完成移民对接1573户5969人，除人和场、大大田移民集中安置点、社区和骑龙村9组外，其余村组移民已基本完成对接。在搬迁安置所涉及的17个移民安置点中，度佳镇杨佳、留佳镇瓦滓村安置点已搬迁入住；新桥镇赶场冲村、乐德镇桥凼村、来牟镇凉风村、双石镇长冲村、鼎新镇鼎新村、留佳镇金子村安置点已竣工分房，部分移民已搬迁入住；留佳镇凤龙村安置点进入附属工程施工；过水镇夜合村、留佳镇五间房村安置点房屋主体基本完工。

全镇后靠分散建房的43户166人，房屋建设工程竣工，部分移民已入住。淹没区、枢纽工程区、道路复建征地范围所涉及135个生产小组的土地分户工作完成111个。度佳镇杨佳安置点老祠村20组、21组计74户261人的土地调配完成，户籍、新农合、新农保、计生、残联等民生关系转移到位，移民安置工作基本完成。

【农业】 水稻栽植1586.67公顷，产量1.28万吨；红苕633.73公顷，产量3800吨；玉米693.33公顷，产量4348吨；大豆63.33公顷，产量155吨。油菜籽224.67公顷，产量325吨；花生100公顷，产量19吨；小麦1053.33公顷，产量2639吨；蔬菜476.8公顷，产量1.25万吨；实有茶园面积73.13公顷，产量129吨；柑橘面积1233.33公顷，产量4.1万吨。生猪出栏4.09万头，存栏2.62万头；羊出栏1.39万只，存栏1.16万只；兔出栏63.1万只，牛出栏204头，家禽出栏35.81万只。水产品总产量1680吨。

【乡镇企业】 乡镇企业4个，从业人员242人，上缴税金600万元。

【财政金融】 全镇涉及粮食直补和农资综合补贴农户1.14万户，种粮粮食直补和农资综合补贴面积2333.33公顷，金额515.92万元；小麦、油菜良种补贴按政策核实申报拨付补贴资金22.72万元；水稻、玉米良种补贴按政策核实申报补贴资金49.79万元；生猪保险无害化处理补助2.31万元；农村公益林4.94万元。农机购置补贴2.01万元；退耕还林国债沼气池建设补助4.11万元；农村危破房改造建设项目补助1017.21万元；中央小型农田水利基本建设项目补助281.84万元，验收兑现258.75万元。

【基础设施建设】 投资350万元的扶贫开发项目在留佳镇小田、莫家、瓦滓等村实施，新建生产便道9.1公里、瓦滓村提灌渠1处、水泥路4.6公里、整治山坪塘1座、石河堰1座。通过美丽乡村建设试点项目、新村基础设施建设项目和农村C级危房改造项目资金打捆综合使用，投资350万元集中打造凤龙村李家大院，完成53户C级危房整治、大院内道路硬化、生产入户便民道、室内外排水沟等工程。投资1680万元的国家农业综合开发高标准农田建设项目在金子、凤龙、小田、瓦滓等村实施，建设高标准农田1000公顷、整治山坪塘30座、新建囤水田216座、新建蓄水池55座、新建提灌站3座、新建田间作业道21.62公里、整治机耕道8.17公里、新建渠道400米。

【教育卫生】 有学校3所，县属中学1所，小学2所，教师111人，在校生1768人，其中：中学生413人，小学生1355人；文化站1个，电视覆盖率100%，医院2所，医生23人，病床30张，43个村卫生室。

【社会事业】 民政定补人员2499人，发放民政定补、救助金578.4万余元，医疗救助683人，临时救助754人次。评议新增五保低保295人、清退不合格五保低保171人。全年完善处理计生违法案件45件，收缴社会抚养费43万余元，发放各类宣传资料2万余份，计生奖扶213人，发放奖扶资金20.45万元。殡葬火化率100%；全镇参加城镇居民基本医疗保险2566人；新型农村合作医疗参合率99.2%。

【一事一议】 2014年第一批村级“一事一议”财政奖补项目规划涉及4个村，实施项目5个，财政补助资金100万元，其中：硬化产业道路3.6公里，财政奖补资金84万元；瓦滓村改建污水处理厂连接道路为200米，财政奖补资金6万元；五间房村14组、17组新建粮食产量调查点生产便民道路，财政奖补资金10万元。

【新农村建设】 瓦滓村移民安置点完成搬迁入住；金子村移民安置点凤栖古镇聚居农户50户，9月分房，附属工程完工，部分农户已搬迁入住；金子、凤龙、五间房等村200余户C级危房改造及周边环境整治项目完工。

（曾　庆）

双石镇

【简况】 辖区面积56.4平方公里，辖12个行政村，245个村民小组，2个社区居委会，10个居民小组。2014年年末总人口3.85万人，其中：非农业人口5152人；符合政策生育率87.65%；人口自然增长率-1.14‰。地区总产值19.08亿元，比2013年（下同）增长8.08%，其中工业总产值9.3亿元，农业总产值3.44亿元。财政收入1544万元，农民人均纯收入1.61万元，同比增长13.2%。

【农业】 耕地面积2884公顷，林地面积306公顷。粮食播种面积5535.27公顷，粮食总产3.34万吨。推广杂交水稻1378.87公顷，杂交玉米1247.33公顷，大豆406.67公顷，双低油菜314.2公顷，高粱+再生高粱866.67公顷。进行大、小春生产技术培训48场2.82万人次，接受各种技术咨询1000余人次，市现场会2场次、县现场会2次。

【土地确权登记】 完成前期准备工作，召开村组动员会和业务培训会，制作宣传标语15幅，接受群众来访150余次，调处土地纠纷8起。

【财政金融】 财政收入1544万元，其中：完成一般性预算收入572.79万元，同口径增长7.63%，固定资产投资1.56亿元，上缴国税94.55万元、地税478.24万元。农村金融年末各项存款余额2.65亿元。

【乡镇企业】 乡镇企业94个，其中：私营企业15个，股份有限公司4个，个体户75个，从业1767人。企业总产值完成9.3亿元，营业收入完成8.83亿元，利润总额6500万元，上缴税金2332万元。

【新农村建设】 乡村旅游农家乐发展改进8户，占任务数的100%；推进“吨粮五千元”粮食经济复合型产业基地建设项目；建立平坦桥村九叶青花椒专业合作社，土地实行保底流转、入股分红机制；管护、提升平坦桥村花椒基地100公顷；新发展实体化农民专业合作社3个，家庭农场3户。启动全国重点镇（全省第二批百镇示范试点镇）建设，投资7000万元（其中省级财政资金500万元），解决场镇基础设施、市政设施建设，加快商住房开发3.5万平方米。

【惠民政策】 兑现粮食直补53.1万元和综合直补贴501.5万元；良种补贴共计81.6万元，其中：水稻31万元，玉米20.3万元，油菜7.7万元，小麦22.6万元。

【一事一议建设项目】 实施“一事一议”项目20个，涉及8个村7624户2.28万人，以硬化道路、整治山平塘、囤水田等为主，投入资金146.24万元，其中财政奖补资金73万元，筹资及投劳折资73.24万元。

【基础设施建设】 邮政网点2个，投递点1个。电信企业3家，服务网点3个，电话交换机总容量5000门，固定电话用户2000户，移动电话用户3000户；互联网端口总数2500个，宽带接入用户850户。城区自来水厂2座，铺设干线水管39公里，生产能力1300吨/日，年工业用水1.8万吨，生活用水30万吨，居民自来水普及率100%。城区天然气供气站1个，天然气用户3500户，燃气普及率70%，天然气月平均用量13万立方米。

【移民新村建设】 安置小井沟水库移民186户615人，配套完善“1+6”公共服务中心、农贸市场等公共服务和相关基础设施。

【城乡环境治理】 2014年，双石镇被列为全省百镇试点镇，金台村被评为“四川省文明村”，各村制定《村规民约》，落实“门前五包责任”，组织干部进村入户宣传，制作宣传标语22幅，印发宣传资料1万余份，县电台报道3次。2月，投入20余万元，对全镇辖区内旭水流域12公里主河道及19公里支流河道内水莲花进行打捞。3月开始运行“社区立体、公司运作、社会参与、政府监管。公司买公共服务、投入资金46.8万元。

【风貌整治】 投入2万元，划定机动车停放点50个，对镇域内各类机动车和非机动车乱停乱放及各类行驶车辆抛撒垃圾物品等行为和行人乱行现象进行专项治理，并对大道、车站、广场、校园周边摊点乱摆、乱搭乱建进行惩罚和治理。

【文化事业】 镇综合文化站建筑面积300平方米，设有多功能活动室、培训教室、艺术创作室、文化资源信息共享室、图书阅览室等。图书阅览室全年接待读者1530余人次，文化资源信息共享室接待群众500余人次，多功能活动室坚持长期向群众免费开放。举办文艺骨干、文学漫画创作、表演等培训6期。双石农民漫画被自贡市人民政府命名为“非物质文化遗产”。

【社会事业】 劳务输出1.2万人，劳务收入2.1亿元。截至12月20日，新参和续参城镇居民医保2639人，参合率99%；补充医保2.82万人。办理小额人身保险4900人，收缴保费17.64万元。加大新型农村合作医疗保险大病医疗补助、补充医疗补助的宣传和审核，全年审核上报新型农村合作医疗保险大病补助35人，19人享受新合大病补助24.83万元。换证改名960户，审核外伤255人。

（舒冬梅）

乐德镇

【简况】 辖区面积87.26平方公里，辖17个行政村，213个村民小组，2个社区居委会。2014年年末总人口3.43万人，其中非农业人口4000人，耕地面积2752.13公顷，工业总产值1.56亿元，农业总产值2.45亿元，财政收入1039万元，劳务收入1.36亿元。农民人均纯收入8700元，同比增长18%。

【农业】 粮食产量2.75万吨，其中：小麦3078吨，水稻1.33万吨，玉米5646吨。蔬菜产量4.87万吨，水果产量1408吨，蚕茧产量70余吨。出栏生猪4.18万头，牛1034头，羊1.27万只，家禽38.07万只，兔65.46万只。粮食直补572.07万元，良种补贴78.89万元，生猪保险赔偿62.8万元。

【乡镇企业】 民营经济产值8700万元，规模以下工业企业完成产值2800万元，乡镇企业产值420万元，招商引资完成8010万元。

【新农村建设】 投资5350万元聚居160户的南华新村聚居点主体工程完工；投资90万元进行180户院落环境综合整治，投资96万元建沼气池120口，投资9.2万元新增宽带用户198户，投资10.4万元改建垃圾池、库、中转站25个。投资220万元建立2个“1+6”服务中心、2个文体活动广场。投资144万元建改村组道路3.68公里；投资251万元整改渠道25.1公里；投资15万元整改提灌站2座；投资300万元进行600户农村电网改造；农村自来水新入户130户、天然气新入户130户，总投资117万元。

【教育卫生】 全镇有中学1所，小学2所，幼儿园3所。有教职工162人，中学在校生598人，小学在校生886人，入学率100%。有各级各类医疗机构21个，其中2所医院，有卫生技术人员85人，病床60张；村卫生室19个。

【计划生育】 符合政策生育率为87.27%，人口自然增长 50人，自然增长率 1.49‰。落实计划生育奖励扶助945户，新增213人，特别奖励扶助新增8人，退出2人，独生子女父母奖励1409户。

【民政】 纳入城镇低保户334户，保障人数334人，农村低保人数1581人，临时救助330人次。完成C级危房改造110户，D级危房改造80户。

【社会事业】 有2.82万人参加新型农村合作医疗保险，参合率99%，有2580人参加城镇居民医疗保险，参加新型农村养老保险1.42万人，参保率30%。完成农民实用技术培训9500人次；完成“回引工程”4个。

（杨 芳）

长山镇

【简况】 辖区面积81.2平方公里，辖13个行政村，99个村民小组，2个社区居委会，12个居民小组。2014年年末总人口3.54万人，其中：非农业人口8703人；符合政策生育率89.55%；人口自然增长率-0.51‰。实现生产总值20.48亿元，比2013年（下同）减少1.5%。工业总产值11.56亿元；工业增加值3.62亿元，农业总产值2.89亿元，粮食总产量1.75万吨，完成固定资产投资2100万元，地方一般预算收入完成580万元，实现地方镇级财政收入1300万元，农民人均纯收入1.15万元，同比增长14.14%。

【农业】 耕地面积1518公顷，林地面积3346.67公顷，经济作物种植面积136公顷，产量363吨，蔬菜种植面积818公顷，产量2.3万吨，造林680公顷，淡水水面7.5平方公里。全年生猪饲养量4.11万头，羊饲养量2.27万只，牛饲养量1700头，家禽饲养量39.74万只。水产品总产量910吨，渔业总产值1400万元。

【乡镇企业】 乡镇企业60个，其中：工业企业32个、建筑业2个，从业4315人。有四川荣州福弟食品有限公司、永祥经贸等10个规模优势企业。实施自贡新星源食品有限公司100万头生猪养殖配套设施项目主体工程建设。

【商贸】 有商业网点148个，职工1628人；社会商品销售总额2.03亿元，同比增加10%；城乡集市贸易成交额2.02亿元，同比增加23%。

【农业产业化建设】 建立五通村、得胜村水稻高产示范园，五通村中药材，五通村、石笋村优质水果，青龙村生态茶等5个农业示范基地。新栽植油茶110公顷、低改油茶90公顷，新种植茶叶100公顷。新发展健康水产养殖66.67公顷，总投资143万元，争取财政（小农水项目）投入103万元，其中业主投资40万元。完成以五通村、蟠龙村、石笋村为核心的山羊基地和畜牧养殖小区建设。完成胡家村五小水利工程投资350万元。

【新农村建设】 投资1075万元实施胡家、得胜、高松、石笋、伍家5个幸福美丽新村。完成胡家大院农民聚居点建设，聚居农户27户，完成农户风貌改造100户，新建水泥路7.2公里。完成农村C级危房加固及院落环境整治520户。

【公共服务项目】 公共运行维护和一事一议项目投资158万元。完成观音桥危桥整修工程；整合资金20万元，创新建立全市唯一的公共文化服务中心，全县唯一的群团组织社会服务中心；新建村民健身广场5处，完善设施2处。

【财政金融】 财税收入1880万元，实现一般预算收入580万元。年末居民存款余额8.54亿元，比年初增长22%。

有农业银行、邮政储蓄银行、农村信用合作社、中成村镇银行等5家银行和金融机构开设分行，各类存款余额8.54亿元，同比增加22%，贷款5.55亿元，同比增长12%。

【基础设施建设】 汽车站1个，客运汽车23

辆；邮政网点2个，投递路线单程总长度50公里，投递点5个，乡村通邮率100%；电信企业1家，服务网点5个，全年电信业务收入400万元；宾馆、旅社、招待所8家，床位448张；接待国内游客3.62万人次，收入850万元；城区自来水厂2座，铺设干线水管50公里，生产能力3500吨/日，年人均生活用水80吨；拥有城区110千伏及以上变电站1座，主变压器2台，总容量31.5兆伏安，10千伏高压输电线路7条；城区天然气管线70公里，供气站1个，天然气用户5670户，月天然气平均用量1.5万立方米；完成五通村新村聚居点房屋及附属设施建设，硬化道路、广场4300平方米，绿化250平方米，安装路灯10盏，配套完成文化墙建设和休闲椅、体育健身器材的安装工作。抓好农业技术推广和科技示范工作，建成家庭农场7家。

【百镇示范建设】　实施总投资980万元的市政道路改建及镇区地下管网等附属设施工程（一期），总投资150万元的老鸹沟垃圾场渗滤池、排洪沟建设工程，总投资150万元的镇区园林绿化工程（一期），总投资220万元的风貌塑造工程（一期）总投资700万元的市政道路改建及地下管网改建附属设施工程（二期）。截至目前，已完工店招牌整改1200米、绿化1200米、黑化1.6万平方米、安装路灯28盏。

【城乡环境治理】　开发公益性岗位41个，增设车辆停放点6处2000平方米，累计处罚违章大小车辆135辆。发放停工通知书8份，拆除违法建（构）筑物804平方米，制止涉嫌违法建筑6起，立案查处1起。拆除大小棚架512个，规范门市摊位850个，零摊120个。制作专用宣传广告栏14处，清除过街广告160幅，牛皮癣980余处1900余张。拆除不规范、重复设置的广告牌匾53处126平方米。创建全市唯一一家乡镇A级餐饮示范单位，并在全市非县城中心乡镇中率先开展餐厨废弃物集中回收工作。

【社会事业】　年末有幼儿园5所，在园幼儿1052人，教师31人；小学2所，在校生2149人，教师95人；初中1所，在校生845人，教师73人；普通高中1所，在校生600人，教师73人。各级各类医疗卫生机构31个，公立卫生机构床位90张，专业卫生人员112人。城镇最低生活保障450户687人，城市医疗救助70人次，民政部门资助参加合作医疗1277人次，城市生活无着落人员救助40人次，支出1.79万元。农村五保分散供养147人，农村临时救济55人次。城镇登记失业人数429人，城镇登记失业率为100%，参加城镇居民基本医疗保险4326人。新合农民参合率达103%；殡葬火化率100%。

（周　毅）

高山镇

【简况】　辖区面积69.73平方公里，辖22个村，2个社区居民委员会，224个村民小组，2个居民小组。2014年年末总人口3.11万人，其中：非农业人口1500人。人口出生率5.94‰，符合政策生育率88.4%，人口自然增长率为-2.03‰。地区生产总值8.3亿元，其中农业总产值3.5亿元，企业总产值3.2亿元。工业固定资产完成2.26亿万元。财政总收入1207万元，一般预算收入1203万元，农民人均纯收入1.04万元。

【农业】　耕地面积2123.80公顷，可利用草地面积38.11公顷，林地面积1626.35公顷。粮食产量2万吨，其中：水稻9500吨、玉米4149吨、红苕1679吨、大豆391吨、高粱471吨。经济作物：花生112吨；中药材231吨。生猪出栏3.01万头，存栏1.99万头；羊出栏1.38万只，存栏8400只；小家禽出栏25.51万只，肉产量382.66吨，产值1800万元；肉类总产值8000余万元。累计造林40公顷，农民住宅四旁树木14万株，林木覆盖率23%，活立木蓄积量1.5万立方米。淡水水面126.6平方公里，水产品总产量414吨，渔业总产值400万元。

【民营企业】 有民营企业30个（其中工业企业12个），营业收入2262.58万元，总产值2364.65万元，入库税金756万元，从业人数1659人，劳动者报酬5574万元。其中规模以上工业企业2个（东方机械厂、新雄风陶瓷有限公司），营业收入1194.08万元，总产值1240.35万元，上缴税金396万元，从业人数226人，劳动者报酬759万元。

【基础设施建设】 建立29个农村公共运行项目的维护机制，项目实施300个，农村基础设施和环境类125个，农业生产服务类68个，农村生活服务类32个，农村社会管理类75个。

村级公益事业一事一议财政奖补项目申报10个，实施10个项目。交通类村内道路6个，新建和整治公路3.6公里，整治山坪塘4口。项目总投资121.95万元，群众筹资9.45万元，群众投劳折资17.7万元，其中社会捐赠1.8万元，申请财政奖补资金93万元。

建果皮箱17个，垃圾池70口，规范乱停乱放车辆560余辆，取缔流动摊位22个，建立再生资源回收站3个，清理卫生死角20处，清运垃圾100余吨，投入资金10余万元。

【村镇建设】 投入公共服务运行资金150万元用于村级维护和维修，改造农村危破房44户，建筑面积3960平方米，落实改造资金33万元。

【国土资源管理】 审批农民建房51户4769.2平方米，完成辖区内农村宅基地颁证93户，发证率100%；对辖区内13个地质灾害隐患点发放防灾明白卡84户285人，设立警示标志13个。完成4户地质灾害搬迁安置任务，其中新选址建房安置3户，异地购房安置1户。对6户违章建设房屋进行停工处理，对非法占地违法建设的2户进行拆除处理。加强土地、矿产资源巡查工作，巡查160次，对违法占地和非法开采行为人下发停工通知书11次。

【招商引资】 引进招商引资项目1个，引进资金2.26亿元，项目名称为“青草煤矿整合工程及地面配套建设项目”，总投资2.26亿元，目前项目二期主体工程完工并投入运行。全年规模以上工业总产值为1.24亿元，销售总产值为1.19亿元，规模以下工业总产值为1.12亿元，销售总产值为1.07亿元。

【社会事业】 有初中1所、小学3所、幼儿园5所，专任教师109人，在校生1379人，入学率100%，毕业率100%，升学率89%，初中2014级毕业班83人参加中考，9名同学升入荣中实验班，升入重点高中30人；学生就读县内中职学校43人。

各级各类医疗卫生机构22个，其中乡级卫生院1所，村卫生室20个，个体诊所1个。病床32张，其中公立卫生机构床位30张，专业卫生人员46人，其中执业医师7人，执业助理医师11人，注册护士5人。

新型农村合作医疗参合率99%，补充医保

参保率82%；卫生系统发放宣传资料4330余份，召开居民知识讲座9次，共建城乡居民健康档案3.03万人，完成率为81%，麻疹疫苗接（补）种率95%。落实困难救济资金15万元，落实医疗救助、大病救助、精神病人救助资金46余万元，新增农村低保250人，城镇低保3人。农村低保1476人，城镇低保120人，五保317人，优抚、复员等138人；春荒、冬令救济金26.5万元。殡葬火化率达100%。

退耕还林资金8.86万元；沼气补助6.6万元；粮食直补及农资综合补贴3830.49万元；良种补贴57.45万元；农机补贴6.3万元；落实危破房改造33万元，救灾救济34.5万元；全镇有劳动力1.91万人，转移输出1.37万人。劳务收入1.56亿元，技能培训6417人次，农村实用技术培训6417人次。领取城乡基本养老保险4510人次。为4名大学毕业未就业人员争取创业补贴；新发展无线数字电视安装182户、有线263户。

【计划生育】 育龄妇女7811人，已婚孕龄妇女6315人，女初婚198人，现孕90人，领独生子女父母光荣证3127人；施行各种计划生育手术127例；流动人口办证率82.7%，流动人口已婚育龄妇女协议签订率95.13%；生殖保健普及率98%以上；干部群众政策知晓率90%以上；处理违法生育131例，征收社会抚养费167万元。

（邹菊容）

双古镇

【简况】 辖区面积96.56平方公里，辖18个村，203个村民组，1个社区居委会。2014年年末总人口2.59万人，其中：非农业人口2430人；人口出生率24.5‰，人口自然增长率2.3‰。耕地面积1517.66公顷，其中田1163.53公顷。生产总值达6.2亿元，公共财政收入882.31万元，农民人均纯收入1.01万元，比2013年（下同）人均增长3.6%。

【农业】 农作物播种面积3325.53公顷，粮食产量1.71万吨；水稻栽植998公顷，产量8266吨；红苕231公顷，产量1727吨；洋芋46.4公顷，产量162吨；玉米543.66公顷，产量3548吨；大豆188.8公顷，产量649吨；豌豆42.6公顷，产量138.5吨；胡豆28.33公顷，产量97.3吨；小麦743.47公顷，产量2380.1吨；油菜171.4公顷，产量405.7吨；花生26.33公顷，产量77吨。水果产量：梨子86吨、柑桔233吨；年末茶园面积2555.67公顷；森林覆盖率42.3%，公益林1225.8公顷，商品林3887.53公顷；出栏生猪2.88万头、牛520头、山羊1.92万只、兔子43.6万只、家禽28.4万只。

【乡镇企业】 有大小企业（私营）34个，其中：规模以上企业6个，主要以煤矿和制茶企业为主，从业人员1836人，营业收入4.31亿元，利润总额1921万元；规模以下工业总产值完成1.96亿元；工业类投资完成7780万元。

【财政金融】 公益林补贴27.1万元，退耕还林贴68.38万元，水稻、玉米补贴30.54万元，小麦、油菜补贴17.93万元。

【基础设施建设】 荣复路（双古镇场镇至贺家桥路段）5公里整治工程竣工并通过上级验收；完成双古中心自来水厂建设项目、烟坡村人和桥提灌站工程；顺河大河坪至敬老院路面整治、大河坪至四合厂办公室烂路整治工程；四方碑村垃圾填埋厂建成投入使用。新建国债沼气池40口，省级沼气池20口，发放以电代柴物资48套，发放沼气安全知识宣传资料1000份，年底，有沼气池986口。

“一事一议”以奖代补建设水利工程12处，山坪塘整治维修5口、新建蓄水池4口，新建组道路15处36.5公里，完成碾子坝水库和芹菜塘水库病险整治工程。争取省上资金新修提灌站1处，争取县水务部门资金整治四方碑山坪塘3口，五桐村新建1口机电井，整治山坪塘2口。争取油茶林道路项目，建设范家村、五桐村、朱家河村道路4公里。完成对全镇18个村194个项目建设，农村公共服务运行工作获二等奖。

【教育卫生】 有九年义务教育学校2所，幼儿园3所（其中：民办2所）。有教职工134人，其中：初中教师50人、小学教师74人。初中入学率85%，毕业率100%，初中毕业生187人，升入普通高中92人，升学率49.2%；有中心卫生院1个、分院1个，专业卫生员38人次，其中执业医师11人，执业助理医师5人，注册护士9人，病床30张。

【招商引资】 招商引资包装重大项目1个，报送重大项目1个，市内项目资金8200万元。

【社会事业】 城镇最低生活保障37户43人次，城镇医疗救助80人次，支出资金6.68万元。民政部门资助参加合作医疗1272人次，农村五保户分散供养204人次，农村临时救济78人次，新合参保率99%，补充医疗保险参保率81%，计划生育率83%以上，奖励扶助对象679人；发放农村危破房改造资金71.45万元，因灾房屋倒塌重建补助资金47.25万元；开展扶贫建档立卡工作，识别出贫困户485户1708人。

（朱平书　程海燕）

度佳镇

【简况】 辖区面积83.5平方公里，辖11个村，194个村民小组，2个社区居委会，6个居民小组。年末总人口2.76万人，其中非农业人口1873人，符合政策生育88.95%，人口自然增长率-2.45‰。地区生产总值15.7亿元，比2013年（下同）增长7.4%，工业总产值11亿元，农业增加值1.84亿元，全社会固定资产投资1.3亿元，社会消费品零售总额2900万元。

【农业】 耕地面积1827公顷。农业总产值2.7亿元，农民人均纯收入8320元，粮食总产1.82万吨。水果产量6.9万吨，蔬菜产量2.5万吨，生猪出栏3.8万头，存栏2.5万头；羊出栏2.1万只，存栏1.4万只；造林100公顷，义务植树10万株，林木覆盖率20.42%。淡水水面1.87平方公里，水产品总产量718吨，渔业总产值690万元。

【乡镇企业】 乡镇企业25个，乡镇企业总产值11亿元，其中规模以上工业总产值9.4亿元，同比增长10%。

【财政金融】 财税收入394万元，占年初目标任务的134%，地方财政一般预算收入1036万元；镇内储蓄单位存款余额3.36亿元，实现小额农业贷款8000万元。

【基础设施建设】 落实农村危破房改造项目

40户；争取资金300余万元，完成场镇电网线路改造工程；完成境内11公里县道和72.4公里村道公路的整治，通过农业综合开发建设项目硬化道路10.4公里；结合现代农业基础设施建设项目，实施高湾村3.14公里组道公路改造项目；投入资金20万元完成鸭子凼村人饮工程，新建整治水渠22公里，山坪塘80余口。

【重点项目建设】 投资1700万元的农业综合开发建设项目完工并通过上级验收；投资800万元的灯坡村农民新村建设主体工程竣工；大林坝煤矿投资2000余万元，实施1处安全高效矿井建设；投资2200万元年产2000吨规模的度佳古井酒厂经过建设包装，上市销售。

【城乡环境治理】 开展治理“场镇五乱、村庄三乱”和‘绿化、净化、亮化’实行场镇垃圾天天清运，规范垃圾出池时间，全年出动工作人员、民工300余人次，全镇在城乡环境综合整治工作中总计投入60余万元。

【社会事业】 有幼儿园3所，在园幼儿562人，教师18人；小学2所，在校生1138人，教师79人，小学适龄儿童入学率100%；初中1所，在校生56人，教师51人，初中适龄人口入学率100%，九年义务教育覆盖率100%；各级各类医疗卫生机构13个，其中乡级卫生院2所；村卫生室11个，个体诊所7个。公立卫生机构床位32张，专业卫生人员18人，其中执业医师8人。落实农村城镇最低生活保障1307人，发放各类救灾救济资金25万元，实现民政对象医疗救助200余人次，医疗救助金29万余元，投资8.75万元实施灯坡村“日照工程”。新型农村合作医疗农民参合率达100%；殡葬火化率100%。

（吴玉驰）

来牟镇

【简况】 辖区面积55.72平方公里，辖9个行政村189个村民小组，2个居委会，6个居民小组，2014年年末总人口2.68万人，比2013年（下同）减少1.2%；人口出生率5.73‰；死亡率6.82‰；自然增长率-0.71‰。农业收入1.07亿元，财政收入211.7万元，农民人均纯收入1.08万元。

【农业】 耕地面积1529.33公顷；农作物播种面积3478.8公顷，粮食产量1.99万吨；蔬菜产量9479吨。蔬菜种植320.6公顷，产量9479吨；油料169.13公顷，产量296吨；糖料19公顷，产量219吨；水果产量3316吨，茶叶产量3506吨。

退耕还林年度验收224.33公顷，栽植巨桉180公顷，新发展油茶200公顷。实施水果改造66.67公顷，新增茶叶种植66.67公顷，茶叶改良100公顷，新发展蔬菜种植33.33公顷。水稻扬花期受稻瘟病危害13.68公顷，为水稻种植户理赔4.3万元。

【畜牧养殖】 生猪出栏2.48万头、肉牛出栏170头、肉羊出栏8716只、小家禽出栏23.7万只；蛋鸡存栏3.04万只、鹌鹑存栏2.5万只、禽蛋产量480吨；完成非税收入2.2万元。猪瘟、猪口蹄疫免疫注射2.48万头/次，高致病性猪蓝耳病免疫注射2.48万头/次，鸡疫、高致病性禽流感免疫注射18.9万只/次。使用消毒药280公斤，普查、消毒户数3万余户/次，消毒圈数10万余个/次，消毒面积260万余平方米/次，消毒密度100%。产地检疫生猪2.48万头、牛170头、羊8716只，小家禽

23.7 万只。

【企业】 乡镇企业 198 个，其中：规模以上企业 9 个，从业人员 3176 人。工业总产值完成 17.2 亿元，其中规模工业 15.4 亿元以上。地方公共财政预算收入完成 211.7 万元 。招商引资完成 1.2 亿元，新增规模以上企业 1 户，固定资产投入 1 亿元。

【财政】 地方公共预算收入目标 175.89 万元。财政预算收入 1150.3 万元，实际执行财政支出 1150.3 万元。

退耕还林 42.07 万元，粮食直补 26.99 万元，综合补贴 254.73 万元，水稻玉米保险赔偿 34.48 万元 ，小麦油菜补贴 6.14 万元，“一事一议”和公共运行维护 180.5 万元。

【民政】 上报审批农村低保对象 319 户 319 人，长寿老人 23 人，上报审批五保户 37 户。清退、停发各类定补对象 67 人，农村分散供养五保 3 人，城市低保 4 人，优抚对象 5 人，长寿老人 9 人。

投入 6.5 万元完善敬老院设施设备，上报“10·4”风暴灾害受灾户 396 户。发放救灾救济资金 25.5 万元，救济 573 户，贫困医疗救助 209 人次，救助金额 15.5 万元。发放优待金 4.28 万元，发放退役士兵地方一次性经济补助 38.6 万元。

【计生】 女初婚 77 人，现孕 103 人，领取独生子女父母光荣证 3127 人；施行各种计划生育手术 171 例，综合避孕节育率 88.88%；计划生育各种手术全部实行免费服务；村民自治合格村（居）100%；流动人口办证率 83.6%，流动人口已婚育龄妇女协议签订率 96.22%；生殖保健普及率 98% 以上；干部群众政策知晓率 90% 以上；有生育文化大院 11 个，中心户 37 户，落实免费技术服务经费 5.9 万余元；在家“三查”率 100%，奖励 43 人。处理违法生育 47 例，征收社会抚养费 176 万元。

【村建环卫】 上报批准农户建设 48 户，建筑面积 5136 平方米，投资 6500 万余元，集居 324 户，安置人口 1300 人。

【社会事业】 完成农村劳动力资源调查登记录入工作 1.64 万人；办理就业失业登记 26 人；办理大学生自主创业申报 1 人；办理失地农民社会养老保险 51 人、失业保险 46 人；申报社区公益性岗位 18 人，指导社区新增城镇就业人员 105 人。

完成新型农村合作医疗筹资工作，发放宣传资料 8500 余份，群众知晓率 100%，参合人数 2.12 万人，筹资 176.8 万元，农村居民参保率 100%，补充医疗保险征收 1.52 万人，参保率 71.6%。

办理大病救助 15 人次，特殊病种 10 人次，外伤调查 112 人次，换发医疗证 100 余本；办理社会养老保险 2204 人，新农保 1217 人，社保认证 2766 人，接受群众咨询 4000 余人次。

对宣传墙报进行更换，为每个村新配发图书 50 册，光碟 1 盘，制作“农家书屋制度牌”5 个，有 5 个村和 1 个居设置图书管理员；在鸽子村成立荣县首个村级老年体育协会。4 月，举办“自贡市第十一届职工技能大赛”——来牟镇第五届采茶比赛，8 月，举办全民健身活动——广场舞比赛。

【教育卫生】 有初中 1 所、小学 1 所、幼儿园 1 所，教职工 67 人，在校学生 835 人。中考升入荣中 10 人，普高和职高 75 人。初中适龄人口入学率 98%，小升初升学率 100%，九年义务教育覆盖率100%。有镇医疗卫生机构1个，门诊部（所）1个，9个村实行合作医疗，床位42张，固定资产总值125万元。专业卫生人员19名，其中：执业医师3人，执业助理医师3人，注册护士7人。

【重大项目】　9个村实施科技示范户30户，带动周边农户300户。落实农业科技人员3名到村到户开展科技服务。实现示范户亩增产12%，带动户亩增产5%。

农村公益事业"一事一议"22个项目投入280.23万元，其中申请财政奖补140万元，农户自筹140.23万元。

【招商引资】　完成招商引资项目4个。自贡蜀茗春茶叶有限公司三车间搬迁技改项目、荣县双龙陶业有限公司、凉风村移民新村工程、金河明珠小区建设工程，引进资金1.2亿元。

（邹　琴）

保华镇

【简况】　辖区面积66.05平方公里，辖10个行政村，149个村民小组，2个社区居委会，3个居民小组。2014年年末总人口2.48万人，符合政策生育率86.67%。耕地面积1666公顷，地区生产总值10.66亿元，工业总产值2.67亿元，完成农业总产值3.09亿元，完成全社会固定资产投资2000万元，完成财政总收入150万元，财政支出892万元。向上争取项目资金2217万元。农民人均可支配收入1.05万元。

【农业】　实施小井沟"大坝万亩生态养生观光园"建设，新发展砂仁66.67公顷，优质核桃200公顷，茶叶13.33公顷，油茶66.67公顷。

下发各类强农惠农补贴资金450万元，开展退耕还林后续产业、省级财政支农资金项目建设和"五小水利工程"建设。新增农业产业化项目2个，新发展农民合作社2个。

【乡镇企业】　加强对企业安全监管力度，完善安全生产"一岗双责"责任制，全镇未发生重伤以上事故；加大煤矿企业提升改造力度，关闭旭湾、永德2家煤矿企业，关停"倒焰窑"土陶企业14家，保兴、腾龙两家砖厂纳入淘汰关闭落后产能企业；梓金陶业公司煤改气，洋叉坳村吴宗轩土陶厂天然气改造完成投入运行。

【新农村建设】　开展"美丽新村"建设，红豆树村创建成为省级"美丽新村"，青杆坪村"美丽新村"建设通过县级验收，财政投资111.2万元对青杆坪、高石坎、五皇村新农村建设示范片102户C级危破住房进行改造及环境整治，完成D级危房重建41户，开展农村清洁工程，发放农村保洁员工资5万余元。

【基础设施建设】　投入资金40万元，对小井沟水利工程建设施工造成的镇、村、组道路进行维修整治，落实白岩石至礼佳社区道路的常年维护保养；新建便民道路12公里，新建和整治水渠23公里，山平塘63口，新建提灌站5座，整治石河堰2座，新建蓄水池127口。

【重点项目建设】　完成移民安置对接134户517人，移民安置房建设和80套集中建房已分房，50户移民搬入新家；蚱蜢寺、大河坝料场300米内施工放炮影响农房77户288人；干渠二次施工放炮损坏影响农房 130 户处置已解决 113 户。

【城乡环境治理】 场镇街道无明显垃圾，清扫覆盖率为100%。保洁员覆盖率100%，保华场社区有4名保洁员，礼佳场社区有3名保洁员，其他每个村民小组都有1名保洁员。社区生活垃圾无害化处理持续治理率达到80%以上。

【社会事业】 有幼儿园4所，小学2所；礼佳小学硬化运动场地400余平方米。红豆树村、五皇村、青杆坪村卫生室竣工；建立居民健康档案，电子档案完成99%，其中65岁以上老年人4194人，糖尿病156人，高血压866人，重症精神病人74人，健康人群2.12万人。收治新合住院病人261人次，报销药费17.69万元，人均费用670元；门诊1.31万人次，报销66.77万元，平均门诊36人次。村卫生室报销14.37万元，全年报销78.12万元。参加城镇居民基本医疗保险1270人。新型农村合作医疗农民参合率达100%；殡葬火化率100%。

【民生】 开展技术、技能培训5000余人次；对143户农村危破房进行改造，补助资金142.2万元。发放各类救灾救济款50余万元，农村和城镇低保金、五保照顾金70余万元，城乡大病医疗救助8万元。新增低保278户285人，全镇低保达1126户1337人，重度残疾人补贴97人，投资8万余元的日间照料中心投入使用，投入19.5万元对敬老院进行翻新改造。

（熊志权）

过水镇

【简况】 辖区面积47.58平方公里，辖9个村，163个村民小组，2个社区居委会。2014年年末总人口2.4万人，非农业人口1500人。出生201人，死亡217人，人口自然增长率为-0.68‰；符合政策生育率84.08%。

地区生产总值2.65亿元，其中：第一产业1.47亿元，第二产业5370万元，第三产业2058万元。

电视覆盖率99.9%，比2013年（下同）增加0.2%；有线电视入户率30%，同比增加0.04%。

【农业】 耕地1731公顷，可利用草地面积27公顷，林地面积24公顷。农业总产值1.56亿元，农民人均纯收入1.08万元。粮食总产1.7万吨，其中：水稻6200吨，小麦2004吨，玉米4182吨，红苕2635吨。经济作物种植面积309公顷，产量624吨，蔬菜种植面积531公顷，产量1.5万吨。森林面积1016公顷，退耕还林120公顷，荒山造林171公顷，竹林173公顷，农民住宅四旁树木215万株，林木覆盖率21%。淡水水面1.41平方公里，水产品总产量51万吨，渔业总产值513万元。

【畜牧业】 有规模养殖场46个，年出栏生猪5000头1户。年出栏肉羊100只以上3户；年出栏肉兔500—1000只以上1户；年存栏蛋鸡场1万羽以上1户；存栏耕牛391头，生猪2.28万头。出栏耕牛140头，山羊1.13万只，生猪3.3万头，小家禽28.2万只，兔子49.9万只。口蹄疫、猪蓝耳病、禽流感、狂犬病等五种免疫率均达100%，疫病普查面达100%，动物圈舍消毒面达100%；病死动物无害化处理率100%，动物免疫抗体检测均达标合格。

【乡镇企业】 民营企业63户，从业人员1040人；乡镇企业8个，从业人数529人；其中工业企业8个，从业人员302人；工业总产值9508万元。招商引资项目3个，到位资金8000万元。

【新农村建设】 完成“一事一议”项目9个，建蓄水池1口，整治山平塘2口，修建村、组水泥公路1.7公里，新建石河堰1座，财政奖补76万元，农户筹资13.18万元，农户投劳折资245万元。夜合村540平方米的办公室建成使用。农户农房审批表164户，耕地9474平方米、未利用地2982平方米、建设用地4457平方米。

【财政金融】 地方公共财政收入完成97.2万元。金融存款余额达8520万元，同比增加320万元。贷款余额为2700万元，同比增加625万元。利息收入168万元，开展银联卡发放2580户。

【设施建设】 投入资金20万余元，改造硬化通村公路8.4公里。7月，投入财政资金320万元的扶贫开发项目在夜合村、文昌村、黑林村实施，修建水泥路5.86公里、山平塘14口、水渠2.2公里、河道整治1处、排污渠1.2公里。

【重大项目】 总投资1.4亿元刘家庙村增减挂钩项目，涉及农户325户、966人，拆旧地块128个，整理复耕土地27.23公顷，集中安置农户262户，货币安置69户，项目挂钩建设用地指标21.95公顷。

【城乡环境整治】 对街道违章建（构）物、户外广告进行清理整治，拆除雨棚12处、户外广告1处、违建厕所1个。完成打造店招店牌全长841米，面积1200平方米。

【社会事业】 初中毕业生96名，考入荣县中学5名，保送11名，升入荣中占比17.7%。投入资金120万元，完成柑柏场村小建设；投入资金8万元，完成中心校食堂、文昌食堂的标准化改造，投入资金15万元，完成对柑柏场街道到柑柏场村小路段硬化。

有乡级卫生院2所、村卫生室19个、个体诊所1个，专业技术人员9人、其中执业医师3人、执业助理医师6人、注册护士4人，病床18张。开展对65岁以上老年人、0－3岁儿童、孕产妇、慢性病人以及重症精神病人的免费健康体检，参加体检人群5800余人；开展健康教育1.35万人次；完成158名儿童的麻疹免疫防治。为32名白内障患者实施免费复明手术，为47名贫困残疾人适配辅助器具。

参加合作医疗人数2.1万人，参加合作医疗率99.9%。申请大病救助申报人数7人，住院总费用42.35万元，报销金额21.27万元，报销比例50.2%，个人承担32.34万元，大病救助8.73万元。免费孕前优生健康检查覆盖率达85%以上，落实长效节育措施47人；处理违法生育案件34件，征收社会抚养费70万元。农村计划生育家庭奖励扶助对象514人，退出23人，新增85人；农村计划生育家庭特别扶助对象14人，退出1人，新增4人。

新增转移农村劳动力158余人，就地转移2753人，累计转移输出农村劳动力9832人，占农村劳动力总数的65%。创劳务收入9900万元。农业实用技术培训85场次，培训人数1.18万人。城镇居民新参保38人，续保941人，占应参保居民人数的95%。城镇居民最低生活保障对象159户172人，农村低保1153户1549人。新增五保户21人，集中供养81人，分散供养219人。全年救助529人次，报审金额65.54万元。

【便民服务】 受理2643件，办结2643件，办结率100%，即办件1242件，即办率100%；承诺件128件，承诺率100%；受理咨询1273人次；加盖行政印章864件。

【信访】 处理群众来信来访146件，其中：来信56件，来访90件，全部交办、调处、回复。排查矛盾纠纷106件，调处106件，调解率100%，成功115件，成功率99%。安置帮教刑释教人员40人，社区矫正人员15人。法律援助案件42件。

【本地特色】 “一标两再四秋”产业发展，推广水稻德香4103新品种及再生稻核心示范片66.67公顷，发展再生稻666.67公顷。增加粮食1065吨，人均增加收入103元左右。

加强小蚕用桑品种改良，改良桑园18.67公顷，现有15个共育室，110个养蚕大棚，发种1.08万张，产茧45万公斤，产值1500万元。

（郝　英）

鼎新镇

【简况】 辖区面积52.8平方公里，辖11个行政村，143个村民小组，1个社区居委会，4个居民小组。2014年年末总户数7504户，总人口2.29万人，其中：非农业人口2061人；符合政策生育率86.9%；人口自然增长率为－2.85‰。地区生产总值7.34亿元，比2013年（下同）增长8.5%。工业总产值6350万元，农业总产值6.6亿元，地方财政一般预算收入135万元，农民人均纯收入1.45万元，同比增加1665元。

【农业】 耕地面积1666.67公顷，林地面积1200公顷。粮食总产量1.8万吨，其中：水稻1.12万吨，小麦1008吨，玉米2799吨，红苕612吨，大豆310吨；经济作物播种面积308公顷，产量941吨；蔬菜种植（含复种）面积3000公顷，产量11万吨；水果72公顷，产量1931吨；生猪出栏3.5万头，存栏2.02万头；羊出栏9199只，存栏7744只；牛出栏65头，存栏186头；兔出栏57.38万只，存栏10.72万只；家禽出栏28.02万只，存栏15.97万只。造林103.3公顷，农民住宅四旁树木15万株，森林覆盖率23.9%，活立木蓄积量1.49万立方米。淡水水面2501平方公里，水产品总产量1286吨，渔业总产值1761万元。

【乡镇企业】 乡镇企业47个（其中私营企业4个），个体企业42个，从业人员340人，营业收入6102万元。培训农民1.12万人次，其中：农民工职业技能培训1800人，扶贫培训1480人，就地转移1600人，外出务工7980人，其中省外5500人，县外务工收入1.24亿元。

【新农村建设】 学堂村二组实施芭毛冲农家大院改造，工程项目实施31户农房风貌整治、提升工程，新建便民路1.2公里，硬化6000平方米院坝，公共环境建设荷花池1口，休闲广场1个；鼎新村移民新村综合体、“1＋6”公共服务活动中心和居民休闲广场建成，对接移民110户、400余人，调出移民用地10公顷。

【财政金融】 镇地方财政一般预算收入135万元，同比增长7.6%；农村公共服务运行维护机制建设示范试点项目投入资金总额61.05万元，完成104个农村公共服务运行维护项目。实施村级公益事业“一事一议”财政奖补项目9个，财政奖补资金78万元。

金融机构年末各项存款余额3.43亿元，同比增长16%；全年发放支农贷款3600万元。

【基础设施建设】 学堂、鼎新、和平3个村新建水泥路5.6公里。实施金土地项目结余资金工程，在项目区鼎新、学堂、蜡烛、鲤鱼4个村新建水泥路7.2公里，格田整理6.67公顷，建成标准化蔬菜产业园区1个，新增蓄水池5口。新建标准化农贸市场1个，投资600万元，分为A区和B区，有门面32间，摊位76个，露天交易市场2500平方米。实施棚户区改造50户，筹资2万元在场镇街道栽植香樟树100株。

【城乡环境治理】 投资530万元、日处理量400立方米污水的人工湿地建设完成并投入试运行；实施场镇“五乱”治理，对场镇社区、农村集中居住区、公路、河道沿线的环境卫生配备专（兼）职清洁人员，强化日常卫生保洁。

【社会事业】 年末有幼儿园2所，在园幼儿480人，教师24人；小学1所，在校生970人，教师54人，小学适龄儿童入学率100%；初中1所，在校生340人，教师40人，初中适龄人口入学率100%，九年义务教育覆盖率达100%。

乡级卫生院1所，医务人员27人，其中执业医师2人，执业助理医师6人，注册护士4人，病床22张；村卫生室22个，个体诊所2个。城镇最低生活保障户数138户，人数146人，城市医疗救助113人次，民政部门资助参加合作医疗1036人次，城市生活无着人员救助8人次，支出5.6万元。农村五保分散供养178人，农村临时救济314人次。年末城镇登记失业人数1人，城镇登记失业率为0.01%，全年帮助3户零就业家庭就业，参加城镇居民基本医疗保险1530人。新型农村合作医疗农民参合率达100%；殡葬火化率100%。

（沈世其）

东佳镇

【简况】 辖区面积80.31平方公里，辖8个行政村，146个村民小组，1个社区居委会，5个居民小组。2014年年末总人口2.12万人，其中：非农业人口1201人；符合政策生育率85.5%；人口自然增长率-2‰。地区生产总值6.5亿元，比2013年（下同）增长5.4%。工业总产值6000万元，农业总产值1.2亿元，财政收入773.94万元，农民人均纯收入1.02万元。

【农业】 耕地面积1968公顷，可利用草地面积465公顷，林地面积522公顷。粮食总产1.65万吨，其中：水稻1.03万吨，小麦1418吨，玉米2398吨，红苕1475吨。经济作物种植面积320.2公顷，产量502吨，其中柑桔类产量2万吨、茶叶2吨；蔬菜种植面积608公顷，产量1.76万吨；生猪出栏3.4万头，存栏2万头；羊出栏1万只，存栏8000只；牛出栏300头，存栏1000头；家禽出栏25.9万只，存栏8.1万只。累计造林96公顷，农民住宅四旁树木10万株，林木覆盖率26.4%，活立木蓄积量7.59亿立方米。淡水水面39.8平方公里，水产品总产量 468 吨，渔业总产值 496 万元。

【乡镇企业】 有乡镇企业 7 家，自贡市花果山开发有限公司营业收入超 1900 万元，带动 80 多人就业。

【财政金融】 财政收入 773.94 万元，其中，地方财政一般预算收入 35.12 万元，基金预算收入 25.07 万元。镇内储蓄单位存款余额 2.01 亿元，实现小额农业贷款 240 万元。

【基础设施建设】 财政“一事一议”投资 69 万元，村道路建设 46.7 万元，水利建设 13.3 万元，基层组织能力建设 9 万元。农村公共运行维护资金 40 万元。有线电视总用户 2388 户，发展数字电视 62 户。完成程控电话“村村通”工程 3126 户，新增 180 户。

【城乡环境治理】 投资 38 万元修建生活垃圾填埋场。提倡全民讲卫生，除陋习，树新风，宣传教育，发放宣传资料 6000 余份。场镇主街坚持每天 2 次普扫，清理卫生死角、盲点，垃圾 750 余吨。

【社会事业】 有幼儿园 3 所，在园幼儿 204 人，教师 9 人；小学 3 所，在校生 565 人，教师 43 人，小学适龄儿童入学率 100%；初中 1 所，在校生 216 人，教师 24 人，初中适龄人口入学率 100%，九年义务教育覆盖率达 100%；各级各类医疗卫生机构 1 个，其中乡级卫生院 1 所，村卫生室 10 个。病床 15 张，其中公立卫生机构病床 15 张，专业卫生人员 10 人，执业助理医师 4 人，注册护士 4 人。

城镇最低生活保障户数 86 户，人数 129 人，城市医疗救助 63 人次，农村医疗救助 114 人次，民政部门资助参加合作医疗 997 人次，城市生活无着人员（敬老院）救助 53 人次，支出 29 万元。农村五保分散供养 147 人，临时救济 126 人次。年末城镇登记失业人数 38 人，城镇登记失业率为 3%，参加城镇居民基本医疗保险 670 人。新型农村合作医疗农民参合率达 100%；殡葬火化率 100%。

（王惠贤）

河口镇

【简况】 辖区面积 67 平方公里，辖 8 个行政村，2 个社区居委会，162 个村民小组，2014 年年末总人口 2.15 万人，出生人口 168 人，死亡人口 149 人，计划生育率 89.88%，人口自然增长率 0.89‰。耕地面积 1632.47 公顷。

【农业】 粮食播种面积 4547 公顷，粮食总产量 1.64 万吨，粮食作物播种面积 2860.26 公顷，再生稻蓄留面积 66.67 公顷，核心示范面积 40 公顷。生猪存栏 2.55 万头，出栏 2.78 万头；牛存栏 891 头，出栏 171 头；羊存栏 8565 只，出栏 1.32 万只。家禽存栏 5.14 万只，出栏 16.85 万只；兔存栏 11.3 万只，出栏 52. 万只，农民人均纯收入 9066 元。

【财政金融】 公共财政预算收入完成 128 万元；年初预算可用财力为 510.05 万元，同比增加 65.6 万元；发放各类惠民补贴（补助）515.02 万元，化解政府性债务 9.87 万元；各类会议费、接待费支出下降 10%。招商引资实现 5462 万元。

【公共服务】 第一批农村公共服务运行维护项目汇总审批备案涉及 4 大类 55 个项目，总投资 36 万元。

【民心工程】 完成投资 625 万元、日处理污水 600 吨污水处理厂建设，完成投资 800 余万元沙溪河防洪治理工程。争取 60 余万元，完成古文村古家湾公路桥建设，借助“一事一议”项目资金，维修整治桥梁 2 座。

【新农村建设】 开展农产品质量安全知识培训及标准化生产技术指导 150 人次。杨坳山村养鱼基地：流转土地养鱼面积 46.67 公顷，解决 30 人剩余劳动力就业问题；字库村辣椒示范基地，明军蔬菜种植专业合作社在字库村五组流转土地 3.33 公顷，开展辣椒集中育苗，同时引进辣椒新品种有艳红、艳美、广亮 5 号、广亮 10 号、早椒二号等品种；字库村、杨坳山村流转土地 20 公顷，发展秋土豆示范片，蔬菜种植 100 公顷，新发展油茶 533.33 公顷。

【劳务输出】 实现就地转移 442 人，劳务输出 9018 人，劳务创收 2.8 亿元。

【教育】 投入 150 万余元消除中小学 D 级危房 1380 平方米，维修校舍 2000 平方米，有 27 个教学班，学生 1403 人，在职教工 92 人，其中，小学教师 49 人，学校有留守儿童 564 人，占学生总数的 40.21%。

【社会保障】 农村新型合作医疗参保人数 1.64 万人，参保率 99%。城镇医疗参保人员 250 人，农村养老险 60 周岁以上的 3639 人领取补助金，60 周岁以下的参保 4865 人，占应参保人数的 50%。办理大病救助 25 人（次），报审金额计 134.35 万元，救助资金近 40 万余元。城镇低保对象 82 人；农村低保对象 1036 人，取消 87 人，新增 214 人。五保对象 224 人，其中集中供养 38 人，分散供养 186 人，新增 25 人

【惠农补助】 发放粮食直补、综合直补 281 万余元（含农资补贴），水稻良种补贴 12 万余元，油菜良种 2.9 万余元，小麦良种 11.2 万余元，退耕还林补贴 36.8 万余元。

【城乡环境综合整治】 配备垃圾运输车 1 辆，三轮车 2 辆，果皮箱 15 个；修建垃圾池 20 个；整治排污沟 600 余米。拆除违章建筑 2 处，下达限期整改通知 2 户，撤除乱搭乱建棚 48 户，规范商铺 36 户、固定摊位 128 个、临时摊位 220 个，规范摩托车停放 516 辆，新设和更换垃圾桶 36 个，更换路灯 29 个，修复消防设施 3 个，新建垃圾场 1 个、维修垃圾门 1 个，对场镇 1.5 公里的河道漂浮物进行清理。

【一事一议】 “一事一议”财政奖补项目投入 132 万元，筹资筹劳 66 万元，申请财政奖补资金 66 万元。安排 19 个财政奖补项目，其中第一批项目 14 个，第二批项目 5 个；实施改建、续建和维修村内道路 7.5 公里，整治山平塘 7 口，新建和维修桥涵 3 座，整治道路堡坎 2 处，维修整治村内公共活动场所（会议室）60 平方米。

（河口镇）

望佳镇

【简况】 辖区面积 31.7 平方公里，辖 11 个行政村，145 个村民小组，1 个社区居委会，5 个居民小组。2014 年年末（下同）总人口 2.01 万人，其中：非农业人口 1526 人；符合

政策生育率86.12%；人口自然增长率0.3‰。地区生产总值3.71亿元，比2013年（下同）增长3.46%。工业总产值4200万元，农业总产值3.34亿元，地方公共财政收入53.39万元，农民人均纯收入1.38万元，同比增加1696元。

【农业】 耕地面积1412.5公顷。粮食总产1.5万吨，经济作物种植面积232公顷，产量3005吨，蔬菜种植面积1216.2公顷，产量4.49万吨。生猪出栏3.6万头，存栏2.07万头；羊出栏7200只，存栏5000只；牛出栏170头，存栏640头；兔存栏10.03万只，出栏70.8万只。家禽出栏43.2万只。农民住宅四旁树木7万株，林木覆盖率12.4%，活立木蓄积量1.13万立方米。淡水水面31公顷，水产品总产量393吨，渔业总产值417万元。

【乡镇企业】 乡镇私营企业4个，从业人员97人，营业收入4208万元。农民工职业技能培训450人，扶贫培训45人，实行劳动力转移输出6452人，其中就地转移350余人，向外输出劳动力6100余人，实现劳务收入1.2亿元。

【财政金融】 上级财政拨款收入979.5万元，其中：一般预算收入869.4万元，基金预算收入110.1万元，非税收入7.8万元。粮食直补和农资综合直补247.83万元，水稻、玉米良种补贴资金20.66万元、小麦油菜良种补贴13.49万元；农机购置补贴1.26万元；退耕还林补助面积125.99公顷，兑付23.62万元；偿还债务26万元，农村公共服务支出79万元。

【基础设施建设】 修建村组道路15公里，入户便民路8.2公里，新建渠道500米，蓄水池38口，整治提灌站3座，新增自来水用户98户，天然气用户123户，。

新建民居53户，危房项目维修40户，院落环境整治143户。新建沼气310口，垃圾池库10个。

【城乡环境治理】 在社区主街悬挂横幅5幅，发放宣传资料3000余份，各村（社区）张贴标语90余条，出动宣传车6次，集中开展“五乱”治理，投资3万余元整治旭水河漂浮物。

【社会事业】 有幼儿园5所，在园幼儿390人，教师23人；小学2所，在校生590人，教师49人，小学适龄儿童入学率100%。初中1所，在校生260人，教师40人，初中适龄人口入学率99%，九年义务教育覆盖率100%。各级各类医疗卫生机构15个，其中乡级卫生院1所；村卫生室14个，病床24张，专业卫生人员14人，其中：执业医师6人，执业助理医师3人，注册护士4人。

城镇最低生活保障户数101户115人，城市医疗救助87人次，民政部门资助参加合作医疗921人次，城市生活无着落人员救助27人次，支出2.1万元。农村五保分散供养191人，农村临时救济330人次。年末城镇登记失业人数35人，城镇登记失业率为88%，参加城镇居民基本医疗保险1037人。新型农村合作医疗农民参合率达100%；殡葬火化率100%。

【招商引资】 完成招商引资项目1个，招商引资9462万元。

（冯　琴　胡洪莲）

观山镇

【简况】 辖区面积44.87平方公里，辖18个行政村，150个村民小组，2个社区居委会，3个居民小组。2014年总人口2.01万人。工业总产值1.04亿元。农业增加值1.19亿元。粮食总产1.7万吨，财政收入113.5万元。农民人均纯收入1.02万元。

【农业】 耕地面积1332.9公顷，粮食总产1.7万吨，同比增长8%。茶园种植面积263.53公顷，采摘面积230.87公顷，生猪出栏2.42万头，羊出栏6800只，牛出栏210头，家禽上市47.2万只 。累计造林23.33公顷，农民住宅四旁树木2.6万株，林木覆盖率32%，活立木蓄积量140万立方米。

【乡镇企业】 乡镇企业8个，企业生产总值1.44亿元。规模以上企业总产值9100万元。地方财政预算收入实现113.5万元。

【招商引资】 招商引资到位资金5110万元，同比增长7 %；全社会固定资产实现5000万元，同比增长5%。

【基础设施建设】 投入75万余元，硬化公路3.5公里，通组通户公路3.8公里；投资120余万元对水池村实施农村公路硬化工程，财政投入20余万元对辖区内镇道、村道进行改造和整治。新建沼气池56口，维护组道公路168公里，水渠46公里，小型水库8座，山坪塘1159口，石河堰6道，提灌站10个，蓄水560万立方米。

【社会事业】 有幼儿园4所，在园幼儿306人，教师17人；小学1所，在校生612人，教师39人，小学适龄儿童入学率100%；初中1所，在校生186人，教师23人，初中适龄人口入学率100%，九年义务教育覆盖率100%。乡级卫生院1所；村卫生室15个，个体诊所1个。病床4张，其中公立卫生机构床位20张，专业卫生人员16人，其中：执业医师4人，执业助理医师2人，注册护士4人。

新增低保216名、五保12名。发放各类民政资金40余万元，发放医疗救助资金23万元，实施救助患病群众200人。发放残疾人重度护理补贴7.3万元，阳光家园补贴服务3000元。资助大学新生6名，发放助学金2.5万元。殡葬改革火化率100%，新型农村合作医疗参合率100%。符合政策生育率89.5%，人口自然增长率为1.5%，征收社会抚养费140万元。实施农村危破房建设54户。

（杜文丽）

新桥镇

【简况】 辖区面积51.92平方公里，辖8个村，1个社区居委会，104个村（居）民小组。2014年年末总人口1.97万人，其中：非农业人口2517人。符合政策生育率89.9%，人口自然增长率2.17‰。工业总产值5.59亿元，农业总产值2.32亿元。地方财政公共预算收入328.78万元，农民人均纯收入1.01万元。

【农业】 耕地面积1423.2公顷，粮食产量1.4万吨。蔬菜694.07公顷，产量1.69万吨。牛出栏122头，生猪出栏2.46万头，羊出栏9805只，兔出栏54.7万只。完成荒山造林26公顷。

【工业】 工业总产值5.59亿元，其中规模以上企业产值4.8亿元。

【劳务输出】 输送劳务工7125人，收入810万元。

【财政金融】 地方财政公共预算收入328.78万元，同比增长92.54%，其中：地税310.49万元、国税18.29万元。

【教育卫生】 有初中1所，在校生410人，教师37人。小学2所，在校生922人，教师40人。幼儿园4所，在园幼儿450人。有市一级甲等医院1所，医生54人，病床40张。农村合作医疗5个，医生6人。

【社会保障】 优抚对象124人，五保对象71人，城镇低保113户167人，农村低保731户829人，发放救助资金201.5万元，发放救济金24.24万元。自然灾害受灾2000余人，农作物受灾面积150余公顷。参加新型农村社会养老保险7559人，新型城镇居民基本养老保险107人，农村新型合作医疗保险1.49万人。

【道路建设】 辖区内通车里程267.88公里，其中县道11.5公里，乡道4.65公里，村道41.2公里，组道210.53公里，乡村道路占通车里程的17%，镇通达村（居）组率100%。

【交通运输】 有各类机动车3000辆，其中大型汽车18辆，小型车71辆，普通摩托车2289辆，有证摩托车289辆，轻便摩托车2000余辆，机动车驾驶员办证360余人，客运总量12.8万人次，有客运码头2个，客运渡船8只，年客运量3.12万人。

【城乡环境】 投入3.5万元对新桥场镇11个垃圾池进行整修，投入45万元整治城乡环境，投入资金50万元整治永兴街路面硬化。

【邮政电信】 邮政网点8个，投递点9个，乡村通邮率100%。投递国内函件10.57万件，国内汇票业务6.28万笔，国内异地特快专递信件9300件，征订报纸3100份、杂志1200册，业务收入378万元。

电信企业1家，服务网点2个。固定电话用户7000户，移动电话用户6000户，光缆线路总长95公里，互联网端口总数1.45万个，其中已占用端口总数1100个，宽带接入用户1100户，电信业务收入250万元。

电视站开通167个频道，有线电视用户2560户，其中数字电视用户2100户。

【基础设施】 集镇有自来水厂1座，铺设干线水管8.2公里，年工业用水4000吨、生活用水3万吨，居民自来水普及率99.7%，年人均生活用水2.52吨；排水管道12公里。水利发电站2座，发电159万度，年售电量159万千瓦时。

新桥场镇（含永兴街）天然气管线2.7公里，天然气（含罐装液化气）用户387户，月平均用气量428立方米。

【集镇绿化】 集镇公共绿地2.2公顷，绿化覆盖率26%，人均绿地3.5平方米。

（申　媛）

古文镇

【简况】 辖区面积51.18平方公里，辖10个行政村，2个社区居委会，129个村民小组。2014年年末总人口1.65万人，非农业人口933人。计划生育率85.42%，人口自然增长率-2.88‰。耕地面积1193.26公顷，森林覆盖率38%。

地区生产总值2.16亿元，同比增长9.51%。农业总产值2.33亿元，同比增长

1.74%；农民人均纯收入9003元，同比增长11.56%；财政总收入776.05万元，同比增加17.97%，完成工业总产值9776万元，同比增长97.49%。

【农业】 粮食总产量1.37万吨，同比增长0.56%，其中：水稻6576吨，玉米3277吨，红苕1029吨，大豆1054吨，水果3657吨；经济作物种植面积227.8公顷，产量404吨；蔬菜种植面积590.4公顷，产量1.51万吨；生猪出栏2.61万头，存栏1.74万头；羊出栏9000只，存栏6300只；牛出栏311头，存栏461头；家禽出栏20.89万只，存栏10.18万只；肉兔出栏100万只，存栏28.54万只。

【财政金融】 地方财政一般预算收入44.78万元，同比增加39.93%；金融机构存款余额1.81亿元，同比增长15.2%，金融机构贷款余额3000.5万元，同比增加35%。

【基础设施】 实施村级公益事业建设“一事一议”财政奖补项目14个，总投资106万元。新建村内道路8公里，山坪塘整治18口，新建石河堰1道，新建村内环卫设施项目净化池1个。

【城乡环境治理】 筹资20余万元，新建场镇花台，新安装和维修更换路灯，新建整治排洪沟200米。

【社会事业】 有九年义务制学校1所，教师56人，在校生491人，同比减少23.87%；卫生院1所，医生4人，病床24张，村卫生室12个；参加农村新型合作医疗1.41万人，新型农村合作医疗农民参合率达100%，民政部门资助参加参加医疗1013人；敬老院扩建工程建设完工，项目总投资170余万元，扩建住房800平方米，新增床位60个。参加城镇居民基本医疗保险436人，城镇最低生活保障对象77人。

（周志先）

铁厂镇

【简况】 辖区面积59.01平方公里，辖10个村，108个村民小组，1个社区居委会。2014年年末总人口1.34万人，出生人口96人，符合政策生育率88.16%，人口自然增长率-2.64‰。地区生产总值4.35亿元，农业增加值6759万元，比2013年（下同）增长3.7%；全社会固定资产投资5200万元，同比增长9.3%；社会消费品零售总额1210万元，同比增长3.2%。农民人均纯收入9250元，增加875元。

【农业】 耕地面积708.13公顷，粮食总产8139吨，水果产量566吨。出栏生猪2.2万头，山羊1.1万只，兔30万只，家畜18.6万只。实施天然林保护工程1926公顷，人工造林280公顷。

【乡镇企业】 乡镇企业20个，其中个体企业1个，民营企业19个。乡镇企业总产值完成4.35亿元，从业人员1980人。营业收入4.1亿元，利润总额960万元，上交税金680万元。农民工职业技能培训5714人，扶贫培训62人，实现劳动力转移输出7863人，其中就地转移2785人，向外输出劳动力5078人，实现劳务收入约8090万元。招商引资6000万元。

【财政金融】 财政一般预算收入155.7万元，

一般预算支出595.2万元。年末各项存款余额1.01亿元，贷款余额2320万元。

【基础设施建设】 投入项目资金、群众筹资151万元，整治山坪塘2口，整治、贯通水渠6公里，村、组公路21.5公里。

【教育卫生】 有初中1所、小学1所、幼儿园1所；有教职工46人，在校生354人，其中：初中86人，小学182人，幼儿园86人；小学入学率100%，小学升初中100%，初中升入高中24人，其中荣中6人，职业学校12人，普通高中6人。文化站1个，卫生院1个，医护人员12人，病床16张。

【社会事业】 发放救灾救济资金20万元，纳入最低生活保障660户926人，其中城镇低保126户212人；农村低保534户714人；五保户132人，其中分散109人，集中23人；长寿补贴42人；60岁农村籍退役士兵生活补贴51人。全镇残疾人统计人口980人，落实阳光家园计划7户、量体裁衣837户。新型农村医疗合作保险参加人数达1.2万人，参合率100%。

（胡常久）

正紫镇

【简况】 辖区面积37.84平方公里，辖8个行政村，75个村民小组，1个居民委员会。2014年年末总人口1.08万人，其中：非农业人口833人；人口出生率8.34‰，人口自然增长率-1.21%。地区生产总值1.04亿元，比2013年（下同）增长9.41%。工业总产值1000万元，同比增长6.15%。农业总产值5146万元，同比增长8.2%。财政收入41.84万元，农民人均纯收入8948元。

【农业】 耕地面积799公顷，林地面积1253公顷。粮食总产8748吨，经济作物种植面积613.4公顷，油料402吨，中药材2759吨；蔬菜种植面积275公顷，产量8572吨。出栏生猪1.39万头，羊6700只，兔39.85万只，家禽15.16万只。累计造林170公顷，经济林120公顷，竹林50公顷，林木覆盖率26.6%。淡水水面30公顷，水产品总产量182.83吨，渔业总产值637.61万元。

【乡镇企业】 乡镇企业276个，其中：私营企业2个，从业人员34人，上缴税金2万元。全镇有劳动力6470人，乡外务工4005人，外出务工创收1.02亿元。

【财政金融】 财政一般预算财力（含基金）553.96万元，支出543.42万元，财政一般预算税收收入完成41.84万元，一般预算支出完成543.42万元。兑现粮食直补和综合直补196.47万元，涉及农户3074户；发放小麦油菜良种补贴8.15万元，水稻玉米良种补贴17.05万元；退耕还林粮食现金补助43.75万元；生猪理赔8.44万元，农机购机补贴5.66万元，各项惠农资金83.05万元。

【基础设施建设】 完成“一事一议”项目5个，财政投入25万元，涉及4个村；投入38万元完成68个农村公共服务运行维护机制项目。投入资金20万元，建成正紫镇小型垃圾填埋场；坟嘴山村建成小坝山至钻天坡通村水泥路2公里；香炉村整治100立方米蓄水池3个，新建蓄水量3万立方米，石河堰1座，整治3米宽泥结碎石路3公里；在香炉寺村新建集中供水工程1个，满足香炉寺村及周边1000

余人集中饮用水。

【教育卫生】 中学1所，小学1所，幼儿园2所。有教职工96人，在校生1146人，其中高中和初中生451人、小学生484人。初中入学率100%，毕业率100%。高中毕业升学率为52%。乡镇卫生院1所，有医生4人，病床10张。

【招商引资】 完成招商引资项目1个，引进资金3300万元。

【社会事业】 城镇低保49户79人，农村低保411户534人，农村五保户96户96人，孤儿6人。殡葬火化率100%。残疾人办证180件。新型农村合作医疗参保8468人，参合率100%，居民医保参合402人。输送新兵7名。

【重点工程建设】 窝棚湾村、卫星村、田木沟村改造完善建设高标准基本农田项目工程，格田平整面积31.67公顷，田埂硬化6.62公里，耕地地力培肥369.8公顷，整治生产路170米；整治山坪塘7口，新建蓄水池13口，渠道整治1.43公里，涵管110米；整治田间道6.86公里，配套错车道22处，配套挡土墙880米，安砌标志牌50个。

（王红英）

古佳乡

【简况】 辖区面积38.24平方公里，辖8个行政村，89个村民小组，1个社区居委会，1个居民小组。2014年年末总人口1.05万人，其中：非农业人口421人；符合政策生育率88.57%；人口自然增长率1.65‰。地区生产总值7768万元，比2013年（下同）增长5.15%。工业总产值801万元，农业总产值1.1亿元，粮食总产7837吨，财政收入513万元，地方财政一般预算收入实现13.56万元，农民人均纯收入9261元。

【农业】 耕地面积839.7公顷，可利用草地面积6.5公顷，林地面积1063.3公顷。粮食总产7837吨。经济作物种植面积348公顷，产量823吨；蔬菜种植面积162公顷，产量5384吨。生猪出栏1.32万头，存栏8700头；羊出栏9100只，存栏7900只；牛出栏132头，存栏281头；家禽出栏16.96万只，存栏7.71万只。累计造林7公顷，农民住宅四旁树木3万株，林木覆盖率28%，活立木蓄积量1.5万立方米。淡水水面990平方公里，水产品总产量119吨，渔业总产值134万元。

【财政金融】 财政收入513万元，年末各项存款余额1.09亿元，贷款余额1020万元。

【基础设施】 村道公路36.7公里，组道97公里，投入150余万元新建瓦厂埂村、高嘴山村、松林坝村、小井冲村村道水泥路4.4公里，车站1个，自来水厂1个，受益221户；天然气用户181户；投入5万元维修提灌站2座，投入18万元新建水渠1.5公里，蓄水池80口，年蓄水8000立方米；投入4万元新建山坪塘2口，投入32万元新建沼气80口；蓄水量20万立方米的小二型水库2座，贮水量60万立方米。

【一事一议】 “一事一议”投入166.39万元，其中：财政奖补65万元，乡财政整合资金35万元，群众筹资8.21万元，筹劳折资58.18万元，改建松林坝村水泥路2.97公里，瓦厂埂村山坪塘1口，高嘴山村水泥路路沿110米，毛家坝村泥结碎石路1公里，道果寺村公共活动场所院坝360平方米。

【城乡环境治理】 投入7万元对古佳场镇进行规划调修，投入资金4.99万元，测绘面积1.04平方公里。聘请3名卫生保洁人员全天对场镇的鼓锣街、古河街、古正街进行清扫，购买360个垃圾桶。确保每个门市前摆放1个，同时设置16个回收垃圾桶，农村公路沿线建有垃圾池17个。

【社会事业】 有幼儿园1所，在园幼儿70人，教师4人；小学1所，在校生210人，教师17人，小学适龄儿童入学率98%；九年义务教育覆盖率达100%。各级各类医疗卫生机构11个，其中乡级卫生院1所；村卫生室10个，病床25张，专业卫生人员19人，其中：执业医师4人，执业助理医师2人，注册护士2人。城乡低保户558户639人，城镇最低生活保障户数69户，农村489户570人，优抚对象101人，医疗救助202人次，金额34.71万元；城市医疗救助300人次，民政部门资助参加合作医疗639人次，城镇生活无着人员救助6人次。农村五保分散供养53人，农村临时救济1600人次。年末城镇登记失业人数1人，城镇登记失业率为100%，参加城镇居民基本医疗保险260人，新型农村合作医疗农民参合率达100%，殡葬火化率100%。

（曹全海）

复兴乡

【简况】 辖区面积21.7平方公里，辖8个村，74个村民小组，1个社区居委会。2014年年末总人口8502人，其中：非农业人口436人，符合政策生育率87.18%，人口自然增长率-4.05‰。地区生产总值1.42亿万元，比2013年（下同）增长8.6%，工业总产值1305万元，农业总产值6942万元，财政收入445.19万元，农民人均纯收入8569元。

【农业】 耕地面积566.13公顷，粮食产量4799吨。经济作物种植面积146.67公顷，产量321吨。生猪出栏1.09万头，存栏8769头；羊出栏6024只，存栏3560只；牛出栏346头，存栏476头；家禽饲养上市14.88万只，存栏18.99万只。

发展七厢土贡品花生种植49.33公顷、茶叶253.33公顷、蚕桑面积100公顷（年养蚕1280张），退耕还林后续产业项目420公顷。

【乡镇企业】 民营经济实体198个，其中法人企业4个，个体经济16个，从业人员91人，营业收入1305万元，农民家庭经营收入4938万元，外出务工人员3018人，其中，省外1723人，外出务工创收4166万元。

【财政金融】 财政预算357.28万元，其中人员经费103.26万元，公用经费29.59万元，对个人和家庭的补助41.33万元，村级组织运行经费110.89万元，专项经费38.64万元；年终财政决算，财政总收入445.19万元，财政总支出413.59万元，其中：一般公共服务支出104.38万元，群众文化支出19.6万元，社会保障和就业支出92.16万元，医疗卫生与计划生育支出23.8万元，城乡社区事务支出16.28万元，农林水事务支出144.7万元，住房保障支出12.66万元。

【基础设施建设】 上级财政拨付奖补资金65

万元，实施“一事一议”项目14个，用于建设村组道路、便民桥、水渠、电灌站维修、排污工程等公共基础设施，新修（整修）山坪塘4口、蓄水池1口、整治水渠300米，整治道路公路6.69公里。光纤电视“村村通”工程，占全乡用户的98%。

【教育卫生】 辖区内适龄少年儿童入学率100%；教育经费总投入20万元，有小学1所、幼儿园1所，教职工24人，在校学生175人。乡卫生院有医生9人，病床22张。

【社会事业】 现有社会福利机构2个（复兴乡老年协会、复兴乡扶贫协会），敬老院集中供养老人55人，分散供养五保户80人，农村医疗大病救助50余户，发放城市低保16户18人，农村低保410户462人。

发放新农保及城镇居民养老保险宣传资料500余份，截至12月底，完成参保人数4762人（其中60岁以上领取待遇人员1866人），参保率达65%。城镇居民养老保险参保人数39人。

外出务工人员及学生购买城镇医疗保险1020人，外地购买新型农村合作医疗145人，参合率98%，补充医疗保险完成4873人。

（张显兰）

墨林乡

【简况】 辖区面积42.89平方公里，辖7个行政村，73个村民小组，1个社区居委会，7个居民小组。2014年总人口8595人，其中：非农业人口403人；符合政策生育率89.66%；人口自然增长率－1.19‰。地区生产总值2.03亿元。工业总产值8278万元，农业总产值2426万元，农民人均纯收入8261元。

【农业】 耕地面积484.33公顷，可利用田地面积480公顷，林地面积2660公顷。粮食总产5492万吨。经济作物种植面积89.6公顷，产量175吨。蔬菜种植面积98.3公顷，产量3477吨。生猪出栏9811头，存栏8151头；羊出栏8314只，存栏6576只；牛出栏433头，存栏1165头；家禽存栏9.86万只。累计造林110公顷，农民住宅四旁树木2.4万株，林木覆盖率60%，活立木蓄积量12万立方米。水产品总产量28吨，渔业总产值103万元。

【乡镇企业】 企业9个，就地转移农村劳动力1055人。实现工业总产值8278万元，实交税金总额436万元。

【财政金融】 财政总收入462.81万元，基金预算补助收入4.59万元，上级财政补助收入467.4万元；地方财政一般预算支出464.55万元，基金预算支出4.59万元；征收社会抚养费66万元；发放民政救灾救济资金135万元；金融机构2个，年末各项存款余额7000万元。招商引资完成5000万元。

【基础设施建设】 农村“一事一议”奖补资金56万元和农村公共服务运行维护项目资金51万元，用于建设和维护道路、便民桥、水渠、人饮工程等公共基础设施，受益人口3000余人。全乡7个村、1个社区，建设村文化室7个，村体育场6个，农家书屋9个。

【重点项目建设】 投资1600余万元的墨林乡35千伏变电站竣工。

【城乡环境治理】 城乡环境整治投入资金13

万元，自来水厂扩建工程投资28万元，杨柳沟村电力排灌工程投资56余万元。

【社会事业】 有中心校1所，教职工25人，在校生233人，其中：初中58人、小学175人。初中入学率100%，毕业率100%。有各级各类医疗卫生机构4个，其中乡级卫生院1所；村卫生室3个，病床3张，专业卫生人员9人，执业助理医师2人，注册护士1人。敬老院1所，入住供养老人32人，集中供养率100%。城镇最低生活保障户数316户559人，城市医疗救助36人次，农村医疗救助85人次，民政部门资助参加合作医疗583人次，民政救灾资金达135万元。农村五保分散供养34人，农村临时救济15人次。参加城镇居民基本医疗保险207人。新型农村合作医疗农民参合率达100%。

（陈 宇）

东兴镇

【简况】 辖区面积57.16平方公里，辖6个行政村，64个村民小组，1个社区居委会。2014年年末总户数2673户，总人口8034人，其中非农业人口458人。人口出生率8.43‰，人口自然增长率8‰。地区生产总值1.28亿元，比2013年增长7.66%。乡镇企业总产值2.80亿元，规模以上工业总产值2.44亿元，同比增长10%。农业增加值4248万元，农民人均纯收入9470元。

【农业】 耕地面积551.6公顷，粮食播种面积1186.67公顷，产量5225吨；水果11.33公顷，产量226吨；出栏生猪1.08万头、羊9900只、小家禽出栏12.1万只。荒山造林100公顷。森林面积4133.33公顷，森林覆盖面积70%。农村实用技术5000人次。

【乡镇企业】 乡镇企业209个，其中：私营工业企业10个（规模以上企业3个）、个体企业199个，从业1286人。营业收入2.8亿元，利润总额312万元，上缴税金1298万元。社会固定资产投资2080万元，社会消费品零售总额实现4167万元，农村剩余劳动力就地转移1473人，向外输出3174人，外出务工创收3720万元，农业人口人均增加收入2800元。

【财政金融】 财税一般预算收入完成250.09万元，其中国税71.09万元，地税179.8万元，完成地方财政收入22.5万元。招商引资引进完成3500万元。

【基础设施建设】 筹资65万元硬化威5井至枣子坝村委会办公室场镇道路，争取项目资金45万余元新建枣子坝村拦河堰3座。

【教育卫生文化】 教育经费总投入265.47万元，有初中、小学各1所、幼儿园2所，教职工27人，在校生210人，其中：初中65人、小学145人，小学入学率100%。初中入学率100%，毕业率100%。初中毕业生21人，升入普通高中8人、职高9人，县外就读3人，升学率100%。九年义务教育覆盖100%。卫生院有医生4人，其中执业医师1人，执业助理医师2人，中医师1人，注册护士2人，病床3张。村卫生室5个，病床5张。农家书屋共有图书1.9万册。

【一事一议】 筹资62.8万元，实施“一事一议”项目10个。筹资筹劳47.63万元，财政奖补54万元。新建组道水泥公路260米，整治山坪塘2口，新建畜水池1口，电灌站管道延伸3.2公里，沟渠整治2处共500米，新建踏水桥1座。

【社会事业】 农村最低生活保障644户644人，农村散居五保户79人，敬老院集中居住五保户40人，城镇低保36户39人，优抚对象56人。殡葬火化率100%，兑付1402人60岁以上老人基础养老金92.53万元，33名超龄人员养老金27.72万元。兑付26名90岁以上老人老年津贴3.12万元，100岁以上3人，长寿津贴7200元。

【惠农政策】 落实国家粮食直补和综合补贴面积488.6公顷，各项补助121.28万元，良种补贴16万元，退耕还林补助资金16万元，农业保险完成种植面积的88%，农机购机补贴资金1万元。

【土地流转工程】 实现荒山流转1140.07公顷，引进业主46名，土地流转172.4公顷。

【回引工程】 回引8人，投资600万元，兴办项目4个，解决农民工就业122人。筹集社会、民间资金70万元。

【农村公共服务】 农村公共服务运行维护试点投入资金40万元，其中：农村基础设施和环境项目投入26.36万元，农业生产服务类项目投入3.47万元，农村生活服务费投入1700元，农村社会管理类项目投入8.05万元。

【交通】 投入公路维护资金10.41万元，其中：用于村道维护9.1万元，镇道公路维护资金1.31万元，维修老君坝村2组公路边坡水毁工程投入22余万元，争取项目资金165万元硬化老君坝村大石门至埂子村水泥厂村道公路6.57公里。

（杨 雷）

雷音乡

【简况】 辖区面积37.4平方公里。辖4个村，60个农业合作社，1个社区居委会。2014年年末总人口8236人，其中：非农业人口245人。人口出生率0.82%，人口自然增长率4.29%。参加新型农村合作医疗8153人。

【农业】 耕地面积1513.1公顷，粮食总产量5501吨，同比增长0.65%；油料351吨，水果780吨。农业总产值5103万元，同比增长5.1%；生猪出栏1.68万头，同比增长5%；森林面积1286.67公顷，其中退耕还林192公顷，森林覆盖率35%；农民人均纯收入8783元，同比增长11.2%。

【新农村建设】 新屋坝村耕地面积302公顷，辖18个村民小组，2126人。辖区有沥青油路4公里，碎石路2.83公里。农村经济总收入1866万元，农民人均纯收入8780元。种植巨桉25公顷、海椒18公顷、生姜11公顷、土豆3.5公顷；散居联建聚居点1个，联建房96户；整治山坪塘4口，整治囤水田18口，建蓄水池20口，打水井46口，整治维修公路18公里，培育养猪大户5户，养兔大户2户，种植大户1户。有专业合社1个，社员268人。

【乡镇企业】 乡镇企业9个，营业收入798.1万元，同比增长11%；上缴税金197万元，同比增长12%；实现利润142.7万元；货运量54万吨，客运量43万人次。社会消费品零售总额1275万元，同比增长12%；外出务工2820人，外出务工创收3827万元。

【财政金融】 实现财政收入422.9万元，同比增长18.5%；年末居民存款余额5671万元，同比增长17.6%，发放各类贷款1495万元，同比增长15%。

【基础设施建设】 投资80万元，整治村道25公里，修改山坪塘、蓄水池。

【重点工程建设】 争取财政投资250万元，新建敬老院1座，建筑面积1200平方米，可集中收养60人。

【教育卫生】 有小学1所，在职教师18人，学生286人；投资17万元进行学校食堂维修加固。有卫生院1所，在职职工7人，病床10张。

【社会事业】 电视覆盖率98%，其中有线电视574户，无线数字电视73户，地面卫星接收设施108户，入户率32%；有敬老院1个，集中供养12人，分散供养62人；农村低保户437户，低保对象525人；城市低保户23户，低保对象23人；全乡危破房改造43户。

（张健平）

于佳乡

【简况】 辖区面积20.56平方公里，辖6个行政村，60个村民小组，1个社区居委会，3个居民小组。2014年年末总人口8127人，其中：非农业人口513人；人口自然增长率-2.07‰。地区生产总值1.53亿元，比2013年（下同）增长5.9%。工业总产值7400万元，农业总产值7900万元，农民人均纯收入8025元，同比增长13.5%。

【农业】 耕地面积451公顷，林地面积677公顷。粮食总产5381吨。经济作物种植面积62公顷，产量189吨，蔬菜种植面积189公顷，产量4243吨。新发展茶叶40公顷。生猪出栏9723头，存栏7235头；羊出栏6623只，存栏4485只；牛出栏135头，存栏332头；家禽上市15.43万只，存栏5.13万只。累计造林75公顷，农民住宅四旁树木20万株，林木覆盖率39%，活立木蓄积量15万立方米。水产品总产量510吨，渔业总产值850万元。

【乡镇企业】 企业6个，从业人员311人。营业收入4539万元，利润总额135万元，上缴税金50万元。实现工业总产值7280万元。

【新农村建设】 瓦窑村是县级新农村建设示范重点村，入选四川省“2013年度环境优美示范村”。下辖8个村民小组，316户1010人，现有耕地面积44.13公顷，退耕还林面积29.2公顷，林地面积126.6公顷，优质茶园100公顷，优质梨10公顷，有茶叶、养兔、养鱼专业合作社各一个。有小II型水库一座，山坪塘54口，天然气安装135户，沼气池186口，村组道23公里，水泥路3.8公里，农民人均纯收入9327元。

【财政金融】 地方财政一般预算收入完成33.74万元，实现财政支出779.29万元，其中民生方面支出619.98万元。固定资产投资5250万元，同比增长43%；社会消费品零售总额444万元，同比增长17%；兑付各项惠农资金280万元。金融机构各项存款9550万元，同比增长19%，各项贷款金额1540万元。

【基础设施建设】　“一事一议”财政奖补建设项目资金65万元，维修村组道路22.35公里，整治山坪塘2口，新建蓄水池4口，人行桥1座；国家补助29.5万元完善瓦窑村七组农家大院建设，并通过县上验收；投入58万元完成村级公共服务运行维护建设项目；投资150余万元实施乡计生服务站和便民服务中心及其附属设施建设。

【社会事业】　有幼儿园1所，在园幼儿195人，教师9人；小学1所，在校生312人，教师21人，小学适龄儿童入学率100%。医疗卫生机构1个，病床6张，其中公立卫生机构床位6张，专业卫生人员9人，有村卫生室9个。

城镇最低生活保障户数12户12人，城市医疗救助48人次，民政部门资助参加合作医疗816人次，城市生活无着人员救助58人次，支出15.32万元；农村临时救济1361人次。年末城镇登记失业人数65人，城镇登记失业率为100%，全年帮助95户零就业家庭，参加城镇居民基本医疗保险465人。确定贫困户236户718人，实施重度残疾人家庭无障碍改造3户，居家灵活就业10户，阳光家园4户，对64名一级、二级重度残疾人发放生活补助，“量体裁衣”式个性化服务被省残联评为示范乡镇；农村低保367户410人，五保供养户105人。冬令、春荒救济资金达22万元，新型农村合作医疗参合率100%，补充险90%，农村小额保险参保率58%，银龄保险310人。征收社会抚养费42余万元。实现劳务输出3300余人次，劳务收入1亿余元。

（黎　明）

金花乡

【简况】　辖区面积42.7平方公里，辖5个行政村，63个村民小组，1个社区居民委员会，1个居民小组。2014年年末总人口6806人，其中：非农业人口270人。耕地面积920公顷。地区生产总值1952万元，比2013年（下同）增长11.2%。

【农业】　实现稻田满栽满插，完成大春农作物面积917.53公顷，其中：水稻444.67公顷，玉米147.67公顷，薯类229.33公顷，豆类95.86公顷；经济作物以油菜、生姜为主，生姜种植140公顷，其中：改良生姜33.33公顷，增加收入700余万元。植树6.31万株，发展竹业产业66.67公顷，实现竹产业800公顷，年收入480万元；建成年出栏土鸡8000只的养鸡场1个，年出栏黑山羊100只的养殖场2个，年出栏生猪500头养殖户4户。黑山羊存栏1.12万只，出栏1.31万只；生猪存栏1.43万头，出栏2.56万头；禽类存栏3.15万只，出栏4.34万只。

【乡镇企业】　乡镇企业总产值610万元。对外劳务输出3200人，实现收入3988万元；培训农民工3864人次。

【财政金融】　一般预算税收收入完成10.4万元，完成固定资产投入1300万元，同比增长11%；招商引资完成3000万元。农民纯收入8500元，同比增长11%。

【基础设施建设】　财政投入41万元实施“一事一议”项目，维修整治危桥2座、山坪塘2

口，标准化水渠整治0.68公里、提灌站1个，完善村阵地院坝建设1个。开展农村公路养护工作，通村公路确定专人进行定期维护，投入10万余元对乡道公路进行整治。

【教育卫生】 有小学1所，在校学生235人，适龄儿童入学率100%，在职教师14人，文化站1个，农家书屋5个；卫生院1个，医院病床8张（现在扩建未完工），卫生技术人员6人；新型农村合作医疗6088人，参合率100%。敬老院1个，集中供养五保户23人。

【计划生育】 落实计划生育奖励扶助312人，特别扶助8人，征收社会抚养费54.5万元，出生人口40人，计划生育符合政策生育率88%，死亡人口52人，人口自然增长率-2.3%。

【社会事业】 有农村低保498户631人，城市低保7户8人，农村五保供养70人，发放民政资金102.5万元。殡葬火化率100%。

（周丽辉）

人　物

REN WU

2014年度获奖名录

获国家各部委表彰奖励者

姓　名	单　位	称　号	授奖机关
刘奇滨	发展和改革局	2013—2014年全国价格认证先进个人	国家发改委价格认证中心
吴　正	法院	《学习先进典型我们应当怎么做》获最高人民法院政治部与人民法院报社开展的翟树全精神研讨征文活动三等奖	最高人民法院
吴小玲	总工会	全国工会经审工作优秀干部	中华全国总工会、经费审查委员会

获省委、省政府表彰奖励者

姓　名	单　位	称　号	授奖机关
邹美富	来牟镇	优秀基层党组织书记	省委

获省级各部门表彰奖励者

姓　名	单　位	称　号	授奖机关
唐　勇	公安局	四川好人	省精神文明办公室
庞　波	公安局	信息采集标兵	省公安厅
李成勇	公安局	信息采集标兵	省公安厅
杨时应	公安局	信息采集标兵	省公安厅
张　升	公安局	优秀教官	省厅政治部
曹传军	公安局	警综平台技能练兵比武大赛第二名	省厅科信办
邱相权	公安局	人民满意公务员	省委办公厅
朱凌宵	中国银行	技能测评中荣获一级能手	中国银行四川省分行
唐志博	中国银行	技能测评中荣获一级能手	中国银行四川省分行
肖　静	中国银行	技能测评中荣获一级能手	中国银行四川省分行
童　斌	中国银行	技能测评中荣获一级能手	中国银行四川省分行
严　新	发展和改革局	2013—2014年四川省价格监测先进个人	省发改委
钟朝曦	发展和改革局	2013－2014年度价格信息工作服务先进个人	四川价格信息交流网络服务中心
陈永禄	民盟	省骨干教师培训“优秀学员”，“微课设计与制作”比赛“一等奖”	成都师范学院物理与工程技术学院
杨长青	民盟	第三十一届中学生物理竞赛“二等奖”	省物理学会
程德彬	城管局	先进个人	省市政市容协会

续表

姓 名	单 位	称 号	授奖机关
朱永强	林业局	全省林业宣传工作先进个人	省林业厅
李烈勋	森林公安局	“亮剑行动”个人三等功	省林业厅
赵 俊	法院	全省法院 2013 年度宣传报道工作先进个人	省高院
杨勇军 姜启明 张 军	法院	论文《反思与构建——以 C 市 R 县法院近三年涉未成年人案件为视角谈未成年人的司法保护》获“未成年人健康成长法制保障”主题征文优秀奖	省委政法委、省法学会
李文超 张 军	法院	论文《聚类分析在抑制农村未成年人犯罪的应用——以自贡市 R 县法院 2011 年以来未成年人犯罪案件司法统计为样本》获“未成年人健康成长法制保障”主题征文二等奖	省委政法委、省法学会
曾 明	法院	2013 年度全省法院纪检监察工作先进个人	省高院
但崇军	法院	《刑事审判中对被害人诉讼权利的保障》获四川省法院系统第十届学术讨论会三等奖	省高院
刘德伟	法院	全省人民法庭工作先进个人	省高院
毕 华	法院	荣誉天平奖章	省高院
董大杰	法院	荣誉天平奖章	省高院
冯 英	法院	荣誉天平奖章	省高院
李相权	法院	荣誉天平奖章	省高院
刘志中	法院	荣誉天平奖章	省高院
钟玉萍	法院	荣誉天平奖章	省高院
邹 强	法院	全省法院司法警察警务安全教育活动先进个人	省高院
但崇军 姜启明 吴永焕	法院	荣县法院（2014）荣刑初字 252 号诈骗案件荣获全省法院优秀庭审	省高院
虞应斗	法院	全省法院系统先进个人	省高院省人社厅
吴大勇	人民医院	2013 年度县级医院管理优秀奖	省医院协会
曹桂凤	人民医院	四川省敬业奉献“四川好人”	省精神文明办公室
罗定恒	政协	全省政协新闻宣传工作先进个人	省政协办公厅
杨俊书	政协	《四川政协报》优秀通讯员	省政协办公厅
张红兵	县委办	四川省保密工作先进个人	省委保密委员会办公室
杨 雷	东兴镇	优秀西部志愿者	省项目办
徐学忠	群工局	四川省信访工作先进个人	省人力资源和社会保障厅、省信访局
伍祁君	观山镇	援藏工作优秀个人	省对口援藏工作领导小组

续表

姓　名	单　位	称　号	授奖机关
李　英	旭阳镇	全省妇幼健康服务工作先进个人	省卫生和计划生育委员会
徐文洁	旭阳镇	最美普查员	省政府经济普查办、省统计局
龚　英	旭阳镇	最美普查员	省政府经济普查办、省统计局

获市委、市政府表彰奖励者

姓　名	单　位	称　号	授奖机关
黄福发	人民医院	首届自贡市十大名中医	市政府
邹家林	中医院	首届自贡市十大名中医	市政府
陈万洪	鼎新镇西堰村党支部	自贡市优秀村（社区）党组织书记	市委
张胜涛	东佳镇	自贡市优秀乡镇党委书记	市委
李吉木	东佳镇赵家桥村	自贡市优秀村（社区）党组织书记	市委
杨逢明	高山镇	“全市优秀乡镇党委书记”荣誉	市委
曹国艳	旭阳镇	优秀村（社区）党组织书记	市委

获县委、县政府表彰奖励者

姓　名	单　位	称　号	授奖机关
周　评	财政局	工业发展先进个人	县委、县政府
黄永学	政府性投资评审中心	优秀专家	县委、县政府
曹国利	公安局	优秀共产党员	县委
陈波涛	公安局	优秀共产党员	县委
徐　平	国土资源局	优秀共产党员	县委
陈永禄	统战部	首届“优秀专家”	县委、县政府
兰　泉	宣传杂志社	征兵工作先进个人	县政府
蒋　兵	宣传杂志社	首届优秀专家	县委、县政府
祝小虎	工业园区管理委员会	工业经济发展先进个人	县委、县政府
杨泽荣	工业园区管理委员会	环境保护工作先进个人	县委、县政府
徐　平	工业园区管理委员会	优秀共产党员	县委、县政府
曾友经	经济和信息化局	2013 年度工业经济发展先进个人	县委、县政府
范　文	卫生局	2013 年度征兵工作优秀个人	县政府
吴大勇	人民医院	首届优秀专家	县政府
朱世瑶	人民医院	首届优秀专家	县政府
黄福发	人民医院	首届优秀专家	县政府
罗　洪	人民医院	优秀共产党员	县委
李金能	人民医院	2013 年度征兵工作优秀个人	县政府

续表

姓 名	单 位	称 号	授奖机关
王树家	司法局	优秀共产党员	县委
王 涛	城乡规划建设和住房保障局	优秀共产党员	县委
张友洪	纪委、监察局	2013 年度荣县工业经济发展先进个人	县委、县政府
张先萍	工商局	自贡市未成年人思想道德建设工作先进个人	县委、县政府
范新民	民政局	2013 年国防后备力量建设先进个人，2013 年征兵工作先进个人	县政府、县人武部
林传政	鼎新镇	优秀共产党员	县委
陈安贵	鼎新镇	征兵工作先进个人	县政府、县武装部
李 兰	鼎新镇学校	师德标兵	县委、县政府
郝述光	东兴镇	环境保护先进个人	县政府
代小英	东兴镇	2013 年度人口计生工作先进个人	县委、县政府
虞 洪	观山镇	优秀党委书记	县委、县政府
胡太轩	来牟镇	2013 年度环境保护工作先进个人	县委、县政府
吴体才	来牟镇鸽子村	优秀基层党组织书记	县委
宋冰心	来牟镇来牟学校	全县教育工作先进个人	县委、县政府
邹明东	来牟镇踏紫学校	全县教育工作先进个人	县委、县政府
但海君	古文镇	工业经济发展先进个人	县委、县政府
代相黔	古文镇	2013 年度人口计生工作先进个人	县委、县政府
郝修文	双古镇	优秀共产党员	县委
龚 敬	双石镇	2013 年度人口计生工作先进个人	县委、县政府
邱玉琼	双石镇	优秀基层党组织书记	县委
曹嘉荣	双石镇	首届优秀专家	县委、县政府
程龙香	双石镇	首届优秀专家	县委、县政府
张遵贤	铁厂镇	优秀基层党组织书记	县委
李学才	铁厂镇	环境保护工作先进个人	县委、县政府
罗珍祥	铁厂镇	征兵工作先进个人	县委、县政府
汪洪敏	旭阳镇	优秀基层党组织书记	县委
范宝萍	旭阳镇	优秀村（社区）党组织书记	县委
李文章	旭阳镇	优秀共产党员	县委
杨 松	县委农工委	2013 年度农业农村工作先进个人	县委、县政府
范 超	县粮食局	2013 年度农业农村工作先进个人	县委、县政府
许晓鸣	县供销社	2013 年度农业农村工作先进个人	县委、县政府
王升东	县气象局	2013 年度农业农村工作先进个人	县委、县政府
林国鹰	县卫生局	2013 年度农业农村工作先进个人	县委、县政府

续表

姓　名	单　位	称　号	授奖机关
胡模琼	县人口计生局	2013 年度农业农村工作先进个人	县委、县政府
朱富旺	工业园区管委会	2013 年度农业农村工作先进个人	县委、县政府
赵　俊	县法院	2013 年度农业农村工作先进个人	县委、县政府
刘翠君	双古镇	2013 年度农业农村工作先进个人	县委、县政府
代明科	东佳镇	2013 年度农业农村工作先进个人	县委、县政府
刘瑞强	新桥镇	2013 年度农业农村工作先进个人	县委、县政府
胡亨洪	观山镇	2013 年度农业农村工作先进个人	县委、县政府
但海君	古文镇	2013 年度农业农村工作先进个人	县委、县政府
邓　兵	铁厂镇	2013 年度农业农村工作先进个人	县委、县政府
王卫东	正紫镇	2013 年度农业农村工作先进个人	县委、县政府
曹全海	古佳乡	2013 年度农业农村工作先进个人	县委、县政府
李熙怀	复兴乡	2013 年度农业农村工作先进个人	县委、县政府
刘鹏程	墨林乡	2013 年度农业农村工作先进个人	县委、县政府
邹尼平	东兴镇	2013 年度农业农村工作先进个人	县委、县政府
曾　涛	金花乡	2013 年度农业农村工作先进个人	县委、县政府
林锡平	双石镇长冲村	2013 年度农村公益事业热心人	县委、县政府
邹家兴	观山镇板桥村	2013 年度农村公益事业热心人	县委、县政府
张芝才	新桥镇三柏堂村	2013 年度农村公益事业热心人	县委、县政府
左富华	东兴镇枣子坝村	2013 年度农村公益事业热心人	县委、县政府
杨贵生	墨林乡杨柳沟村	2013 年度农村公益事业热心人	县委、县政府
吴文根　胡贵荣 龚达超　刘玉娟	留佳镇	2013 年度小井沟水利工程移民工作先进个人	县委、县政府
李正东 张健康	留佳镇凤龙村	2013 年度小井沟水利工程移民工作先进个人	县委、县政府
江玉明 朱仕明	留佳镇老祠村	2013 年度小井沟水利工程移民工作先进个人	县委、县政府
刘安前 黄兴明	留佳镇骑龙村	2013 年度小井沟水利工程移民工作先进个人	县委、县政府
罗旭初	留佳镇瓦滓村	2013 年度小井沟水利工程移民工作先进个人	县委、县政府
黄其林	留佳镇玉皇村	2013 年度小井沟水利工程移民工作先进个人	县委、县政府
曾玲	保华镇	2013 年度小井沟水利工程移民工作先进个人	县委、县政府
代贵轩	保华镇红豆树村	2013 年度小井沟水利工程移民工作先进个人	县委、县政府
吴万火	保华镇洋叉坳村	2013 年度小井沟水利工程移民工作先进个人	县委、县政府
邹志超	旭阳镇	2013 年度小井沟水利工程移民工作先进个人	县委、县政府
何万发	双石镇	2013 年度小井沟水利工程移民工作先进个人	县委、县政府
张力军	乐德镇	2013 年度小井沟水利工程移民工作先进个人	县委、县政府

续表

姓　名	单　位	称　号	授奖机关
周　燕	乐德镇兔山村	2013 年度小井沟水利工程移民工作先进个人	县委、县政府
钟批修	长山镇	2013 年度小井沟水利工程移民工作先进个人	县委、县政府
纪召德	长山镇筒车村	2013 年度小井沟水利工程移民工作先进个人	县委、县政府
刘文斌 古　艳	度佳镇	2013 年度小井沟水利工程移民工作先进个人	县委、县政府
刘照全 林建清	来牟镇	2013 年度小井沟水利工程移民工作先进个人	县委、县政府
周克难	过水镇夜合村	2013 年度小井沟水利工程移民工作先进个人	县委、县政府
郝　羽	鼎新镇	2013 年度小井沟水利工程移民工作先进个人	县委、县政府
姜大东	新桥镇	2013 年度小井沟水利工程移民工作先进个人	县委、县政府
王忠民	铁厂镇	2013 年度小井沟水利工程移民工作先进个人	县委、县政府
余忠权	正紫镇	2013 年度小井沟水利工程移民工作先进个人	县委、县政府
伍申强	墨林乡	2013 年度小井沟水利工程移民工作先进个人	县委、县政府
朱咏霞 虞志良 赵　平 杨泽平 古世伟	县扶贫移民局	2013 年度小井沟水利工程移民工作先进个人	县委、县政府
吴鸿鑫	县法院	2013 年度小井沟水利工程移民工作先进个人	县委、县政府
朱洪武	县公安局	2013 年度小井沟水利工程移民工作先进个人	县委、县政府
谢　林	县发改局	2013 年度小井沟水利工程移民工作先进个人	县委、县政府
龚国林	县农牧局	2013 年度小井沟水利工程移民工作先进个人	县委、县政府
但家文	县林业局	2013 年度小井沟水利工程移民工作先进个人	县委、县政府
龚盛强	县民政局	2013 年度小井沟水利工程移民工作先进个人	县委、县政府
陈杰钏	玉章中学	2013 年度小井沟水利工程移民工作先进个人	县委、县政府
周堂友	旭阳镇	2013 年度优秀农村经纪人	县委、县政府
杨明才	乐德镇	2013 年度优秀农村经纪人	县委、县政府
钟惠英 王　亮	长山镇	2013 年度优秀农村经纪人	县委、县政府
陈德华 李达荣	双古镇	2013 年度优秀农村经纪人	县委、县政府
吴德惠	度佳镇	2013 年度优秀农村经纪人	县委、县政府
曹存新 罗荣衣	过水镇	2013 年度优秀农村经纪人	县委、县政府
罗新文 李春廷	鼎新镇	2013 年度优秀农村经纪人	县委、县政府
刘志宣	东佳镇	2013 年度优秀农村经纪人	县委、县政府
曹荣列	河口镇	2013 年度优秀农村经纪人	县委、县政府

续表

姓　名	单　位	称　号	授奖机关
李　明	望佳镇	2013 年度优秀农村经纪人	县委、县政府
范　争	观山镇	2013 年度优秀农村经纪人	县委、县政府
吴永明	新桥镇	2013 年度优秀农村经纪人	县委、县政府
兰胜利	古文镇	2013 年度优秀农村经纪人	县委、县政府
卢正元	古佳乡	2013 年度优秀农村经纪人	县委、县政府
余学兵	复兴乡	2013 年度优秀农村经纪人	县委、县政府
明青荣	东兴镇	2013 年度优秀农村经纪人	县委、县政府
李廷超　朱玉英 张家银　张富友 钟　勋	旭阳镇	2013 年度优秀种养大户	县委、县政府
罗华利	留佳镇	2013 年度优秀种养大户	县委、县政府
梁玉生 陈　勇 张乙贵	双石镇	2013 年度优秀种养大户	县委、县政府
郝胜才 程长冲	乐德镇	2013 年度优秀种养大户	县委、县政府
但堂水	长山镇	2013 年度优秀种养大户	县委、县政府
孙润华 余淑文	双古镇	2013 年度优秀种养大户	县委、县政府
罗新容	高山镇	2013 年度优秀种养大户	县委、县政府
周本荣	度佳镇	2013 年度优秀种养大户	县委、县政府
范有明 孙荣江	来牟镇	2013 年度优秀种养大户	县委、县政府
代建权	保华镇	2013 年度优秀种养大户	县委、县政府
张相君　丁玖根 刘　斌　陈旭东	过水镇	2013 年度优秀种养大户	县委、县政府
吴云川 胡树文	新桥镇	2013 年度优秀种养大户	县委、县政府
曹莲君　胡根文 张贵礼　习玖华	鼎新镇	2013 年度优秀种养大户	县委、县政府
李鸿波 余海生	东佳镇	2013 年度优秀种养大户	县委、县政府
程明富　朱银康 邓荣福　张正彬	望佳镇	2013 年度优秀种养大户	县委、县政府
邹春生	观山镇	2013 年度优秀种养大户	县委、县政府
罗小英	铁厂镇	2013 年度优秀种养大户	县委、县政府
姚绍建 胡伯康	正紫镇	2013 年度优秀种养大户	县委、县政府

续表

姓 名	单 位	称 号	授奖机关
王德容 谭华利 曾小平	河口镇	2013 年度优秀种养大户	县委、县政府
付正平	古佳乡	2013 年度优秀种养大户	县委、县政府
朱安民	复兴乡	2013 年度优秀种养大户	县委、县政府
李祖华	墨林乡	2013 年度优秀种养大户	县委、县政府
曾荣生	东兴镇	2013 年度优秀种养大户	县委、县政府
江钟良	雷音乡	2013 年度优秀种养大户	县委、县政府
李应和	金花乡	2013 年度优秀种养大户	县委、县政府
张信忠	于佳乡	2013 年度优秀种养大户	县委、县政府
杨晓英	古文镇	2013 年度优秀种养大户	县委、县政府
李杨明	四川绿食佳农业有限公司	2013 年度优秀农业科技人员	县委、县政府
肖仲君	自贡市荣成实业有限责任公司	2013 年度优秀农业科技人员	县委、县政府
魏光剑 谢 超 谭国华	四川巴尔动物药业有限公司	2013 年度优秀农业科技人员	县委、县政府
张金平	四川荣州动物药业有限公司	2013 年度优秀农业科技人员	县委、县政府
朱攀华	自贡市新隆农牧有限公司	2013 年度优秀农业科技人员	县委、县政府
吴剑	四川大农和农业开发有限公司	2013 年度优秀农业科技人员	县委、县政府
朱明伟	四川弘鑫农业有限公司	2013 年度优秀农业科技人员	县委、县政府
韩业祥	四川旭阳药业有限责任公司	2013 年度优秀农业科技人员	县委、县政府
邓翠英	自贡市科原农业有限公司	2013 年度优秀农业科技人员	县委、县政府
张 敏	自贡旭旺畜牧养殖有限公司	2013 年度优秀农业科技人员	县委、县政府
邓代春	雷音乡农业综合服务中心	2013 年度优秀农业科技人员	县委、县政府
温启林	古文镇畜牧兽医站	2013 年度优秀农业科技人员	县委、县政府
罗淑英	县动物疫病预防控制中心	2013 年度优秀农业科技人员	县委、县政府
龚 庆	四川川投水务集团荣县自来水有限公司	2013 年度优秀农业科技人员	县委、县政府
侯学勇	荣县林业科技推广中心	2013 年度优秀农业科技人员	县委、县政府

续表

姓　名	单　位	称　号	授奖机关
王　超	荣县度佳林业站	2013 年度优秀农业科技人员	县委、县政府
周翠萍	荣县水产渔政局	2013 年度优秀农业科技人员	县委、县政府
侯前荣	自贡市双溪水库管理处	2013 年度优秀农业科技人员	县委、县政府
杨宗育	留佳镇	2013 年度新农村示范县建设先进个人	县委、县政府
骆如松	留佳镇小田村	2013 年度新农村示范县建设先进个人	县委、县政府
李书平	长山镇	2013 年度新农村示范县建设先进个人	县委、县政府
余让泉	长山镇高松村	2013 年度新农村示范县建设先进个人	县委、县政府
张　英	保华镇	2013 年度新农村示范县建设先进个人	县委、县政府
刘　津	保华镇红豆树村	2013 年度新农村示范县建设先进个人	县委、县政府
胡太轩	来牟镇	2013 年度新农村示范县建设先进个人	县委、县政府
吴体才	来牟镇鸽子村	2013 年度新农村示范县建设先进个人	县委、县政府
甯贵才	乐德镇	2013 年度新农村示范县建设先进个人	县委、县政府
杨明才	乐德镇回龙殿村	2013 年度新农村示范县建设先进个人	县委、县政府
朱力强	双石镇	2013 年度新农村示范县建设先进个人	县委、县政府
王莹洁	双石镇金台村	2013 年度新农村示范县建设先进个人	县委、县政府
帅林森	望佳镇	2013 年度新农村示范县建设先进个人	县委、县政府
曹显利	望佳镇麦子山村	2013 年度新农村示范县建设先进个人	县委、县政府
李治权	鼎新镇	2013 年度新农村示范县建设先进个人	县委、县政府
陈万洪	鼎新镇西堰村	2013 年度新农村示范县建设先进个人	县委、县政府
夏　珍	县委办公室	2013 年度新农村示范县建设先进个人	县委、县政府
邹　勇	县政府办公室	2013 年度新农村示范县建设先进个人	县委、县政府
熊　华	县委组织部	2013 年度新农村示范县建设先进个人	县委、县政府
徐凤初	县委宣传部	2013 年度新农村示范县建设先进个人	县委、县政府
唐赵红	县委农工委	2013 年度新农村示范县建设先进个人	县委、县政府
廖方洪	县财政局	2013 年度新农村示范县建设先进个人	县委、县政府
唐智忠	县国土资源局	2013 年度新农村示范县建设先进个人	县委、县政府
何英	县规建住房局	2013 年度新农村示范县建设先进个人	县委、县政府
谢代冬	县交通运输局	2013 年度新农村示范县建设先进个人	县委、县政府
张华德	县教育局	2013 年度新农村示范县建设先进个人	县委、县政府
邓仁锡	县人力资源社会保障局	2013 年度新农村示范县建设先进个人	县委、县政府
龙波行	县统计局	2013 年度新农村示范县建设先进个人	县委、县政府
杨泽祥	县文体广电新闻出版局	2013 年度新农村示范县建设先进个人	县委、县政府

续表

姓　名	单　位	称　号	授奖机关
钟佳成	邮储银行荣县支行	2013 年度新农村示范县建设先进个人	县委、县政府
方　达	公安局交通警察支队	2012－2013 年度优秀政法干警	县委、县政府
邓春林	森林公安局	2012－2013 年度优秀政法干警	县委、县政府
齐永刚	司法局	2012－2013 年度优秀政法干警	县委、县政府
虞　军 张　平 朱洪武	公安局	2012－2013 年度优秀政法干警	县委、县政府
谢　强 阿　雄	检察院	2012－2013 年度优秀政法干警	县委、县政府
刘德伟 虞应斗	法院	2012－2013 年度优秀政法干警	县委、县政府
汪洪敏	旭阳镇	2013 年度党管武装好书记	县委、县政府
杨农田	留佳镇	2013 年度党管武装好书记	县委、县政府
邹尼忠	双石镇	2013 年度党管武装好书记	县委、县政府
曾　平	长山镇	2013 年度党管武装好书记	县委、县政府
虞　洪	观山镇	2013 年度党管武装好书记	县委、县政府
朱绍先	古文镇	2013 年度党管武装好书记	县委、县政府
张遵贤	铁厂镇	2013 年度党管武装好书记	县委、县政府
虞　芳	东兴镇	2013 年度党管武装好书记	县委、县政府
龚　廉	旭阳镇	2013 年度武装工作先进个人	县委、县政府
周　宇	高山镇	2013 年度武装工作先进个人	县委、县政府
朱　钰	双古镇	2013 年度武装工作先进个人	县委、县政府
吴仕权	度佳镇	2013 年度武装工作先进个人	县委、县政府
陈安贵	鼎新镇	2013 年度武装工作先进个人	县委、县政府
蔡玖平	东佳镇	2013 年度武装工作先进个人	县委、县政府
罗珍祥	铁厂镇	2013 年度武装工作先进个人	县委、县政府
兰光友	墨林乡	2013 年度武装工作先进个人	县委、县政府
余海洋	金花乡	2013 年度武装工作先进个人	县委、县政府
吴 正	县法院	2013 年度维护社会稳定先进个人	县委、县政府
辜　林	县纪委	2013 年度维护社会稳定先进个人	县委、县政府
陈小君	县检察	2013 年度维护社会稳定先进个人	县委、县政府
吴鸿鑫	县法院	2013 年度维护社会稳定先进个人	县委、县政府
吴世国	县经济和信息化局	2013 年度维护社会稳定先进个人	县委、县政府
但锷瑜	县司法局	2013 年度维护社会稳定先进个人	县委、县政府
郝功德	过水镇	2013 年度维护社会稳定先进个人	县委、县政府

续表

姓　名	单　位	称　号	授奖机关
虞　洪	观山镇	2013 年度维护社会稳定先进个人	县委、县政府
张远聪	新桥镇	2013 年度维护社会稳定先进个人	县委、县政府
朱绍先	古文镇	2013 年度维护社会稳定先进个人	县委、县政府
张遵贤	铁厂镇	2013 年度维护社会稳定先进个人	县委、县政府
周小平	县政府	2013 年度维护社会稳定先进个人	县委、县政府
袁家德	县交警	2013 年度维护社会稳定先进个人	县委、县政府
张建平	县公安局	2013 年度维护社会稳定先进个人	县委、县政府
刘　红	旭阳镇	2013 年度维护社会稳定先进个人	县委、县政府
邱　良	双石镇	2013 年度维护社会稳定先进个人	县委、县政府
熊武根	度佳镇	2013 年度维护社会稳定先进个人	县委、县政府
罗水容	正紫镇	2013 年度维护社会稳定先进个人	县委、县政府
李正中	留佳镇	2013 年度维护社会稳定先进个人	县委、县政府
羊　巍	县委政法委	2013 年度维护社会稳定先进个人	县委、县政府
罗孝伦	县纪委	2013 年度信访和群众工作先进个人	县委、县政府
吴长虹	县民政局	2013 年度信访和群众工作先进个人	县委、县政府
邹世银	县公安局	2013 年度信访和群众工作先进个人	县委、县政府
朱永臻	县农牧业局	2013 年度信访和群众工作先进个人	县委、县政府
周永丰	河口镇	2013 年度信访和群众工作先进个人	县委、县政府
卢昌建	旭阳镇	2013 年度信访和群众工作先进个人	县委、县政府
李　兵	高山镇	2013 年度信访和群众工作先进个人	县委、县政府
李良策	于佳乡	2013 年度信访和群众工作先进个人	县委、县政府
杨国超	县人才办	2013 年度信访和群众工作先进个人	县委、县政府
彭贵生	县交通	2013 年度信访和群众工作先进个人	县委、县政府
蔡玖平	东佳镇	2013 年度信访和群众工作先进个人	县委、县政府
唐国权	工业园区	2013 年度信访和群众工作先进个人	县委、县政府
谢寿英	望佳镇	2013 年度信访和群众工作先进个人	县委、县政府
万灼麟	县经济和信息化局	2013 年度信访和群众工作先进个人	县委、县政府
徐　勇	县国土资源局	2013 年度信访和群众工作先进个人	县委、县政府
袁　平	县规建住房局	2013 年度信访和群众工作先进个人	县委、县政府
古世伟	县扶贫移民局	2013 年度信访和群众工作先进个人	县委、县政府
代廷安	乐德镇	2013 年度信访和群众工作先进个人	县委、县政府
朱　飒	来牟镇	2013 年度信访和群众工作先进个人	县委、县政府
卢玉贵	新桥镇	2013 年度信访和群众工作先进个人	县委、县政府
蒋　兵	宣传杂志社	2013 年第三届荣县道德模范	县委、县政府

续表

姓 名	单 位	称 号	授奖机关
童义兴	关工委	2013 年第三届荣县道德模范	县委、县政府
范绍能	乐德镇	2013 年第三届荣县道德模范	县委、县政府
杨屹迪	雷音乡	2013 年第三届荣县道德模范	县委、县政府
龚冬梅	墨林乡	2013 年第三届荣县道德模范	县委、县政府
林传政	鼎新镇	2013 年第三届荣县道德模范	县委、县政府
邓小洪	河口镇	2013 年第三届荣县道德模范	县委、县政府
伍学军	旭阳镇	2013 年第三届荣县道德模范	县委、县政府
程淑修	过水镇	2013 年第三届荣县道德模范	县委、县政府
曾 贤	义工联合会	2013 年第三届荣县道德模范	县委、县政府
荣 全	县委办	2011 - 2013 年连续三年考核优秀记三等功	县委、县政府
郑小清	县政府办	2011 - 2013 年连续三年考核优秀记三等功	县委、县政府
武役卫	县人大办	2011 - 2013 年连续三年考核优秀记三等功	县委、县政府
吴其雄		2011 - 2013 年连续三年考核优秀记三等功	县委、县政府
王斌儒	政协办	2011 - 2013 年连续三年考核优秀记三等功	县委、县政府
黄 刚	法院	2011 - 2013 年连续三年考核优秀记三等功	县委、县政府
杨勇军		2011 - 2013 年连续三年考核优秀记三等功	县委、县政府
熊 华	组织部	2011 - 2013 年连续三年考核优秀记三等功	县委、县政府
工崇喜	政法委	2011 - 2013 年连续三年考核优秀记三等功	县委、县政府
周俊明	农工委	2011 - 2013 年连续三年考核优秀记三等功	县委、县政府
徐学忠	群众工作局	2011 - 2013 年连续三年考核优秀记三等功	县委、县政府
曾贵平	党校	2011 - 2013 年连续三年考核优秀记三等功	县委、县政府
王树家	政务服务中心	2011 - 2013 年连续三年考核优秀记三等功	县委、县政府
张堂礼	工业园区	2011 - 2013 年连续三年考核优秀记三等功	县委、县政府
邓廷书 刘子学 程 勇	发展和改革局	2011 - 2013 年连续三年考核优秀记三等功	县委、县政府
万灼麟	经济和信息化局	2011 - 2013 年连续三年考核优秀记三等功	县委、县政府
邱相权 朱洪武 黄跃先 杨慧娟 王敏慧 余建华 程国权 郭宗照 晏 波 王 贤 李培杨 曹寿康 曹 勇 代文彬 邓 涛 吴 俊	公安局	2011 - 2013 年连续三年考核优秀记三等功	县委、县政府
祝仿瑜	司法局	2011 - 2013 年连续三年考核优秀记三等功	县委、县政府
齐永刚		2011 - 2013 年连续三年考核优秀记三等功	县委、县政府

续表

姓　名	单　位	称　号	授奖机关
刘纯忠	财政局	2011－2013年连续三年考核优秀记三等功	县委、县政府
左付明		2011－2013年连续三年考核优秀记三等功	县委、县政府
刘翔辉		2011－2013年连续三年考核优秀记三等功	县委、县政府
刘建平	人力资源和社会保障局	2011－2013年连续三年考核优秀记三等功	县委、县政府
毕凤懿		2011－2013年连续三年考核优秀记三等功	县委、县政府
张友平		2011－2013年连续三年考核优秀记三等功	县委、县政府
毕　利	城乡规划建设和住房保障局	2011－2013年连续三年考核优秀记三等功	县委、县政府
蒋晓铃	农牧业局	2011－2013年连续三年考核优秀记三等功	县委、县政府
朱永强	林业局	2011－2013年连续三年考核优秀记三等功	县委、县政府
谢文弟	文体广电和新闻出版局	2011－2013年连续三年考核优秀记三等功	县委、县政府
朱天友 胡模琼	人口和计划生育局	2011－2013年连续三年考核优秀记三等功	县委、县政府
虞鸿娟	审计局	2011－2013年连续三年考核优秀记三等功	县委、县政府
胡菊英	统计局	2011－2013年连续三年考核优秀记三等功	县委、县政府
王　娟	老龄办	2011－2013年连续三年考核优秀记三等功	县委、县政府
詹拥军	机关事务局	2011－2013年连续三年考核优秀记三等功	县委、县政府
赵成木 游利红 曹明明	国土资源执法监察大队	2011－2013年连续三年考核优秀记三等功	县委、县政府
邱　兵	规划建设监察大队	2011－2013年连续三年考核优秀记三等功	县委、县政府
祁向东	食品药品监督稽查大队	2011－2013年连续三年考核优秀记三等功	县委、县政府
吴　兵　梁正容 刘玉辉　李德忠	旭阳镇	2011－2013年连续三年考核优秀记三等功	县委、县政府
谢发顺	双石镇	2011－2013年连续三年考核优秀记三等功	县委、县政府
万之荣	乐德镇	2011－2013年连续三年考核优秀记三等功	县委、县政府
税翠华	长山镇	2011－2013年连续三年考核优秀记三等功	县委、县政府
晏国海	保华镇	2011－2013年连续三年考核优秀记三等功	县委、县政府
朱贤彬	河口镇	2011－2013年连续三年考核优秀记三等功	县委、县政府
罗水容	正紫镇	2011－2013年连续三年考核优秀记三等功	县委、县政府
张健平	雷音乡	2011－2013年连续三年考核优秀记三等功	县委、县政府

附　录

FU LU

荣县2014年国民经济和社会发展的统计公报

荣县统计局

2015年4月8日

2014年，面对近年来少有的严峻复杂形势和持续加大的经济下行压力，县委、县政府团结带领全县人民，始终保持定力、专注发展、积极作为，克服诸多困难和挑战，全县经济保持平稳较快发展，民生持续改善，社会事业全面进步。

一、综合

经省、市统计局审定，全年实现地区生产总值（GDP）1734299万元，比上年增长8.1%。其中，第一产业增加值391143万元，增长4%；第二产业增加值898718万元，增长9.6%；第三产业增加值444438万元，增长8%。三次产业对经济增长的贡献率分别为9.7%、65.4%、24.9%，三次产业分别拉动经济增长0.8、5.3、2个百分点。三次产业结构由上年末的23.6∶51.1∶25.3调整为22.6∶51.8∶25.6。

按平均常住人口计算，全县全年人均生产总值29355元，比上年增加1931元。

全年非公有制经济增加值1086642万元，比上年增长9.0%，占GDP的比重为62.7%，对GDP增长的贡献率为71.1%。在非公有制经济增加值中：第一产业增加值123263万元，增长4.2%；第二产业增加值674953万元，增长8.6%；第三产业增加值288426万元，增长11.6%。

二、农业

年末耕地面积39870公顷，比上年增加46公顷；全年农作物总播种面积100359公顷，比上年增加576公顷，其中，粮食作物播种面积72095公顷，比上年增加84公顷；粮食总产量407640吨，增产620吨，增长0.2%（详见表1）。

表1　2014年主要农产品播种面积和产量

产品名称	播种面积		产量	
	绝对数（公顷）	比上年增减（公顷）	绝对数（吨）	比上年增减（±%）
粮食作物	72095	84	407640	0.2
其中：小春粮食	19042	2	58815	4.7
（一）谷物	54982	-811	331439	0.5
1. 稻谷	24643	211	206056	1.7
2. 小麦	15575	-785	46038	-0.8
3. 玉米	13772	-781	73719	-5.7
4. 高粱	992	544	5626	112.9

续表

产品名称	播种面积		产量	
	绝对数（公顷）	比上年增减（公顷）	绝对数（吨）	比上年增减（±%）
（二）豆类	6188	805	20661	9.3
其中：大豆	3782	78	11911	-7.1
（三）薯类（折粮）	10925	90	55540	-4.5
其中：洋芋	2775	215	9960	11.0
油料作物	7297	162	14074	7.2
1. 花生	2386	-24	5109	0.1
2. 油菜籽	4911	186	8965	11.7
麻类	7	持平	10	持平
其中：生黄红麻	7	持平	10	持平
糖料合计	163	1	5477	0.5
其中：甘蔗	163	1	5477	0.5
药材类	722	63	4580	13.1
蔬菜及食用菌	18250	507	573407	5.2
瓜果	168	-50	3810	-20.3
其中：西瓜	168	-50	3810	-20.3
其他农作物	1657	-191	—	—
其中：青饲料	1657	-191	—	—

年末茶园面积3333公顷；茶叶产量10432吨，增长7.5%；果园面积9307公顷；园林水果产量135500吨，增长1.3%。

全年人工造林面积2927公顷，其中，用材林1408公顷，经济林1346公顷；四旁（零星）植树492万株。木材采伐量32995立方米；竹材采伐量598万根；当年苗木产量950万株。

全年肉类总产量79958吨，比上年增长3.1%。其中，猪肉产量49715吨，增长2.6%；牛肉产量845吨，增长11.8%；羊肉产量4226吨，增长3.2%；家禽肉产量9548吨，增长1.5%；兔肉产量15579吨，增长5.4%；其他肉类44吨，下降12%。年内生猪出栏717286头，增长1.7%；年末生猪存栏482122头，增长0.1%；能繁殖母猪存栏47072头，增长3.8%；牛出栏6929头，增长10.9%；牛存栏21358头，增长9.6%；羊出栏302162只，下降3.2%；羊存栏215018只，增长3.7%；家禽出栏637.93万只，增长1.5%；家禽存栏282.41万只，增长9.2%；兔出栏1272.78万只，增长5.4%；兔存栏186.96万只，增长8.6%；禽蛋产量12325吨，增长2.2%；蚕茧产量1786吨，增长0.3%；蜂蜜产量50吨，与去年持平。

全年水产养殖面积2239公顷，与去年持平。水产品产量12600吨，增长4.3%，其中，养殖产量12102吨，增长4.4%；捕捞产量498吨，与去年持平。

年末有效灌溉面积34350公顷，增长2.4%；年末农业机械总动力42.56万千瓦，增长5.3%。

三、工业和建筑业

全年全部工业增加值实现788072万元，增长9.8%，对经济增长的贡献率为59%。其中，规模以上工业企业增加值实现590645万元，增长9.1%。年末规模以上工业企业户数92户；规模以上工业企业总产值实现1846906万元，增长9.7%（详见表2）；工业产品销售率99%，下降0.3个百分点。

表2　2014年规模以上工业总产值及增长速度

指　标	绝对值（万元）	比上年增减（±%）
规模以上工业企业总产值	1846906	9.7
其中：轻工业	968460	11.5
重工业	878446	7.7
其中：股份制企业	1797354	11.0
其他经济类型企业	49552	-2.8
其中：建工建材业（13户）	158387	23.6
煤炭采选及综合利用业（33户）	463225	-0.5
机械加工及铸造业（15户）	199398	14.6
盐化工业（2户）	56955	29.2
医药制造业（2户）	70912	67.5
农副产品加工业（27户）	898029	8.2

在规模以上工业企业中，主要工业产品产量有升有降（详见表3）。

全年规模以上工业企业主营业务收入实现1751087万元，增长8.4%；亏损企业8户；利税总额114989万元，增长3.4%，其中，利润总额54900万元，增长25.6%。

全年全社会建筑业增加值实现110646万元，增长8.3%。全县具有资质等级的总承包和专业承包建筑企业14个，实现建筑业总产值197901万元，下降5.7%。

表3　2014年规模以上工业主要产品产量及增长速度

产品名称	单位	绝对值	比上年增减（±%）
陶质砖	万平方米	60.49	74.0
精制食用植物油	吨	238.05	79.6
阀门	吨	1083	13.2
硅酸盐水泥熟料	万吨	102.66	-7.4
水泥	万吨	146.41	-14.0
精制茶	万吨	0.89	-48.7
铸铁件	万吨	2.26	14.1
农产品初加工机械	万台	27.66	-17.0
饲料生产专用设备	万台	7.46	17.4

续表

产品名称	单位	绝对值	比上年增减（±%）
商品混凝土	万立方米	40.11	88.6
鞋	万双	494.62	31.3
石灰石	万吨	132.92	-4.4
收获后处理机械	万台	10.26	13.5
电站锅炉	蒸发量万吨	1.64	27.5
电力电缆	万千米	5.86	6.2
蚕丝被	万条	7.80	18.2
饲料	万吨	9.85	7.4
泵	万台	1.21	-5.8
鲜、冷藏肉	万吨	30.65	2.8
中成药	吨	2011	261.2
大米	万吨	13.64	53.2
原盐	万吨	30.02	-12.8
铸造机械	万台	1582	50.4
铸钢件	吨	5154	18.9
瓷质砖	万平方米	3079.41	54.8
软饮料	万吨	1.42	38.8
食品添加剂	吨	1741.07	—
小麦粉	万吨	3.57	-52.7

四、固定资产投资

全年完成固定资产投资715913万元，比上年增长9.9%。分行业看：第一产业投资57549万元，增长8.2%；第二产业投资143954万元，下降16.7%；第三产业投资514410万元，增长20.9%。

房地产开发投资129250万元，增长53.8%。全部商品房屋施工面积101.95万平方米，增长76.6%，其中，住宅施工面积76.38万平方米，增长68.1%。房屋施工面积中：新开工面积54.03万平方米，增长53.2%，其中，住宅新开工面积39.09万平方米，增长48.9%。商品房竣工面积4.51万平方米，下降68.9%，其中，住宅竣工面积3.21万平方米，下降73.7%。商品房销售面积19.65万平方米，下降29.9%，其中，住宅销售面积18.76万平方米，下降25.9%；在商品房销售面积中：现房销售面积1.03万平方米，下降87.6%；期房销售面积18.62万平方米，下降5.7%。

五、国内外贸易和招商引资

全年全社会消费品零售总额实现608875万元，比上年增长12.4%（详见表4）。在全社会消费品零售总额统计中，限额以上单位47户，个体户12户，限额以上销售额228760万元，占全社会消费品零售总额的37.6%，比上年提高3.3个百分点。

全年全县出口总额（包括转口贸易）510万美元，比上年增长65.6%。

全年引进项目59个。招商引资到位市外资金77.55亿元，下降2%，其中，到位省外资金42.29亿元，下降10.4%。

表4 2014年全社会消费品零售总额及增长速度

指　标	绝对数（万元）	比上年增减（±%）
社会消费品零售总额	608875	12.4
其中：城镇的零售额	435820	12.4
乡村的零售额	173055	12.4
其中：批发业	56822	12.2
零售业	481638	12.7
其中：限额以上	218459	19.6
住宿业	3559	7.6
其中：限额以上	206	14.8
餐饮业	66856	11.0
其中：限额以上	10096	11.9

六、交通、邮电和旅游

年末境内公路总里程1684.99公里。其中，省道里程68.98公里；县道里程294.67公里；乡道里程281.25公里；村道1015.49公里；专用公路里程24.60公里。年末公路通车里程1538.77公里，其中等级公路（含一级、二级、三级、四级公路）1538.77公里。年末共有机动车61887辆，其中汽车15477辆，摩托车46347辆，挂车63辆。在汽车中，民用汽车14390辆。在民用汽车中，私人汽车拥有量13275辆。年末公交车路数5路，营运公交汽车32辆。年末实有出租汽车80辆。

全年全县邮电业务总量31776万元，增长11.3%，其中，电信业务总量26421万元，增长11.9%；邮电主营业务收入30482万元，增长11.1%，其中，电信主营业务收入23248万元，增长4.3%。年末本地固定电话用户6.09万户；年末移动电话用户35.35万户；国际互联网用户5.2万户。

县及县以上风景名胜区6个；星级饭店3个，星级饭店客房196间；全年共接待旅游人数288.36万人次，增长13.1%；实现旅游收入总额41.21亿元，增长18.1%。

七、财政、金融和保险

全年地方财政收入（含基金收入）总计298937万元，下降1.3%。其中，地方公共财政预算收入实现48677万元，下降8.8%；政府性基金收入34911万元，下降34.2%。在地方公共财政预算收入中，税收性收入36254万元，增长3.4%；非税收性收入12423万元，下降32.2%。地方财政支出总计316333万元，下降9.5%，其中，地方公共财政预算支出247016万元，与去年持平；政府性基金预算支出合计40824万元，下降34.7%。在地方公共财政预算支出中，一般公共服务支出19964万元，下降17.1%；农林水事务支出44495万元，下降0.1%；教育支出42025万元，增长8.8%。

年末，金融机构各项存款余额1729365万元，比年初增加191357万元，增长12.4%。其中，单位存款309793万元，增加4238万元，增长1.4%；个人存款1397966万元，增加191270万元，增长15.9%，在个人存款中，储蓄存款1393579万元，增加188961万元，增长15.7%；财政性存款16634万元，减少4068万元，下降19.7%；其他存款4971万元，减少49万元，下降1%。各项贷款余额833380万元，增加37110万元，增长4.7%。其中，短期贷款余额438790万元，减少31964万元，下降6.8%；中长期贷款余额379726万元，增加109057万元，增长40.3%。

全年保费收入28952万元，增长18.5%；各种赔款及给付14865万元，增长10.6%。

八、教育和科技

学前教育入园人数6617人，在园人数13225人，离园人数7015人，专任教师448人。小学25所，初中24所，高中5所，特殊教育学校1所，中等职业学校3所（详见表5）。

表5 2014—2015学年初各类教育情况 （单位：人）

指　标	招生数	在校生数	毕业生数	专任教师数
小　　学	5477	29601	3635	1692
初级中学	3650	11754	4719	1041
普通高中	2770	8933	3635	554
特殊教育	114	377	68	28
中等职业	1758	4165	994	222

全县事业单位在编在岗专业技术人员5654人，其中，农业技术人员451人；在编在岗专业技术人员中，中高级专业技术人员3402人。

全年实施科技项目23个，其中，科技兴农项目12个。全年专利申请数45件，全年专利授权数35件，在授权数中，发明专利14件，实用新型和外观设计21件。全县现有农业科技服务单位124个。

九、文化、卫生和体育

全县共有县及县以上文物保护区47个，其中国家级3个、省级7个、市级9个、县级28个。全县拥有文化馆（站）28个，公共图书馆1个，公共图书馆总藏书量4.19万册，档案馆1个，影剧院1个，展览馆2个，广播电台1座，电视差转台1座，有线电视入户率77.9%，广播覆盖率99.7%，电视覆盖率96.6%。

2014年年末，全县已婚育龄妇女143296人，全年计划生育率85.8%。

2014年年末全县共有医疗卫生机构40个。卫生技术人员1817人，其中，执业（助理）医师647人，注册护士778人。医院、卫生院床位2964张。卫生防疫人员数53人。医院、门诊98.45万人次。5岁以下儿童死亡率10.9‰；婴儿死亡率6.8‰；产妇住院分娩比例99.9%。农村自来水普及率66%；农村卫生厕所普及率73.1%；农村累计粪便无害化处理率53.2%。

我县荣中皮划艇赛艇队、荣中女排队代表自贡市参加四川省第十二届运动会夺得5金、6银、10铜，总分418分的好成绩。我县青年队在四川省2014年桥牌锦标赛上保住了甲B，在四川省俱乐部锦标赛上晋级甲榜，老年队在省“晚霞杯”上保住红组，在市老年运动会上夺得冠军，并获精神文明队称号。

十、资源、环境、社会治安和安全生产

全年水资源总量8.3亿立方米。建成区土地面积13.8平方公里，其中，建成区绿化覆盖面积6.50平方公里。年末全县森林覆盖率39.86%，比上年提高1.7个百分点。

全县环境监测站1个，环境监测人员16人。全年环境污染治理投资额4516万元。工业二氧化硫排放量1668吨；工业烟粉尘排放量2576吨；工业化学需氧量排放量422吨；烟尘控制区面积4.5平方公里；工业废水排放量达标率97.9%；工业烟尘排放量达标率99.3%；城区饮用水源水质达标率100%；城镇生活污水处理率83.6%。

全年，全县平均气温17.6℃，与多年平均持平；年总降水量982.3毫米，较常年偏多5%；总日照时数为1212.8小时，较平均日照时数偏少12.1小时。

全年各类道路交通事故1104件。共受理各类案件6812件，结案率97.4%，其中，刑事案件329件，结案率98.8%；民事案件3640件，结案率95.6%；行政案件1382件（其中非诉行政审查　1373件），结案率100%；执行案件1461件，执结率99%。

全年共发生各类安全事故147起，死亡25人，直接经济损失283.16万元。其中，道路交通事故83起，死亡23人；火灾事故63起；建筑事故1起，死亡2人。

十一、人口

2014年年末全县总户数234831户，比上年减少449户，下降0.19%。其中，农村161546户，比上年减少836户，下降0.51%；城镇73285户，比上年增加387户，上升0.53%。总人口691791人（详见表6），比上年减少2277人，下降0.33%。户平均人口2.95人，与上年持平。人口密度为每平方公里430人，与上年持平。

表6　2014年年末人口及构成

指　标	年末数（人）	比重（%）
年末总人口	691791	100
其中：农村	493023	71.27
城镇	198768	28.73
其中：男	354544	51.25
女	337247	48.75
其中：18岁以下	106302	15.37
18－35岁	133706	19.33
35－60岁	300249	43.40
60岁以上	151534	21.90

全年出生人口6393人，其中，往年出生2339人，出生率9.24‰；死亡人口5267人，死亡率7.61‰；人口自然增加1126人，人口自然增长率1.63‰。迁入人口1668人，迁入率2.41‰；迁出人口5019人，迁出率7.26‰。在出生人口中，男婴3159人，占49.41%；女

婴 3234 人，占 50.59%；婴儿性别比例为 97.68（女性 = 100），比上年下降 7.4 个百分点。

2014 年年末全县常住人口 59.04 万人，城镇化率 35.6%。

十二、人民生活和社会保障

全年城镇居民人均可支配收入 22403.49 元，比上年增加 1963.49 元，增长 9.6%（详见表 7）；城镇居民人均消费性支出 17239.97 元，增加 1462.64 元，增长 9.3%；城镇居民恩格尔系数 41.8%，比上年下降 1.2 个百分点。

表 7　2014 年城镇居民人均家庭总收入及构成

指　标	绝对数（元）	比上年增减（元）	比上年增减（±%）
城镇居民人均家庭总收入	23884.17	1868.97	8.5
其中：人均可支配收入	22403.49	1963.49	9.6
其中：工资性收入	10670.06	-2503.35	-19.0
经营性收入	5447.74	3126.58	134.7
财产性收入	1148.87	7.48	0.7
转移性收入	6617.49	1238.25	23.0

全年农民人均纯收入 9999.77 元，比上年增加 1011.28 元，增长 11.3%（详见表 8）；农民人均生活消费总支出 5061.22 元，增加 655.3 元，增长 14.9%；农村居民恩格尔系数 44.5%，比上年下降 4.9 个百分点。

全年用电量 54300 万千瓦时，其中工业用电量 37560 万千瓦时，居民生活用电量 18812 万千瓦时。

表 8　2014 年农民人均纯收入及构成

指　标	绝对数（元）	比上年增减（元）	比上年增减（±%）
农民人均纯收入	9999.77	1011.28	11.3
其中：工资性收入	3957.97	660.57	20.0
家庭经营纯收入	4189.39	105.64	2.6
财产性纯收入	304.61	65.04	27.1
转移性纯收入	1547.8	180.03	13.2

当年城镇登记失业人数 986 人，城镇登记失业率 4.15%。全县城镇新增就业人员 6995 人。转移输出农村劳动力 23.77 万人；劳务收入实现 34.23 亿元，增长 14.7%。

2014 年年末全县参加城镇职工基本养老保险人数 100755 人，其中，参保在职职工 45681 人；参加农村社会养老保险的人数 258460 人。参加城镇职工基本医疗保险的人数 29669 人；参加城镇居民基本医疗保险的人数 103214 人；参加新型农村合作医疗的人数 499243 人。参加失业保险的人数 11870 人。参加工伤保险的人数 29219 人。参加生育保险的人数 9293 人。

新型农村合作医疗基金当年累计支出金额19349.54万元；新型农村合作医疗当年累积受益185.82万人次。

全县累计归集住房公积金68683万元，其中，当年归集15412万元；累计提取使用住房公积金13720人次，其中，当年提取使用3196人次；累计提取使用住房公积金22971万元，其中，当年提取使用7032万元。

2014年年末，全县有21个镇，6个乡，社区居委会50个，村委会296个。各种社会福利收养性单位29个，实有床位4090张。城镇居民最低生活保障人数23587人，发放城镇居民最低生活保障人均月补差231.03元；农村居民最低生活保障人数27568人，发放农村居民最低生活保障人均月定量补助144.34元。农村五保户集中供养率65%。

注：

1. 本公报中部分数据因四舍五入的原因，存在总项与分项合计不等的情况。

2. 公报中全县地区生产总值（GDP）、各产业增加值绝对数按现价计算，增长速度按不变价格计算。

3. 房地产开发统计原则：辖区内房地产开发经营业法人单位按照在地原则进行统计。

4. 年末境内公路总里程不含村委会小组道路。

5. 机动车及摩托车数据不包括未年检车辆。

6. 金融机构各项贷款余额包括银行业金融机构和新型农村金融机构。

7. 医疗卫生机构仅包括医院、卫生院。

8. 资料来源：本公报中林业、自然保护区数据来自县林业局；灌溉面积、水产品、自来水普及率、水资源量数据来自县水务局；农业机械总动力数据来自县农牧业局；出口、风景名胜区、星级饭店、旅游数据来自县商务旅游局；招商引资数据来自县投资促进局；公里路程、通车里程、公交车、出租车数据来自县交通运输局；机动车辆、汽车拥有量、交通事故数据来自县交警大队；邮电、电话、互联网数据来自县邮政局、县电信分公司、移动公司荣县营业部、联通公司荣县分公司；财政数据来自县财政局；金融数据来自人行荣县支行；保险数据来自中国人寿、人民财保、太平洋财险、太平洋寿险、平安寿险、平安财险、泰康保险、大地保险、中华财险、永安财险、民生保险公司、泛华保险、人民人寿；教育数据来自县教育局；技术人员、城镇登记失业、劳务、基本养老保险、基本医疗保险、失业保险、生育保险、农村社会养老保险数据来自县人力资源社会保障局；科技项目、科技服务单位数据来自县科技和知识产权局；文化、体育数据来自县文体广电新闻出版局；卫生、新型农村合作医疗数据来自县卫生局；建成区数据来自县规建住房局；环境数据来自县环保局；气候数据来自县气象局；人口数据来自县公安局；各类案件数据来自县法院；安全生产数据来自县安监局；育龄妇女、计划生育率数据来自县人口计生局；用电量来自县供电局；公积金数据来自县公积金中心；镇、乡、村、居委会、村居小组、社会福利、低保和五保救济数据来自县民政局；其他数据来自县统计局。

专　文

FU LU

调研文章

荣县农业产业化发展的对策报告

荣县人大常委会

农业产业化是以市场为导向，以效益为中心，依靠龙头带动和科技进步，对农业和农村经济实行区域化布局，专业化生产，一体化经营，社会化服务和企业化管理，形成贸工农一体化，生产加工销售一条龙的农村经济经营方式和产业组织形式。荣县是农业大县，随着国家强农惠农政策实施力度的加大，以及《四川省主体功能区规划》的确定，我县农业产业化发展前景更为广阔。为从总体上把握和摸清农业产业化经营情况，为领导完善决策部署提供服务。从6月起，县人大成立专题调研组对我县农业产业化发展情况进行了调研。调研小组先后到县农牧业局、林业局、水务局召开畜牧、粮经、林业、水产4个特色产业座谈会，组织了特色产业发展现状调查，并到沿滩考察学习了支持农业产业化发展的经验，基本摸清了全县农业产业化发展的状况，结合实际，经调研组反复研究讨论，形成此报告。

一、发展特点

近年来，我县着力优化农业产业结构调整，大力挖掘农业优势产业资源，加快农业基础设施投入，重点培育发展优势产业，特别是农副产品加工龙头企业，迅速壮大农业产业规模，推动县域经济快速发展，为农业增产、增效，农民增收发挥了重要的作用。据统计，2013年年底全县实现农业增加值36.9亿元，比2012年增长4%，农业产业化发展取得了明显成效。

（一）基础设施不断完善。以病险水库整治、小型农田水利、水土保持、金土地工程、农业综合开发等项目为载体，实施好农村公路、水利和农田治理项目，努力改善农村基础设施条件。2013年，争取各涉农项目114个，总投资19.85亿元，三农投入的增加使农村基础设施得到普遍改善，农业综合生产能力明显加强。截至2013年年底，全县共有水利工程设施13891处，其中：水库工程107座、塘坝（含石河堰工程）9181处、窖池4224处、水闸13座、泵站366座，总蓄水量15600万立方米，有效灌溉率和保证灌溉率分别达到51.1%和26.4%；公路通车里程2064.94千米，其中乡村公路1755.2千米，密度1090.86米/平方千米，25.29千米/万人。

（二）特色优势产业稳步发展。坚持提升改造与连片发展并重，以现代畜牧业、现代农业、现代林业基地强县等项目为支撑，积极发展特色产业，猪、羊、兔、稻、药、桑、油茶、茶、果、菜等十大特色产业发展初具规模。2013年，全县粮食播种面积108万亩，总产40.7万吨；蔬菜播种面积26.6万亩，产量54.5万吨；水果种植面积14万亩，产量13.38万吨；茶叶种植面积8万亩，产量9702吨；油茶种植面积12.4万亩，产值8500万元；桑园面积4.5万亩，产茧1781吨；中药材种植面积9885亩，产量4048吨；生猪出栏70.5万头，肉羊出栏29.28万只，小家禽出栏628.3万只，肉兔出栏1207万只。目前，已建成21个标准高、效益好、示范强的万亩特色产业园区和22个万头（只）规模养殖基地（场）。

（三）农副产品加工园区初具规模。荣县农副产品加工园区规划占地4平方公里，已入驻农产品加工企业18户，其中：已建成投产企业13户（新星源、龙都茶业、新天地、荣成实业、宏业肉类、巴尔食品、祁味酿造、绿食佳、绿茗春、品山兔业、青云酒厂、瑞安机械、阳光农业），在建企业项目1个（弘鑫农业），拟开工企业项目4个（旭樽酒业、荣州福弟饮料、巴尔农牧集团、大宇实业）。2013年已建成农副产品加工企业共实现工业总产值59亿元。

（四）农产品品牌效益加快提升。通过挖掘特色、做大规模、强化宣传、政策激励和提升服务，不断培育壮大农产品品牌。目前，全县有地理标志保护产品1件、地理标志证明商标1件；农产品商标达120件，其中：中国驰名商标2件、省著名商标7件，市知名商标达20件；四川省名牌产品5件；获涉农国家发明专利10个；蔬菜主要品种获绿色食品生产基地县整体认证；粮油、蔬菜、水果、茶叶、蚕桑产业通过四川省无公害农产品产地整体认定；荣州枇杷等23个产品取得无公害农产品产品认证，龙都香茗等12个产品取得绿色食品认证。

（五）经营队伍不断壮大。通过配项目、保用地、抓派遣、设奖项等多项政策措施培育新型经营主体，我县新型经营主体队伍不断壮大，实现了每一个特色产业都有一群龙头带动。目前，全县涉农企业200余户，其中：市级45户、省级10户（占全市省级以上龙头企业的45%）、国家级1户（全市唯一）。工商注册农民专业合作社达320个，其中：省级示范农民合作组织19个。积极培育家庭农场和种养大户，29户家庭农场在工商正式注册登记，全县种养大户1330户，其中：30亩以上种粮大户106户。

（六）“两个带动”成效明显。推广“合同订购”等基本利益联结机制和“龙头企业+农户”、“龙头企业+专业合作组织+农户”等发展模式，创新土地入股合作经营、财政资金量化股份等利益联结机制，促进了农民增收，提高了“两个带动”能力。2013年，推行二次返利机制的市级以上龙头企业和专合社从3户增加到7户，涉及农户37252户，年返利达468万元，户均增收126元。目前，荣县在6个村开展了政府投入折股试点，量化2225万元到1307户农户，获得“保息+盈利分红”81.8万元，户均626元。

二、存在的主要问题

从总体上看，我县农业产业化发展由于受诸多因素影响，整体发展水平还不够高。存在的问题主要表现在：

（一）产业结构不够优。一是从整个产业结构来看，产业种类多，但拳头产业还较少。猪、羊、兔、稻、药、桑、油、茶、果、菜十大特色产业全面发展，“双溪湖”牌油茶籽油、“白雀”牌蚕丝被等产品在全省较有优势，但欠缺诸如涪陵榨菜、苍溪猕猴桃、新希望乳业等全省、全国同行业“排头兵”产业。二是从各产业内部结构来看，关联产业多，但联系不够紧密。饲料兽药生产企业23户、销售企业2户，年生产饲料2.6万吨，通过县内销售企业销售5000吨，约占总销售量的20%；县内畜牧饲养饲料需求20万吨，2.5%来自县内企业生产，其中，50%为自产自用。另外，粮食加工、酿酒业原料的60%、生猪加工原料的55%、饲料工业原料的90%，均来自县外，全产业链没有真正形成。

（二）政府引导监管职能发挥不够。一是对产业引导缺乏计划性远见性，乡镇不同程度地存在各自为政或不结合自身实际发展，无序跟风。二是对流转业主的审查把关不严，缺乏对业主规模经营农业能力的资格审查和评估，引进的业主缺乏经济实力和经营能力，对政府的投入或者优惠政策依赖性很大，生存具有明显的“脆弱性”。有的业主一旦经营上出现失误，无法履约，一走了之；还有的业主得到政府的补助或者投入后，因各种复杂因素干脆撂荒土地。造成土地的隐形浪费和流转农户较大的经济损失。三是缺乏对扶持企业的有效监督，在项目分配上先期调查不充分，后续管理不严格，业主中真正坚持经营农业并取得较好效益的情况不多。四是公益性科技体系培育不足。推广工作激励机制不健全，农业技术人员工作积极性低，专业技术发挥不足。

（三）农业产业化企业整体实力不强，问题突出。一是规模小，支撑能力弱，普遍经受不住经济下行的压力。二是产品科技含量低，缺乏竞争能力，整体辐射带动能力和市场竞争力弱。三是缺乏现代经营管理理念，大部分企业都还是传统的家族管理模式，管理水平低，对产业发展缺乏科学决策能力，抵御市场风险的能力弱。四是企业主素质不高，有的企业不切实际，在自身运转就很困难的情况下，企业间相互担保贷款甚至高息融资盲目上项目搞基建，在银行收紧贷款后导致资金链断裂，除几户企业的生产经营基本正常外，多数企业的经营十分困难。

（四）产业发展缺乏有力的资金支持。近年来，我县大力推进农业农村基础设施项目建设，取得了明显的成效，但从整个情况来看还是相对不足。一方面是覆盖面有限，主要用于新农村示范片建设，真正用于解决主导产业基地建设项目投入少；另一方面是本级财力投入有限，2011年、2012年、2013年的支农切块资金分别是1600万元、1800万元、2000万元，其中用于产业发展的分别是140万元、190万元、160万元，能够用于产业发展的资金极少，这对于既要扶持面上的产业发展，又要开展示范片已实施项目区域的查漏补缺和提档升级，还要根据上级下达项目要求进行地方配套，显然是捉襟见肘。

三、对策建议

（一）清醒认识《四川省主体功能区规划》对我县未来发展的影响，结合我县“生态立县”发展战略，科学编制“十三五”产业发展规划。2013，年省政府发布的《四川省主体功能区规划》明确划定了我县属限制开发区（农产品主产区），以提供农产品为主体功能，提供生态产品、服务产品和工业品为其他功能，限制大规模高强度工业化城镇化开发。对县域经济发展考核上，与农业农村相关指标权重较大。另一方面，随着《成渝经济区南部城市群发展规划》实施，我县外部交通环境将得到极大改善，结合我县“生态立县”战略的实施，丰富和完善我县的旅游资源，实现“产旅相融”，共同发展，打造成都外延生态休闲旅游城市的契机也逐年显现，对此我们应清醒认识，顺应形势，调整发展思路。建议在充分调查深度思考反复论证的基础上，对我县农业产业化进行重新评估定位，科学规划主导产业和特色产业，编制“十三五”产业发展规划。

（二）突出重点，集中力量扶持骨干龙头企业。龙头企业在农业产业化经营中具有“带头羊”的作用，农业产业化搞好搞不好，龙头企业起着举足轻重的作用。其经济实力的强弱和牵动能力的大小直接决定着产业化经营的规模和成效，是农业产业化赖以生存和发展的基础。今后，中央、省将进一步加大对龙头企业、专合组织的扶持力度。因此，政府及相关职能部门要进一步学习领会上级的政策支持导向，认真围绕“十三五”规划确立的农业产业化主导产业和特色产业，分层次、有选择的重点培育和扶持。一是逐个梳理我县农业产业化企业发展状况，深入调研，认真分析研判，明确重点扶持对象，实行有限目标，集中投入，支持有发展前景的企业走出困境。二是要把发展龙头企业与培育区域主导产业结合起来，坚持“发挥优势，突出特色，相对集中”的原则，以优化结构为重点，调整农业产业结构，发展特色效益农业，连片发展蔬菜、水果、蚕桑、油茶、中药材、山羊等全县产业化发展的主导产业。三是支持企业立足农业谋求发展的经营思路，使龙头企业向大（带动面大）、高（技术含量高）、长（产业链条长）的层次发展。同时，要避免不切实际盲目上项目，铺摊子。四是健全农业产业化调查分析制度，建立重点龙头企业经济运行调查体系，加强行业发展跟踪分析，指导企业根据行业发展状况科学决策，提高应对市场风险的能力。五是完善重点龙头企业认定监测制度，实行动态管理，对不能有效发挥“两个带动”作用的龙头企业，要及时淘汰，对“两个带动”成效突出的要给予表扬。

（三）加大财政投入，提高政府资金的使用效率。一是建立政府农业产业化资金稳定增长机制，安排一定的农业产业化的专项资金，重点用于省级龙头企业的贷款贴息、基地补助、技术补贴和著名品牌培植。二是加大项目资金的争取力度，建立农业产业化资金投入协调机制。实行存量调整与增量集中相结合的办法，将预算内用于农业的基本建设投资、水利基金、水利专项资金、农业综合开发和扶贫资金等，与农业产业化资金整合起来，集中用于扶持农业产业化的重点产业、重点项目，改善基地水利、交通等生产条件和基础设施，扶持龙头企业，扶持农产品深加工、农业良种工程、农业技术推广和农业科技示范等环节，形成多层次、全方位的集中投入协调机制。三是建立农业产业化专项资金使用监督机制。对已实施的项目，要委托中介机构进行绩效评估，对连续几年扶持的项目，根据绩效评估情况，决定下一年的扶持力度和方向，并对负责使用的部门和项目进行奖惩。

（四）建立涉农产业科技体系激励机制，实现农副产品加工业的提质增效。在农业产业化经营各个环节普遍采用先进科学技术，可以大幅度提高整个农业产业链的科技含量和最终产品质量档次，形成强有力的科技增效机制，增强农业市场竞争力。建议：一是要建立涉农产业科技体系激励机制，将项目、资金等扶持与科技投入挂钩，“大科技大扶持、小科技小扶持”，鼓励龙头企业与大专院校、科研机构联合，搞好农业科技开发，形成科技创新体系，不断增加科技投入，加快技术改造，大力引进、开发新技术和新产品。二是要设立重点产业专项科研经费，打造拳头产业综合科研平台，逐步形成整个产业技术核心动力。三是建立和完善科技人员以技术要素参与分配的制度，鼓励科技人员通过技术服务、技术入股等形式参与农业产业化经营，提高服务水平和服务效果。

（五）进一步强化政府的监督管理责任。一是要加大产业宣传力度，定期发布产业信息，引导重点产业发展。防止盲目生产给农户造成的损失。二是强化乡镇以及涉农单位发展农业产业化的责任，把农业产业化发展纳入年度考核目标。三是建立土地流转交易中心，严格审查流转土地企业的资信、技术力量、产业规划、抗风险能力等情况，加强对土地流转的管理监督。四是配套建立土地流转的风险防范措施。如大力发展农业保险制度，降低投资者经营风险，提高其履约能力；设立土地流转风险基金，当经营失败时，风险基金优先用于支付农民的收益损失和土地复耕；建立土地租赁费提前预付和土地复耕担保费制度，确保农民的最低收益不受损失。

课题调研组顾问：武役卫
组　长：钟永平
副组长：邓 明
成　员：李俊明　杨松　刘昭明　罗文娟

2014 年 11 月 19 日

关于加强城区农贸市场规划建设与管理的调研报告

荣县政协

为进一步加强我县城区农贸市场规划、建设与管理，建立一个布局合理、功能齐全、管理科学、交易有序的农贸市场体系，荣县政协成立课题调研组，于 2014 年 4 月至 7 月，对城区农贸市场、超市、沿街沿路蔬菜摊位进行了详细调查了解，与相关单位和部门进行座谈研讨，发放调查问卷 400 余份，并赴苍溪、射洪县考察学习。经过综合分析论证，形成此报告。

一、荣县城区农贸市场现状

我县属于四川丘陵地区典型农业大县，有人口 70 万人，城区常住人口 16 万人，城区农副产品年交易量约 55 亿元，交易市场由城区农贸市场、超市、沿街摊位组成，其中城区农贸市场约占 45% 的交易量，超市约占 18%、沿街摊位约占 37%。

（一）农贸市场

我县城区目前有城南、莲花坝、西北城、小南门、荣新 5 个农贸市场，总面积 23987.01 平方米，摊位（含店面、营业房等）969 个。

1. 建设时间及规模。城南、莲花坝、西北城、小南门建于 20 世纪 90 年代，荣新市场建于 21 世纪初。其中小南门、莲花坝市场分别于 2008 年、2013 年进行了部分改造。根据市场规模划分标准，莲花坝、城南市场面积在 5000 平方米以上，属大型市场；西北城、荣新市场面积在 3000—5000 平方米之间，为中型市场；小南门市场面积不足 3000 平方米，为小型市场。

2. 管理主体。市场的产权分散，呈现多元化格局。莲花坝、城南、小南门市场由政府投资，属市场管理中心管理；西北城、荣新市场由社会投资，其中西北城市场由荣泰公司管理，荣新市场转让私人管理。

3. 运行情况。城区市场969个摊位中实际出租567个，出租率59%，年交易额约25亿元，年租金约85.05万元。出租率最高的小南门市场为90%，最低的荣新市场仅有15%。西北城市场和荣新市场二楼整体空置，已挪做他用。

（二）超市专区

我县城区在惠友、家和、黄家、群兴、百信、千盛百货等6家超市（或购物中心）12个购物点，设置有经营粮油、蔬菜、水果、肉类、水产等农产品贸易专区，总面积806平方米，年交易额约10亿元。具体分布在东街、水巷子、西街、河街、新生街、体育中心、行政中心和新城医院等位置。超市专区交易量低，摊位面积有限。

（三）沿街摊区

城区以街（路）为市现象突出，主要沿街（路口）分布，数量庞大，据初步统计约有2080个左右摊位，年交易额约20亿元。目前形成规模的“非法市场”主要有顺城街、古城街、西苑小区、荣新市场外人行道、水岸南苑河边5处市场，合计摊位1800余个。此外，荣州路、对景路、健康路、澳门花园、金碧城、金碧阳光、望景路、西苑小区等小规模沿街流动摊位280余个。非法经营摊位数为农贸市场摊位总数的215%，反差巨大。

二、荣县城区农贸市场的主要问题

近年来，我县经济社会快速发展，城乡一体化步伐加快，但是作为城市文明窗口的公益性农贸市场建设，明显落后于其他基础设施建设。据调查，县城区农贸市场在规划、建设与管理方面存在许多问题和不足，与我县经济社会发展极不协调。突出表现在以下几个方面：

（一）先期规划不足

1. 数量少，容量小。2013年年底，荣县城区面积已达14平方公里，人口16万人，根据农贸市场相关技术规范，应设置8个以上农贸市场，而目前我县城区仅有5个农贸市场，实际数和需求数相差3个，数量严重不足，给居民生活带来极大不便，也促使非法农贸市场、无序沿街交易滋生蔓延。从市场容量来看，现有5个市场总摊位数969个，实际出租567个，空余摊位302个，且市场内几乎没有农户自产自销区，而占道经营沿街游卖的非法摊位高达2100余个，供需相差高达1800余个，已远远无法满足市场和实际的需要。

2. 布局不合理。小南门市场人流量小，辐射面窄，毗邻西北城市场距离太近，运行困难，许多固定摊户在晚市高峰期转战西北城市场外，占街游卖。荣新市场位于新城一角，距离各居民小区路程较远，居民购物不便，无法正常发挥作用，闲置率高达85%。南门、东门、北门，农民种养户多，辐射面广，人流量大，仅城南、莲花坝、西北城3个市场，数量和规模偏小，承载力不足，运行压力大。

3. 缺乏专业市场。目前，城区农贸市场都是综合性市场，缺乏秧苗、禽苗等种养殖方面的专业农贸市场。同时，也没有专业的农产品批发市场，而是集中在桂林街占道批发，导致环境污染、交通拥堵，严重影响市容市貌和交通安全，成为市民反映强烈的突出问题。

4. 规划执行不到位。城区农贸市场在一定程度上存在规划和执行不一致、项目实施困难的问题。比如：河西新区一号转盘处用地，原规划建设金碧华庭农贸市场，后改建为惠友购物超市，超市内仅设面积有限的蔬菜摊区。导致新城区除金碧城外，数十个小区，3万多人无农贸市场购物，由此催生了水岸南苑、金碧阳光、澳门花园等多个非法占道经营市场。

（二）后期建设滞后

基础设施是农贸市场管理和建设的硬件。但目前城区农贸市场特别是年代久远未经改造的城南、西北城市场建设方面普遍存在诸多的缺陷且严重滞后：

1. 功能分区不合理。未根据蔬果、鲜肉、水产、活禽、熟食、干鲜等各类商品特点分区经营，占道经营、混合经营现象严重；市场内农户自产自销专区严重不足，西北城、莲花坝市场设置的农户自产自销专区占比不足3%，其他3个市场也不到6%，根本无法满足周边农户的市场需求；未按规范划分防火区，设置防火疏散通道。

2. 结构设计不规范。市场结构比例上，摊位面积超过规定的55%，导致通道面积和辅助面积不足45%，造成市场拥堵，进出艰难；排水系统方面，设计不合理，容量小，尤其水产区没有明显坡度设计，水流不畅，经常堵塞，污水横流；通道设置方面，部分市场主通道宽度不足3米，购物通道不足2米，除市场拥堵外，存在严重的安全隐患；配套设施方面，5个市场均未设置停车场，市场内车多人多，杂乱不堪，给市民购物带来极大不便。

3. 基础设施不完善。大部分农贸市场为大棚式结构，年久失修、锈蚀严重，极易发生安全事故；市场摊位简陋破旧，有的甚至是临时搭建的台位，经营熟食的摊点达不到防尘、防蝇要求；市场内管线安装混乱，密如蛛网、互相交织、分布杂乱，外观丑陋、安全隐患大；公厕狭小，不能满足市场巨大的人流需求，拥挤、脏臭现象突出；市场垃圾产量大，配套处理设施不完善，处理难度大、清运不及时，滞留现象严重。

4. 政府投入严重不足。长期以来，政府对农贸市场无论是从人力、物力、财力投入上，还是政策、项目扶持上都显不足。农贸市场属公益性建设，投资大收益小，政府对土地、资金投入过少。自2002年起，城区除2007年新建荣新1个市场外，对农贸市场就没有做任何扩建或新建。相关数据显示，近十几年来财政对农贸市场的投入不足300万元，保障基本运转都很困难，更难说基础设施的建设和完善。此外，由于商务部、省、市对建设标准化农贸市场项目支持和政策补贴很少落实到县一级，县级政府财政压力大，缺少优惠政策，加上农贸市场本身投入大、周期长、利润低的特点，很难吸引有实力的商家注资，发展艰难。

（三）监督管理缺位

1. 管理缺位、监管不畅。目前对农贸市场实施监管的部门有10余个，市场规划、运营、卫生、消防分属商务旅游、工商、城管、消防等不同部门管理，职能职责各有权重，容易出现相互推诿、扯皮，造成监管漏洞，难以形成有效的监管合力；大量占道经营、冒市经营已成常态，整治力度不够、措施不当、收效甚微，这不仅扰乱了正常的农贸市场秩序，还严重影响周边群众生活；农贸市场主办者为了利益最大化，低配管理人员，私搭乱摆增加临时摊位，由于监管缺位，导致市场秩序和卫生保洁脏乱不堪。

2. 制度缺失、秩序难维。城区农贸市场农产品交易缺少规范、系统的制度保障。一方面农副产品准入制度不完善。从消费安全角度看，农产品交易场所必须具有设备检测和内部质量把控条件。由于缺少准入制度，农贸市场、个体店、流动摊贩所交易的农副产品未得到有效监控，农药残留、注水肉、瘦肉精、病死猪肉、禽类防疫、水产品运输过程中添加致癌物、水发产品致癌问题等安全隐患很难消除。另一方面，市场营销、物业、车辆和卫生及治安、消防等方面管理制度不健全，市场监管部门无法依法责令流动摊贩整改和停业，又怕影响市民日常生活，不敢对不具备条件也不整改的市场强行关闭。

3. 人才缺乏、执行乏力。由于我县城区农贸市场层次低、环境差、发展前景有限，管理人员经济待遇低，制约农贸市场专业管理人才引进。据调查，县市场管理中心、两个业主公司多年来都未能招聘到市场管理方面的专业人才。没有专业人才，一方面使市场的经营缺乏战略性规划，同时也使市场管理人员难以正确理解落实既定的发展措施，执行乏力。

4. 宣传不够、合力难成。政府和市场管理主体宣传教育力度不够，全方位合力难形成统一，使得市场管理、环境卫生、交易秩序混乱不堪。环卫意识差，菜屑垃圾随处乱扔；安全意识差，随意购买无卫生防护措施、生熟混摆的三无食品；交易习惯较差，市民图便利习惯路边交易，摊主为了扩大销售额提高利润，突破摊位空间限制，溢摊、出摊甚至出市占道批发零售经营，以致市场秩序混乱。

三、加强荣县城区农贸市场规划、建设和管理的建议

结合我县城区农贸市场现状及存在问题分析，本着“政府主导、市场运作、部门监管、行业自律”的原则，合理规划、适度开发新辟农贸市场，对现有农贸市场进行改造升级，促进我县农贸市场统筹规划、建设、管理，进一步完善城市功能，形成布局合理、功能齐全、管理科学、运行有序农贸市场体系。

（一）高起点统筹规划，合理布局

1. 统筹规划，适度增量。根据我县城市化进程、城区面积和人口增速情况，科学合理制订出我县农贸市场近、中、远期发展专项规划，并与城市规划和商业业态规划一致，同步进行，形成科学合理的农贸市场网点布局。并且规划一经批准，必须严格执行，切实维护规划的权威性、严肃性。

按照农贸市场设置相关技术规范要求，规划发展时序，到2015年：城区面积规划达到15.3平方公里，人口18万人，改造1个市场，新建2个市场，达到7个市场；中期到2020年：城区面积规划达到19.8平方公里，人口22万人，改造4个市场，新建2个市场，达到9个市场；远期到2030年：城区面积规划达到30平方公里，人口30万人，新建3个市场，达到12个市场。结合我县没有大型农贸物流中心的状况，建议在工业园区与城区交汇处建设农产品综合物流中心，以适应发展的需求。

2. 合理改造，扩容升级。结合城市规划和布局调整，对现有农贸市场进行改造利用，扩大市场容量，增加市场承载能力，减轻运行压力。西北城、莲花坝市场可结合校点布局调整，合并周边学校规划建设，扩大市场面积，增加容量。城南市场结合今年改造契机，高起点、高标准建设规范的农贸市场，以扩容升级，增加市场使用率。

3. 适度调整，合理利用。针对我县农贸市场综合性强、服务人口多，范围广的实际，适度调整市场内的功能、业态布局，综合利用现在市场内设施资源，达到物尽其用的目的。荣新市场因多种原因，其二楼已做他用，在近期应该还其用途，使其成为档次较高、功能相对完善、区块分布明晰的农贸市场。小南门菜市场人流量和交易量小，本身容量小，可思考改造为专业的秧苗、禽苗等种养殖业幼苗专业批发市场。

4. 多元投资，创新模式。坚持市场化运作与政策优惠相结合的思路，多方招商引资，吸引社会资金参与市场建设与管理，可以探索采用多元化投资途径建设市场：一是由政府直接投资建设；二是采用BT、BOT投资方式融资建设；三是招商建设，政府以土地置换建设市场，待建设项目好后，由政府收回，交由市场中心管理。创新市场运作模式，配套发展农贸超市等新型商业业态。利用农贸超市等新型商业业态吸引经营户和消费群体；综合分析农贸超市等商业业态占有的市场份额、消费群体和发展趋势，同步制定相应的发展规划，配套建设社区农超市场，对发展前途不大的农贸市场可探索实施“农改超”计划。

（二）高标准统筹建设，有序推进

1. 强化功能分区。严格按照商务部《农贸市场设置与管理技术规范》和《自贡市农贸市场建设与改造规范（试行）》要求，对市场进行功能分区，合理布局市场内的摊位、通道、辅助设施面积。一是对蔬果、鲜肉、水产、活禽、熟食、干鲜严格做到分区销售，活禽经营区与其他经营区要有一定的间隔距离，避免疫病产生和蔓延。二是根据我县属农业大县的实际情况，设置农户自产自销专区，且不低于市场总面积的15%，吸纳农民入场交易。三是严格设置消防区域，预留消防通道，保障主通道宽度达到3米以上的法定要求。

2. 规范结构设计。在市场结构比例上进行合理调整，拆除溢摊、出摊、临时搭建、私搭乱设以及与市场结构不相匹配的摊位，保障足够的主通道和购物通道通畅。加强排污系统建设改造，确保污水入沟入渠，地面干净整洁。设置停车场，严控车辆入市，做到人车分流，规范市场秩序。

3. 完善基础设施。强化农贸市场科技、信息建设，重点在市场内配备微机管理、监控系统，建立配送链系统，包括电子屏幕显示器、电子秤、导购图、计价监控、产品质量检测系统等，提升农贸市场档次；规范市场内管线安装管理，理清理顺市场内管线的分布安装，做到安全规范，美观有序；按规定配备消防设备设施，完善市场内通风设施建设。配备与市场容量相匹配的垃圾处理系统，建设压缩式垃圾处理点，保障垃圾清运处理及时，杜绝垃圾场内滞留。

4. 分层次提升改造。在理顺管理体制的前提下，对现有农贸市场分层次实施提升改造。第一层次：利用县市场开发服务中心主平台，投入资金对政府拥有完全产权的农贸市场（城南、莲花坝、小南门）进行改造提升。第二层次：社会化投资的农贸市场（西北城、荣新），按照谁主管、谁负责、谁提升改造原则，督促并引导主办方按规划标准限期完成提升改造。也可由市场开发服务中心以参股的形式投入资金进行提升改造，并派驻管理人员。

5. 加大政策扶持。在农贸市场整治中，要适当加大政策扶持力度，通过项目投入、财政补贴、土地划拨等方式，减免市场主体税收，适当降低农贸市场用电、用水价格，免收提升改造的有关报批费用等政策扶持，进一步促进农贸市场的硬件改造和软件提升。

（三）高规格统筹管理，规范秩序

1. 建立机构，明确责任。组建“荣县城市管理综合执法局”，改变过去多个部门对农贸市场的交叉管理模式。由城市管理综合执法局为牵头执法单位，其他部门为配合单位，指导市场主办单位开展工作。明确市场主办单位为市场日常事务的责任人，对场内的物业、卫生、经营者行为等进行日常管理；同时市场主办单位与市场内经营者以合同形式建立管理关系，作为市场租赁合同的附件条款。市场经营者主要是加强自律管理，文明经营、合法经营。建立农贸市场管理协会，加强行业联系、指导和自律。

2. 建立制度，规范秩序。建立长效管理模式，建立健全市场管理机制，把农贸市场建设、管理纳入有关部门的工作范畴，实行严格的考核，建立管理人员绩效考核制度，提高从业人员积极性和主动性。建立和完善农产品检测和准入准出制度，确保农产品质量安全。建立和完善农贸市场税收、卫生、消防、应急处理等一系列制度体系，规范市场秩序。

3. 建立基金，扎牢基础。建立全县农贸市场建设管理储备资金。储备资金的筹措以政府投入、市场摊位费收入和对外投资收益为主要来源。主要用于农贸市场建设管理，作为农贸市场建设改造资金、应急储备资金和管理调节基金，基金年度结余部分转入次年度使用。

4. 加强监管，保障安全。加强市场巡视和视频监控力度，打击欺行霸市、偷扒抢劫行为，稳定市场秩序；加强对上市农副产品的日常检测和安全质量监管，严格农产品准入制度，强化市场主办者的主体责任和市场经营者的首要责任；严厉惩治违规摆摊设点、占道经营、哄抬物价、强买强卖等恶劣行径，规范经营秩序。

5. 堵疏并举，整治占道经营。根据现在实际情况，应立足“教育引导优先、取缔为主、疏导为辅、逐步消失”的原则，综合治理以路为市、以街为市等游卖游买、占道经营现象。采取过渡措施，变“无序的乱”为“有序的乱”，设立过渡性的便民服务摊区，逐步引导入市交易，有效缓解占道经营、冒市经营的问题，通过堵、疏结合的整治措施，形成农贸市场管理的逐步规范机制，达到坐商归店、行商归市、商品归区、车辆归位、广告归栏、垃圾归桶的目标。

总之，我县当前城区农贸市场的规划、建设、管理与我县经济社会发展、城市化进程等情况均极不相协调，与我县创建省级环境优美示范县奋斗目标相背离，也与广大群众期望一个购物便利、环境卫生、安全有序的规范化市场相距甚远。因此，科学合理统筹制定我县农贸市场近、中、远期发展专项规划，并与城市规划和商业业态规划一致，同步实施，同时统筹建设和管理，建立一个布局合理、功能齐全、管理科学、交易有序的农贸市场体系势在必行。

关于增加农民财产性收入的调研报告

荣县政协

为实现县委、县政府提出的全面深化农村改革的目标，积极探索增加农民财产性收入的途径，激活农业农村持续发展的动力和活力，实现农民财产性收入稳定增长。荣县政协成立调研组，于2014年5月至7月先后到旭阳、长山等15个乡镇对荣县农民财产性收入现状进行深入调研，并赴温江、郫县等区县实地考察学习。经过综合分析论证，形成此调研报告。

一、我县农民财产性收入的现状

近年来，我县抓住作为全省统筹城乡综合配套试点县和首批增加农民财产性收入改革试点县的契机，开展了一系列增加农民财产性收入的试点工作，积极探索增加农民财产性收入的新途径，现已初见成效。

（一）财产性收入现状

荣县农业人口为49.7万人，其中农村劳动力人口32万人。2013年，荣县农民人均纯收入为8988.5元，其中：农民人均财产性收入239.57元，同比增加131.1元，增长120.9%，占农民人均纯收入的2.7%。财产性收入来源主要由五部分构成：一是存款利息收入 193.09 元，占财产性收入 80.5 %；二是集体经济或股息红利分配收入 3.28 元，占 0.014 %；三是房屋和农机器具租金收入 14.25 元，占 0.06 %；四是转让承包土地经营权收入 7.94 元，占 0.03 %；五是农产品实物价值等其他财产性收入 21.01 元，占 0.08 %。

（二）前期探索试点工作的情况

一是以“增减挂钩”实现了集体建设用地增值。2010 年以来，荣县积极争取并成功申报立项双石镇金台村和过水镇刘家庙村 2 个城乡建设用地增减挂钩试点项目。通过项目的实施，激活集体建设用地 748.97 亩，结余集体建设用地指标 629.2 亩，由县土地储备中心统一收购后挂牌出让，实现农村集体建设用地异地增值上亿元，农民建设用地人均增收上百元。

二是以“林权参股”实现了农民林权收益增长。探索引导农民自愿以林地经营权组建林权专业合作社，按 30% 股权参股龙头企业，公司出资经营管理，林农进场务工。三年来，已有 3 万余户农户将 4 万余亩林地入股四川弘鑫农业公司等 9 户龙头企业，农户 2013 年户均增收 400 元以上。

三是以“量化股份”实现了农民资产经营收益增长。荣县探索将国家投入生产性项目资金按流转土地和人口两大要素量化为农民的股份，组建专业合作社，并参股龙头企业，参与项目收益分配，增加了农民的资产及经营收益，极大地激发了农民发展农业产业的积极性。目前，共有 1948 万元财政补助生产性项目资金折算为农民参股巴尔农牧集团等龙头企业进行合作经营，带动 4000 余农户年均增收 110 元以上。

四是以“配套政策”实现了农村经营权融资能力增强。探索政府参股农担公司、农村“五权”〔农村集体土地所有权（集体组织成员收益分配权）、集体建设用地（宅基地）使用权、农村土地承包经营权、房屋所有权和林权〕反担保、农民信用等级评定、林权质押四大政策，增强农村“五权”融资能力。截至目前，市农担公司为农民、企业利用“五权”反担保，实现贷款余额 8850 万元，其中林权抵押贷款 68 宗，贷款余额 2873 万元，有效缓解了“三农”（农业、农村、农民）融资难的瓶颈。

二、制约农民财产性收入增加的主要问题

近年来，我县在增加农民财产性收入方面，做了一些探索，取得了一定成效，但受政策法规制约、确权颁证滞后等因素影响，要实现我县农民财产性收入持续稳定增加，还存在以下问题：

（一）理财意识淡薄，增收措施少

何谓农民财产性收入，它包含哪些范围，怎样增收，多数农户不清楚。对于纯朴的农民来讲，一般只会用劳力换报酬，找现钱，即使有余钱，也只会存钱而不懂得投资增值。虽然各地高度重视农民增收工作，但主要是靠抓劳务输出和农业生产来实现，加之我县受传统增收模式的影响，运用资产、资本增加收益意识淡薄，指导农民依靠财产增加收入的意识不强，增收的形式和措施不多。

（二）政策法规制约，增收渠道窄

由于城乡二元结构影响和现行土地管理法律法规及政策的束缚，农村集体建设用地开发、农村房屋交易等，被限制在特定范围、领域和人群之间，城市资本和城里人难以介入农村财产性交易市场，影响农民财产性收入的增加；农房、土地各项产权确权颁证不完善和无交易平台，农民的房屋、土地等资源缺乏合法产权制度作保障，无法通过租赁、抵押和出售实现增值，只能闲置浪费，变现和增值空间几乎为零，而农民财产性收入主要依靠土地流转、闲置房屋收益和储蓄存款利息获得，而其他财产性收入很少，也没有更多的渠道来增收，增加农民财产性收入难。

（三）确权颁证滞后，无合法用益物权

据考察了解：郫县于2011年6月全面完成农村“五权”确权登记颁证，以及集体资产的清产核资和股份量化，农村集体土地和房屋的确权颁证率达99.7%，颁发各类产权证和股权证37.5万本，产权抵押融资23.5亿元，实现交易金额10.6亿元；温江区确权登记颁证后，实现农村产权抵押融资6.77亿元，实现房屋流转登记199宗、交易金额1729万元，农用地累计流转43045宗，总面积为12.8万亩，占总面积的57%。而我县目前仅在高山起步开展农村承包地经营权的试点测绘工作，且尚未进入颁证环节。可见，我县与温江、郫县相比至少晚了三年时间。

（四）人力资源不足，基础设施滞后

随着城镇化进程的加快，农村主要劳动力已转移，外出打工人员逐年增多，土地撂荒、农房闲置现象极为普遍。家里留守的多是老人和学龄儿童，留守人员文化低、劳动力缺乏。比如在墨林乡某村组，全组66人现在只剩下9人，年龄最小的老人为62岁的生产组长。农村经济发展，农民农产品的流通，土地、房屋等财产要变现及流转，基础设施是关键，特别是道路交通要畅通。而目前我县农村基础设施总体还不完善，特别是边远山区的基础条件更差，农民的大宗农产品和财产性实物运不出去，盘活变现相当困难。

（五）增值小比重低，收入差距大

目前，我县对农民的“五权”确权颁证还不完善，也未建立统一的交易平台，农民的土地、房屋等财产没有合法权属制度保障，所拥有的财产只是一种“死资产”，增值空间小、比重低。统计显示，我县2013年农民人均财产性收入239.57元，仅占全县农民人均纯收入的2.7%，收入占比小，其中土地、房屋等财产性获得的收益占比更小，仅有0.09 %。在调查15个乡镇中，农民财产性收入占农民人均纯收入的比重不均衡，最低的0.4%，最高的6.8%，两者相差17倍；在统计部门15个抽样调查点发现，最高的家庭人均财产性收入1784元，最低收入只有24元，人均相差1760元。可见全县乡镇农民财产性收入极不均衡，差距大。

（六）金融支持有限，保险不配套

目前，一方面金融机构不愿意将农村“五权”作为抵押物，致使农户和承包经营户贷款困难，影响农村产业发展，也影响农民财产性收入的增加；另一方面金融机构面向农村的金融保险和理财产品少，加之农民投资理财意识不强，致使农民投资理财收益小。还有“三农”保险不完善，农民面对自然、疫病、市场风险，无法抵御，抗风险能力弱，农民财产保值增值难。

三、增加农民财产性收入的对策建议

增加农民财产性收入，激活农村“五权”是根本，实施和完善颁证确权是基础，实现流转是关键。同时需要相关部门大力支持，需要各级组织加强领导，需要各级干部群众的共同探索与实践，从而实现农民财产性收入的稳步增长。

（一）确权颁证，赋予农民完整的产权

要以明晰农村产权，落实农民财产性权利为核心，突出“还权赋能”。一是总体坚持“四自一引”的工作机制。即政府引导、农民自愿参与、自我决策、自主管理、自愿合作的工作机制，以村民小组为单位，实施“五锁定、八步工作法”（五锁定：锁定各村民小组的集体组织成员、各村民小组中的集体建设用地使用权面积、各村民小组中农户宅基地面积、各村民小组中耕地总面积、各村民小组中农户的承包地块位置和面积；八步工作法：宣传动员、清理核实、制订方案、进行公示、完善合同、申请确权、登记颁证、核销旧证），完成明晰农村产权工作。二是开展确权登记颁证试点工作。对农村“五权”的确权，本着先易后难的原则，先在各乡镇确定1－2个村进行试点探索，随后进行全县全域实测确权登记发证。通过深入开展农村产权制度改革，建立归属清晰、权能完整、流转顺畅、保护严格的现代产权制度，赋予并依法保障农民的完整财产权、自由流转权和自主交易权，落实农民财产性权利，激活农业农村持续发展的动力和活力。

（二）激活“五权”，唤醒农村沉睡的财富

土地、房屋等财产是农民最重要的资产，要大幅度提高农民财产性收入，必须在土地、房屋等制度改革上率先取得突破，切实激活农村“五权”，发挥农村“五权”最大权益。

1. 激活农村土地承包经营权，以“地”生财。一是整合土地承包经营权与集体组织成员收益分配权，发挥土地最大效益。对撂荒地和暂不发证的土地收归集体，量化给农民，实行集约化和专业化经营，农民持股份享有土地收益分配权。二是通过政策引导，推进农村土地承包经营权流转。对受让土地集中连片达到一定面积，达到示范片标准的，给予一定政策补贴和奖励。三是继续完善征地补偿安置措施，建立健全征地补偿机制和资金监管机制，保障用益物权。四是实行股份合作制。农民以土地入股，企业业主以资金、技术入股，实行企业经营、农民种地。农民按股权分享经营性收益，实现土地收益最大化。

2. 激活农村房屋所有权，以“房”生财。一是让农民依法通过房屋出卖（按《物权法》，只卖房产，不卖土地）、出租、抵押、继承等流转形式增加财产性收入。二是大力发展农村“房东经济”。利用农村闲置房屋，兴建休闲山庄，鼓励城市人到农村租住，感受农家生活，促进乡村文化旅游，发展田园经济，增加农民收入。三是探索在集体所有土地上新型农村社区住房在县域范围内进入市场，有条件的进行流转、租赁、抵押，使新型农村社区住房成为可以保值增值的财产。

3. 激活农村林权，以“林”生财。一是建立林权正常的转让、转包、出租和林地入股等机制，加快完善森林资源资产评估管理办法，规范森林资源资产评估行为，建立健全林木和林地经营权流转制度，完善产权交易平台。鼓励农民以森林资源为资本与龙头企业合作经营。二是加快完善林权抵押贷款办法，引导更多社会资金投向林业生产，有效解决农民发展林业资金难的问题。三是支持发展林业专业合作组织、专业协会和中介服务机构，提高合作经营覆盖面，强化技术服务、市场服务和信息服务，着力解决林地承包到户后一家一户解决不了、解决不好的困难，帮助更多的林农更好更快走上致富之路。

4. 激活农村宅基地使用权，以“建”生财。以土地综合整治为抓手推进新农村建设。一是通过实施土地综合整治，拓展城乡建设和产业发展的空间载体。遵循“因地制宜、宜聚则聚、宜散则散”的原则，按照双石镇金台村“小规模、组团式、生态化”实施新农村综合体示范建设，共建共享“业兴、家富、人和、村美”的生态田园幸福新村，使农民从中获得收益。二是积极探索建立宅基地退出机制，加大宅基地复垦和集体建设用地整理力度，实施增减挂钩，探索以新增集体建设用地指标为交易对象的交易模式，最大限度激活农村宅基地资产。三是探索农民宅基地抵押融资政策，通过宅基地的抵押来实现农民财产性收入的增加。

5. 激活集体资产，以“股”生财。一是对村社“三资”进行清理、确权登记，健全完善农村“三资”管理体系，将集体“三资”量化为农民股份，并颁发股权证。二是尽快完善相关优惠政策，鼓励和支持集体经济组织利用资金、资产和资源，以入股、租赁、承包等形式，与农业产业化龙头企业、技术服务机构、种养业大户等进行联合经营，不断发展壮大集体经济实力，确保集体资产的保值增值，从而增加农民收益分配。

（三）完善农村金融保险政策，让农民拥有更多金融工具

现阶段农村金融市场远远落后于城市，要努力构建与农民投资理财需求相适应的农村金融服务体系，着力“四个鼓励一探索”，搭建“融农”合作平台，让农民拥有更多的金融工具，实现财产性收入多渠道增加的目的。

1. 鼓励金融机构扩大抵押贷款物。金融机构要积极探索和试点将农村“五权”纳入抵押贷款范围，支持有条件的农民合作组织开展信用合作和民间资本合作。积极探索发展“公司+农户”“公司+专业合作+农户”等新型信贷模式，为农民财产性增收提供支持和帮助。

2. 鼓励金融机构扩大金融产品。积极鼓励金融机构进行农村金融产品和金融工具创新。着力开发起点低、易操作、风险小、收益高等符合农民理财需要的金融理财产品，为农民提供更多、更安全的投资渠道。同时，着力增强农民投资理财观念，采取灵活多样的形式对投资致富的典型事迹进行宣传，使农民对现代投资理财有认识和信心，理智投资理财。

3. 鼓励金融机构进一步做好服务。各金融部门应进一步完善贷款申请手续、权益评估、风险补偿、资产流转等配套措施，切实落实政策性担保、财政贴息等扶持政策。

4. 鼓励保险部门完善“三农”保险配套政策。扩大“三农”保险范围，提高赔付金额，缩短赔付时间，简化赔付程序，从而提高农民抗御自然风险、市场风险、疫病风险的能力，使农民财产能保值增值。

5. 探索以县为单位建立“农村产权”贷款风险基金。通过基金的建立，消除金融部门贷款风险，调动金融部门拓展农村产权抵押贷款新业务，力促转化，把“本本”变本钱。

（四）强化工作保障，确保农民财产性收入稳定增长

抓好农民财产性收入的增加工作，是各级组织和干部的重要职责，是实现新农村建设的重要保证。必须着力加强领导、强化保障，搞好宣传、提高意识，搭建平台、做好服务，抓好发展、延续供给，确保农民财产性收入持续增长。

1. 加强领导，强化组织保障。成立荣县增加农民财产性收入改革试点工作领导小组，统筹协调指导农村产权改革试点工作，进一步明确相关部门工作职责和工作要求，建立健全工作机制和纪律保障制度。各乡镇也要成立机构并建立相应工作制度，制订工作方案和工作措施，努力为增加农民财产性收入提供组织保障。

2. 搞好宣传，提高增收意识。各级组织要加强对增加农民财产性收入重要性、必要性、长期性的认识，搞好农村产权制度改革工作。同时及时向广大农民宣传农村产权改革政策和发展形势，争取大家理解支持和自觉加入到农村产权制度的改革中，提高农民参与产权改革的积极性和增加财产性收入的意识。在工作中充分调动和发挥农民主人翁积极性和作用，让村民内部矛盾和利益分配问题在村民自治范围内由村民代表大会讨论决定。

3. 搭建平台，做好综合服务。建立县级农村产权流转交易综合服务中心，下设镇乡交易服务站，制定完善农村产权流转交易、登记、变更、抵押融资等配套办法和实施细则，系统完善产权流转服务体系，使农村“五权”依法规范有序流转交易。同时，要积极为农民排忧解难，掌握他们生产生活的困难，不断加强技术培训和信息传递，进一步提高农民素质和致富技能。

4. 抓好发展，延续增收供给。农民拥有财产是增加财产性收入的先决条件。我们要坚定不移地发展现代农业，着力推进农业产业化、集约化发展，以产业化和集约化发展促进农民增收。同时，积极引导农村剩余劳动力的转移，使农民向市民转变，防止以退出“五权”权益作为农民进城落户的条件，切实保障农民用益物权，让农业转移人员安心进城务工、经商、创业，获取更多工资性收入和财产性收入。不断增加农民财产积累，实现农民有财可理，从而有条件持续增加财产性收入。

通过本次调研，我们认为，增加农民财产性收入是解决“三农”问题的重要抓手，激活农村“五权”，让绝大多数农民能持续地从土地、房屋等资产中获取收益，是逐步缩小城乡差距和实现城乡统筹协调发展的重要举措。在进一步深化农村产权制度改革中，消除制度性障碍，需要顶层设计、法律法规的突破和支持，需要凝聚各方共识和力量，从而不断增加农民收入，让农民共享改革开放的成果。

重要文件名录

文 号	文件标题	签发日期
荣委发〔2014〕1号	关于深入推进农村改革加快发展现代农业的意见	3月19日
荣委发〔2014〕3号	关于建立健全作风建设长效机制的实施意见	12月16日
荣委发〔2014〕4号	关于2014年党风廉政建设和反腐败工作的实施意见	3月21日
荣委发〔2014〕5号	关于深入开展党的群众路线教育实践活动的实施意见	2月27日
荣委发〔2014〕6号	关于深入推进依法治县的意见	4月16日
荣委发〔2014〕7号	关于加强新形势下党外代表人士队伍建设的实施意见	5月7日
荣委发〔2014〕8号	印发《贯彻落实党的十八届三中全会精神全面深化改革的实施意见》的通知	8月14日
荣委发〔2014〕10号	关于印发《荣县建立健全惩治和预防腐败体系2013－2017年实施方案》的通知	9月26日
荣委发〔2014〕12号	关于认真执行党员干部直接联系群众制度全面加强党的群众工作的实施意见	12月12日
荣县府发〔2014〕13号	印发《荣县农村土地承包经营权流转管理实施办法（试行）》的通知	4月16日
荣县府发〔2014〕22号	关于关闭荣县旭阳镇余家沟煤厂等四个煤矿的决定	8月5日
荣县府发〔2014〕23号	关于加快推进养老服务体系建设的实施意见	8月8日
荣县府发〔2014〕34号	关于印发荣县大气污染防治行动实施方案的通知	12月12日
荣县府办发〔2014〕35号	关于授予“中药最细粉炮制工艺及其质量标准关键技术的研究与应用”等12项成果2013年度荣县科技进步奖的决定	12月18日

重要文件选录

中共荣县县委　荣县人民政府
关于深入推进农村改革加快发展现代农业的意见

荣委发〔2014〕1号

各乡镇党委、政府，工业园区（河西新区）管委会，县委各部委，县级各部门，各人民团体和直属事业单位，各驻荣单位：

2014年是深入贯彻落实党的十八届三中全会精神、全面深化改革的开局年。现就深入推进农村改革，加快发展现代农业，做好2014年农业农村工作提出如下意见：

总体要求：全面贯彻落实党的十八大、十八届三中全会和中央、省、市农村工作会议精神，围绕保供、增收两大核心目标，紧紧抓住小井沟移民、农村改革、发展现代农业、幸福美丽新村建设四条主线，抓实“十八个三”54个环节的重点工作。实现农民人均纯收入过万元，农业增加值增长3%，粮食产量40万吨以上。

一、加快发展现代农业

1. 巩固三个地位。巩固全国产粮大县地位，用足“四补贴一保险”政策，鼓励农户代耕，党员、干部助耕，培育种粮大户，防止耕地撂荒；狠抓大小春生产和“两再四秋”，确保粮食播种面积119万亩以上；优化集成“四新六良”，持续提升粮食生产能力建设。巩固全国生猪调出大县地位，加强良繁体系建设，加快以品种良种化等“五化”为重点的新品种新技术推广应用，加大对适度规模经营的支持力度，出栏生猪73万头以上。巩固全国绿色食品原料标准化生产基地示范县地位，分类别实现“统一优良品种、统一生产操作规程、统一田间管理技术、统一投入品供应”常态化。

2. 开展三个创建。创建省级农产品质量安全监管规范化县，加强农产品质量安全追溯体系建设和质量安全检测工作，推行农产品产地准出、市场准入制度，全面提升农产品质量安全监管水平，确保不发生重大农产品质量安全事件。创建农业部渔业健康养殖示范县，加快优势水产品健康养殖基地建设，健全水生动物防疫检疫工作，完成1.5万亩无公害水产品产地认证。创建高石梯国家级森林公园，完成规划和各项基础性工作。

3. 抓实三个重点县。抓实现代畜牧业重点县建设，突出抓好生猪、肉羊和肉兔三大主导产业，同步发展肉牛、小家禽，形成布局科学的规模产业带（区），加大国家级、省级标准化示范场（小区）创建力度。抓实粮经复合型现代农业产业基地重点县建设，巩固扩大基地面积，优化集成新品种新技术新模式，强化设施配套，加强对生产规程的监督管理。抓实现代林业重点县建设，鼓励推广农民土地入股与企业合作经营油茶基地，完成1.4万亩油茶新造林和0.7万亩油茶改造林计划，加强对油茶栽培、管理及茶园综合利用的技术指导和培训，扶持产业龙头，不断提升油茶产品市场竞争力。

4. 开发三大种源。加大对全省濒临灭绝的四川麻鸭、地理商标“荣县油茶”和黑山羊高繁品系的保护与开发，形成独具特色的种源优势。加快发展现代种业，以企业为主体建立育种创新体系，选育推广一批高产、优质、抗逆性强的新品种，扶助建立新品种科技示范园。推广“政府购买品种、企业集中繁育、项目配套转化”的农业科技成果转化方式。

5. 强化三类品牌。加强“三品一标”认证，重点加强畜产品、水产品无公害认证和森林食品认证工作，继续支持绿色食品、有机食品和地理标志保护产品的创建工作。支持专利申报，实行专利申报补助制度，鼓励龙头企业和个人申报、引进专利。强化商标和名牌战略，从商标注册抓起，不断培育自贡市知名商标、四川著名商标和名牌产品、中国驰名商标和名牌产品。

6. 建设三大园区。加快建设现代农业示范园区，巩固、提升旭水河畜-沼-菜、休闲观光、蔬菜标准化3个万亩园区，积极争创国家级现代农业示范园区；加快推进小井沟水库坝区核桃、胡家早春茶、长山油茶、过水蚕桑等7个万亩园区建设，打造百里现代农业长廊。加快建设农产品物流园区，支持优势农产品产地市场、主要农产品集配中心和荣州物流园区等建设工作，逐步构建布局合理、功能配套、集散有序的农产品物流体系。加快建设农产品加工园区，实现弘鑫农业、青云酒厂、阳光米业三大企业投产，园区农副产品加工产值实现70亿元，创建国家农业产业化示范基地。

7. 壮大三支队伍。壮大经营队伍，进一步发挥龙头企业、专合组织、农村经纪人和种养大户在农业产业化中的四轮驱动作用，加快培育家庭农场、农户以土地承包经营权入股龙头企业或农民专业合作社等新型农业经营主体，积极推进规模经营，创新社会化服务方式，加大对农业经营人才和新型职业农民的培训力度。壮大技术队伍，加强对现有农业技术服务人员的培训和考核力度，充实以“三站一中心”（水管站、林业站、畜牧兽医站，农业综合服务中心）为载体的公益性技术队伍，鼓励企业、专合组织通过人才引进、技术合作、产学研结合等形式，发展市场化技术队伍，实现公益、市场技术人才共融互补。壮大执法队伍，配制、充实执法人员，组建农业综合执法大队，加强农业综合执法体系建设。

8. 建好三类项目。建好农村公路项目，实施好农村公路改善工程，改建县乡道路52.4公里，落实农村公路标准化管理试点工作。建好农村水利项目，完成望佳防洪堤工程等8个储备工程的前期工作，完成污二期等8个续建工程建设，全面开工五小水利等8个工程，完成水利总投资1.1亿元，新增旱涝保收面积0.6万亩，新增和改善灌溉面积1.9万亩，新发展节水灌溉面积1.2万亩，新增治理水土流失面积25平方公里，新增供水受益人口3.98万人。建好农田治理项目，大力实施金土地工程、农业综合开发、基本口粮田建设、现代农业生产发展等项目，强化以土地平整、田型调整、地力培肥、水路电三网配套为主要内容的高标准农田建设，建成高标准农田2.5万亩。跟进农村公共服务设施建设，进一步改造农村电网，继续实施天然气向农村延伸工程，加强农村信息网络建设，逐步建成完善气象灾害防御工作机制和气象防灾减灾体系。

9. 推进三大行动。深入推进“利废”行动，积极推行秸秆“五化”综合利用，支持畜禽粪污无害化处理和资源化利用，支持有机肥厂建设，开展高标准农膜推广和残膜回收工作。深入推进“绿地”行动，实施第二轮退耕还林、天然林保护等林业重大工程，完善公益林调整落界工作，加强森林防火，严禁乱砍滥伐，扎实开展植树造林，落实好造林、森林抚育等林业补贴政策。深入推进“清水”行动，严格农业投入品监管，倡导使用有机肥、高效低残及生物农药，治理农村面源污染；做好县域内饮用水水源保护规划，落实严密的水资源管理制度，强化对污染水体和水环境案件、事件的查处力度，强化取水许可制度，加强水功能区管理。

二、推进农村产权改革

启动三项改革。探索壮大集体经济组织的实现形式，遵循村民自治的原则，探索农村集体资产所有权、使用权、经营权“三权分离”，农村集体资金、资产、资源“三资参营”，合理计提财政项目资金等新注入资产收益，搭建产权交易平台，充分利用“三资”优势，吸引业主、企业等新经营主体入驻。集体经济组织依法将农村“三资”采取出租、入股、自营、出让等形式参与经营，实现保值增值。在确保集体经济组织成员收益的情况下，加大经营收益中公积金和公益金的提取比例，用于村集体经济组织发展壮大。探索农民财产性收入的增加形式，坚持“六探索六增加”工作思路，进一步盘活农民货币资产、项目资产及“农村五权”三类资产，探索组建集体建设用地专业合作社，实施深化城乡建设用地增减挂钩试点项目，按上级部署引导和规范集体经营性建设用地入市，增加建设用地使用收益。探索经营权股份制改造，通过托管、参股等方式增加土地经营权收益。探索盘活农房产权，通过建设专业市场带动增加房产经营收益。探索推广财政生产性资金量化为农民股份，增加资产及经营收益。探索完善担保体系建设，增加经营权融资能力。探索盘活货币资产，增加货币资产理财收益。探索农民变市民的过渡形式，加快推动农业转移人口市民化，制定持有居住证农民工享受居住地公共服务的具体办法。把进城落户的农民在农村参加的医疗保险、养老保险规范接入城镇社保体系。

三、建设幸福美丽新村

1. 围绕三种类型。紧紧围绕“业兴、家富、人和、村美”的建设目标和规划，缺什么建什么，突出产业先行，创新经营主体，因地制宜，依法按照三种类型同步推进。一是围绕产业补民居，已有产业基础的，补民居、补通道；二是围绕民居补产业，建成的新村，发展产业，探索构建以农民为经营主体或收益主体的股份合作、土地入股合作等发展机制，补产业、补通道；三是产业民居同步推进，依据规划，发挥资源优势，依托深化城乡建设用地增减挂钩试点等项目，高标准建设产村相融的新农村综合体。

2. 坚持三个集中。坚持规划引领，强化项目整合，推行竞争立项，引导项目向公路沿线集中、向中心村集中、向移民安置区集中，认真做减法，严格保质量，建好一个，减少一个。规划和建设的全过程都要公示公告、公开透明，做到群众认可、基层认同、专家认定，各方满意。

3. 突出三个重点。保持农村风貌，彰显地域特色，匹配建设项目，突出建设“一片特色产业、一条产业通道、一个田园新村”三个重点，每个幸福美丽新村发展 1－2 个主导产业或主打产品，建设标准化、规模化、品牌化的现代农业产业基地；加强路网建设，实现每个幸福美丽新村围绕产业建成一条产业通道；有效利用周边林盘、山水资源和前庭后院，坚持新建与改造结合、生产生活与生态并重，每个幸福美丽新村要重点打造1-2个体现农耕文化和田园特色的新村聚居点、新农家大院。巩固提升望佳镇品山村、双石镇金台村、鼎新镇西堰村、乐德镇回龙殿村、保华镇红豆树村、长山镇胡家村，续建留佳镇小田、金子、凤龙、五间房村、来牟镇凉风、鸽子村；新建鼎新镇学堂村、鲤鱼村、长山镇石笋、伍家嘴、高松、筒车村，保华镇青杠坪村；储备双石镇石牛村、望佳镇望佳村、长山镇五通、得胜村。

四、完成移民搬迁安置

实现三个确保。确保小井沟水利工程如期下闸蓄水，强势推进小井沟水利工程移民搬迁，坚持县级领导包片、部门包村、干部包户工作责任体系，继续组织移民工作小组进村入户、面对面与移民沟通，全力做好移民思想工作和搬迁各项服务。确保移民群众“稳得住”，坚持以土为本、以农业生产安置为主，加快移民安置点建设，按农时及时调配农业生产资料，帮助移民尽快恢复正常生产生活。确保移民群众逐步能致富，坚持开发性移民方针，认真贯彻落实移民后期扶持政策，深入开展项目整合、技能培训和县、镇、村干部及种养大户“四帮一”活动，不断改善移民生产生活条件，切实增强移民自身“造血”功能。

五、强化组织保障措施

1. 落实三级负责制。切实加强对“三农”工作的领导，强化粮食、安全、投入三大责任意识，科技创新、管理创新、机制创新三大创新意识，强化党委统一领导、党政齐抓共管、农村工作综合部门组织协调、有关部门各负其责的农村工作领导体制，把“三农”工作摆在重中之重的位置。实行县委书记、县长，局长（主任），镇（乡）党委书记、镇（乡）长三级负责制。

2. 推行三大基层治理机制。推行农村公共服务运行维护机制，坚持“35186”工作法，强化新村卫生环境、文化环境、生态环境建设，完善以农村基础设施和环境类、农业生产服务类、农村生活服务类、农村社会管理类为主要内容的公共服务运行维护长效机制，提升农村公共服务水平，实现“小事不出村”目标。推行“支部+协会”项目管护机制，充分发挥基层党组织在项目管护中的核心作用，强化建成项目的管护，确保发挥项目效益。推行“三自一引”机制，健全基层民主制度，完善村民自治机制，深入推进村务公开、政务公开和党务公开，推广“政府引导，村民自愿参与、自我管理、自主决策”机制。

3. 争取三类政策。研究涉农政策法律，争取粮食主产区转移支付、生猪调出大县奖励等专项财力性转移支付政策，争取连片扶贫、农田水利、幸福美丽新村、防灾减灾等专项转移支付项目资金，争取标准化创建等平台性政策，确保全年争取上级财政转移支付涉农资金不低于全省同类区平均水平。

4. 细化三项重点目标。明晰责任，进一步细化落实农民收入、粮食产量、生猪出栏三项重点目标。乡镇实行主要领导、分管领导、农业综合服务中心主任三人负责制度，部门实行农工委主任、主管部门负责人、统计局负责人三人负责制度，继续实行联席会议、目标管理、绩效考核、项目扶持、联系帮扶等制度，做实城乡一体化调查点、粮食抽样调查小区和生猪监测小区。

2014年3月19日

中共荣县县委关于深入开展党的群众路线教育实践活动的实施意见

荣委发〔2014〕5号

各乡镇党委，工业园区管委会党工委，县委各部委，县级各部门、各人民团体和直属事业单位、在荣参加教育实践活动的驻荣单位党组织：

根据《中共中央关于在全党深入开展党的群众路线教育实践活动的意见》（中发〔2013〕4号）、《中共中央办公厅印发〈关于开展第二批党的群众路线教育实践活动的指导意见〉的通知》（中办发〔2014〕4号）、《中共四川省委关于深入开展党的群众路线教育实践活动的实施意见》（川委发〔2013〕14号）、省委党的群众路线教育实践活动领导小组《关于印发〈四川省深入开展党的群众路线教育实践活动第二批实施方案〉的通知》（川委群组发〔2014〕3号）和《中共自贡市委关于深入开展党的群众路线教育实践活动的实施意见》（自委发〔2014〕3号）要求，我县教育实践活动从2014年2月开始，9月基本完成。参加单位：县级领导班子，县级机关企事业单位，人民团体，乡镇、村（社区），非公有制经济组织和社会组织等基层组织，非中共党员领导干部可参加活动。结合我县实际，现提出如下实施意见。

一、准确把握总体要求

坚持以党的十八大和十八届三中全会精神为指导，认真贯彻习近平总书记系列讲话精神，认真贯彻中央、省委和市委确定的指导思想、目标要求和方法步骤，突出学习教育，突出问题导向，突出服务群众，突出领导示范，切实把握三个方面要求：

（一）全面贯彻“照镜子、正衣冠、洗洗澡、治治病”总要求。“照镜子”，主要是对照理论理想、党章党纪、民心民声、先辈先进，查找宗旨意识、工作作风、廉洁自律方面的差距。“正衣冠”，主要是按照为民务实清廉的要求，严明党的纪律特别是政治纪律，正视矛盾和问题，从自己做起，从现在改起，从小处抓起，端正行为，维护良好形象。“洗洗澡”，主要是以整风精神开展批评和自我批评，深入分析出现形式主义、官僚主义、享乐主义和奢靡之风的原因，坚持自我净化、自我完善、自我革新、自我提高，既要解决实际问题，更要解决思想问题。“治治病”，主要是坚持惩前毖后、治病救人方针，区别情况、对症下药，对作风方面存在问题的党员、干部进行教育提醒，对问题严重的进行查处，对与民争利、损害群众利益的不正之风和突出问题进行专项治理。紧紧围绕为民务实清廉主题，落实中央八项规定、省委省政府十项规定、市委市政府十一项规定、县委县政府十项规定和《党政机关厉行节约反对浪费条例》，坚持上下联动，突出作风建设，贯彻整风精神，坚决反对形式主义、官僚主义、享乐主义和奢靡之风，着力解决关系群众切身利益的问题，解决群众身边的不正之风问题，提升做好新形势下群众工作的能力，使党员、干部思想进一步提高，作风进一步转变，党群干群关系进一步密切，为民务实清廉形象进一步树立，基层基础进一步夯实。

（二）突出重点领域和重点对象。坚持以县级领导机关、领导班子和领导干部为重点，突出抓好直接联系服务群众的执法监管部门和窗口单位、服务行业的教育实践活动。注重抓好乡镇和村（社区）等与群众联系密切的基层组织的教育实践活动，切实加强广大党员、干部马克思主义群众观点和党的群众路线教育。县委常委班子要按照省委“五个带头”要求，带头开展学习调研、带头征求各方意见、带头进行对照检查、带头抓好整改落实、带头推动工作实践，充分发挥领导机关、领导班子和领导干部模范带动作用。

（三）认真落实“六个更加注重”要求。发扬认真精神，坚持正面教育为主，坚持开展批评和自我批评，坚持讲求实效，更加注重领导带头、层层示范，更加注重聚焦“四风”、解决问题，更加注重敞开大门、群众参与，更加注重分类指导、有序推进，更加注重上下协力、衔接带动，更加注重严格要求、真督实导，确保教育实践活动不虚、不空、不偏、不走过场。

二、明确重点工作任务

教育实践活动的主要任务是抓住反对“四风”这个重点不放，集中解决县级领导机关、领导班子和领导干部“四风”方面存在的突出问题，对作风之弊、行为之垢来一次大排查、大检修、大扫除。同时，要回应群众关切，维护群众利益，注重解决实际问题，解决群众身边的不正之风，把改进作风的要求真正落实到基层、让群众受益。

（一）着力解决“四风”突出问题。县级领导班子和领导干部重点解决不同程度存在的政绩观不正确，不敢担当，不愿负责，当“太平官”、“逍遥官”，搞“形象工程”、“政绩工程”，换一任领导、变一套思路、提一套口号，只顾眼前不顾长远，好大喜功、虚报浮夸，有令不行、有禁不止，民主集中制坚持不好、搞“一言堂”、听不得不同意见，心气浮躁，“上有政策、下有对策”，文山会海、不求实效，疏远群众、脱离基层，选人用人上的不正之风，超标配备公车、多占办公用房、公款吃喝、公款送礼等问题。县级机关事业单位和人民团体重点解决民主集中制坚持不好，搞“一言堂”、听不得不同意见，庸懒散拖、推诿扯皮，业务不熟、办法不多、能力不强、创新不够、项目推进不快，学风不浓、玩风盛行、不思进取、浑浑噩噩混日子，作风漂浮、执行制度不到位、工作不落实、服务不主动、调研不深入，衙门作风严重、部门利益至上、有利则争、无利则推，特权思想严重、“中梗阻”、“灯下黑”、不给好处不办事慢办事，检查考核验收过度等问题。执法监管部门和窗口单位、服务行业重点解决门难进、脸难看、事难办，一次性告知不到位、一次性办理不到位、折腾人，执法不公、态度生硬、选择性执法、随意性执法，乱收费、乱罚款、乱摊派，不作为、慢作为、乱作为，办关系案、人情案、金钱案，滥用职权、吃拿卡要，霸王条款、借权营生、利益寻租，监管不到位、以收代管、以罚代管等问题。乡镇领导班子和领导干部重点解决民主集中制坚持不好，搞“一言堂”、听不得不同意见，“机关化”“官气重”现象，不深入村（社区），工作重安排、轻落实、惯于电话指挥，家底不清、情况不明、疏远群众、不关心群众冷暖，责任心不强、坐等上门多、主动问需少，不坚持原则，落实惠民政策缩水走样，工作粗放、得过且过，不求有功、但求无过，“守摊”思想严重、只保稳定、不思发展，时效意识差、敷衍了事、能拖则拖，执行能力弱，政策业务不熟，遇到矛盾往上交或绕道走，工作方式简单粗暴，弄虚作假，欺上瞒下，对镇、村（社区）干部管理和考核不逗硬，财务管理不规范、财经制度执行不严格等问题。村（社区）等基层组织主要解决软弱无力，在党不信党、在党不为党，不信马列信鬼神，不靠组织拜菩萨，干部年龄老化，后备干部不足，组织生活不正常，制度不健全、不落实，机关化倾向过重、不走进农户家中、不深入田间地头，忙于私事、服务群众意识和能力不强，办事不公、优亲厚友、暗箱操作、与民争利、侵害群众利益，法制意识淡薄，民主公开不够，执行政策弄虚作假，吃拿卡要，虚报冒领等问题。各乡镇、县级机关事业单位和人民团体等单位都要注重解决组织涣散、纪律松弛、干部“走读”的问题。

（二）着力解决关系群众切身利益问题。坚持为民利民便民，本着尽力而为、量力而行的原则，落实各项民生政策，切实解决场镇居民饮用水不安全、村组道路基础设施差，以及群众在教育、就业、社会保障、医疗、住房、用电等方面的基本需求问题；切实解决盗抢、赌博等社会治安问题，以及扬尘治理不彻底、垃圾清理不及时、饮食卫生监管不严格等在生态环境、食品药品安全、安全生产、执法司法、征地拆迁方面损害群众利益的问题；切实解决优亲厚友，工作不透明，政策不逗硬，不符合条件人员享受低保等发生在群众身边的不正之风的问题；切实解决受灾群众、空巢老人、留守儿童、残障人员、孤寡老人、低收入家庭、无房户等特殊困难群体的生产生活问题；切实解决漠视群众利益，挪用、截留、挤占、骗取惠民物资和资金等与民争利的问题。畅通群众诉求渠道，加强与群众真诚沟通，做好矛盾纠纷排查化解工作，让群众办事更加便利、得到更多实惠，增强安全感、提高满意度，切身感受公平正义。

（三）着力解决联系服务群众“最后一公里”问题。以加强基层服务型党组织建设为抓手，以“全省农村公共服务运行维护机制示范试点县”为载体，扩大党的组织覆盖和工作覆盖，建设守信念、讲奉献、重品行的基层党组织书记队伍，组织带领广大党员、干部为群众提供更多更好服务。针对组织设置不规范、班子配备不齐、能力素质不强的问题，进一步规范组织设置，完善组织构架，选好配强班子；针对一些领域党建基础薄弱、党员发展管理不规范、党员长期不起作用甚至起负作用的问题，建立完善稳定的基层组织运转和基本公共服务经费保障制度，及时处置不合格党员，保持党员队伍的纯洁性。其中，乡镇要重点解决班子活力激发不够、编制人员空缺、权责不对等、服务手段单一、经费保障不到位、驻村干部和大学生村官管理不够严格等问题；村（社区）要重点解决工作软弱、管理运行不规范、集体经济薄弱、远教设备老旧等问题，推动人、财、物向基层倾斜，每年每村公共服务运行维护经费平均不少于5万元；在2015年前，将村（社区）年平均办公经费提高到3万元。落实关爱基层干部政策，充分调动服务群众的积极性，建设服务意识强、服务能力强、服务作风好的干部队伍，让群众话有地方说、事有地方办，困难有人帮、问题有人管。

三、抓好关键环节步骤

坚持问题导向，坚持教育实践并重，坚持边学边查边改，把学习教育贯穿始终，把解决问题贯穿始终，充分调动领导干部和广大群众两个积极性，打牢学习教育和查摆问题两个基础，抓住整改落实和建章立制两个关键，使教育实践活动各个环节的工作有效衔接、相互贯通。

（一）学习教育、听取意见

1. 结合实际抓学习教育。层层召开动员会议，各单位党员主要负责同志作动员报告，督导组长到会讲话。要做到"四个讲清楚"（讲清楚开展教育实践活动的重大意义，讲清楚中央、省、市、县委的目标要求，讲清楚开展活动的任务安排，讲清楚对领导班子及成员的具体要求）。同时，由督导组牵头组织参会人员开展现场评议，评议的主要内容包括：对领导班子及成员作风方面情况的总体评价；领导班子及成员在形式主义、官僚主义、享乐主义和奢靡之风等方面存在的突出问题，对搞好教育实践活动的意见建议等；并在会后开展个别谈话。

抓好学习教育。围绕强化思想理论武装，深入开展马克思主义群众观点和党的群众路线专题学习讨论，坚持向群众学习、拜群众为师，使党的群众路线在全体党员、干部中深深扎根，使践行党的根本宗旨成为党员、干部的普遍自觉，着力增强广大党员干部的理想信念、宗旨意识、群众观点，解决好世界观、人生观、价值观"总开关"问题，解决好"入党为什么、当干部做什么、为后人留下什么"的问题，解决好权力观、地位观、利益观的问题，解决好"为了谁、依靠谁、我是谁"的问题。在学习内容上，要组织党员、干部认真学习习近平总书记系列重要讲话精神，学习党章、党的十八届三中全会精神、党的光辉历史和优良传统，学习《论群众路线——重要论述摘编》《党的群众路线教育实践活动学习文件选编》《厉行节约、反对浪费——重要论述摘编》等规定内容。同时，要以兰辉等先进典型为榜样，结合不同领域、不同行业党员干部实际，有针对性地开展理想信念、党性党风党纪和道德规范教育，切实加强党的组织制度、组织规范、组织纪律教育。开展理论宣讲教育、典型引导教育、实践课堂教育、反面警示教育等"四项专题"教育，开展"群众路线怎么走""改进作风怎么办""深化改革怎么抓""五好干部怎么做""底部如何崛起"五个专题讨论，全县将在专题学习和讨论成果中评选一批好点子、好经验、好做法。在学习方式上，各单位要充分利用党校、远教站点、党建网站、教育基地、手机短信等平台，通过领导干部讲党课、专家作辅导报告、观看专题片、专题研讨、实地参观、典型引导、个人自学等多种方式，认真开展"五学五看"活动（学党章，看履行义务好不好；学理论，看群众观点牢不牢；学党史，看政治信仰强不强；学政策，看发展思路活不活；学业务，看工作效率高不高），妥善处理工学矛盾，切实增强学习效果。在学习时间上，县级领导干部学习讨论不少于 50 学时，其中集中学习培训不少于 3 天、集中交流不少于 3 次。全县副科级以上领导干部至少要撰写一篇 1500 字以上的学习心得体会文章，并通过公示栏等方式在一定范围内公开。其他基层党组织要运用灵活多样、务实管用的方式抓好学习教育工作。

2. 深入群众听取意见。结合开展"走基层、解难题、办实事、惠民生"活动，把"面对面"与"背靠背"结合起来，把"个别听"和"集体谈"结合起来，把"走进群众听"与"组织群众评"结合起来，把聚焦"四风"问题与查找制约发展、影响民生的问题结合起来，直接到群众中去听取意见，特别要听取工作对象和服务对象的意见。实施"开门评风"，邀请党代表、人大代表、政协委员和离退休老同志代表等，对各级机关作风进行评议；注重"百姓听音"，充分依托各级政务服务中心、信访接待中心、党员群众服务中心等，重视来信、来访等送上门的意见，积极探索网络、第三方调查等征求意见的具体方法，畅通群众利益诉求表达渠道；深入"基层问症"，党员干部特别是领导班子成员，要带头深入下级机关和基层单位、生产工作一线、管理服务对象中，广泛听取意见建议；并做好意见反馈，对征求到的意见建议，进行分类梳理，并分层次原汁原味地转达反馈。要防止相互征求意见"函来函往""公文旅行"，防止"一窝蜂"下基层、重复征求意见。

3. 坚持边学边查边改。要紧密结合工作实际，边学习、边查找、边改进。对调查研究和征求意见中查找出来的问题，要制定整改措施，建立整改台账，从现在做起、从我做起、从领导带头做起，以立行立改的实际行动取信于民。要把征求意见与帮助解决群众实际困难结合起来，让群众从一开始就感受到教育实践活动带来的新变化新气象。

（二）查摆问题、开展批评

1. 找准抓住突出问题。坚持为民务实清廉要求，学习和对照党章、对照廉政准则、对照改进作风要求、对照群众期盼、对照先进典型，采取群众提、自己找、上级点、互相帮、集体议等方式，联系领导班子、班子成员和党员干部个人实际，查找"四风"问题具体表现，注重从关系群众切身利益的问题中查找"四风"问题。各单位要对照《党政机关厉行节约反对浪费条例》以及有关规定进行检查，乡镇、村还要对照《农村基层干部廉洁履行职责若干规定（试行）》进行检查。各县级领导班子、乡镇、县级机关事业单位和人民团体领导班子要形成"四风"问题具体表现材料。

2. 认真撰写对照检查材料。县级领导班子、领导干部，各乡镇、县级机关事业单位和人民团体领导班子和班子成员要撰写对照检查材料。对照检查材料要突出"四个重在"（重在写问题、重在找问题、重在查自身、重在明方向），包括四个方面：一是遵守党的政治纪律、发展观政绩观、贯彻执行民主集中制和贯彻中央八项、省委省政府十项、市委市政府十一项、县委县政府十项规定情况；二是"四风"方面存在的主要问题（要一方面一方面的写、一条一条的写，要一风一风的列出"四风"问题的具体表现、典型事例，对"三公"经费支出、职务消费、人情消费、公务用车、办公用房和住房、家属子女从业等情况要作出说明）；三是产生问题的原因分析（从理想信念、宗旨意识、党性修养、政治纪律等方面剖析根源）；四是今后的努力方向和改进措施。主要负责同志要主持起草领导班子对照检查材料，并征求上级领导、党代表、人大代表、政协委员、离退休老同志、下级部门负责人和普通基层群众、服务对象等对对照检查材料意见。班子成员要自己动手撰写个人对照检查材料。上级党组织、党委（党组）负责同志和督导组要分级分类审核把关；党员主要负责同志要审阅班子成员的对照检查材料；领导班子成员要审阅分管部门（单位）主要负责同志的对照检查材料。领导班子和主要负责同志的对照检查材料，要报上一级党委教育实践活动领导小组办公室审查和备案。党员领导干部的对照检查材料，还要按照干部管理权限上报。对照检查材料联系实际不够、问题找得不准、剖析不深不透、整改措施不实不力的，要在规定时限内认真修改或重新撰写。

3. 开好专题民主生活会和组织生活会。各县级领导班子、乡镇、县级机关事业单位和人民团体领导班子要召开专题民主生活会。县委常委班子专题民主生活会时间不少于2天，其他领导班子民主生活会时间根据实际情况确定。会前，要普遍开展谈心交心；会上，要以整风精神开展严肃认真的批评和自我批评，既揭短亮丑、动真碰硬，又实事求是、出于公心，不发泄私愤，不搞无原则纠纷；会后，组织召开专门会议通报民主生活会情况，参会人员按参加动员大会的范围确定。上一级纪检、组织部门要派员参加会议，督导组组长要对开展批评和自我批评的情况进行点评。其他基层单位的党组织要召开专题组织生活会，开展民主评议党员和处置不合格党员工作，针对存在问题提出改进措施和办法。对问题矛盾比较集中、反映问题较多的基层单位，上一级党组织要专门派人进行指导。上一级机关分管联系的党员领导干部要参加下一级单位领导班子的专题民主生活会，党员领导干部要以普通党员身份参加所在党支部的组织生活会。

（三）整改落实、建章立制

1. 上下联动抓整改。围绕群众反映强烈的突出问题，一开始就改起来，从具体事抓起、从身边事做起、从群众最不满意的事改起，即知即改，立行立改。针对查摆出来的问题，各单位主要负责同志要负责牵头认真制定、严格审核整改方案和措施，明确任务书、时间表和责任人。对存在的主要问题，既要有长期整改安排意见，也要有近期整改任务要求；对群众反映强烈的问题，要一一提出整改措施和办法，想方设法予以及时解决。实行开门整改，向群众作出整改承诺，及时公布整改情况，请群众评价和监督。领导班子及其主要负责同志的整改方案、整改措施，以会议形式在本单位范围内征求意见和公示，并注意采取适当方式征求下级单位和管理服务对象的意见；其他班子成员的整改措施，主要在班子内部和分管部门（单位）以会议形式征求意见。其他党员干部个人的整改措施，在支部范围内进行公示和征求意见。要上下联动开展专项整治，切实纠正不正之风，特别是要针对基层基础薄弱的问题，加强上下联动整改，切实把教育实践活动整改的问题与需要上级帮助解决的问题衔接起来，以上带下、以下促上，动真碰硬、攻坚克难，持续用劲、步步为营，确保整改成效让群众看得见、感受得到、大多数人满意。

2. 深入开展专项整治。不折不扣地落实中央、省委确定的专项整治任务，对文山会海、检查评比泛滥，行政审批改革不到位，门难进、脸难看、事难办，违反财经纪律，公款送礼、公款吃喝、奢侈浪费，超标配备公车、多占办公用房、新建滥建楼堂馆所，党政机关、事业单位人员超编和超职数配备，“三公”经费开支过大，侵害群众利益行为，干部“走读”，基层活力不足、保障不够等问题，下猛药、出重拳，一项一项整治。同时，各乡镇、县级机关事业单位和人民团体要结合履行职能职责和作风建设实际，确定专项整治重点，尤其要把解决群众反映强烈的面上突出问题、整治侵害群众利益行为作为重中之重，不达目的不罢休。

3. 强化正风肃纪。坚持严的标准、严的措施、严的纪律，坚决查处发生在群众身边的不正之风和腐败问题，坚决整治特权病、冷漠病、懒散病、享乐病、挥霍病。对有问题不整改、大问题小整改、边整改边再犯的，要严肃批评教育，必要时采取组织措施和纪律措施。要加强领导班子建设和严格教育管理干部，对软、懒、散、庸的领导班子进行整顿；对存在一般作风问题的干部，要立足于教育提高，促其改正；对群众意见大、不能认真查摆问题、没有明显改进的干部，要进行组织调整。对在活动中发现的重大违纪违法问题，要及时移交纪检监察机关或有关方面严肃查处。加强基层党组织建设和党员教育管理，对软弱涣散的基层党组织，进行集中整顿；对长期不起作用甚至起负作用的党员，进行严肃教育，对不合格的要严肃党纪、给予组织处理。

4. 加强和改进群众工作。认真贯彻执行中央办公厅、国务院办公厅《关于创新群众工作方法解决信访突出问题的意见》（中办发〔2013〕27号）、中共四川省委《关于进一步转变作风加强党的群众工作的意见》（川委发〔2013〕22号）和中共自贡市委、自贡市人民政府《关于改进工作作风、密切联系群众的规定》（自委发〔2013〕2号），建立健全县领导联系指导基层工作制度，广泛开展争创基层服务型党组织和争当为民务实清廉型党员干部“双争”活动，开展机关干部“走基层、解难题、办实事、惠民生”活动，开展在职党员到社区报到开展志愿服务、党代表联系群众和党员创先争优活动，健全党员干部服务群众承诺践诺制度，改进窗口单位直接面向群众的服务方式，大力推广“文建明工作法”和中江县建立民生诉求、困难群众、稳定工作“三本台账”“为民底线工作法”“一线工作法”等做法经验，深入推进“盐都先锋行动”、“群众工作月”活动、大学生村官“扎根新农村、建设新盐都”主题活动等，努力提高带着责任和感情做好群众工作的能力。对那些与群众有感情、为群众办实事、得到群众拥护的干部，要及时提拔使用，树立正确用人导向。

5. 健全落实制度规定。按照于法周延、于事简便的原则，围绕解决“四风”方面突出问题和规范资源分配权、财政资金管理权和人事权，区分“废、改、立”三种类型，建立健全行得通、指导力强、能长期管用的制度规定，构建群众合法权益保障机制、党员干部直接联系服务群众机制、干部作风状况考核评价机制，推动改进作风、密切联系群众常态化长效化。要承接好、贯彻好第一批教育实践活动中中央、省委省政府、省直各部门、市委市政府以及县委县政府已出台的制度和办法，强化制度执行，增强党员干部依法依章依纪办事意识，强化制度执行情况的督促检查，坚决纠正有令不行、有禁不止、无视制度的问题。

教育实践活动结束前，各县级领导班子、乡镇、县级机关事业单位和人民团体要对整改情况进行测评，认真开展“回头看”并进行工作总结。总结的主要内容包括：开展活动的基本做法、基本成效、基本经验、意见和建议等。

四、强化分级分类指导

针对参加单位类型多，党组织情况差异较大，党员数量多，行业分布、职业构成多样等特点，坚持从实际出发，根据不同层级、不同领域、不同对象提出不同目标要求，什么问题突出就解决什么问题，有针对性地加强指导，鼓励探索创新，把规定动作做到位，使自选动作有特色。

（一）压茬有序推进。教育实践活动具体到每个单位集中教育时间一般不少于3个月。全县采取统一部署、逐级推进、压茬进行的办法，县级领导班子及县级机关事业单位和人民团体2月底前启动；教育系统单位3月初启动；乡镇、村（社区）及其他基层组织3月底前启动。坚持时间服从质量，各单位可结合实际，统筹协调、灵活安排时间进度。

（二）注重分类实施。县委教育实践活动领导小组针对不同层级、不同领域、不同对象的特点，分类制定了指导意见，明确了具体任务和推进措施。县级领导机关、领导班子和领导干部要聚焦解决“四风”问题不走神、不散光，在找准和解决突出问题上下功夫、见实效。各单位要突出联系服务群众这个着力点，在增强服务群众意识、提高服务群众能力上下功夫，把联系服务群众工作做扎实，在直接联系服务群众中受教育、转作风。非公有制经济组织、社会组织党组织要注重采取小型、业余、分散的方式开展活动。流动党员一般应在流入地党组织参加活动。离退休党员及年老体弱党员可采取送学上门等方式参加学习教育。

（三）加强行业系统指导。金融、税务等系统，要认真抓好分支机构的教育实践活动。“两新”工委、统战、工商、民政、经信、商务等部门单位，要发挥职能作用，指导非公有制经济组织和社会组织开展教育实践活动。政法、教育、卫生、国土资源、环境保护、住房和城乡建设、农业、人口和计划生育、工商、安全生产监督管理、食品药品监督管理等关系群众切身利益的部门，要发挥条条指导作用，上下联动开展专项整治，切实纠正行业不正之风。

五、切实加强组织领导

全县教育实践活动在县委常委会领导下开展，由县委教育实践活动领导小组及办公室负责具体组织实施。

（一）落实领导责任。这次教育实践活动的领导关系，原则上按干部管理权限确定，行政管理和党组织管理不一致的，以行政管理为主。各县级机关事业单位和人民团体主要抓好本部门班子自身的教育实践活动，负责组织所属党组织和党员的教育实践活动（含所属国有企业党组织和党员）；乡镇党委主要抓好班子自身的教育实践活动，负责组织村（社区）等基层党组织和党员的教育实践活动；教育局党委、卫生局党委要负责抓好本系统党组织和党员的教育实践活动；非公有制经济组织和社会组织党组织和党员的教育实践活动，按党组织隶属关系确定并组织实施；基层党组织要积极发挥作用，认真搞好本单位的教育实践活动。各单位党员主要负责同志要承担起第一责任人的责任，把教育实践活动紧紧抓在手上，发挥示范推动作用。特别是对需要着重解决的问题，做到心中有数；对可能发生的复杂情况，进行分析预判，提出有效的预防和解决对策。对教育实践活动走了过场的，要追究“一把手”的责任。分管领导为直接责任人，其他班子成员要认真履行“一岗双责”，加强对分管部门（单位）的工作指导。要用好的作风组织开展教育实践活动，防止文山会海，力戒形式主义。

（二）加强督查指导。全县各单位要认真接受市委督导组的督查指导。县委派出督导组全程督导各乡镇、县级机关事业单位和人民团体教育实践活动开展情况，并巡回指导其他党组织开展教育实践活动。督导组重点对各乡镇、县级机关事业单位和人民团体领导班子进行督导，要认真审阅活动实施方案、对照检查材料、整改方案等；要全程参与专题民主生活会并进行点评，督促抓好各个环节各项工作落实；要沉下去面对面开展工作，及时发现并督导解决问题，有效传导压力；要督促开展“回头看”，坚持标准、确保质量，防止降格以求。

县委常委、党员副县长要建立教育实践活动联系点，并结合各自分工，指导分管联系单位和活动联系点教育实践活动的开展，重点指导联系点和分管联系单位做好征求意见工作，参加领导班子专题民主生活会，审阅领导班子及其主要负责同志的对照检查材料、整改方案和整改措施，督促抓好整改落实特别是集中专项治理工作。

（三）强化宣传引导。充分运用传统媒体和新兴媒体，宣传中央、省、市、县委精神，宣传活动成效，宣传基层好做法、好经验，广泛宣传先进典型，及时曝光反面典型。把握好舆论引导的时机、力度和效果，发挥言论、评论引导作用，营造良好舆论氛围。

（四）坚持统筹兼顾。要认真贯彻省委提出的“五个结合”工作要求，并结合我县实际，把教育实践活动与“项目突破年”“产业发展年”相结合，以提高发展质量和水平为重点，更富有成效地推动经济持续健康发展；与全面深化改革相结合，以重点领域和关键环节为重点，更富有成效地为发展提供动力和活力；与“城市管理年”相结合，以规范秩序和整治扬尘为重点，更富有成效地提升群众幸福指数；与“作风建设年”相结合，以治理慵懒散奢和创新民主评议为重点，更富有成效地推进党风廉政建设社会评价系统工程。坚持稳中求进、进中求好，做到“两手抓、两不误、两促进”，用改革发展的实际成果检验教育实践活动成效。

各县级领导班子、乡镇、县级机关事业单位和人民团体要根据中央、省、市委部署要求和本实施意见、相关指导意见，结合实际制订活动方案，并报县委教育实践活动领导小组办公室备案。

中共荣县县委
2014 年 2 月 27 日

中共荣县县委关于深入推进依法治县的意见

荣委发〔2014〕6 号

各乡镇党委，工业园区管委会党工委，县委各部委，县级各部门、各人民团体和直属事业单位、各驻荣单位党组织：

为全面贯彻落实党的十八大和十八届三中全会精神，认真执行《四川省依法治省纲要》以及自贡市依法治市工作要求，结合我县实际，特制定我县推进依法治县工作意见。

一、总体要求

（一）指导思想

高举中国特色社会主义伟大旗帜，以邓小平理论、“三个代表”重要思想、科学发展观为指导，全面落实依法治国基本方略，坚持依法治县、依法执政、依法行政共同推进，坚持法治城市、法治政府、法治社会一体建设，坚持用法治思维和法治方式深化改革、推动发展、化解矛盾、维护稳定，全面深入推进依法执政、依法行政、公正司法、全民守法，为创建省级法治县，构建和谐荣县，创造良好法治环境、提供有力法治保障。

（二）基本原则

坚持党的领导、执法为民的原则；坚持维护宪法、忠于法律的原则；坚持以人为本、服务大局的原则；坚持统筹推进、科学发展的原则。

（三）总体目标

到 2020 年，依法治国基本方略全面落实，法治精神深入人心，公共权力依法规范公开运行，市民依法享有权利和履行义务，全县各项事业全面纳入法治化轨道，基本形成尚法守制、公平正义、诚信文明、安定有序的依法治县新格局。

法治精神深入人心。各级领导干部学法、敬法、守法、崇尚法治，运用法治思维和方式的自觉性显著提高。人民群众相信法律、维护法治，自觉学法、尊法、守法、用法，法治观念明显增强。全社会办事依法、遇事找法、解决问题用法、化解矛盾靠法，形成良好法治环境。

公共权力依法规范公开运行。党委政府自觉在宪法法律范围内活动，各级领导带头守法、保障执法的水平进一步提高。行政决策、执法、监督、问责等体制机制进一步完善，法治政府基本建成。司法机关依法独立公正行使审判权检察权，司法公信力、监督力有效提升。社会监督机制不断健全，广泛参与监督的局面初步形成。

市民依法享有权利和履行义务。坚持人民主体地位，市民依法均等享有权利和履行义务，自觉遵守法律规定，理性有序表达诉求，善于运用法律武器维护合法权益。人民群众在社会生活各个方面都能感受到公平和正义、自由和尊严。

经济社会各项事业全面纳入法治化轨道。法治理念贯穿于经济、政治、文化、社会和生态文明建设各方面，落实于“依法执政、依法行政、公正司法、社会法治、学法用法”各领域，深化改革、扩大开放的法治环境不断优化。建设法治化政务服务环境，各类市场主体合法权益平等保护。创建省级法治县的法治基础不断巩固。

（四）实施进程

2014 年至 2020 年，每年制定贯彻实施本意见的具体任务和措施，明确当年的工作重点和责任单位，纳入县绩效目标管理。2014 年至 2017 年，全面深入落实法治建设各项任务，全社会法治意识显著增强，各乡镇、各部门和社会各行业各领域法制建设和依法治理水平显著提升，依法治县取得阶段性成果。2018 年至 2020 年，深化法治建设，形成与全面建成小康社会相适应的法治建设长效机制，依法治县目标基本实现。

二、主要任务

（一）提高依法执政能力

1. 完善党的领导体制。巩固党的执政领导地位，充分发挥党委总揽全局、协调各方的领导核心作用。依照党章规定，健全县、乡镇党委和部门党组（党委）领导机构，完善县委、人大、政府、政协党组“一个党委、三个党组”的地方党的领导体制，完善基层各级党的领导班子和组织机构。规范各级党政主要领导干部职责权限，科学配置党政部门及内设机构权力和职能，明确职责定位。理顺党委系统、政府部门和直属单位党的领导关系。健全各级纪检机构，理顺各级纪检机关及省直属管理部门双重领导体制。在县级领导班子中配备具有法律专业背景或工作经验的成员。

2. 改进执政方式。围绕提高科学执政、民主执政、依法执政水平，改进党的执政方式和工作方法。切实加强党对人大工作的领导，规范人大及其常委会重大事项决策前和相关决定、决议出台前报经地方党委审查的制度；规范党委就重大事项和相关人事任免向人大及其常委会提出建议的程序，使党的主张及时通过法定程序转变为人民意志。加强多党合作制度建设，支持人民政协履行政治协商、民主监督、参政议政职能，健全民主党派、工商联、无党派人士以及工会、共青团、妇联等人民团体在党的领导下依照法律和各自章程开展工作的制度。坚持和完善民族宗教政策，实现民族宗教管理法制化。完善纪检机关和组织、宣传、政法、统战、机关工委等部门共同推进党建工作的制度和措施，加强党风廉政建设统一领导，完善和加强各级反腐败协调小组职能，夯实党风廉政建设责任制和反腐倡廉惩防体系建设。

3. 加强党内法治建设。坚持以党章为根本、以民主集中制为核心，加强党的制度建设，推进党的建设制度化、规范化、程序化。发展党内民主，健全集体领导和个人分工负责相结合的领导制度。完善各级党委决策程序，普遍建立法律顾问制度，建立完善重大决策法律咨询、法律支持和合法性审核机制。加强对重要政策文件把关，把经过法律咨询、具有法律依据、完成合法性审核作为党委作出重大决策和出台重要政策的必经程序。建立健全决策评估、决策失误责任追究及纠错机制，确保各级党委决策行为目的合法、权限合法、内容合法、程序合法。严格执行《中国共产党党内法规和规范性文件备案规定》和《四川省党内规范性文件备案办法》，完善备案程序，加强备案审查，维护党内制度、规范性文件和制度体系的统一性和权威性。建立健全党内制度、规范性文件备案审查与政府规章和实施效果评估制度。建立党内制度和规范性文件定期清理和即时清理机制。

4. 改进对政法工作的领导。进一步明确党委政法委职能定位，创新政法工作领导方式，理顺县委政法委与政法各单位的关系，改进案件协调督办工作，完善对违反法定程序干预司法的登记备案报告、通报和责任追究制度，加强对政法工作的保障和监督。推动和督促各级党委领导班子及其成员模范遵守宪法法律，自觉在宪法法律范围内活动，带头依法办事。

（二）全面推进依法行政

1. 切实转变政府职能。按照职权法定、简政放权的原则，依法科学发挥政府公共服务、市场监管、社会管理和环境保护等职能，推动政府职能向创造良好发展环境、提供优质公共服务、维护社会公平正义转变。深化行政审批制度改革，依法全面清理、规范行政审批事项。对保留的行政审批事项要优化审批流程、提高审批效率。完善政务服务体系，推行和完善并联审批、网上审批等办法。建立和完善公共资源交易监督管理体制机制和制度体系，建立健全政府购买社会组织公共服务制度，严格执行城乡规划、基本农田保护、资源开发保护、生态环境保护等法律法规。

2. 健全行政决策机制。完善行政决策规则和程序，明确决策范围、权限，健全决策机制，把部门论证、公众参与、民主协商、专家论证、专业机构测评、成本效益分析、风险评估、合法性审查和集体讨论决定作为重大决策的必经程序。完善行政决策风险评估机制，未经评估或者评估未通过的，不予决策。加强决策执行效果评估，建立行政决策监督和责任追究制度。

3. 依法规范行政行为。深化执法体制改革，开展相对集中执法工作，完善行政执法争议协调机制，建立行政执法自由裁量权基准制度，加强行政执法信息化建设。完善行政执法与刑事司法衔接的工作机制，加大食品药品、农产品质量、环境保护、安全生产、劳动保障、社会治安、公民信息安全等领域执法力度和移送涉嫌犯罪案件力度。理顺城管执法体制，完善文化市场综合执法机制。建立执法依据定期梳理和公布制度，健全行政执法人员资格管理、行政执法职权核准公告、行政执法岗位责任、行政执法案卷评查、行政执法考评、行政执法责任追究及重大具体行政行为备案制度。改革完善行政复议体制，创新行政复议案件审理机制。依法参与行政诉讼，落实行政机关负责人出庭应诉制度，自觉接受检察机关的法律监督，建立行政处罚权与刑事处罚权衔接制度。认真办理人民法院提出的司法建议和检察机关提出的检察建议，完善内部监督制度，改进监督方式。加强诚信政府建设，严格履行行政合同和协议，建立行政过错责任赔偿制度，进一步规范查封、扣押、冻结、处理涉案财物的执法程序。完善罚没管理制度，严格遵守“罚缴分离”和罚没物品依法处理规定。坚持行风评议、电视问政等制度。

4. 加大政务公开力度。健全政府信息公开制度，落实政府信息公开责任。依法梳理审核行政职权，建立行政职权职责目录、标准化电子政务大厅、行政权力运行基础平台和行政权力运行监察平台，形成全县统一的行政权力网上运行系统。定期编制、更新、公布政府信息公开指南和政府信息公开目录。推进财政预算决算、“三公”经费及公共资源配置、重大项目建设、社会公益事业建设等方面的政府信息公开。建立健全人民群众申请公开政府信息限期答复制度。完善政府信息公开工作考核、社会评议、年度报告、责任追究等配套保障机制，健全政府信息公示公告及保密审查机制。

5. 加强规范性文件制定。落实政府监督管理制度，坚持立、改、废相结合，开展与经济社会发展相适应、与法律法规相配套的政府制度的制定和实施工作，推行政府规范性文件有效期制度。加强在重点领域、重大事项方面政府规范性文件的制定，推进政府规范性文件侧重经济类向经济和社会类并重转变，从管理型向服务型转变，从侧重实体向实体、程序并重转变。健全政府规范性文件制定的科学、民主程序，建立社会各界参与机制。充分发挥人大及其常委会在政府规范性文件制定和实施中监督作用，完善政府规章审议程序，提高审议质量。

6. 营造市场经济法治环境。平等保护各类市场主体合法权益，推进工商注册制度便利化，放宽市场准入，完善投资促进、承接产业转移、企业“走出去”等扶持措施，健全来市投资企业投诉协调和法律服务机制。加强知识产权运用和保护，健全技术创新激励机制，探索建立知识产权法庭。扩大金融业对内对外开放，依法规范金融秩序。着力解决社会治安热点问题，打击非法集资、合同诈骗等经济犯罪行为，为公平开放的市场经济创造良好的法治环境。

（三）确保实现公正司法

1. 深入推进司法改革。以提高司法公信力为重点，优化司法职权配置，建立健全科学合理、规范有序的司法权力运行机制，确保审判机关、检察机关、侦查机关依法独立公正行使职权，发挥司法机关惩治犯罪、保障人权和维护社会秩序的职能。推动法院、检察院人财物统一管理。深化人民法庭改革，合理设置人民法庭，加强人民法庭人员配置，适度扩大人民法庭案件管辖范围。完善主审法官、合议庭办案责任制，明确法院、基层法庭职能。

2. 加强司法规范化建设。严格遵循司法规律，坚持实体公正和程序公正并重，以程序公正为基础，制定科学合理的司法工作规范，完善执法办案程序规则，提升执法办案的质量、效率和效果。成立专门的案件审核内设部门，健全错案防止、整改纠正、责任追究机制。严格案件办理期限，推行繁简分流和速裁机制。加强检察机关对诉讼活动的法律监督职能。推进狱务公开、阳光执法，维护刑罚执行的公平正义。严格规范保外就医程序，完善监督和责任追究制度。

3. 提高司法公信力。实行“阳光司法”，建立检察机关全面、全程、全部执行同步录音录像制度，推进审判流程公开、裁判文书公开、执行信息公开三大平台建设，录制和保留全程庭审资料。实现立案、庭审、执行、听证、文书、审务以及裁判文书等各方面的司法公开。推行信访答询等网上诉讼服务，建立案件流转、执行信息网上查询系统，推进裁判文书上网。完善当事人权利义务告知、群众旁听庭审、司法听证、公开司法拍卖、新闻发布等制度。健全和规范司法机关与人大代表、政协委员的各项联络制度。

4. 完善司法为民长效机制。推进法院“一站式”诉讼服务、检察院派驻乡镇检察室和综合性受理接待中心等窗口建设，完善工作流程、司法礼仪和服务规范。积极创设各种符合审判规律、简单易行、便民利民的巡回审判方式，深入开展巡回审判进园区、进社区、进校园、进企业等活动，拓展巡回审判范围。加大生效裁判的执行力度，建立健全执行联动机制，强化执行征信建设，提高执行工作质效。建立健全公益诉讼制度，完善司法救助制度和刑事赔偿制度，加强司法救助专项基金管理，加大对社会弱势群体和特殊人群的司法救济。落实实名举报答复和举报人保护机制。

（四）构建社会法治体系

1. 创新社会治理。改进社会治理方式，坚持系统治理、依法治理、综合治理、源头治理，建立健全党委领导、政府负责、社会协同、公众参与、法治保障的社会治理体制。坚持和完善基层群众自治制度，建立健全居民、村民监督机制，促进群众在城镇、乡村、社区治理、基层公共事务和公益事业中依法自我管理、自我服务、自我教育、自我监督。加强和完善基层法律服务机构建设，健全基层综合服务管理平台。依法管理民族宗教事务，加强宗教活动场所依法管理、民主管理、社会管理长效机制。加快推进户籍制度及相关配套制度改革，健全流动人口服务管理工作网络和公共服务体系。建立健全特殊人群管理服务机制，落实特殊人群管理和帮扶措施。建立健全民情分析、舆情掌控和社会矛盾纠纷排查、法治化调处等制度，健全重大群体性、突发性社会事件的预警应急机制。

2. 健全依法维护群众权益机制。以保障人民群众政治权益、经济权益、文化权益为主要内容，建立覆盖城乡的群众权益保障机制，维护群众在劳动就业、收入分配、社会保障、医疗教育等方面的合法权益。健全和完善农民工工资支付保障机制。拓宽社情民意表达渠道，健全公众参与、诉求表达、平等沟通、协商对话平台和机制。改革信访工作制度，加强信访工作法治化建设，完善和落实领导干部接访下访、联系基层和群众制度。建立诉访分离的涉法涉诉信访依法终结制度，依法规范信访秩序，依法处理违法上访行为。积极推进诉讼与非诉讼纠纷解决方式的有效衔接。建立资源纠纷、医疗纠纷、交通事故、保险合同、劳动合同等各类专业性、行业性调解组织。推行刑事自诉、民事诉讼等案件及因邻里纠纷、交通事故等引发的轻微刑事案件的和解解决模式。

3. 加强公共安全体系建设。建立健全安全监管处置机制，严格执行食品、药品、食用农产品法律法规规章，建立最严格的覆盖全过程的安全监管制度。建立食品原产地可追溯制度和质量标识制度。深化安全生产管理体制改革，建立隐患排查治理体系和安全预防控制体系。健全突发事件监测和应急体系，提高对自然灾害、事故灾难、公共卫生和社会安全等突发事件的预防预警和应急处置能力。构建大网络大舆情监管工作格局，加大依法管理网络力度，确保党政网络和信息安全。深化平安荣县建设，巩固基层社区平安建设成果，加强社会治安综合治理。增强公共安全和社会治安保障能力，加强对社区矫正和刑满释放等特殊人员的安置帮教管理转化工作，建立健全流动人员和特殊人群管理服务工作机制，减少危害社会的重大突发案件发生。

4. 建立健全社会信用体系。以诚信守法为基础，以健全信用记录为手段，加快建立金融、纳税、合同履约、生效裁判执行、产品质量保障为重点的社会信用体系。发挥各类商会、协会作用，促进行业守信自律。建立健全企业信用自律机制和信用风险防范机制，促进企业诚信经营。把企业与劳动者签订劳动合同、依法开展工资集体协商、遵守劳动保障法律法规作为企业信用的重要组成部分。教育引导公民把诚实守信作为基本行为准则。积极培育和发展信用服务机构，加强信用服务市场监管。建立健全守信激励、失信惩戒制度。

5. 加强和规范法律服务。健全和规范律师、公证、法律援助三位一体的法律服务体系。建立完善法律顾问团制度，为党委政府依法执政、依法行政和人民团体开展权益维护工作提供法律咨询服务。加强法律服务市场监管，完善行政管理与行业自律相结合的管理体制。完善律师执业权利保障机制和违法违规执业惩戒制度。

（五）深化学法用法工作

1. 深入开展普法教育。确立普法教育在推进依法治县中的基础地位，全面实施普法规划，教育引导全社会增强法治观念、养成守法习惯、善于依法维权。建立健全法治宣传教育联席会议制度。各级党委宣传部门、政府司法行政部门负责普法任务的规划制定、工作实施、协调指导和检查考核。强化各乡镇、各部门、各行业、各单位的普法责任。建立健全普法教育任务落实评估考核和激励机制。扎实开展法律进机关、进学校、进乡村、进社区、进寺庙、进企业、进单位活动和“12·4”全国法制宣传日活动。

2. 突出法制教育重点。突出各级领导干部学法用法示范作用，制定加强全县领导干部学法用法工作实施意见。建立健全各级党委（党组）中心组定期学法制度和政府常务会议学法、专题法制讲座、集中培训等制度，系统制定领导干部年度学法计划并组织实施。建立领导干部任前法律知识水平培训、考试及公务员录用法律知识测试制度，建立公职人员学法用法考核制度及任期内依法行政情况考查制度。把法制教育列入党校、行政学院（校）和各级各类学校教学计划并组织实施，中小学校100%配备法制副校长、法制辅导员。加大“9+3”免费教育计划中法制教育比重，并从一线政法工作者中选配法制辅导员。发挥警示教育基地职能，以真实案例强化法制宣传教育，至少建立1个青少年法制教育基地。建立健全企事业经营管理人员学法用法制度，积极推行企业法律顾问制度。建立农村普法队伍，开展针对性法制教育，大力培养农村“法律明白人”，深入开展送法下乡活动，扩大法律类报刊书籍在农家书屋中的比重。面向残疾人、失地农民、城市流动人口、下岗失业人员等人群，开展以改善民生、依法维权为重点的法律法规宣传。

3. 加强法治文化建设。加强法治文化阵地建设和法治文化作品的创作与推广，完善公共场所法制宣传教育设施，各类媒体要开展形式多样的法治文化传播活动。县级各媒体要开设依法治县专栏（专题）。发挥法学研究机构和行业协会、学会作用，组织开展重大法治课题研究，为依法治县提供理论支撑。鼓励、支持和引导各类文化艺术表演团体创作群众喜闻乐见的法治文化作品，定期在街道社区、农民集中点、工业园区、项目建设工地等开展法治文化宣传。推进法制公园、法制广场、法制长廊、法制板报等载体建设。鼓励创办法律网站、法律微博、法制手机报等新型普法载体。

4. 开展法治单位创建活动。全面开展法治县、法治乡镇（街道）和民主法治示范村（社区）创建活动，推进学法用法示范机关（单位）、依法行政示范单位和诚信守法企业创建活动。以人民群众的法律需求为导向，深入组织开展与促进社会经济发展、保障和改善民生、加强和创新社会管理、人与自然和谐发展相关法律法规的学习宣传活动。将法制宣传融入法律服务之中，探索建立集合法制宣传、法律咨询、人民调解、法律援助等职能的法律服务平台。

三、保障措施

（一）建立加强领导的责任机制。依法治县在县委统一领导下进行，各级党委（党组）书记为第一责任人。成立荣县依法治县领导小组，研究解决依法治县中的重大问题。各级党委要加强对本乡镇、本部门、本单位法治建设的领导，作出安排部署，强化督促检查。人大要适时作出决议、决定，督促“一府两院”贯彻实施。政府、法院、检察院要结合自身职能，制订实施意见。各乡镇要把法治建设纳入本乡镇经济社会发展总体规划，按照依法治县的总体目标和阶段性任务要求，结合本地区实际，统筹规划、整体推进、有效实施。

（二）健全执行有力的推进机制。建立党委统一领导，有关部门和单位分工负责、协调互动、合力推进，人民群众广泛参与的依法治县推进机制。建立目标责任制，分解落实党委、人大常委会、政府、政协、法院、检察院及有关部门和单位、人民团体的任务和责任，明确责任单位和责任人。建立科学的法治建设指标体系和考核标准，制定考核办法，将依法治县工作纳入各乡镇、各部门绩效目标考核内容，将学法守法执法情况作为各级领导班子和领导干部考核和年度述职述廉报告的重要内容。建立健全协调联动、情况通报、检查督办等工作机制。定期评价、及时总结依法治县情况和经验，宣传先进典型，推广有益经验。

（三）完善规范有力的监督机制。构建推进法治建设的党内监督、人大监督、政协民主监督和行政监督、司法监督、社会监督有机结合的全方位监督体系。健全上级党委对下级党委依法执政、党员领导干部特别是党政主要领导干部遵守宪法法律常态化监督制度。健全“一府两院”由人大产生、对人大负责、受人大监督制度。健全人大讨论、决定重大事项制度；完善专题询问、质询及规范性文件审查备案制度；加强人大预算决算审查监督、国有资产监督职能。全面落实政府公共预算、政府性基金预算、国有资本经营预算、社会保险基金预算“四项预算”提交人民代表大会审查工作；推动和支持人民代表大会及其常委会依法严格审查批准机关公务支出预算，加强对预算执行情况的监督；加强对法律法规实施情况的监督检查。深入开展行政协商、民主协商、参政协商、社会协商，大力推进协商民主广泛多层制度化发展，坚持协商于决策之前和决策实施之中。加强各级政府对内部层级工作的监督和专门监督，强化执法监察、廉政监察、效能监察和财政审计、经济责任审计、政府投资审计，完善行政执法过错责任追究制度，严格执行行政首长问责制。强化司法监督，加大惩治和预防职务犯罪力度，加强对司法活动的全程监督、动态监督。健全民主党派、工商联、无党派人士和工会、共青团、妇联等人民团体的民主监督机制。完善受理群众举报投诉制度，高度重视包括网络舆情在内的舆论监督，建立健全对群众和媒体反映问题的处理机制。

（四）实行跟踪督效的问责机制。规范问责程序，推进问责法治化。坚持权责统一、有错必究，做到有权必有责、用权受监督、侵权要赔偿、失职要问责、违法要追究。对违法行政、枉法裁判、失职渎职及对群众反映的意见该回应的不回应、该解决的不解决或者久拖不决的，要依法依纪追究责任。建立问责跟踪监督制度，对问责后免职人员重新任职的条件和程序进行规范。

（五）落实队伍建设的保障机制。加强法治队伍建设，不断提高法治工作者的法律素质和工作水平。加强行政执法队伍建设，充实食品药品、安全生产、环境保护、城乡管理、劳动保障等重点领域基层执法力量，实行持证上岗和资格管理制度，强化培训，提高行政执法水平。加强政法队伍依法履职能力建设，不断提高法官、检察官、人民警察的思想政治素质、职业道德素质、业务素质和做好群众工作能力。加强法制机构及法律服务队伍建设，提高业务素质和法律服务水平。全面落实行政执法经费由财政保障制度，为法治建设提供有力的基础保障。

中共荣县县委
2014 年 4 月 16 日

荣县人民政府
印发《荣县农村土地承包经营权流转管理实施办法（试行)》的通知

荣县府发〔2014〕13 号

各乡镇人民政府，工业园区（河西新区）管委会，县级各部门、各直属事业单位：

《荣县农村土地承包经营权流转管理实施办法（试行)》已经县政府同意，现印发给你们，请遵照执行。

荣县人民政府
2014 年 4 月 16 日

荣县农村土地承包经营权流转管理实施办法（试行）

第一章 总 则

第一条 为积极引导和规范农村土地承包经营权流转，优化配置农村土地资源，促进荣县农村经济发展，根据《中华人民共和国农村土地承包法》、农业部《农村土地承包经营权流转管理办法》、《四川省〈中华人民共和国农村土地承包法〉实施办法》、《中华人民共和国农村土地承包经营纠纷调解仲裁法》等法律法规规定，结合荣县实际，制定本办法。

第二条 本办法所称农村土地承包经营权流转，是指承包者将家庭承包取得土地（不含林地，下同）的经营权和在依法取得的土地上购置的资产流转给其他人员经营使用的行为。

第三条 农村土地承包经营权流转应当在坚持农村家庭联产承包经营制度和稳定农村土地承包关系的基础上，尊重农民的自主权，遵循平等、协商、依法、自愿、有偿的原则。

第四条 农村土地承包经营权流转应当依照有关法律、法规的规定保护土地，必须符合土地利用总体规划、产业布局规划和环境保护相关规定，不得改变土地的农业用途。流转基本农田的，只能用于种植粮食和蔬菜；流转基本农田以外的耕地，只能用于大农业生产。流转期限不得超过第二轮承包期（2026 年 8 月 31 日），流转土地不得损害流转双方和农村集体经济组织的合法权益。

第二章 流转当事人

第五条 承包方有权依法自主决定所承包的土地是否流转、流转的对象和方式。任何单位和个人不得利用职权等手段强迫或者阻碍承包方依法流转其承包的土地，但本县域内城市总规、场镇控规、小井沟和双溪水库水源保护区范围内及 S305 和乐自高速路边坡各 50 米内的农村集体土地一律不得流转。

第六条 农村土地承包经营权流转收益归承包方所有，任何组织和个人不得侵占、截留、扣缴。

第七条　承包方自愿委托发包方、村和乡镇土地承包（流转）管理机构及土地流转中介组织流转其承包土地的，应当由承包方出具土地流转委托书。委托书应当载明委托的事项、权限和期限等，并有委托人的签名或盖章。

第八条　农村土地承包经营权流转的受让方可以是本集体经济组织成员，也可以是其他有关法律法规允许从事农业生产经营的组织和个人。在同等条件下，本集体经济组织成员享有优先权。受让方应当具有农业生产经营能力。

第九条　承包方与受让方达成流转意向后，以转包、出租、互换或者其他方式流转的，承包方应当及时向发包方备案；以转让方式流转给本集体经济组织以外的单位和个人的，事先应当向发包方提出书面申请，采取公示等形式告知本集体经济组织成员。

第十条　农村土地承包经营权流转的方式、期限和具体条件，由平等主体的流转双方协商确定。

第十一条　受让方将承包方以转包、租赁方式流转的土地实行再流转，应当取得原承包方的书面同意。

第十二条　受让方在流转期间因投入而提高土地生产能力，土地流转合同到期或者未到期由承包方依法收回土地的，受让方有权获得相应的补偿。具体补偿办法可以在土地流转合同中约定或双方通过协商解决。

第三章　流转方式

第十三条　农村土地承包经营权流转可以采取转包、出租、互换、入股、转让或者其他符合有关法律和国家政策规定的方式进行。

第十四条　承包方依法采取转包、出租、入股方式将农村土地承包经营权部分或者全部流转的，原承包关系不变，享有的权利和承担的义务不变。

第十五条　承包方采取互换方式将同一集体经济组织内农村土地承包经营权流转的，双方对互换土地原享有的承包权利和承担的义务也相应互换。

第十六条　承包方采取转让方式流转农村土地承包经营权的，应当向发包方提出书面申请，经乡镇农村土地承包（流转）管理机构审核同意后方可转让。转让后原土地承包关系自行终止，原承包期内的土地承包经营权自动消失（采用家庭承包方式承包的土地，转让对象必须是本集体经济组织的成员，采用其他方式承包的“四荒”地，转让给本集体经济组织以外的单位和个人，必须经发包方同意和三分之二以上的村民代表同意）。

第十七条　通过转让、互换方式取得的土地承包经营权经依法登记、变更后，仍可依法采取转包、出租、互换、入股、转让或者其他符合国家法律法规和政策规定的方式再次流转。

第四章　流转合同

第十八条　农村土地承包经营权流转，双方当事人应在协商一致的基础上签订书面流转合同。农村土地承包经营权流转合同一式4份，流转双方各执1份，发包方、乡镇农村土地承包（流转）管理机构各存档1份。

第十九条　农村土地承包经营权流转合同一般包括以下内容：

（一）双方当事人的姓名、住址、身份证号码、联系电话；

（二）流转土地的名称、面积、坐落、四至界址和质量等级；

（三）流转方式；

（四）流转的期限和起止日期；

（五）流转土地的用途；

（六）双方当事人的权利和义务；

（七）流转价款及支付方式；

（八）违约责任；

（九）争议解决的方式；

（十）流转合同到期后地上附着物及相关设施的处理；

（十一）双方当事人约定的其他事项。

农村土地承包经营权流转合同应使用四川省农业厅统一制定的标准文本格式（范本）。

第二十条　农村土地承包经营权流转当事人可向乡镇农村土地承包（流转）管理机构申请合同鉴证或到公证机构进行公证。

第五章　流转程序

第二十一条　平等协商：承包方与受让方就流转方式、期限和具体合同要件等进行平等协商；承包方也可书面委托发包方或其他中介组织代其与受让方协商。

第二十二条　审查：发包方与乡镇农村土地承包（流转）管理机构对受让方的资质、资信情况、经营能力、履约能力，所经营项目是否符合国家的法律法规、环境保护、产业发展规划、区域经济、流转双方所协商内容及流转合同条款等进行审查。

第二十三条　订立合同：在乡镇农村土地承包（流转）管理机构监督指导下，土地流转双方依法签订书面合同；经承包方书面委托的发包方或中介组织可代表承包方与受让方签订土地流转合同；受让方同时交纳土地流转费和土地流转风险保证金。

第二十四条　确权及变更登记：乡镇农村土地承包（流转）管理机构做好土地流转面积、地块、合同和经营权证四到户四相符的登记工作。以转让、互换等方式流转承包土地的，当事人应当及时到乡镇农村土地承包管理部门办理农村土地承包经营权证的变更、注销或重发手续。

第二十五条　备案归档：土地流转合同一式4份，流转双方各执一份，发包方、乡镇农村土地承包（流转）管理机构各备案一份。同时乡镇农村土地承包（流转）管理机构要建立“一社一册、一户一页、一地一格”的土地流转台账，随土地流转信息、土地流转合同及其他规范性流转书面材料等一并整理归档。

第二十六条　乡镇农村土地承包（流转）管理机构应定期将农村土地流转相关情况及时上报县农牧业局，并接受县农牧业局对土地流转过程及流转土地使用的指导和监督。

第六章　流转管理及风险保障

第二十七条　县农牧业局负责全县农村土地承包经营权流转的指导和纠纷的仲裁，并建立土地流转信息台账，及时提供土地流转信息，提供业务指导和服务，加强对土地流转规范性的监督和检查。

第二十八条　乡镇应明确农村土地承包（流转）管理机构，并配备经办人员，在乡镇人民政府的领导和县农牧业局的指导下，具体负责本行政区域内土地流转的指导、合同和资质审查、监督管理、资料备案、纠纷调解和服务等工作。村级要成立农村土地承包（流转）管理小组，负责辖区内土地承包当事人的资质审查、流转土地的查勘、定界，资料汇总、合同审查、资料统计上报、纠纷调解和服务等工作。

第二十九条　对承包方提出的转包、出租、转让、互换、入股或者其他方式流转土地的要求，发包方应当及时向村和乡镇农村土地承包（流转）管理机构报告，并配合办理有关手续；发包方不同意流转的，应当于7个工作日内向当事人说明理由。

第三十条　从事农村土地承包经营权流转服务的中介组织应当向县农牧业局备案并接受其指导，依照法律和有关规定提供流转中介服务。

第三十一条　通过招标、拍卖和公开协商等方式承包荒山、荒沟、荒丘、荒滩等农村土地，经依法登记取得农村土地承包经营权证的，可以采取转让、出租、入股或者其他方式流转，其流转管理参照本办法执行。

第三十二条　经依法流转的土地，受让方应当及时充分利用，不得荒芜。

第三十三条　受让方在使用流转的土地前，应向所在乡镇农村土地承包（流转）管理机构提出申请，土地使用有许可条件的，受让方需提供国土、规建、环保等部门批复的前置许可材料，否则乡镇农村土地承包（流转）管理机构不得同意其对流转土地的使用。

第三十四条　为保障流转土地农民的权益不受侵害，荣县行政区域内流转土地推行预付土地流转费和风险保证金制度。按先付款后使用的原则，签订流转合同的同时支付当年土地流转费，并向乡镇农村土地承包（流转）管理机构交纳年流转费 1－3 倍的风险保证金。土地流转费一般以黄谷计算，流转费指导标准：旱地原则上不低于 150 公斤稻谷/亩·年，水田原则上不低于 200 公斤稻谷/亩·年。以当年黄谷（中籼稻）市场中等价计算，按合同约定的时间现金支付。收取的风险保证金由乡镇农村土地承包（流转）管理机构专户储存并与受让方共同管理，合同到期如无纠纷，如数退还风险保证金本金及利息。

第三十五条　乡镇土地承包（流转）管理机构和村级组织应当随时对其所在辖区内所流转的土地使用情况进行检查，发现有违反本办法及国家有关土地管理办法规定的行为应立即制止，并及时上报县农牧业局和县国土资源局。

第三十六条　县农牧业局和县国土资源局每年应定期不定期对我县流转土地使用情况进行督查，发现问题应及时处理。

第七章　纠纷调处及法律责任

第三十七条　农村土地承包经营权流转发生争议或纠纷时，当事双方应当依法协商解决。协商不成的，由村组和乡镇农村土地承包（流转）管理机构调解，并形成书面的调解协议。

第三十八条　当事人不愿协商或者调解不成的，可以向县农村土地承包仲裁机构申请仲裁，县农村土地承包仲裁机构受理仲裁申请后应在法定期限内办理。当事人也可以直接向人民法院起诉。

第三十九条　村组和乡镇土地承包（流转）管理机构应当即时对土地流转纠纷进行调解，把矛盾化解在基层。对造成损失和后果的，视其情节轻重给予相关领导和责任人相应的处分，县土地仲裁机构应对土地流转仲裁申请进行依法、及时仲裁，正确维护当事人合法权益。

第四十条　任何组织和个人因强迫或阻碍承包人流转土地承包经营权，在土地流转过程中非法收受、索取受让方钱、财、物及其他利益，给承包方造成损失的，应视其情况承担相应的损失赔偿责任。情节严重的，由所在单位或者上级机关依法给予有关人员行政处分，构成犯罪的，移交司法机关依法追究刑事责任。

第四十一条　受让方违法将承包地用于非农建设的，由有关行政主管部门依法予以处罚；构成犯罪的，由司法机关依法追究其刑事责任。受让方对流转土地造成永久性损害、破坏耕作层的，发包方有权制止，并有权要求受让方赔偿由此造成的损失。

第八章　附　则

第四十二条　转包是指承包方将部分或全部土地承包经营权以一定期限转给同一集体经济组织的其他农户从事农业生产经营。转包后原土地承包关系不变，原承包方继续履行原土地承包合同规定的权利和义务。接包方按转包时约定的条件对转包方负责。

第四十三条　出租是指承包方将部分或全部土地承包经营权以一定期限租赁给本集体经济组织以外的他人从事农业生产经营。出租后原土地承包关系不变，原承包方继续履行原土地承包合同规定的权利和义务。承租方按出租时约定的条件对承包方负责。

第四十四条　互换是指承包方之间为方便耕作或根据各自需要，对属于同一集体经济组织的承包地块进行交换，同时交换相应的土地承包经营权。

第四十五条　转让是指承包方有稳定的非农职业或者有稳定的收入来源，经承包方申请和发包方同意，将部分或者全部土地承包经营权让渡给本集体经济组织成员或其他从事农业生产经营的农户，由其履行相应土地承包合同的权利和义务。转让后原土地承包关系自行终止，原承包方承包期内的土地承包经营权部分或全部灭失。

第四十六条　土地承包经营权入股是指实行家庭承包方式的承包方之间为发展农业经济，将土地承包经营权作为股份，自愿联合从事农业合作生产经营；其他承包方式的承包方将土地承包经营权量化为股权，入股组成股份公司或者合作社等，从事农业生产经营。在股份合作期间，入股方不得擅自退股。股份合作解散时入股土地应当退回原承包农户。

第四十七条　本办法由县农牧业局负责解释。

第四十八条　本办法自2014年6月1日起施行，有效期3年。过去相关规定与本办法不一致的，以本办法为准。

荣县人民政府
关于加快推进养老服务体系建设的实施意见

荣县府发〔2014〕23号

各乡镇人民政府，工业园区（河西新区）管委会，县级各部门：

为加快推进养老服务社会化进程，满足不断增长的社会养老服务需求，根据《自贡市人民政府关于加快推进养老服务体系建设的实施意见》（自府发〔2014〕9号）精神，结合我县实际，现就我县加快养老服务体系建设提出以下实施意见。

一、基本原则和总体目标

（一）基本原则。坚持“政府主导、政策扶持、多方参与、统筹发展”的原则，在政府“保基础、兜底线”的基础上，着力打造投资主体多元化、服务手段现代化、服务队伍专业化、服务理念人性化、服务方式多样化、运行机制市场化，资金保障和服务保障相匹配，基本服务和选择性服务相结合的覆盖城乡的多样化养老服务体系，促进养老服务与经济社会协调发展。

（二）总体目标。按照“运作机制良好、服务品质优良、监督管理到位”的要求，着力构建以公办养老福利机构为示范、以社会力量多元化投资为主体、以社区服务为依托、以居家养老为基础的社会化养老服务体系，逐步形成县、乡镇、村（社区）三级养老服务网络，基本满足全社会老年人不同层次的养老服务需求。力争到“十二五”期末，初步形成“9073”养老格局：90%的老年人通过自我照料和社会化服务实现居家养老，7%的老年人通过社区组织提供的各种专业化服务实现社区照料养老，3%的老年人入住养老机构实现集中养老。全县新增养老床位2116张，总床位达到5216张，每千名老年人拥有养老床位32.6张。

二、加快养老服务机构建设，完善养老服务设施

（一）统筹安排养老服务机构建设。县政府将养老服务机构及床位数作为社会发展的指导性指标，纳入经济和社会发展计划。按照国务院、省、市关于加快推进养老服务体系建设的实施意见要求，积极鼓励和引导社会力量投资兴办老年公寓、居家养老服务机构和其他类型的养老服务机构，满足老年人不同层次的养老服务需求。

（二）提高养老服务设施规划设计和建设水平。养老服务设施应当按照国家有关规范、标准进行规划、设计和建设，优先安排在靠近社区、人口集中、交通便利、环境良好的区域。充分考虑老年人居住、生活的特点，严格执行国家建设质量标准，真正做到规划科学化、设计人性化、建设标准化。

（三）积极推行“以家庭为核心、以社区为依托”的居家养老服务模式。创新养老模式，重点发展居家养老，拓展老年服务项目，引导社会力量采取“成片辐射、连锁经营、统一管理”的模式发展居家养老服务机构，县、乡镇要配备居家养老服务管理力量。通过开展家政照料、医疗保健、护理康复、文化娱乐、精神慰藉、权益维护、应急救助等服务，提供助餐、助浴、助洁、助急、助医等上门服务，为居家老年人提供规范化、个性化服务。民政、人力资源和社会保障、文化、卫生、体育、残联等单位要主动为社区养老服务中心（站）、社区居家养老服务中心（站）、社区日间照料中心（托老所）和其他老年人服务场所的建设和运营提供资金、人才、政策支持以及文化、体育、康复、医疗保健等设施设备。

三、加大政策扶持力度，促进养老服务业发展

（一）*积极鼓励新建养老服务设施*。要将专门为老年人提供生活照料、康复护理、文化娱乐等服务的养老服务设施（不包括以养老名义建设的酒店、宾馆、会所、商场、俱乐部等商业设施）建设用地纳入城镇土地利用总体规划和年度用地计划，合理安排用地需求，在制定控制性详细规划中，按人均用地不少于0.1平方米的标准。对涉及新建城区和新建居住区的养老服务设施，严格执行工程建设强制性标准，达不到要求的不予竣工验收备案。民间资本举办的非营利性养老机构与政府举办的养老机构享有相同的土地使用政策，发展改革、民政部门要对申报条件进行审查和监管，对符合条件的可以依法使用国有划拨土地或者农民集体所有的土地。对营利性养老机构建设用地，按照国家对经营性用地依法办理有偿用地手续的规定，优先保障供应。严禁养老设施建设用地改变用途、容积率等土地使用条件实施房地产开发。乡镇、村公益性养老机构的建设用地，经依法批准可以使用集体所有土地。研发生产养老服务产品的生产性项目用地，实行与工业项目用地同等的供地方式。

（二）*落实养老服务机构税费等优惠政策*。对非营利性养老机构建设免征有关行政事业性收费，对营利性养老机构建设减半征收有关行政事业性收费。对养老机构提供养老服务，减半征收有关行政事业性收费。对新建非营利性养老服务设施，免交燃气、水、电增容费，教育费附加、残疾人保障金等费用按照国家有关规定执行。对敬老院、福利院等项目用地，在土地登记时免收土地权属调查费，其他收费按最低标准收取。对经批准新建的养老服务项目，优先办理立项和规划手续，优先完善周边道路、排水、绿化等基础设施，地籍测绘服务费按最低标准收取。养老机构使用水、电、燃气、有线（数字）电视、固定电话、宽带互联网及办理其他有关电信业务，按居民用户标准收取费用，初装费予以50％以上减免。按照国家税务规定，对养老机构提供的养护服务免征营业税；对符合条件的非营利性养老机构按规定免征企业所得税。对企事业单位、社会团体和个人向非营利性养老机构的捐赠，符合相关规定的，准予在计算其应纳税所得额时按税法规定比例扣除。对非营利性的养老机构自用房产、土地免征房产税和城镇土地使用税。

（三）*落实养老服务财政扶持政策*。县、乡镇两级政府进一步增加财政投入，发挥财政资金的保障和引领作用。县级福利彩票公益金要将50%以上的资金用于发展养老服务业。制定政府向社会力量购买养老服务的政策措施。县、乡镇政府是推进养老服务体系建设的责任主体，要按规定筹集建设资金。按照事权与财权相匹配的原则，养老服务体系建设经费以县为主体承担，除中、省、市财政补助外，不足部分由县财政和乡镇财政承担；运营补贴经费由县财政和乡镇承担。

1. 着力支持机构养老服务。采取民办公助、公建民营等方式，加大对社会力量兴办的养老服务机构的扶持力度，鼓励民间资本对企业厂房、商业设施及其他可利用的社会资源进行整合或改造用于养老服务，推动社会力量成为发展养老服务业的主要力量。推动医养融合发展，探索医疗机构与养老机构合作新模式，扶持发展集医疗、康复、看护、临终关怀等功能于一体的专业化民办养老机构。促进养老服务与医疗、家政服务、保险、教育、健身、旅游等领域互动发展。对按照《养老机构管理办法》《养老机构设置许可办法》《老年人建筑设计规范》的规定和要求建立，经县民政局认定，取得养老机构设立许可并到相关部门依法登记的养老服务机构的新增床位，原则上按每张1万元的标准给予一次性建设补助。对经审批登记、运转良好、管理规范且当年无事故、无投诉或经查投诉事项机构无过错的养老机构，按荣县籍入住老人数每人每月不低于30元的标准给予运营补贴。对养老机构免费接收供养荣县籍城市“三无”和农村“五保”老人的，通过政府购买服务的方式，对供养对象的基本生活保障经费按政策标准给予足额安排，并可对此类养老机构完善设施设备等给予补助。将政府举办的养老机构的基本建设、机构运转、人员经费和机构内集中供养对象的基本生活保障经费纳入同级财政公共预算安排，并建立动态保障机制。有关部门要充实和加强养老机构的工作力量，确保养老服务体系建设和养老服务工作有人抓、有人管。

2. 积极支持居家养老服务。通过政策引导和资金支持，鼓励社会力量开展多种形式的居家养老服务，为居家养老的老年人营造良好的生活环境。建立县、乡镇、村（社区）居家养老服务网络。培育和扶持居家养老服务企业和社会组织，加快居家养老服务信息平台、老年人居家呼叫服务系统和应急救援服务网络建设。采用政府购买服务和开发公益性岗位等方式，建立居家养老服务支持机制，为困难家庭的失能老人和80周岁以上高龄老人提供助餐、助浴、助洁、助急、助医等居家服务，形成以居家养老为基础的社会养老服务体系。90岁以上高龄老人长寿补贴按现行政策执行。

3. 大力支持社区养老服务。各社区要建立社区养老服务站，对社区新建的床位在10张及以上的老年人日间照料中心、托老所，经民政部门会同财政部门验收后，给予一次性建设补助（补助标准按省政府分年养老服务体系建设重点任务安排的通知执行）。对社区老年人日间照料中心、托老所开展高龄、独居、失能、特困老人低偿服务，财政部门可通过政府购买服务的方式给予补贴。积极开发社区养老服务公益性岗位，引导大中专毕业生、零就业家庭人员、城乡低保人员及其他就业困难人员从事养老服务工作。各社区要落实人员负责社区养老服务工作。

（四）落实养老服务机构融资政策。将国家促进服务业发展的金融政策落实到养老服务业，增加对养老服务机构及其建设项目的信贷投入，适当放宽贷款条件并提供优惠利率，协调担保机构解决养老服务机构的贷款抵押问题，鼓励市内金融机构对符合条件的养老服务机构和项目提供融资支持。对符合小额担保贷款条件的养老服务机构贷款，财政部门可通过贷款贴息方式予以支持。鼓励保险公司承保养老机构责任险，建立养老服务行业风险分担机制，降低养老机构运营风险。逐步放宽限制，鼓励和支持保险资金投资养老服务领域。按照上级的有关安排和规定开展老年人住房反向抵押养老保险试点。

（五）落实养老服务医疗政策。推动医养融合发展，促进医疗卫生资源进入养老机构、社区和居民家庭。医疗机构、社区卫生服务机构应当为老年人建立健康档案，支持社区医院与老年人建立家庭医疗契约服务关系，开展上门诊视、健康检查、保健咨询等服务，加快推进面向养老机构的远程医疗服务试点。积极支持养老机构根据实际设立医疗机构，并按相关规定纳入城镇职工（居民）基本医疗保险和新型农村合作医疗定点范围。入住养老机构的参保人员在定点医疗机构就医产生的医疗费用，按照城镇基本医疗保险和农村合作医疗的规定支付。进一步优化医疗保险报销程序和结算方式，做好老年人跨地区医疗保险支付结算。

四、加强领导和管理，提高养老服务质量和水平

（一）加强领导。各乡镇、工业园区（河西新区）管委会、县级相关部门要切实加强组织领导，定期研究解决促进养老服务业发展存在的问题。从本地人口老龄化和老年人养老服务的需求出发，科学制定本地养老服务业发展规划并组织实施；要把加快养老服务体系建设作为重要的民生工程，纳入年度重点目标计划和考核范围，强化社会管理和公共服务职能，整合社会资源，加大对养老服务业的扶持力度；要认真研究新情况、新问题，结合实际研究制定促进养老服务体系建设的具体办法。民政部门要进一步推动公办示范性养老机构建设，会同相关部门加强对养老服务机构的监督管理、行业规范和业务指导。发改、财政、人力资源和社会保障、国土资源、城乡建设和住房保障、卫生、体育、工商、税务、金融等部门要结合各自职能抓好相关政策的落实，大力支持养老服务体系建设。

（二）规范管理。严格执行涉老服务的建筑设施、膳食卫生、服务质量等行业标准，开展服务质量评估和服务行为监督，推进行业服务和监管规范化、标准化、制度化，全面提高社会养老服务质量和水平。建立健全居家和社区养老服务老年人的健康档案，完善“一键通”、服务热线、呼叫系统等便捷有效的求助和服务信息渠道。

（三）加强专业化队伍建设。加强养老服务从业人员职业技能培训，提高其职业道德、业务技能和服务水平。按照国家有关规定，对各类养老服务从业人员实行职业资格证书制度，按照国家职业技能标准，开展养老护理员职业技能培训和鉴定工作，建立养老机构院长资质培训和养老护理员持证上岗制度。积极发展志愿者队伍，探索建立义工服务时间储备制等互助机制，为志愿者和义工参与养老服务提供必要条件。

（四）强化服务。乡镇、村（社区）和各类养老服务机构要认真贯彻落实国家技术规范和标准，加强自身建设和服务人员的培训教育，建立健全管理制度，规范服务标准和流程，明确服务人员职责，做到设置有标准、服务有规范、监督有依据，不断增强服务意识，提高服务质量和水平。

荣县人民政府
2014 年 8 月 8 日

荣县人民政府
关于印发荣县大气污染防治行动实施方案的通知

荣县府发〔2014〕34号

各乡镇人民政府，工业园区（河西新区）管委会，县级各有关部门：

现将《荣县大气污染防治行动实施方案》印发给你们，请认真组织实施。

荣县人民政府
2014年12月12日

荣县大气污染防治行动实施方案

为认真贯彻执行《四川省大气污染防治行动计划实施细则》，加强大气污染防治，改善我县环境空气质量，进一步提升生态文明建设水平，根据《自贡市大气污染防治行动实施方案》有关要求，结合我县实际，特制定本实施方案。

一、工作目标

到2017年，全县环境空气质量明显好转，重污染天气较大幅度减少，PM10年均浓度比2012年下降5%以上，PM2.5年均浓度逐年下降，空气质量优良天数逐年提高。

二、重点任务

（一）实施工业污染治理，强化多污染物协同减排

1. 加快重点行业工业企业脱硫、脱硝、除尘改造。加快燃煤锅炉污染治理设施建设和改造，确保稳定达标排放。到2017年年底，20蒸吨/小时及以上的燃煤锅炉全部完成脱硫设施建设。

牵头单位：县经济和信息化局

配合单位：县发改局、县环保局

2. 推进挥发性有机物排放综合整治。开展挥发性有机物排放摸底调查，建立健全监管体系，加大监督查处力度，规范行业监管。削减有机化工等行业挥发性有机物的排放，加强涂料涂装使用行业挥发性有机物的污染控制，淘汰挥发性有机物排放行业落后产能。督促监管各企业建立涂料、胶黏剂、有机溶剂使用及企业产品产量的月结台账。对被列入重点名录的企业开展强制性清洁生产审核。

2014年年底前完成主城区加油站、储油库、油罐车的油气回收治理，2015年年底前完成其余加油站、储油库、油罐车的油气回收治理。新建加油站、储油库和新增油罐车应配置油气回收设施，并符合相关标准要求。

加强生产、输送和储存过程挥发性有机物泄漏的监测和监管，到2015年年底，石化行业企业全面实行泄漏检测与修复（LDAR）技术，安装工艺废气循环利用装置，对难以回收利用的废气应采用燃烧方式或吸收、吸附、冷

凝等物理方法进行末端治理，控制排放。

大力推广使用水性涂料，到2015年年底，家具制造企业使用比例达到30%以上，电子产品、电器产品制造企业使用比例达到50%以上，其他行业企业在2013年基础上增加15%的水性涂料使用份额。

到2015年年底，淘汰无溶剂回收设施的干洗设备，取缔汽车维修等修理行业的露天喷涂作业，禁止生产、销售、使用有害物质含量、挥发性有机物含量超过国家相关规定标准的室内装修装饰用涂料和溶剂型木器家具涂料；淘汰其他挥发性有机物污染严重、挥发性有机物削减和控制无经济可行性的工艺和产品。

牵头单位：县经济和信息化局、县环保局

配合单位：县发改局、县工商局

3. 淘汰分散燃煤小锅炉。加快推进“煤改气”“煤改电”工程建设，到2015年，城市建成区基本淘汰10蒸吨/小时及以下的燃煤锅炉。

牵头单位：县经济和信息化局

配合单位：县发改局、县环保局

（二）强化城市环境综合治理，重点控制面源污染

1. 加强施工工地扬尘污染整治。严格建设施工工地扬尘环境监管。积极推行绿色施工，建设工程施工现场必须全封闭设置围挡墙，严禁敞开式作业，施工现场道路、作业区、生活区地面必须硬化；制定完善并严格执行建设施工管理制度，全面推行施工现场标准化管理，城市主城区工地做到“六必须”（必须围挡作业、必须硬化道路、必须设置冲洗设施、必须及时洒水作业、必须落实保洁人员、必须定时清扫施工现场）、“六不准”（不准车辆带泥出门、不准运渣车辆冒顶装载、不准高空抛撒建筑垃圾、不准现场搅拌混凝土、不准场地积水、不准现场焚烧废弃物）。加强建设工地监督检查，督促责任单位落实降尘、压尘和抑尘措施，城市主城区有条件的工地要逐步推广安装高空喷淋系统，保证除尘效果。

牵头单位：县规建住房局

配合单位：县环保局、县城管局

2. 加强道路扬尘污染整治。采用绿化和硬化相结合的方式，实施绿化带“提挡降土”改造工程和裸土覆盖工程，减少城市道路两侧的裸土面积。加强建筑垃圾管理，严格审批发放建筑垃圾运输许可证，全面实行建筑垃圾密闭运输，渣土运输车辆需采取密闭措施，并逐步安装卫星定位系统。推行道路机械化清扫等低尘作业方式，加大洒水降尘力度。

加强城市道路路政养护管理，严格城市道路占用挖掘审批，减少路面破损和路面施工。城区道路上行驶的机动车辆应保持车容整洁，禁止不洁车辆（车身有明显污渍堆积，挡泥板有明显泥沙附着，轮胎钢圈及外侧有块状泥沙等）进入城区。加大城市管理行政执法力度，严格查处抛撒滴漏、带泥行驶、乱开乱挖道路以及擅自清运工程渣土等行为。

牵头单位：县交通运输局、县城管局

配合单位：县公安局、县规建住房局

3. 推进餐饮油烟污染防治。加强对城区餐饮油烟排放的监管，对问题集中区域实行专项治理。严格饮食服务经营场所的环保审批，依法分阶段逐步推行餐饮业排污许可证制度。城市居民住宅区或以居住为主的商住楼内不准新建产生油烟污染的餐饮服务经营场所。大力推广使用天然气、电等清洁能源，不得使用燃煤、重油等高污染燃料。严格管控城区露天烧烤。

2015年年底前，制订并实施餐饮油烟污染防治工作方案，主城区范围内所有大中型餐饮企业和单位食堂都必须安装高效油烟净化装置，并确保油烟净化设施有效运行率达到90%以上。

牵头单位：县环保局、县食品药品监管局、县城管局

配合单位：县发改局

4. 开展高污染燃料禁燃区划定。2014年年底前，完成高污染燃料禁燃区的划定工作。禁燃区内禁止燃烧原（散）煤、洗选煤、蜂窝煤、焦炭、木炭、煤矸石、煤泥、煤焦油、重油、渣油等燃料，禁止燃烧各种可燃废物和直接燃用生物质燃料，以及污染物含量超过国家规定限值的柴油、煤油、人工煤气等高污染燃料。

牵头单位：县发改局

配合单位：县经济和信息化局、县规建住房局、县环保局

5. 强力管控露天焚烧污染。加强农村露天焚烧管控，大力开展秸秆还田、秸秆饲料、秸秆肥料、秸秆能源化、秸秆建材、食用菌培育等综合利用和推广工作，建立秸秆收集、处置投入机制。全面实行农作物秸秆禁烧，建立联动机制，加强现场执法，完善县、乡镇、村、组四级秸秆禁烧责任体系并确保责任落实。在秸秆收割季节，各乡镇人民政府要加大现场巡查频次，充分利用气象遥感等监测手段，及时发现、制止秸秆焚烧行为。对阻碍秸秆禁烧现场执法活动的违法行为，公安机关要依法查处。

加强城市建成区露天焚烧管控。加大对城中村、居民小区、背街小巷等部位的重点清理，及时清运垃圾，严禁随意焚烧垃圾等行为。加大巡查力度，开展监督检查，对擅自焚烧垃圾、树叶和杂物的单位和个人，依法给予处罚。

牵头单位：县农牧业局、县环保局、县城管局

配合单位：工业园区（河西新区）管委会、县公安局、各乡镇人民政府

（三）统筹城市交通管理，防治机动车污染

1. 加强城市交通管理。优化城市功能和布局规划，推广城市智能交通管理，缓解城市交通拥堵。实施公交优先战略，加快建设城市公共交通基础设施，在市区现有主干道上逐步开辟设置公交专用道。

牵头单位：县交通运输局

配合单位：县发改局、县公安局、县规建住房局、县环保局

2. 控制城市机动车增量。根据我县城市交通现状和新建道路情况，研究确定机动车年度增加数量。完善城市公共交通基础设施，多管齐下，努力控制城市机动车增量，加强舆论引导，引导更多的市民选择公交出行。

牵头单位：县公安局

配合单位：县发改局、县经济和信息化局、县交通运输局

3. 全面提升燃油品质。在开展供应符合国家第四阶段标准的车用汽油基础上，力争到2014年年底前，全面供应符合国家第四阶段标准的车用柴油，到2017年年底前，全面供应符合国家第五阶段标准的车用汽油和柴油。

县经济和信息化局要加强对成品油经营活动的监督管理。县工商局、县质监局等部门要对油品质量加强监督检查，严厉打击销售不合格油品的行为，督促加油站销售符合标准的车用汽、柴油。

牵头单位：县发改局、县经济和信息化局、县质监局

配合单位：县环保局、县工商局

4. 加速淘汰“黄标车”。限制“黄标车”转移登记，严格执行机动车强制报废有关规定，加快淘汰老旧车辆。加大大型载客汽车、重型载货汽车的淘汰力度，鼓励车辆报废解体和柴油车提前淘汰。2015年年底前，在主城区实行“黄标车”禁行，对违反禁行规定的“黄标车”予以罚款并计分，相关部门对“黄标

车”不予办理营运证、通行证，并增加每年排放检测次数。

到2015年年底，全面淘汰2005年年底前注册营运的“黄标车”，到2017年年底，基本淘汰全县范围内的“黄标车”。

牵头单位：县公安局、县交通运输局

配合单位：县财政局、县商务旅游局、县环保局

5. 加强机动车环保管理。加强机动车环保检验工作。开展机动车环保检验和监控体系建设，全面开展在用机动车环保定期检验，确保2015年年底前机动车（含免检车辆）环保定期检验率达到80%以上，在用机动车环保标志发放率达到90%以上，新注册机动车环保标志发放率达到100%。

建立检测维修（I/M）制度。强化机动车排气污染路（抽）检工作。加强对二类以上机动车维修企业的监管，提高机动车维护保养水平。强化超标机动车的维修治理监督，确保机动车达标排放。

强化全县新车注册登记和转入机动车监管。严格全县新车注册登记，与全国同步执行国家阶段性机动车污染物排放标准，跨县转入的车辆需符合我县执行的转入车辆排放标准。积极推进机动车排污监控信息平台建设，实现环保标志电子化、智能化管理。

牵头单位：县环保局、县交警大队

配合单位：县公安局、县交通运输局

6. 大力推广新能源汽车。加快天然气加气站建设，完善全县天然气加气站网络体系，积极推广使用CNG、LNG等新能源汽车，每年新增或更新的公交车中新能源和清洁燃料车的比例达到60%以上。采取直接上牌、财政补贴等综合措施，鼓励单位和个人购买使用清洁能源汽车。

牵头单位：县发改局

配合单位：县经济和信息化局、县公安局、县规建住房局、县交通运输局、县环保局

（四）淘汰落后产能，推动产业转型升级

1. 加快淘汰落后产能。按照国家和省淘汰落后产能政策，继续加大执法和淘汰力度，将经整改整顿仍不达标的企业列入年度淘汰计划。

牵头单位：县经济和信息化局

配合单位：县发改局、县环保局、县工商局

2. 严控“两高”行业新增产能。坚决遏制产能过剩行业盲目扩张，推动产业转型升级。全县不得新建不符合国家产业政策和行业准入条件的煤电、钢铁、建材、焦化、有色、石化、化工等行业中的高污染项目。城市建成区、工业园区（集中区）禁止新建20蒸吨/小时以下的高污染燃料锅炉，其他地区禁止新建10蒸吨/小时以下的高污染燃料锅炉。

牵头单位：县发改局、县经济和信息化局

配合单位：县环保局

（五）严格节能环保准入，优化区域经济布局

1. 强化节能环保指标约束。提高节能环保准入门槛，进一步完善重点行业准入条件。严格控制污染物新增排放量，强化节能环保指标约束，将二氧化硫、氮氧化物、烟粉尘和挥发性有机物排放是否符合总量控制要求作为建设项目环境影响评价审批的前置条件，对未通过能评、环评审查的投资项目，有关部门不得审批、核准、批准开工建设，不得发放生产许可证、安全生产许可证、排污许可证，金融机构不得提供任何形式的新增授信支持，有关单位不得供水、供电。

牵头单位：县发改局、县经济和信息化局、县环保局

配合单位：县规建住房保障局、县安监局、县银监办、川投水司、川投气司

2. 实行污染物减量替代。新建排放二氧

化硫、氮氧化物、工业烟粉尘、挥发性有机物的项目，实行污染物排放减量替代，实现增产减污；新建项目实行区域内现役源2倍削减量替代。

牵头单位：县环保局

配合单位：县发改局、县经济和信息化局

3. 优化区域空间布局。合理确定产业发展布局、结构和规模，加强产业政策在产业转移过程中的引导和约束作用，加强各类产业发展规划环境影响评价工作，严格限制在生态脆弱或环境敏感地区建设“两高”行业项目。

牵头单位：县发改局、县经济和信息化局

配合单位：县国土资源局、县规建住房局、县环保局

（六）调整能源结构，强化能源清洁利用

1. 调整优化能源结构，控制煤炭使用。制订煤炭消费总量控制方案，严格限制煤炭消费总量。加快制订和完善切实可行的清洁能源替代方案，加大天然气、煤制天然气、煤层气的供应。

牵头单位：县发改局

配合单位：县经济和信息化局

2. 推进煤炭清洁利用，提高能源使用效率。提高煤炭洗选比例和瓦斯利用率，新建煤矿应同步建设煤炭洗选设施，现有煤矿要加快建设与改造。禁止进口高灰份、高硫份的劣质煤炭，降低全县单位GDP的能源消耗量。积极推进绿色能源示范县建设。严格落实节能评估审查制度。新建高耗能项目的单位产品（产值）能耗要达到国内先进水平，用能设备达到一级能效标准。积极发展绿色建筑，政府投资的公共建筑要率先执行绿色建筑标准，新建建筑要严格执行强制性节能标准。推广使用太阳能热水系统、光伏建筑一体化、“热—电—冷”三联供等技术和装备。

牵头单位：县发改局、县规建住房局

配合单位：县经济和信息化局、县环保局

（七）加快企业技术改造，提高科技创新能力

1. 推行工业领域清洁生产。对水泥、化工等重点行业进行清洁生产审核，采用先进适用的技术、工艺和装备，对节能减排的关键领域和薄弱环节实施清洁生产技术改造。到2017年，重点行业排污强度比2012年下降30%以上。

牵头单位：县环保局

配合单位：县发改局、县经济和信息化局

2. 发展工业循环经济。推进产业集聚发展，实施园区循环化改造，建设生态工业园区（集中区），促进能源梯级利用、水资源循环利用、废物交换利用和土地节约集约利用，促进企业循环式生产、园区循环式发展、产业循环式组合，构建循环型工业体系。

牵头单位：工业园区（河西新区）管委会、县经济和信息化局

配合单位：县发改局、县环保局

3. 加快发展节能环保产业。加强脱硫、脱硝、高效除尘、挥发性有机物控制、机动车排放净化、新能源等方面的技术研发，加大节能环保新技术、新产品、新工艺等科技成果转化和推广应用力度。大力加强先进节能环保装备和产品制造，积极推进环境服务业发展，有效推动节能环保、新能源等战略性新兴产业发展。

牵头单位：县发改局、县经济和信息化局

配合单位：县科技和知识产权局、县环保局

（八）强化基础能力建设，健全监测预警和应急体系

1. 提高环境监管能力。完善我县空气自动监测网络建设，开展污染气象监测预警能力建设，加强监测数据质量管理，客观反映空气质量状况，提高应急监测预警能力。加强国控重点污染源的在线监控能力建设，重点污染源

企业全部安装在线监控装置，并与环保部门联网。全面推进重点污染源自动监测系统数据有效性审核，将自动监控设施的运行情况及其监测数据的有效性水平纳入企业环保信息公开范围。

牵头单位：县环保局

配合单位：县财政局、县经济和信息化局

2. 加大环保执法力度。推进环保、公安、城乡建设、城市管理、农牧业、工商、药监、质监等多部门联合执法，创新区域执法、交叉执法等执法机制，突出重点，加大力度，严厉打击大气污染环境违法行为。对偷排偷放、屡查屡犯的违法企业，要加大处罚力度、依法查处或停产关闭。对涉嫌犯罪的，要依法追究刑事责任。

牵头单位：县环保局

配合单位：县公安局、县规建住房局、县农牧业局、县食品药品监管局、县城管局、县工商局、县质监局

3. 建立重污染天气应急预警体系。县环保局、县气象局等部门要加强合作，开展重污染天气过程趋势分析，完善会商研判机制，建立重污染天气预警监测体系和预警预报机制，提高监测预警准确度。2017 年年底前完成重污染天气监测预警体系建设。

县政府将重污染天气应急响应纳入地方政府突发事件应急管理体系，实行政府主要负责人负责制；要制订完善重污染天气应急预案并向社会公布，明确应急组织机构和职责，按照预警等级适时启动，依法采取企业限产停产等有效应急响应措施。组织开展重污染天气应急预案演练。

牵头单位：县灰霾污染防治工作领导小组

配合单位：县灰霾污染防治工作领导小组成员单位

4. 加大重污染天气条件下气象干预力度。推进人工影响天气改善空气质量业务能力建设，强化重污染天气条件下的气象干预措施，改善空气质量。

牵头单位：县气象局

配合单位：县发改局、县财政局、县环保局

三、保障措施

（一）强化组织领导

1. 建立大气污染防治联席会议制度。建立由分管县长为召集人、相关部门为成员的荣县大气污染防治联席会议制度，研究决定我县大气污染防治重大事项，统筹协调具体工作，加强对大气污染防治工作的监督管理。联席会议下设办公室（设在县环保局），负责全县大气污染防治工作的日常检查、督促及情况通报。

2. 明确责任分工。县政府对辖区内大气环境质量负总责，县级相关部门要根据各自职责，大力推进各领域大气污染防治工作。对防治大气污染的节能环保项目，各部门要依法依规简化审批程序，开辟绿色通道。

（二）强化法规标准政策的执行

认真执行环境经济政策。本着“谁污染、谁负责，多排放、多负担，节能减排得收益、获补偿”的原则，积极推行激励与约束并举的节能减排环境经济政策。完善绿色信贷和绿色证券政策，将企业环境信息纳入征信系统，严格限制环境违法企业贷款和上市融资。积极推进环境污染责任强制保险。

加大排污费征收力度，做到应收尽收。贯彻落实国家将部分“两高”行业产品纳入消费税征收范围的要求，全面落实“两高”行业产品出口退税政策和资源综合利用税收政策。

深化节能环保投融资体制改革，鼓励民间资本和社会资本进入大气污染防治领域。引导银行业金融机构加大对大气污染防治项目的信贷支持。将空气质量监测站点和污染气象监测预警系统建设及其运行和监管经费纳入各级财

政预算予以保障。

（三）健全环境管理制度

1．全面推行排污许可证制度。按照国家和省的标准，向大气排放污染物的重点企业，需在2014年年底前向环保部门申领排污许可证，未取得排污许可证的企业，不得排放污染物。积极推进排污权有偿使用和交易试点，优化区域大气环境资源配置。

2．强化重点行业环保核查制度。对水泥、化工等污染物排放量大的行业实施环保核查制度。对核查中发现的环保违法企业，依法实施限期改正、限期治理、停产整治或关停。对未提交核查申请、未通过核查和弄虚作假的企业，暂停审批其新、改、扩建项目环境影响评价文件，不予提供各类环保专项资金支持，不予出具任何方面的环保合格、达标或守法证明文件。县环保局向社会公告企业通过环保核查的情况，作为企业信贷、产品生产、进出口审查的重要依据。

（四）加强工作考核监督

强化目标责任制。县政府将大气污染防治工作纳入对乡镇、县级部门的目标绩效综合考评内容。县目督办会同县大气污染防治联席会议办公室对各乡镇人民政府和县级有关部门的工作推进情况，每季度进行现场督查，对未按时限和要求推进工作的单位进行通报，并在年终考评时扣分。

对工作不力、履职缺位等导致未能有效应对污染天气的，以及未完成年度目标任务的，监察机关将依法依纪追究有关单位和人员的责任。

（五）加强环境信息公开

1．强化大气环境质量信息发布。县环保局通过荣县电视台、荣州快讯等及时发布空气质量监测信息。县环保局要会同县气象局加强重污染天气预报预警信息发布，提高社会公众防范意识和能力。

2．强化大气环境管理信息公开。县发改局负责公布能源结构调整项目；县经济和信息化局负责公布淘汰落后产能项目；县环保局负责公布大气污染防治项目环评、监督管理等信息，建立重污染行业企业环境信息强制公开制度；县规建住房局负责公布城市房屋建筑与市政工程施工现场扬尘监管情况；国控、省控重点排污企业要主动公开企业污染物排放、治污设施运行情况等环境信息，接受社会监督。

（六）积极鼓励公众参与

1．强化大气环境保护宣传教育。要以学校、企业、社区、机关为切入点，以电视、广播、报刊、网络等为载体，积极开展多种形式的大气污染防治宣传教育，普及大气污染防治科学知识，倡导文明、节约、绿色的消费方式和生活习惯，引导公众共同改善环境空气质量。

2．完善公众参与制度。进一步健全公众参与平台，引导新闻媒体、环保志愿者和广大群众积极参与大气污染防治监督，完善重大区域开发活动、相关政策制定出台的听证制度，涉及群众利益的建设项目应充分听取公众意见。通过设置热线电话、公众信箱、开展社会调查、聘请环保监督员等方式，及时了解、反馈和解决群众反映强烈的大气环境问题，形成全社会重视大气环境保护、参与环境监督的良好氛围。